本丛书属于国家社科基金重大项目
——梵文研究及人才队伍建设

梵汉佛经对勘丛书

梵汉对勘
佛所行赞

黄宝生 译注

中国社会科学出版社

图书在版编目(CIP)数据

梵汉对勘佛所行赞 / 黄宝生译注. —北京：中国社会科学出版社，2015.5（2022.1 重印）

（梵汉佛经对勘丛书）

ISBN 978-7-5161-5557-8

Ⅰ.①梵… Ⅱ.①黄… Ⅲ.①大乘—佛经—校勘 Ⅳ.①B942.1

中国版本图书馆 CIP 数据核字（2015）第 032592 号

出 版 人	赵剑英
责任编辑	史慕鸿
特约编辑	郑国栋
责任校对	李小冰
责任印制	戴 宽

出　　版	中国社会科学出版社
社　　址	北京鼓楼西大街甲 158 号
邮　　编	100720
网　　址	http://www.csspw.cn
发 行 部	010-84083685
门 市 部	010-84029450
经　　销	新华书店及其他书店
印刷装订	北京君升印刷有限公司
版　　次	2015 年 5 月第 1 版
印　　次	2022 年 1 月第 2 次印刷
开　　本	710×1000　1/16
印　　张	34.25
字　　数	411 千字
定　　价	118.00 元

凡购买中国社会科学出版社图书，如有质量问题请与本社营销中心联系调换
电话：010-84083683
版权所有　侵权必究

《梵汉佛经对勘丛书》总序

印度佛教自两汉之际传入中国，译经活动也随之开始。相传摄摩腾和竺法兰所译《四十二章经》是中国的第一部汉译佛经。这样，汉译佛经活动始于东汉，持续至宋代，历时千余年。同样，印度佛教自七世纪传入中国藏族地区，藏译佛经活动始于松赞干布时期，持续至十七世纪，也历时千余年。据赵朴初先生的说法，汉译佛经共有"一千六百九十余部"，而藏译佛经共有"五千九百余种"。[①]中国的佛教译经活动历时之久，译本数量之多，而且以写本和雕版印刷的传承方式保存至今，堪称世界古代文化交流史上的一大奇观。

印度佛教在中国文化土壤中扎下根，长期与中国文化交流融合，已经成为中国传统文化的有机组成部分。就汉文化而言，最终形成的传统文化是以儒家为主干的儒道释文化复合体。汉译佛经和中国古代高僧的佛学著述合称汉文大藏经。它们与儒家典籍和道藏共同成为中华民族的宝贵文化遗产。为了更好地继承和利用文化遗产，我们必须依循时代发展，不断对这些文献资料进行整理和研究。儒家典籍在中国古代文献整理和研究中始终是强项，自不待言。相比之下，佛教典籍自近代以来，学术界重视不够，已经逐渐成为中国古代文献整理和研究中的薄弱环节。

[①] 赵朴初：《佛教常识答问》，上海辞书出版社 2009 年版，第 147、150 页。另据吕澂著《新编汉文大藏经》目录，汉译佛经有一千五百零四部。关于汉译和藏译佛经的数量迄今未有确切的统计数字。

二十世纪五十至七十年代，中国台湾地区编辑的《中华大藏经》是迄今为止汇集经文数量最多的一部汉文大藏经。其后，八九十年代，中国大陆地区也着手编辑《中华大藏经》，已经出版了"正编"。这部大陆版《中华大藏经》（正编）以《赵城金藏》为基础，以另外八种汉文大藏经为校本，在每卷经文后面列出"校勘记"。可惜，这部《大藏经》的编辑只完成了一半，也就是它的"续编"还有待时日。这种收集经文完备又附有"校勘记"的新编汉文大藏经是为汉传佛教文献的整理和研究奠定了坚实的基础。在此基础上，可以进一步开展标点和注释工作。

与汉文大藏经的总量相比，出自现代中国学者之手的汉文佛经的标点本和注释本数量十分有限。为何这两种《中华大藏经》都采取影印本，而不同时进行标点工作？就是因为标点工作的前期积累太少，目前还没有条件全面进行。而对于中国现代学术来说，古籍整理中的标点和注释工作也是不可或缺的。因此，有计划地对汉文佛经进行标点和注释的工作应该提到日程上来。唯有这项工作有了相当的成果，并在工作实践中造就了一批人才，《中华大藏经》的标点工作才有希望全面展开。

对于佛经标点和注释的人才，素质要求其实是很高的：既要熟谙古代汉语，又要通晓佛学。同时，我们还应该注意到，在汉文大藏经中，汉译佛经的数量占据一多半。而汉译佛经大多译自梵文，因此，从事佛经标点和注释，具备一些梵文知识也是必要的。此外，有一些佛经还保存有梵文原典，那么，采用梵汉对勘的方法必然对这些汉译佛经的标点和注释大有裨益。这就需要通晓梵文的人才参与其中了。

过去国内有些佛教学者认为留存于世的梵文佛经数量很少，对汉文大藏经的校勘能起到的作用有限。而实际情况并非这么简单。自十九世纪以来，西方和印度学者发掘和整理梵文佛经抄本的工作持续至今。当代中国学者也开始重视西藏地区的梵文佛经抄本的发掘和整理。由于这些抄本分散收藏在各个国家和地区，目前没有确切的统计数字。虽然不能说所有的汉译佛经都能找到相应的梵文原典，实际上也不可能做到这样，但其数量仍然十分可观，超乎人们以往的想象。例如，在汉译佛经中占据庞大篇幅的《般若经》，其梵文原典《十万颂般若经》、《二万五千颂般若经》和《八千颂般若经》等均有完整的抄本。又如，印度出版的《梵文佛经丛刊》（*Buddhist Sanskrit Texts*）收有三十多种梵文佛经校刊本。其中与汉译佛经对应的梵文原典有《神通游戏》（《方广大庄严经》）、《三昧王经》（《月灯三昧经》）、《入楞伽经》、《华严经》、《妙法莲华经》、《十地经》、《金光明经》、《菩萨学集》（《大乘集菩萨学论》）、《入菩提行论》、《中论》、《经庄严论》（《大乘庄严经论》）、《根本说一切有部毗奈耶》、《阿弥陀经》、《庄严宝王经》、《护国菩萨经》、《稻秆经》、《悲华经》、《撰集百缘经》、《佛所行赞》、《如来秘密经》（《一切如来金刚三业最上秘密大教王经》）和《文殊师利根本仪轨经》等。此外，诸如《金刚经》、《维摩诘经》、《阿毗达磨俱舍论》、《因明入正理论》和《辨中边论》等这样一些重要的汉译佛经也都已经有梵文校刊本。因此，对于梵汉佛经对勘在汉文佛教文献整理和研究中的学术价值不可低估，相反，应该予以高度重视。

其实，梵汉佛经对勘不仅有助于汉文佛教文献的整理，也有助于梵文佛经抄本的整理。梵文佛经抄本整理的主要成果是编订校刊本。因为梵文佛经抄本在传抄过程中，必定会产生或多或少的文字脱误或变异。这需要依据多种抄本进行校勘，确定正确的或可取的读法，加以订正。除了利用同一佛经的多种梵文抄本进行校勘外，还可以利用同一佛经的平行译本进行对勘。尤其是在有的梵文佛经只有一个抄本的情况下，利用平行译本进行对勘就显得更为重要。正是这个原因，长期以来，西方、印度和日本学者在编订梵文佛经校刊本时，都十分重视利用梵文佛经的汉译本和藏译本。但对于西方学者来说，掌握古代汉语比较困难，因此，从发展趋势看，他们越来越倚重藏译本。相比之下，日本学者在利用汉译本方面做得更好。

近一百多年来，国际佛教学术界已经出版了不少梵文佛经校刊本，同时也出版了完整的巴利文三藏校刊本。这些校刊本为佛教研究提供了方便。学者们依据这些校刊本从事翻译和各种专题研究。在此基础上，撰写了大量的印度佛教论著和多种印度佛教史。如果没有这些校刊本，这些学术成果的产生是不可设想的。这从这些著作中引用的梵文佛经校刊本及其现代语言（英语、法语或日语）译本资料便可见出。同时，我们也应该注意到，有些重要佛经缺乏梵文原典，西方学者还依据汉译佛经转译成西方文字，如英译《佛所行赞》（梵文原典缺失后半）、《胜鬘师子吼一乘大方便方广经》，德译和英译《维摩诘经》（译于梵文原典发现前），法译《成唯识论》、《大智度论》、《摄大乘论》、《那先比丘经》等。又鉴于印度古代缺少历史文献，他们也先后将法显的《佛国记》、玄奘的《大唐西域记》、慧立和彦悰的《大慈恩寺三藏法师传》、义净的《大唐西域求法高僧传》和《南海寄归内法传》译成英文或法文。这些都说明国际佛教学术界对汉文佛教文献的高度重视。只是限于通晓古代汉语的佛教学者终究不多，他们对汉文佛教文献的利用还远不充分。

而中国学术界直至二十世纪上半叶，才注意到国际上利用梵文佛经原典研究佛教的"新潮流"。引进这种"新潮流",利用梵文佛经原典研究与佛教相关的中国古代文献的先驱者是陈寅恪、汤用彤、季羡林和吕澂等先生。然而,当时国内缺少梵文人才,后继乏人。时光荏苒,到了近二三十年,才渐渐出现转机。因为国内已有一批青年学子在学习梵文后,有志于利用梵文从事佛教研究。这条研究道路在中国具有开拓性,研究者必定会备尝艰辛,但只要有锲而不舍的精神,前景是充满希望的。

利用梵文从事佛教研究的方法和途径多种多样,研究者完全可以依据自己的学术兴趣和专长选择研究领域。而梵汉佛经对勘研究应该是其中的一个重要选项。这项研究的学术价值至少体现在以下几个方面:

一、有助于读解汉译佛经。现代读者读解汉译佛经的难度既表现在义理上,也表现在语言上。佛教义理体现印度古代思维方式。尤其是大乘佛教的中观和唯识,更是体现印度古代哲学思辨方式。它们有别于中国传统的理论思维形态。而汉译佛经的语言对于现代读者,不仅有古今汉语的隔阂,还有佛经汉译受梵文影响而产生不同程度的变异,更增添一层读解难度。然而,通过梵汉佛经对勘,则可以针对汉译佛经中义理和语言两方面的读解难点,用现代汉语予以疏通和阐释。

二、有助于读解梵文佛经。佛教于十二世纪在印度本土消亡,佛经抄本大量散失,佛教学术也随之中断。近代以来,随着国际印度学的兴起,学者们重视发掘佛经原典,先后在尼泊尔和克什米尔等地,尤其是在中国西藏地区发现了数量可观的梵文佛经抄本。这样,印度佛教文献研究成了一门"新兴学科"。由于佛教学术在印度本土已经中断数百年之久,对于印度或西方学者来说,梵文佛经的读解也是印度古代文献研究中的一个难点。这与汉文佛教文献在现代中国古代文献研究中的情况类似。仅以梵文词典为例,著名的 M. 威廉斯的《梵英词典》和 V. S. 阿伯代的《实用梵英词典》基本上都没有收入佛教词汇。因此,才会有后来出现的 F. 埃杰顿的《佛教混合梵语语法和词典》和荻原云来的《梵和大辞典》。尤其是《梵和大辞典》,充分利用了梵汉佛经对勘的成果。

现存的所有梵文佛经抄本都会存在或多或少的文字错乱或讹误,已经编订出版的校刊本也未必都能彻底予以纠正。校刊本质量的高低既取决于校刊者本人的学术造诣,也取决于所掌握抄本的数量和质量。同时,佛教梵语受方言俗语影响,在词汇、惯用语和句法上与古典梵语存在一些差异,以及经文中对一些义理的深邃思辨,都会形成梵文佛经读解中的难点。而梵汉佛经对勘能为扫除梵文佛经中的种种文字障碍,提供另一条有效途径。毫无疑问,在利用汉译佛经资料方面,中国学者具有得天独厚的优势。如果我们能在梵汉佛经对勘研究方面多做一些工作,也是对国际佛教学术作出应有的贡献。

三、有助于佛教汉语研究。现在国内汉语学界已经基本达成一个共识,即认为佛经汉语是中国古代汉语中的一个特殊类型。有的学者仿照"佛教混合梵语"(Buddhist Hybrid Sanskrit)的称谓,将它命名为"佛教混合汉语"。而时下比较简便的称谓则是"佛教汉语"。梵文佛经使用的语言在总体上属于通俗梵语,这是由佛教的口头传承方式决定的。而这种通俗梵语中含有佛教的种种特定词语,也夹杂有俗语语法成分,尤其是在经文的偈颂部分,因此,明显有别于传统的梵语。同样,汉译佛经受梵文佛经影响,主要采用白话文体,较多采用口语用词。同时，在构词、词义、语法和句式上也受梵文影响，语言形态发生一些变异，有别于传统的汉语。这些特殊的语言现象需要汉语学者认真研究和诠释。近二三十年中，佛教汉语研究已成为一门"显学"。日本学者辛嶋静志和中国学者朱庆之是这个领域中的代表人物。

尽管国内佛教汉语研究已经取得了不少成绩，但研究队伍中存在一个明显的缺陷，也就是通晓梵语的学者很少。如果通晓梵语，直接运用梵汉佛经对勘研究的方法，就会方便得多，避免一些不必要的暗中摸索和无端臆测。辛嶋静志能在这个领域中取得大家公认的学术成就，是与他具备多方面的语言和知识学养分不开的，尤其是直接运用梵汉佛经对勘研究的方法。这是值得国内从事佛教汉语研究的年轻一代学者效仿的。希望在不久的将来，中国学者能在大量的梵汉佛经对勘研究的基础上，编出佛教汉语语法和词典。这样，不仅拓展和充实了中国汉语史，也能为现代学者阅读和研究汉文佛经提供方便实用的语言工具书。

四、有助于中国佛经翻译史研究。中国无论在古代或现代，都无愧为世界上的"翻译大国"。在浩瀚的汉文大藏经中，不仅保存有大量的汉译佛经，也保存有许多佛经翻译史料。现代学者经常依据这些史料撰写佛经翻译史论。但是，佛经翻译史研究若要进一步深入的话，也有赖于梵汉佛经对勘研究的展开。因为佛经翻译史中的一些重要论题，诸如佛经原文的文体和风格，翻译的方法和技巧，译文的质量，只有通过具体的梵汉佛经对勘研究，才会有比较切实的体认。在这样的基础上撰写佛经翻译史论，就能更加准确地把握和运用古代史料，并提供更多的实例，增添更多的新意。

鉴于上述学术理念，我们决定编辑出版《梵汉佛经对勘丛书》，由国内有志于从事梵汉佛经对勘的学者分工协作完成。这是一个长期计划，完成一部，出版一部，不追求一时的速度和数量。每部对勘著作的内容主要是提供梵文佛经的现代汉语今译，对梵文佛经和古代汉译进行对勘，作出注释。

其中，梵文佛经原文选用现已出版的校刊本。若有两个或两个以上校刊本，则选定一个校刊本作为底本，其他的校刊本用作参考。若有其他未经校勘的抄本，也可用作参考。而如果对勘者通晓藏文，也可将藏译本用作参考。当然，我们的主要任务是进行梵汉佛经对勘，而不是编订校刊本。因为编订校刊本是一项专门的工作，需要独立进行。编订校刊本的本意是为研究提供方便。前人已经编订出版的校刊本我们不应该"束之高阁"，而应该充分加以利用。在学术研究中，凡事不可能，也无必要从头做起，否则，就可能永远在原地踏步。正因为前人已经编订出版了不少梵文佛经校刊本，我们今天才有可能编辑出版《梵汉佛经对勘丛书》。而且，我们的梵汉佛经对勘研究也能在一定程度上起到改善前人校勘成果的作用。这也是我们对勘成果的一个组成部分。

梵汉佛经对勘的版面格式是将梵文佛经原文按照自然段落排列，依次附上相应段落的现代汉语今译和古代汉译。古代汉译若有多种译本，则选取其中在古代最通行和最接近现存梵本的译本一至两种，其他译本可依据对勘需要用作参考。现代汉语今译指依据梵文佛经原文提供的新译。为何要提供现代汉语今译呢？因为这样便于同行们检验或核实对勘者对原文的读解是否正确。如果读解本身有误或出现偏差，势必会影响对勘的学术价值。另一方面，国内利用汉译佛经从事相关研究的学者大多不通晓梵文，或者只是掌握一些梵文基础知识，尚未达到读解原典的程度。那么，我们提供的现代汉语今译可以供他们参考，为他们的研究助一臂之力。

实际上，现代汉语今译本身也是对勘成果的重要体现。因为梵文佛经原文中的一些疑点或难点往往可以通过对勘加以解决。如果有的疑点或难点一时解决不了，我们可以暂不译出，或者提供参考译文，并在注释中注明。确实，如果我们能正确读解梵文佛经原文，并提供比较准确的现代汉语今译，便会对古代汉译佛经中一些文字晦涩或意义难解之处产生豁然开朗的感觉。通过梵汉佛经对勘，帮助读解梵文佛经和汉译佛经，这正是我们的工作目的。

对勘注释主要包括这几个方面：

一、订正梵文佛经校刊本和汉译佛经中的文字讹误或提供可能的合理读法。

二、指出梵文佛经与汉译佛经的文字差异之处。

三、指出汉译佛经中的误译之处。

四、疏通汉译佛经中的文字晦涩之处。

五、诠释梵文佛经和汉译佛经中的一些特殊词语。由于我们已经提供了现代汉语今译，也就不需要逐句作出对勘说明，而可以依据实际需要，有重点和有选择地进行对勘注释。

同时，利用这次梵汉佛经对勘的机会，我们也对古代汉译佛经进行标点。梵文和古代汉语一样，没有现代形式的标点。但梵文在散文文体中，用符号 | 表示一句结束，|| 表示一个段落结束；在诗体中，用符号 | 表示半颂结束，|| 表示一颂结束。这样，参考梵文佛经，尤其是依靠读通句义，便有助于汉译佛经的标点。但古代汉语的行文毕竟具有自身的特点，不可能完全依据梵文原文进行标点。我们的标点

也只是提供一个初步的样本,留待以后听取批评意见,加以完善。

以上是对《梵汉佛经对勘丛书》的基本学术设想。在实际工作中,对勘者可以根据自己的学术专长,在某些方面有所侧重。我们的共同宗旨是对中国古代佛教文献的整理和研究作出各自的创造性贡献。

千里之行,始于足下。不管前面的道路怎样艰难曲折,让我们现在就起步,登上征途吧!

黄宝生

2010 年 5 月 12 日

目　录

导言 1

佛所行赞 1

第一章　世尊诞生（昙译：生品第一） 3

第二章　后宫生活（昙译：處宮品第二） 34

第三章　王子忧患（昙译：厭患品第三） 55

第四章　摒弃妇女（昙译：離欲品第四） 79

第五章　离城出家（昙译：出城品第五） 113

第六章　阐铎迦返城（昙译：車匿還品第六） 145

第七章　入苦行林（昙译：入苦行林品第七） 170

第八章　后宫悲伤（昙译：合宮憂悲品第八） 193

第九章　寻找王子（昙译：推求太子品第九） 228

第十章　频毗沙罗王来访（昙译：瓶沙王詣太子品第十） ... 262

第十一章　谴责贪欲（昙译：答瓶沙品第十一） 278

第十二章　拜见阿罗蓝（昙译：阿羅藍鬱頭藍品第十二）...... 307

第十三章　降伏摩罗（昙译：破魔品第十三）...... 349

第十四章　成正觉（昙译：阿惟三菩提品第十四）...... 375

昙译：轉法輪品第十五...... 391

昙译：瓶沙王諸弟子品第十六...... 399

昙译：大弟子出家品第十七...... 410

昙译：化給孤獨品第十八...... 416

昙译：父子相見品第十九...... 428

昙译：受祇桓精舍品第二十...... 436

昙译：守財醉象調伏品第二十一...... 443

昙译：菴摩羅女見佛品第二十二...... 449

昙译：神力住壽品第二十三...... 455

昙译：離車辭別品第二十四...... 462

昙译：涅槃品第二十五...... 468

昙译：大般涅槃品第二十六...... 477

昙译：歎涅槃品第二十七...... 491

昙译：分舍利品第二十八...... 501

导　言

一

马鸣（Aśvaghoṣa）是著名的佛教诗人和戏剧家。佛教于十二世纪在印度本土消亡，佛教史料基本失传，有关马鸣的史料也几乎无迹可寻。现在我们所知道的马鸣出生年代和生平事迹主要是依据汉文佛经史料。[①]

据后秦鸠摩罗什译《马鸣菩萨传》，马鸣是中天竺人，原本信奉婆罗门教，"世智慧辩，善通言论"。后来，他在一次辩论中败于北天竺高僧长老胁，于是皈依佛教，在中天竺弘通佛法。他"博通群经，明达内外，才辩盖世，四辈敬伏"。后来，北天竺小月氏王进犯中天竺。中天竺王被迫答应小月氏王提出的议和条件，把马鸣交给小月氏王。此后，马鸣在北天竺"广宣佛法，导利群生"。而据元魏吉迦夜共昙曜译《付法藏因缘传》，马鸣是在辩论中败于胁比丘的弟子富那奢而皈依佛教。富那奢在临涅槃时，以法付嘱马鸣。同时，还提到马鸣"于华氏城游行教化，欲度彼城诸众生故，作妙伎乐名赖吒和罗，其音清雅，哀婉调畅，宣说苦空无我之法"。马鸣还亲自粉墨登场，与演员们一起表演。后来，他被月支国旃檀罽昵吒王索去。

关于马鸣出生年代，汉文史料中有佛灭后三百年至六百年多种说

[①] 有关这方面的史料可参阅高振农《大乘起信论校释》中的前言和附录，中华书局1992年版。

法，而以佛灭后五百年说居多，相当于公元一、二世纪。上面提到的月氏或月支即当时统治北印度的贵霜王朝。又据玄奘《大唐西域记》卷三记载：胁尊者曾促成贵霜王朝迦腻色迦王"宣会远近，召集圣哲"，举行第四次结集，"备释三藏"，其中之一是《阿毗达磨毗婆沙论》。另据陈真谛《婆薮槃豆传》记载："佛灭度后五百年中"，马鸣应罽宾国迦旃延子之请，编纂《阿毗达磨毗婆沙论》。现代史学家关于迦腻色迦王的在位年代说法不一，但集中在公元一世纪至三世纪之间，而一般倾向于公元一世纪。因此，综合各种材料，我们可以把马鸣的出生年代大致定在公元一、二世纪。

马鸣是称号，并非本名。上引《马鸣菩萨传》中讲述他在说法时，"马垂泪听法，无念食想"。于是，"以马解其音故，遂号为马鸣菩萨"。另据《卍续藏经》卷七十二，《大乘起信论马鸣菩萨略传》中讲述他前生是毗舍利国国王，"以其国有一类裸人，如马裸露，王遂运神通，分身为蚕以衣之"。后来，他转生在中印度，"马人感恋悲鸣，故号马鸣"。而《论主马鸣菩萨略录》中又讲述他"初降生时，感动诸马悲鸣不已。故号马鸣"。这些说明佛经史料中关于马鸣的生平事迹多带有传说性质，故而在一些具体细节上常常互有歧异，说法不一。这在印度古代以口耳相传为主要传承方式的文化背景中是正常现象。

关于马鸣的著作，依据汉文佛经史料，归在他名下的有八部：《佛所行赞》、《大庄严经论》、《大乘起信论》、《大宗地玄文本经》、《事师法五十颂》、《十不善业道经》、《大趣轮回经》和《尼乾子问无我义经》。而据藏文佛经史料。归在他名下的有十多部。虽然可以初步判断这些经文不可能是同一马鸣所作，但要一一考证厘定，难度很大，这里只能存而不论。

而马鸣作为佛教诗人和戏剧家,则是确定无疑的。他享有盛名的梵语叙事诗《佛所行赞》(Buddhacarita),虽然现存梵本残存前半部,但有汉文和藏文全译本,都标明"马鸣菩萨造"。唐义净《南海寄归内法传》卷四中也记载"尊者马鸣""作佛本行诗","意述如来始自王宫,终乎双树,一代佛法,并辑为诗,五天南海,无不讽诵"。

马鸣的另一部梵语叙事诗《美难陀传》(Saundarananda)现存梵文全本十八章,讲述释迦牟尼出家修行,得道成佛后,回到故乡迦毗罗卫,度化异母兄弟难陀的故事。梵文抄本末尾题署作者名为 āryasuvarṇākṣiputrasya sāketasya bhikṣorācāryabhadantāśvaghoṣasya mahākavermahāvādinaḥ kṛtiriyam,即"圣金眼之子、萨盖多比丘、导师、圣者、尊者、大诗人、大论师马鸣造"。其中的"金眼"(suvarṇākṣi)是马鸣的母亲名。萨盖多(sāketa)是地名,即古代阿逾陀城。上引《婆薮槃豆传》中称马鸣菩萨是"舍卫国婆枳多土人"。其中的"婆"可能是"娑"。这两个字在汉文佛经中常会混淆。这样,"娑枳多"便是 sāketa 的音译。

此外,在我国新疆吐鲁番曾出土三个梵语戏剧残卷,于1911年由德国学者吕德斯(H. Lüders)整理出版。其中一部是名为《舍利弗剧》(śāriputraprakaraṇa)的九幕剧,残存最后两幕,剧本末尾题署作者名为 āryasuvarṇākṣiputrasyāśvaghoṣasya,即"圣金眼之子马鸣"。这个剧本描写舍利弗和目犍连皈依佛陀的故事。最后两幕的内容是:舍利弗尊佛陀为师,他的朋友(丑角)劝说道:刹帝利的学说对婆罗门不适宜。舍利弗驳斥道:难道低级种姓配制的药方就不能救治病人?难道低级种姓提供的清水就不能解渴提神?目犍连见舍利弗喜形于色,问明原因后,与舍利弗结伴皈依佛陀。佛陀预言他俩将会成为他的大弟子。

东晋法显于 399 年赴印求法。他在《佛国记》中记述中印度"众僧大会说法，说法已，供养舍利弗塔，种种华香，通夜燃灯，使伎乐人作舍利弗大婆罗门时，诣佛求出家，大目连、大迦叶亦如是"。这说明马鸣的《舍利弗剧》问世后，以舍利弗、大目连（即目犍连）和大迦叶出家为题材的戏剧在印度佛教僧伽久演不衰。我国唐代的两种乐曲名为"舍利弗"和"摩多楼子"（即目犍连）可能与这类戏剧（尤其是马鸣的《舍利弗剧》）传入中土有关。

其他两部戏剧残卷只剩零星片断，剧情难以判断。其中一部的剧中人物都是抽象概念："菩提"（觉悟）、"持"（坚定）和"称"（名誉），戏文中有赞颂佛陀的对话。另一种的剧中人物有舍利弗和目犍连等。这两部戏剧残卷的剧名和作者名均已失佚，但它们是与《舍利弗剧》一起发现的，而且文体一致，内容都与佛教有关，所以也被归在马鸣名下，统称为马鸣的三部戏剧残卷。

在七世纪印度佛教哲学家法称的著作《说正理》中，曾提到马鸣写有一部名为《护国》（Rāṣṭrapāla）的剧本。上引《付法藏因缘传》中提到马鸣"作妙伎乐名赖吒和罗"。这里的"赖吒和罗"就是梵语"护国"（人名）一词的音译。这两条材料证明马鸣的戏剧创作中，还有一部现已失传的《护国》。

马鸣的这两部叙事诗和三种戏剧残卷都属于古典梵语文学范畴。鉴于马鸣与四、五世纪著名的古典梵语诗人和戏剧家迦梨陀娑（Kālidāsa）相隔两三百年，其间的古典梵语叙事诗和戏剧作品均已失传，因此，马鸣不仅在印度佛教史上，也在梵语文学史上享有崇高的地位，被视为古典梵语文学时代的先驱。

二

《佛所行赞》的梵文抄本是欧洲学者于十九世纪末在尼泊尔发现的。先后出版有考威尔（E. H. Cowell）的编订本（1893）和约翰斯顿（E. H. Johnston）的编订本（1936）。现存抄本只有前十四章，其中第一章有少量残缺，第十四章缺后半部分。而据现存汉译本和藏译本，全诗共有二十八章。汉译本的译者署名北凉昙无谶。[①]

下面依据梵本前十四章和昙译第十五品至第二十八品介绍《佛所行赞》的主要内容：

第一章《世尊诞生》（昙译《生品第一》）：释迦族净饭王的王后摩耶夫人怀孕，在蓝毗尼园从自己胁部生下王子。这位王子一生下就光辉灿烂如同太阳。他迈出七步，环视四方，宣称"这是我的最后一生，为求觉悟，造福世界"。阿私陀仙人来访，预言这位王子将来会努力修行，达到觉悟，掌握真谛，以至高妙法为世界解除束缚，拯救世人出苦海。

第二章《后宫生活》（昙译《处宫品第二》）：王子诞生后，释迦族国泰民安，繁荣富强，净饭王为王子取名"悉达多"（意为"一切义成"）。王后摩耶夫人逝世升天，王子由姨母乔答弥抚养。净饭王为防王子出家，让他住在宫楼深处，宫女成群，侍奉他消遣娱乐。王子成年后，净饭王为他迎娶名门淑女耶输陀罗，婚后生子罗睺罗。

[①] 昙无谶（385—433）是中印度人，来华后，曾学习汉语三年，然后从事佛经翻译，译经二十余种，如《方等大集经》、《金光明经》、《悲华经》、《菩萨地持经》和《菩萨戒本》等，尤以译出《大般涅槃经》著称。

第三章《王子忧患》(昙译《厌患品第三》)：王子获得净饭王准许，出宫游园。王子第一次行进在大道上，城中男女老少争相观看王子，赞叹不已。王子也满怀喜悦，感到自己仿佛又获得再生。然而，他在途中遇见一位老人，得知人人都会衰老，便无心游园，返回宫中。后来，他第二次和第三次出宫游园，分别遇见病人和死人。这样，他亲眼目睹世人受老病死束缚折磨，引起他内心震动和忧虑。

第四章《摒弃妇女》(昙译《离欲品第四》)：在遇见死人后，王子吩咐车夫驾车回宫。而车夫遵奉净饭王的旨意，将王子载往城市花园。花园中安排有众多妇女，以种种媚态挑逗和引诱王子，而王子始终保持坚定，毫不动心。祭司之子优陀夷竭力用世俗观念劝说王子，而王子向优陀夷表达自己绝不耽迷爱欲的决心。净饭王得知王子的决心后，与大臣们商量对策，一致认为只能用爱欲束缚王子的心，别无办法。

第五章《离城出家》(昙译《出城品第五》)：王子渴望宁静，出城观赏林地。他看到农夫和耕牛艰辛劳累，而耕地的犁头割碎青草和昆虫，心生悲悯。他在一棵阎浮树下修禅入定，获得寂静产生的至高喜乐。一位比丘出现在他的身旁，向他说明自己是出家求解脱的沙门。由此，王子决定出家。而净饭王不准许他出家。一天夜晚，王子目睹宫中妇女们种种丑陋的睡相，便毅然决然让车夫牵马，离宫出家。离宫时，他发出誓言："如果不看到生死的彼岸，就不再返回迦毗罗城！"

第六章《阐铎迦返城》(昙译《车匿还品第六》)：在太阳升起时，王子到达一处净修林。他吩咐车夫阐铎迦牵马返城，请他转告净饭王和其他亲人不要挂念他，并表明他追求解脱的决心。然后，王子拔剑削去头发和顶冠，又将身上的白绸衣换取一位猎人的袈裟衣。车夫阐铎迦无法劝回王子，只得满怀忧伤，牵马返城。

第七章《入苦行林》（昙译《入苦行林品第七》）：王子进入净修林。他住在那里观察苦行者们修炼的各种苦行。他发现他们只是依靠折磨身体的方式企盼升入天国，毫不察觉生死轮回的弊端，实际是依靠痛苦追求痛苦。于是，他决定离开这个苦行林。其中有位苦行者理解王子志向高远，建议他前往阿罗蓝仙人的净修林。

第八章《后宫悲伤》（昙译《合宫忧悲品第八》）：阐铎迦牵马返城后，城中居民见王子没有返回，满怀忧伤。宫中的妇女们、乔答弥、耶输陀罗和净饭王悲痛欲绝，发出痛苦的哀诉。大臣和祭司安慰净饭王，并表示愿意前去林中，尽力劝回王子。

第九章《寻找王子》（昙译《推求太子品第九》）：大臣和祭司在前往阿罗蓝净修林的路上找到王子。祭司向王子描述净饭王、乔答弥、耶输陀罗以及罗睺罗思念他的凄苦情状，试图用亲情打动他。大臣则依据世俗经典，试图用道理说服他。但王子对他俩的劝说，都作出合理有力的回答，并表达自己的坚强决心："即使太阳会坠落大地，雪山会失去坚定，我若是不见真谛，绝不回家。"

第十章《频毗沙罗王来访》（昙译《瓶沙王诣太子品第十》）：王子越过恒河，来到王舍城，住在般度山。摩揭陀王频毗沙罗得知他是离宫出家的释迦族王子，前来拜访他。频毗沙罗王竭力劝导他遵循传统的人生目的——法、利和欲，放弃出家，接受王权。

第十一章《谴责贪欲》（昙译《答瓶沙王品第十一》）：王子婉拒频毗沙罗王的好意，并向他阐述贪欲是一切祸患的根源，说明人生的最高目的不是法、利和欲。最后，王子表明自己追求的人生最高目的是达到无生老病死、无苦和无惧的无为境界。频毗沙罗王受到感化，祝愿王子顺利达到目的。

第十二章《拜见阿罗蓝》（昙译《阿罗蓝郁头蓝品第十二》）：王子进入阿罗蓝的净修林，向他求教解脱之道。阿罗蓝为他讲解数论原理，分别自我和身体，通过出家、持戒和修禅，逐步认识真谛，达到自我摆脱身体。而王子认为这并非解脱之道，因为处在缘起生存中，自我不可能摆脱身体。王子离开阿罗蓝，又来到郁陀蓝的净修林。而郁陀蓝也执取自我。王子又离开郁陀蓝，来到伽耶净修林，在尼连禅河边，与五位比丘一起修炼苦行。他修炼了六年严酷的苦行，乃至身体消瘦，只剩下皮包骨。由此，他确认苦行也不是解脱之道。于是，他接受牧女布施的牛奶粥。恢复体力后，他前往一棵菩提树下，决心修禅获取菩提。那五位跟随他修炼苦行的比丘认为他已退转，离他而去。而他在菩提树下，结跏趺坐，寂然不动，发誓"不达目的，绝不起座"。

第十三章《降伏摩罗》（昙译《破魔品第十三》）：魔王摩罗发现这位王子发誓追求解脱，对自己统治的领域构成威胁。于是，他率领魔女和魔军前来破坏王子的苦行。而王子坚如磐石，战胜魔女的诱惑和魔军的围攻，降伏摩罗。

第十四章《成正觉》（昙译《阿惟三菩提品第十四》）：降伏摩罗后，王子进入禅定，寻求第一义。他获得宿命通和天眼通，明白众生在生死轮回中受苦，理解苦的根源在于十二因缘，而灭寂这种缘起的方法是遵行八正道。由此，王子觉悟成佛。而他顾虑众生受贪、瞋、痴蒙蔽，恐怕难以理解这种深邃的解脱法，但又想到自己原本立下的誓愿，觉得应该宣法。此时，梵天前来劝请佛陀说法。于是，佛陀动身前往迦尸城。

本章梵本至第 31 颂，以下部分以及第十五章至第二十八章缺失。因此，本章第 31 颂以下以及后面各章的内容介绍依据昙译。

昙译《转法轮品第十五》：佛陀来到迦尸国波罗奈城五比丘修行处。这五比丘原先曾陪随王子修炼苦行。现在王子得道成佛，回来首先度化他们，向他们宣讲四圣谛和八正道。这也是佛陀初转法轮。

昙译《瓶沙王诸弟子品第十六》：佛陀又度化青年耶舍。而后，他前往伽阇山度化迦叶三兄弟。当晚，他住宿在恶龙盘踞的石窟中，降伏喷火的恶龙。继而，他前往王舍城，度化瓶沙王。

昙译《大弟子出家品第十七》：佛陀应瓶沙王之请，迁往竹园。舍利弗遇见进城乞食的佛弟子，便与好友目犍连一起拜见佛陀，皈依佛陀。而后，佛陀又度化大迦叶。

昙译《化给孤独品第十八》：给孤独长者从憍萨罗国来到竹园，拜见佛陀，聆听佛陀说法，皈依佛陀。然后，给孤独长者用重金买下祇园，建造精舍，布施给佛陀。

昙译《父子相见品第十九》：佛陀重返故乡迦毗罗城，为父亲净饭王说法。净饭王和释迦族众多弟子阿难、难陀和阿那律等以及祭司之子优陀夷和理发匠之子优波离都皈依佛陀。

昙译《受祇桓精舍品第二十》：佛陀前往憍萨罗国，给孤独长者迎请佛陀入住祇园。波斯匿王前来拜见佛陀，聆听佛陀说法，皈依佛陀。然后，佛陀升入忉利天，为母亲说法，报答母恩。

昙译《守财醉象调伏品第二十一》：佛陀继续在各地宣法，度化众生。提婆达多看到佛陀功德辉煌，心生妒忌，放出醉象，企图谋害佛陀。而醉象一见佛陀，立即醒悟，跪伏佛陀足下。提婆达多则为此恶行而堕入地狱。

昙译《菴摩罗女见佛品第二十二》：佛陀继续前往各地宣法，来到维舍离城菴摩罗林。菴摩罗女前来拜见佛陀。佛陀也为她说法，并接受她提出的供养邀请。

昙译《神力住寿品第二十三》：佛陀在菴摩罗林为离车族诸长者说法。然后，前往毗纽村，度过三个月的"雨安居"后，返回维舍离。此时，魔王摩罗前来提醒佛陀曾在尼连禅河边说过完成应该做的事后，就会进入涅槃。佛陀告诉摩罗，自己在三个月后，进入涅槃。

昙译《离车辞别品第二十四》：阿难闻听佛陀即将进入涅槃，泪流满面。佛陀安慰阿难，说自己今后安住"法身"，佛身有存亡，而"法身长存"。佛陀嘱咐大家今后要以自己为岛屿，以法为岛屿。然后，佛陀辞别离车族，前往涅槃处。

昙译《涅槃品第二十五》：佛陀离开维舍离，前往蒲加城，住在坚固林，教诫众比丘今后要依法、依经和依律。然后，佛陀前往波婆城，吩咐阿难在双林间安置绳床，他头朝北方，右胁侧卧。力士族众力士前来看望，佛陀安慰他们，为他们说法。

昙译《大般涅槃品第二十六》：婆罗门跋陀罗前来求见佛陀，佛陀同意为他说法。跋陀罗闻法后，先于佛陀进入涅槃。佛陀称跋陀罗是自己的最后一位弟子。然后，佛陀为众比丘作最后一次说法。最后，佛陀通过禅定，进入涅槃。

昙译《叹涅槃品第二十七》：天神、天国仙人和阿那律先后哀叹佛陀逝世。力士族众力士前来哀悼佛陀，为佛陀举行火葬。然后，用金瓶收藏佛舍利，回城供养。

昙译《分舍利品第二十八》：周围七国国王前来请求分得佛舍利。众力士不同意。于是，七王举兵围城，战争一触即发。后经一位婆罗门从中调停，众力士同意与七王平分佛舍利。从而，佛舍利得以在各地建塔供养。然后，五百罗汉返回耆阇崛山，结集经藏。由阿难诵出佛陀生前所说,每部经都以"如是我闻"起首。

在汉译佛经中,还有一部题名为刘宋宝云[①]译的《佛本行经》。在历代经录中,《佛所行赞》和《佛本行经》这两个书名存在混淆不清之处。如僧祐《出三藏记集》卷第二记载宝云译经两种,其中有《佛所行赞》五卷,夹注"一名《马鸣菩萨赞》,或云《佛本行赞》"。这里的《马鸣菩萨赞》可能不是书名,而是指马鸣菩萨撰。慧皎《高僧传》卷第三中也记载宝云译《佛本行赞经》。而《大唐内典录》卷第三记载昙无谶译经二十四部,其中有《佛本行经》五卷,夹注"第二出"。卷第四记载宝云译经四部,其中有《佛所行赞》五卷,夹注"一云《佛本行》七卷,或云传,马鸣撰"。此后《开元释教录》卷第四又记载昙无谶译经十九部,其中有《佛所行赞经传》五卷,夹注"或云经,无传字,或云传,无经字,马鸣菩萨造"。卷第五记载宝云译经四部,其中有《佛本行经》七卷,夹注"或云《佛本行赞传》"。

看来,昙无谶译《佛所行赞》和宝云译《佛本行经》这样的题署基本上是由《开元释教录》定下的。但存在的疑点是:《出三藏记集》和《高僧传》均未提及昙无谶译《佛所行赞》,而只记载宝云译《佛所行赞》(或称《佛本行赞经》)。然后在《大唐内典录》中出现了昙无谶译《佛本行经》和宝云译《佛所行赞经传》。其中称昙无谶译的《佛本行经》是"第二出"。那么,"第一出"是指什么?同时,与《出三藏记集》一样,点明宝云译的《佛所行赞》是马鸣菩萨造。此后《开元释教录》将《大唐内典录》关于这两者的情况颠倒了一下,又不知

[①] 宝云(376—449)也是中国佛经翻译史上的一位重要翻译家。他是凉州人,幼年出家,曾西行求法,遍学西域各地语言和天竺梵语,回国后从事佛经翻译。除了《佛本行经》外,他还译有《付法藏经》、《新无量寿经》和《净度三昧经》。在求那跋陀罗翻译《胜鬘经》和《入楞伽经》时,他担任传译。他还与智严合译《普曜经》、《广博严净经》、《四天王经》和《无尽意菩萨经》。

依据什么？一般说来，早期的记载应该更接近历史事实，是否《佛所行赞》的真正译者应该是宝云？这些疑点恐怕一时难以澄清。我们现在只能按照既定事实，认同《开元释教录》的题署。

由于历代经录中存在的这种歧异，加上《佛所行赞》和《佛本行经》在叙事内容上有相似之处，故而也有认为这两部作品可能是"同本异译"者。所幸《佛所行赞》的梵本得以留存于世，这样，我们与梵本对照阅读，可以确认这是同一题材的两部作品。上面已经介绍昙无谶译《佛所行赞》的主要内容，下面扼要介绍宝云译《佛本行经》的主要内容。《佛本行经》共有三十一品：

《因缘品第一》：在佛陀涅槃两百年后，阿育王建造八万四千塔供奉佛陀，天龙鬼神欢欣鼓舞，声震天下。金刚力士闻听震动声，追忆佛陀功德。而在佛陀去世后升入天国的一些天神首次闻听佛陀的名号，向金刚力士询问佛陀的功德。于是，金刚力士为他们讲述佛陀的功德。

《称叹如来品第二》：概述佛陀的功德。

《降胎品第三》：佛陀在兜率天观察世间，决定降生为释迦族白净王（即净饭王）之子。这样，王后梦见六牙白象进入腹中，知道自己已经怀孕，便移居清净的园林。

《如来生品第四》：在一个吉祥日，这位释迦王子从王后右胁出生。他一出生，光芒普照天下，众天神顶礼膜拜。

《梵志占相品第五》：婆罗门占相师预言王子在家则成为转轮王，出家则成为佛陀。

《阿夷决疑品第六》：仙人阿夷（即阿私陀）来访，断言王子必将成佛，并哀叹自己命限已到，无缘聆听佛法。

《入誉论品第七》：王子年满十六，通晓技艺，文武兼备，与释迦族执杖之女成婚。

《众婇女游居品第八》：六万婇女围绕王子身边，而王子面对种种欲乐诱惑，毫不动心。妃子梦见王子出家。

《现忧惧品第九》：王子四次出宫游览，分别遇见病人、老人、死人和沙门。

《阎浮提树荫品第十》：王子再次出宫游览，深感尘世无常，在阎浮树下沉思入定。回宫后，请求父王同意他出家，父王不允。

《出家品第十一》：王子再次向父王表达出家的心愿。于是，父王吩咐诸臣严密守护王宫。当晚，王子看到婇女们睡眠的丑态，决意离宫出家。净居天神们施展神力，令侍卫们陷入昏睡。王子让车夫车匿（即阐铎迦）牵来犍陟马，顺利离宫出城。

《车匿品第十二》：王子拔剑削发，成为出家人。他将身上的装饰品托付车匿，打发车匿牵马返城。车匿泣别王子。

《瓶沙王问事品第十三》：王子在山林中用自己的金婇衣换取一位猎师的袈裟衣。他进入王舍城乞食。瓶沙王看到他后，亲自拜访他住宿的槃陀山，对他在少壮时出家困惑不解。

《为瓶沙王说法品第十四》：王子向瓶沙王说明尘世无常，众生受贪瞋痴驱使，陷入苦难，因此他决心出家，寻求解脱之道。

《不然阿兰品第十五》：王子拜仙人阿兰（即阿罗蓝）为师，求取摆脱"老病苦死"之道。而听完阿兰的教导，王子认为阿兰所说并非真正的解脱之道。王子转而向仙人迦兰（即郁陀蓝）问法，同样不能如愿。于是，他来到尼连禅河畔修炼严酷的苦行，历时六年，仍然不能获得解脱之道。这样，他放弃苦行，前往道树下端坐修禅。

《降魔品第十六》：魔王前来扰乱王子，而王子寂然不动，降伏魔女和魔军。然后，王子继续修禅，觉知十二缘起，终于得道成佛。

《度五比丘品第十七》：梵天劝请佛陀转动法轮。于是，佛陀前往波罗奈城向五比丘宣讲四圣谛和八正道，初转法轮。

《度宝称品第十八》：佛陀度化宝称（即耶舍）、迦叶三兄弟、瓶沙王、受训（即舍利弗）、目犍连和须达（即给孤独长者）。

《广度品第十九》：佛陀继续前往各地说法，度化众生。

《现大神变第二十》：一些梵志（婆罗门）看到佛陀扬名于世，心生妒忌，合议要与佛陀比试神变。佛陀接受挑战，展现种种大神变，并为众生说法，度化无数众生。

《升忉利天为母说法品第二十一》：佛陀升入忉利天，为母亲说法，度化母亲。

《忆先品第二十二》：佛陀应阿难之请，讲述自己在前生行善积德的故事（即佛本生故事）。

《游维耶离品第二十三》：维耶离城发生瘟疫，佛陀应邀前去消灾。然后，佛陀接受捺女（即菴摩罗女）供养，度化捺女。

《叹定光佛品第二十四》：佛陀向阿难讲述自己在过去世曾经买花献给定光佛（即燃灯佛），定光佛授记他未来成佛。

《降象品第二十五》：调达（即提婆达多）放出醉象，企图谋害佛陀。佛陀调伏醉象。调达又陷害一位虔信佛陀的青年高度。阿阇世王下令处死高度。而高度宁死不归顺调达，临刑之际，一心念佛。佛陀及时赶到，救下高度。阿阇世王也由此醒悟，皈依佛陀。

《魔劝舍寿品第二十六》：魔王提醒佛陀曾说过完成应该做的事后，便舍弃生命。佛陀告诉魔王，自己将在三个月后舍弃生命。

《调达入地狱品第二十七》：调达得了重病，堕入地狱，在地狱中受尽酷刑。目连（即目犍连）在佛弟子中为"神通第一"。他进入地狱，目睹调达的遭遇。阿阇世王闻听后，忏悔自己以往的罪过，更加虔诚供奉佛陀。

《现乳哺品第二十八》：佛陀来到力士族，讲述佛的乳哺力、福德力、智慧力、神足力和定意力，但世间一切归于无常，即使是佛，寿命也有尽头。

《大灭品第二十九》：佛陀前往双树林，右胁侧卧，面向西方，头朝北方。他为前来求见的须跋（即跋陀罗）说法。须跋顿时觉悟，先于佛陀入灭。佛陀又为众比丘说法。最后，佛陀通过禅定，进入涅槃。

《叹无为品第三十》：天国仙人和佛弟子阿那律哀叹佛陀逝世。众力士为佛陀举行火葬后，取回舍利，隆重供养。

《分舍利品第三十一》：周围七国国王要求分得舍利。众力士不同意。于是，七王发兵围城。后经调解，众力士与七王平分舍利，在各地建塔供养。

通过对照，首先可以确定昙译《佛所行赞》前十四品与梵本完全一致，由此也可以说明昙译《佛所行赞》与马鸣的原作一致。这样，再将昙译《佛所行赞》与宝云译《佛本行经》对比，可以发现《佛本行经》的前三品以及《忆先品》、《叹定光佛品》和《调达入地狱品》不见于《佛所行赞》，而《佛所行赞》的《合宫忧悲品》、《推求太子品》和《父子相见品》不见于《佛本行经》。其余部分的内容和情节大体一致，其中也有不少细节描写相似处，但无论叙事的详略或文字的表达，都存在明显差异，因此，不可能是同一部作品。

至于这两部作品的产生年代孰先孰后，因无史料佐证，难以确定。但从《佛本行经》的情节内容相对多于《佛所行赞》，或许《佛本行经》的产生年代晚于《佛所行赞》，在创作中可能对《佛所行赞》有所借鉴。如果对这两部作品的创作水平进行比较，就诗歌艺术而言，在对佛陀生平事迹的取舍剪裁、情感渲染和形象描绘等方面，《佛所行赞》都明显高于《佛本行经》。这或许也是《佛本行经》的梵本最终失传，而《佛所行赞》的梵本（尽管残存前半部分）得以流传至今的原因。当然，《佛本行经》的梵本失传仍是可惜的，否则，在梵语文学史中又可以增加一部古典梵语叙事诗。

我们还可以将《佛所行赞》放在梵语文学史中加以考察。《佛所行赞》符合自七世纪开始出现的梵语诗学著作对古典梵语叙事诗作出的艺术规范。实际上，这些艺术规范也是梵语诗学家依据自马鸣至七世纪之间出现的古典梵语叙事诗的理论总结。古典梵语叙事诗要求分章，《佛所行赞》分成二十八章。内容通常含有情爱、政治和战斗等，《佛所行赞》第四章中描写后宫妇女竭力引诱王子沉湎情爱欢乐，第九章和第十章中分别描写净饭王的大臣和频毗沙罗王劝说王子履行治国职责，第十三章中描写王子战胜魔女和魔军，降伏摩罗。还有，《佛所行赞》中使用多种诗律，语言纯朴优美，明喻、隐喻、夸张、奇想、用典和谐音等修辞手段丰富，人物形象生动，并注重传达各种情味。

但是，与其他的古典梵语叙事诗相比，《佛所行赞》的后半部分，描写佛陀在各地度化众生，从不同侧面宣说四圣谛和八正道，说教的内容多了些。他的另一部叙事诗《美难陀传》同样诗艺高超，同样也是后半部分的说教内容多了些。当然，这些说教内容并不完全是抽象的说理文字，常常含有形象生动的比喻。对于喜爱聆听佛法的信众来说，或许还会更受欢迎。马鸣本人也意识到自己创作的叙事诗有别于其他作者的叙事诗。他在《美难陀传》的结尾部分写道：

> 这部作品蕴含解脱的主题,求平静,而非求欲乐,
> 采用诗歌形式是为了吸引那些驰心旁骛的听众,
> 我按照诗歌规则,在诗中除了解脱,也描写其他,
> 是为了打动人心,犹如苦药伴有蜜汁,便于喝下。(18.63)

唐义净在《南海寄归内法传》中这样评价《佛所行赞》:"意明字少而摄义能多,复令读者心悦忘倦,又复纂持圣教能生福利。"确实把握住了《佛所行赞》的思想内涵和艺术特点。

三

《佛所行赞》是叙事诗,昙无谶的汉译也采用诗体,而且通篇采用汉语五言诗体。我们可以利用这个机会,结合昙译《佛所行赞》,初步考察一下汉译佛经中的译诗问题。

印度古代文体中,诗体不仅用于文学作品,也广泛用于哲学和科学著作,这与印度古代偏重口头传承的文化形态密切相关。诗体的语言形式首先表现在诗律上。在最早的吠陀颂诗中,每个诗节一般由三行或四行(偶尔五行)组成,而每行一般由八个、十一个或十二个(偶尔五个)音节组成,这些音节按照长短音的有规则配合,形成不同的诗律。后来,在两大史诗《摩诃婆罗多》和《罗摩衍那》中,诗节一般由四行组成,每行由八个音节组成,诗律主要使用输洛迦体(śloka),或称阿奴湿图朴体(anuṣṭubh)。输洛迦体诗律本身有多种格式,但常用格式的规则是每行八个音节中,第五个音节要短,第六个音节要长,第七个音节长短交替。佛经大量使用诗体或韵散杂糅的文体。这种输

洛迦体也是佛经中的常用诗体。慧皎《高僧传》卷第二中提到鸠摩罗什"年七岁,亦俱出家,从师受经,日诵千偈,偈有三十二字"。这里所说的"偈"便是这种诗体。在汉译佛经中,也称"颂"或"偈颂",音译为"室路迦"、"输卢迦"、"首卢迦"或"首卢柯"等。偈颂也称为"伽他"(gāthā,或译"伽陀")。伽他也是巴利语中的常用名称,指一个诗节。但要注意的是,汉译佛经中常将诗体统称为"偈颂",而佛经中的诗体并非只是这种四八三十二个音节的输洛迦体。

《佛所行赞》中也有一部分诗节使用这种输洛迦诗体。这里举出其中一节(4.2),予以图解说明它的诗律格式:

abhigamya ca tāstasmai
vismayotphullalocanāḥ |
cekrire samudācāraṃ
padmakośanibhaiḥ karaiḥ ||

(她们走向这个王子,
　睁大着惊奇的眼睛,
　双手合十似含苞莲花,
　热诚向王子表达敬意。)

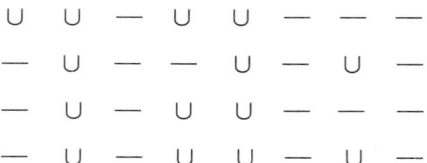

这里的符号∪表示短音节,— 表示长音节。梵语的语音分成元音和辅音,相当于汉语的韵母和声母。元音能单独成为音节,而辅音必须与元音结合构成音节。用短元音构成的音节是短音节,用长元音构成的音节是长音节。而在鼻化音、送气音 ḥ 和复辅音前的短元音也算作长元音，构成长音节。这是梵语诗律中关于长短音节的一般规则。

马鸣处在古典梵语文学时期。在这个时期，为了适应文学表达的需要，梵语诗律得到很大发展。诗节一般由四行组成，而每行的音节数量愈益增多，长短音节的有规则配合的格式也变化多端，故而诗律格式的数量难以准确统计。当然，总还是有一些常用的诗律格式。《佛所行赞》也体现这一时期的梵语诗律应用方式。《佛所行赞》现存梵本前十四章中主要使用的诗律除了输洛迦体外，还有乌波迦提体（upajāti）和凡舍斯陀体（vaṃśastha）。其中前者每行十一个音节，后者每行十三个音节。其他少量使用的诗律有 aupacchandasika、rucirā、praharṣihī、mālinī 和 śikhariṇī。这几种诗律每行的音节在十一个至十七个之间。

了解了以上梵语诗律的构成方式，就会知道这样的诗律在汉语中是无法移植的。梵语是屈折语，使用拼音文字，而汉语是孤立语，使用表意文字。汉语的诗律格式自然不同于梵语。先秦时期的《诗经》以四言诗为主，诗律主要体现在一顿两拍的节奏和押尾韵，词语中还注意使用叠音词和双声叠韵。魏晋南北朝是五言古诗和七言古诗的兴盛时期，诗律体现在注意节奏感、声调的调谐和词语中运用对偶，押尾韵。其间，随着佛经翻译活动的展开，受梵语语言理论的启示，发明四声说和声律说，由此产生五言律诗。五言律诗至唐代达到成熟，并进而产生七言律诗。这些律诗的诗律主要体现在平仄声的有规则配合和押尾韵。

佛经翻译兴盛于魏晋南北朝时期，故而佛经中的诗体翻译普遍使用四言、五言和七言诗体。鉴于梵语诗律无法在汉语中移植，同时佛经中的诗歌大多不是艺术诗歌，所以佛经中的诗歌翻译重在传达意义，并不特别关注诗律形式。自然，在翻译中也会适当注意文字节奏和押尾韵，但并无严格要求。然而，诗歌中不属于诗律的修辞方式（除了词音修辞），在汉译中还是能得到充分体现的。

昙译《佛所行赞》通篇采用五言诗体。原文中的输洛迦体（4.1—96，6.1—55，12.1—115，14.1—31），[①] 大多译为五言四句。输洛迦体四行共有三十二个音节，五言四句共有二十个字。汉语中一个音节构成一个字。一个字可以独立成词，也可以与另一个字组成一个词。而梵语中一个音节可以构成一个词，但属于少数，多数是由两个或三个音节构成一个词。因此，一般说来，五言四句二十个字，基本上能适应输洛迦体的三十二个音节。这也符合昙译《佛所行赞》中用五言四句对应输洛迦体的情况。而且，有时不仅在文字表述上能做到完全对应，还显出译文比原文更雅致一些，如 6.46、47、52 和 53。

然而，用五言四句对应其他梵语诗律，即每行音节在八个以上的诗律，情况就不一样。乌波迦提体是《佛所行赞》中使用最多的一种诗律（1.8—24 和 40—79，2.1—65，3.1—62，6.56—65，7.1—57，9.1—71，10.1—39，11.1—57，12.1—69），每行十一个音节。译为五言四句，常常会删略个别或少量词语，如 2.5 和 46。译为五言六句，常常能完全对应，如 1.70 和 72。译为五言八句，有时完全对应，如 1.69，有时会添加少量词语，如 3.35 和 57。译为五言十句，常常会添加一些词语，如 1.21 和 2.55。译为五言二句或三句，则必定会简化内容。也有译为五言五句或七句，则情况与五言六句类似。

另一种每行十三个音节的凡舍斯陀体以及其余几种诗体的情况可

[①] 关于《佛所行赞》中的诗律统计，参阅 E. H. Johnston, Buddhacarita, Part 2, Introduction, New Delhi, 1995。

以依据乌波迦提体类推。

但是,我们需要注意的是,综观昙译《佛所行赞》,译文中出现删略或增添,原因也不能完全归于梵汉诗律不同。因为译者本身在主观上就没有一定要依照原文逐字逐句译出的想法,而更多考虑的是怎样适应汉语的表达方式,便于读者理解和接受。所以,文字表述大多会有不同程度的变易,甚至索性按照原诗大意,加以改写。这样,昙译通篇采用五言诗体,而针对每种梵语诗律,究竟每节诗译为五言几句也就没有定规。如果不对照梵本原文,单凭汉译也就很难准确区分或还原原文的诗节。

昙译《佛所行赞》中还有明显删略原文的现象。如 2.31 和 32 描写宫中妇女以种种媚态取悦王子,完全删略;3.13—20 描写王子出宫游园途中,城中妇女争相观看王子,有些描写带有艳情色彩,完全删略;4.39—53 描写园林中妇女们挑逗和引诱王子,完全删略,而代之以五言十二句的简略描述;5.50—62 描写王子目睹宫中妇女们种种丑陋的睡相,则予以压缩,改写成五言十三句,删略了那些带有艳情色彩的词语。这些删略更是无关乎诗律,而完全是顺应汉地的伦理观念和心理习惯。

与昙译《佛所行赞》通篇采用五言诗体不同,宝云译《佛本行经》采用四言、五言和七言三种诗体,其中又以四言和五言居多。但因为《佛本行经》梵本已失传,无法考察其中梵汉诗体的对应情况。

与宝云译《佛本行经》的情况相同,地婆诃罗译《方广大庄严经》(即《神通游戏》)也采用四言、五言和七言三种诗体。[①]《方广大庄严经》梵本原文使用韵散杂糅的文体,其中的诗体以每行音节在八个

---

① 参阅《梵汉对勘神通游戏》,中国社会科学出版社 2012 年版。

以上者居多，只有少量每行八个音节的输洛迦体。地译中体现的梵汉诗体对应情况大致如下：

输洛迦体一般译为五言四句，如 26.52—74，词语基本上都能对应。每行音节在十一个和十三个之间的诗体：有些译为七言四句，如 1.1—5，词语基本上都能对应。有些译为五言诗体，如 3.1—20，其中，多数译为五言四句，词语或者都能对应，或者略有简化；少数译为五言二句，则词语更为简化；个别译为五言五句、六句或七句，词语也都能对应。有些译为四言诗体，如 13.69—119，其中，译为四言八句乃至九句或十句者，词语基本上都能对应；译为四言六句或五句者，词语有所简化；译为四言四句乃至三句或二句者，则词语更为简化。还有每行音节更多的诗体，如 6.23—37，每行十五个或十六个音节，译为七言四句或六句，词语基本上都能对应。又如 7.22—29，每行十七个或十八个音节，译为五言八句，词语基本上都能对应；译为五言六句，则词语略有简化。

可以说，昙译《佛所行赞》和地译《方广大庄严经》中梵汉诗体转换的情况大体上也反映汉译佛经中的译诗情况。当然，其中存在的简化倾向除外。因为《佛所行赞》是叙事诗，《方广大庄严经》中的诗体也主要属于叙事诗。汉译佛经中的说理诗的翻译情况显然不同，通常都是严格按照原文翻译的，如鸠摩罗什翻译的《中论》中的偈颂，求那跋陀罗、菩提留支和实叉难陀先后翻译的《入楞伽经》中的偈颂。而且，即使是叙事诗，是否有简化倾向或简化的程度如何，也与各位译者的翻译理念和方法密切相关，不能一概而论。

四

马鸣《佛所行赞》的梵本最早是由英国学者考威尔编订的,出版于 1893 年,继而由考威尔本人译为英语,出版于 1894 年(《东方圣书》第 49 卷)。这个编订本依据两个尼泊尔梵语抄本,共有十七章,其中后三章不是马鸣原作,而是由一个名为甘露喜(Amṛtānanda)的尼泊尔学者续写的。因此,马鸣的《佛所行赞》实际残存前十四章。

在《佛所行赞》梵本发现之前,英国学者比尔(S. Beal)曾依据《佛所行赞》汉文全译本译为英语,出版于 1883 年(《东方圣书》第 19 卷)。比尔在译本前言中谈到自己应《东方圣书》编者邀请翻译汉译佛经。他首先翻译《普曜经》。而在翻译过程中,他发现其中文字难点太多,即使已经译出全经八卷中的前六卷,最终还是放弃了。然后,他翻译《佛所行赞》,尽管在翻译过程中依然遇到不少文字难点,还是坚持译完了。因此,他谦逊地表示这个译本只能算是尝试性的。今天我们读他的这个英译本,尽管会发现译文中多有不确或错误之处,但从总体上看,不能不敬佩他能翻成这样,已经实属不易。实际上,这个英译本对于后起学者校勘和翻译梵本《佛所行赞》仍然起到了一定的参考作用,尤其是能了解已经失佚的梵本后十四章的内容。

后来,约翰斯顿又依据在尼泊尔新发现的《佛所行赞》梵语抄本(藏于加德满都图书馆)校勘出版新的编订本,并由他本人译为英语,合为一册出版(Buddhacarita, or Acts of the Buddha, Calcutta, 1935—1936)。其中的《佛所行赞》英译不单是依据梵本翻译的前十四章,还包括依据汉译和藏译转译的后十四章。他还对马鸣及其《佛所行赞》做了全面深入的研究，体现在他为这部著作撰写的长篇导言中。应该说，这是迄今为止国际上关于马鸣《佛所行赞》的最有参考价值的一部学术著作。

我这次进行《佛所行赞》梵汉对勘，梵本就是依据约翰斯顿的这个编订本（Munshiram Manoharlal Publishers Pvt Ltd，New Delhi，1995）。昙译《佛所行赞》则采用《中华大藏经》（第五十册）提供的文本。《中华大藏经》有个明显的优点，即每部经文都附有校勘记。通过梵汉对勘，对于读通梵语原文和汉语译文，准确把握和领会其中的一些词语，都有很大帮助。因此，我在梵汉对勘中，也注意利用这个校勘记，选择其中提供的一些可取的读法，在注释中标出，供读者参考。

由于《佛所行赞》的梵本只有前半部分，为了保持经文的完整性，我也附上昙译《佛所行赞》的后半部分，而且尽我所能，也为这部分做了注释，供读者参考。对我来说，离开了梵汉对勘，从事汉文佛经注释，感觉颇有难度。故而，注释中如有不当之处，欢迎读者批评指正。

范晶晶和张冬梅读过本书前十四章梵汉对勘的打印稿，帮助改正了不少错字。最后，郑国栋为我的这部书稿的电子文本，按照出版要求的版面格式做了编排工作，在此一并表示诚挚的感谢。

黄宝生
2014 年 1 月 20 日

बुद्धचरित

今译：佛所行赞

昙译：佛所行讚

१ भगवत्प्रसूतिः

今译：第一章　世尊诞生

昙译：生品第一

昙译：甘蔗①之苗裔，釋迦無勝王②，
　　　淨財德純備，名故③曰淨飯，
　　　羣生樂瞻仰，猶如初生月。
　　　王如天帝釋，夫人猶舍脂④，
　　　執志安如地，心淨若蓮花，
　　　假譬名摩耶⑤，其實無倫比，
　　　於彼象天后，降神而處胎。⑥
　　　母悉離憂患，不生幻偽心，
　　　厭穢⑦彼諠俗，樂處空閑林。
　　　藍毗尼⑧勝園，流泉花果戍⑨，

---

① "甘蔗"（ikṣvāku）是释迦族的祖先名。
② "无胜王"意谓不可战胜的国王。
③ 此处"名故"，据《中华大藏经》校勘记，《丽》作"故名"。
④ "天帝释"（śakra，也译"帝释"或"帝释天"）即天王因陀罗。"舍脂"（śacī）是天帝释的妻子名。
⑤ "摩耶"（māyā）是净饭王（śuddhodana）的夫人名。原词 māyā 的词义为"幻像"或"幻力"。
⑥ 这一行中，"象天后"的意思可能是指摩耶夫人"如同天后"。"降神而处胎"指菩萨从兜率天下凡降生，进入摩耶夫人子宫。按照通常的描写，摩耶夫人梦见一头白象进入自己子宫。
⑦ 此处"秽"字，据《中华大藏经》校勘记，《碛》、《普》、《南》、《径》、《清》、《丽》作"恶"。
⑧ "蓝毗尼"（lumbinī）是园林名。
⑨ 此处"戍"字，据《中华大藏经》校勘记，《碛》、《普》、《南》、《径》、《清》、《丽》作"茂"。

　　　　寂靜樂禪思，啟王請遊彼。
　　　　王知其志願，而生奇特想，
　　　　勅內外眷屬，俱詣彼園林①。

तस्मिन्वने श्रीमति राजपत्नी प्रसूतिकालं समवेक्षमाणा ।
शय्यां वितानोपहितां प्रपेदे नारीसहस्त्रैरभिनन्द्यमाना ॥ ८ ॥

今译：在那个吉祥的园林中，
　　　王后眼看分娩时刻来临，
　　　走向挂有帐幔的床榻，
　　　数以千计妇女欢欣鼓舞。（8）

昙译：爾時摩耶后，自知產時至，
　　　偃寢安勝林②，百千婇女侍。

ततः प्रसन्नश्च बभूव पुष्यस्तस्याश्च देव्या व्रतसंस्कृतायाः ।
पार्श्वात्सुतो लोकहिताय जज्ञे निर्वेदनं चैव निरामयं च ॥ ९ ॥

今译：然后，弗沙星③清静安宁，
　　　这位持戒修行的王后，
　　　从自己胁部，无病无痛，
　　　生下儿子，为世界造福。（9）

昙译：於四月八日④，時和氣調適，
　　　齋戒修淨德，菩薩右脇生，
　　　大悲救世間，不令母苦惱。

ऊरोर्यथौर्वस्य पृथोश्च हस्तान्मान्धातुरिन्द्रप्रतिमस्य मूर्ध्नः ।
कक्षीवतश्चैव भुजांसदेशात्तथाविधं तस्य बभूव जन्म ॥ १० ॥

---

① 原文缺开头的七颂，故而以上昙译相当于原文的开头七颂。
② 此处"林"字，据《中华大藏经》校勘记，《碛》、《普》、《南》、《径》、《清》、《丽》作"床"。这颂原文中有"床"（śayyā）字。
③ "弗沙星"（puṣya）即鬼宿，此处指弗沙月，相当于公历十二月至一月之间。
④ 汉译佛经中对佛陀诞生日有四月八日和二月八日两种说法。

今译：这位王子这样出生，就好像
　　　优留仙人生自股部，普利图王
　　　生自手，媲美因陀罗的曼陀多
　　　生自头顶，迦克希凡生自腋下[①]。（10）

昙译：優留王股生，畀偷王手生，
　　　曼陀王頂生，伽叉王腋生，
　　　菩薩亦如是，誕從右脇生。

क्रमेण गर्भादभिनिःसृतः सन्बभौ च्युतः खादिव योन्यजातः ।
कल्पेष्वनेकेषु च भावितात्मा यः संप्रजानन्सुषुवे न मूढः ॥११॥

今译：他渐渐从胎藏出现，光彩熠熠，
　　　仿佛自天而降，而非出自阴门；
　　　他已亲身经历许多劫的净化，
　　　一生下就是知者，而不愚昧。（11）

昙译：漸漸從胎出，光明普照耀，
　　　如從虛空墮，不由於生門，
　　　修德無量劫，自知生不死[②]。

दीप्त्या च धैर्येण च यो रराज बालो रविर्भूमिमिवावतीर्णः ।
तथातिदीप्तो ऽपि निरीक्ष्यमाणो जहार चक्षूंषि यथा शशाङ्कः ॥१२॥

今译：他光辉而稳定，似初升的
　　　太阳降临大地，闪闪发光，
　　　即使看似光芒强烈，仍像
　　　月亮那样吸引人们的目光。（12）

昙译：安諦不傾動，明顯妙端嚴，

---

① 优留（aurva）和迦克希凡（kakṣīvat，昙译"伽叉"）是著名仙人。普利图（pṛthu，昙译"畀偷"）和曼陀多（māndhātṛ，昙译"曼陀"）是著名国王。
② 此处"死"字，据《中华大藏经》校勘记，《碛》、《普》、《南》、《径》、《清》作"乱"。"乱"对应原文中的 mūḍha（愚昧），词义比较接近。

晃然後^①胎現，猶如日初昇，
觀察極明耀，而不害眼根，
縱現^②而不耀，如現^③空中月。

स हि स्वगात्रप्रभयोज्ज्वलन्त्या दीपप्रभां भास्करवन्मुमोष ।
महार्हजाम्बूनदचारुवर्णो विद्योतयामास दिशश्च सर्वाः ॥ १३ ॥

今译：肤色优美，似宝贵的黄金，
　　　凭借自己肢体闪耀的光芒，
　　　如同明亮的太阳，夺走了
　　　灯的光芒，照亮所有方向。（13）

昙译：自身光照耀，如日夺燈明，
　　　菩薩真金身，普照亦如是。

अनाकुलान्युञ्जसमुद्धृतानि निष्पेषवद्व्यायतविक्रमाणि ।
तथैव धीराणि पदानि सप्त सप्तर्षितारासदृशो जगाम ॥ १४ ॥

今译：他走了坚定的七步，
　　　如同七仙人星宿，
　　　踩步和举步不混乱，
　　　跨出的大步沉着有力。（14）

昙译：正真^④心不亂，安祥行七步，
　　　足下安平趾^⑤，炳徹猶七星。

---

① 此处"后"字，据《中华大藏经》校勘记，《碛》、《普》、《南》、《径》、《清》作"从"。

② 此处"现"字，据《中华大藏经》校勘记，《碛》、《普》、《南》、《径》、《清》、《丽》作"视"。

③ 此处"现"字，据《中华大藏经》校勘记，《碛》、《普》、《南》、《径》、《清》、《丽》作"观"。

④ 此处"正真"，据《中华大藏经》校勘记，《碛》、《普》、《南》、《径》、《清》作"正直"。

⑤ 这句"足下安平趾"意谓行走时，足趾平正安稳。按原文是 dhīrāṇi padāni，意谓坚定的脚步。

बोधाय जातो ऽस्मि जगद्धितार्थमन्त्या भवोत्पत्तिरियं ममेति ।
चतुर्दिशं सिंहगतिर्विलोक्य वाणीं च भव्यार्थकरीमुवाच॥१५॥

今译：迈着狮步，环视四方，
　　　他说出意义吉祥的话：
　　　"这是我最后一次出生，
　　　为求觉悟，造福世界。"（15）

昙译：獸王師子步，觀察於四方，
　　　通達真實義，堪能如是說：
　　　"此生為佛生①，則為後邊②生，
　　　我唯此一生，當度於一切③。"

खात्प्रस्रुते चन्द्रमरीचिशुभ्रे द्वे वारिधारे शिशिरोष्णवीर्ये ।
शरीरसंस्पर्शसुखान्तराय निपेततुर्मूर्धनि तस्य सौम्ये॥१६॥

今译：从空中流下两道水流，
　　　清凉和温热，清澈似月光，
　　　浇灌在他可爱的头顶上，
　　　接触身体，令他舒服愉快。（16）

昙译：應時虛空中，淨水雙流下，
　　　一溫一清涼，灌頂令身樂。

श्रीमद्द्वितानेकनकोज्ज्वलाङ्गे वैडूर्यपादे शयने शयानम् ।
यद्दौरवात्काञ्चनपद्महस्ता यक्षाधिपाः संपरिवार्य तस्थुः॥१७॥

今译：他躺在挂有华丽帐幔的床榻上，
　　　床架闪烁金光，床脚镶嵌琉璃，
　　　众位药叉王④出于对他的崇敬，

---

　　① 这句"此生为佛生"，按原文是 bodhāya jātaḥ，意谓出生为求觉悟，即此生是为了成佛而生。
　　② 此处"后边"的原词是 antyā，词义为"最后的"。
　　③ 这句"当度于一切"意谓"为了救度一切众生"。
　　④ 药叉（yakṣa）属于半神类，侍奉财神俱比罗。

　　　　　手持金色莲花，侍立在周围。（17）

昙译：安處寶宮殿①，臥於琉璃床，
　　　天王金華手，奉持床四足。

......श्व दिवौकसः खे यस्य प्रभावात्प्रणतैः शीरोभिः ।
आधारयन्पाण्डरमातपत्रं बोधाय जेपुः परमाशिषश्च ॥१८॥

今译：凭借他的威力，众天神
　　　在空中执持白色华盖，
　　　俯首默念至高祝祷，
　　　为了让他达到觉悟。（18）

昙译：諸天於空中，執持寶蓋時，
　　　承威神②讚歎，勸發成佛道。

महोरगा धर्मविशेषतर्षाद्बुद्धेष्वतीतेषु कृताधिकाराः ।
यमव्यजन्भक्तिविशिष्टनेत्रा मन्दारपुष्पैः समवाकिरंश्च ॥१९॥

今译：众蛇王曾侍奉众多过去佛，
　　　它们渴望获得特殊的正法，
　　　眼神中饱含虔诚的感情，
　　　为他扇风，又撒下曼陀罗花。（19）

昙译：諸龍王歡喜，渴仰殊勝法，
　　　曾奉過去佛，今得值菩薩，
　　　散曼陀羅花，專心樂供養。

तथागतोत्पादगुणेन तुष्टाः शुद्धाधिवासाश्च विशुद्धसत्त्वाः ।
देवा ननन्दुर्विगते ऽपि रागे मग्नस्य दुःखे जगतो हिताय ॥२०॥

今译：如来③这样出生，净居天诸神④

---

① 此处"宫殿"的原词是 vitāna，词义为"帐幔"。此词与 vimāna（宫殿）词形相近。
② 此处"威神"的原词是 prabhāva，词义为"威力"，指菩萨的威力。这种威力也包含神通力，故而汉译佛经中常将此词译为"威神"，或译为"神通"。
③ 如来（tathāgata）是佛的称号。
④ 净居天（śuddhādhivāsa）是天界之一。

　　　　高兴满意，他们本性纯洁，
　　　　摒弃激情，仍为沉入苦海的
　　　　世界利益着想，心生喜悦。（20）

　　昙译：如來出興世，淨居天歡喜，
　　　　已除愛欲歡，為法而欣悅，
　　　　眾生沒苦海，令得解脫故。

यस्य प्रसूतौ गिरिराजकीला वाताहता नौरिव भूश्चचाल ।
सचन्दना चोत्पलपद्मगर्भा पपात वृष्टिर्गगनादनभ्रात् ॥२१॥

　　今译：他诞生时，以山王为楔子的
　　　　大地动摇，犹如船遇风暴，
　　　　晴朗无云的天空降下花雨，
　　　　含有青莲和红莲，还有檀香。（21）

　　昙译：須彌寶山王①，堅持此大地，
　　　　菩薩出興世，功德風所飄，
　　　　普皆大震動，如風鼓浪舟，
　　　　栴檀細末香，眾寶蓮花盛②，
　　　　風吹騰③空流，繽紛而亂墜。

वाता ववुः स्पर्शसुखा मनोज्ञा
　　दिव्यानि वासांस्यवपातयन्तः ।
सूर्यः स एवाभ्यधिकं चकाशे
　　जज्वाल सौम्यार्चिरनीरितोऽग्निः ॥२२॥

　　今译：风儿轻轻吹拂，触感舒服，

―――――――――――
　　① 此处在原文中只提及"山王"（girirāja），没有明指"须弥"（sumeru）。在古典梵语中，"山王"通常指喜马拉雅山，而在佛经中，常常指须弥山。
　　② 此处"盛"字，据《中华大藏经》校勘记，《碛》、《普》、《南》、《径》、《清》、《丽》作"藏"。此词对应的原词是 garbha，词义为"胎藏"。而在句中的意思是"含有"。
　　③ 此处"腾"字，据《中华大藏经》校勘记，《丽》作"随"。

可爱迷人，吹落许多仙衣，

太阳变得格外明亮，火焰

不动，闪耀着美丽的光辉。（22）

昙译：天衣從空下，觸身生妙樂，

　　　日月如常度，光耀倍增明，

　　　世界諸火光，無薪①自炎熾。

प्रागुत्तरे चावसथप्रदेशे कूपः स्वयं प्रादुरभूत्सिताम्बुः

अन्तःपुराण्यागतविस्मयानि यस्मिन्क्रियास्तीर्थ इव प्रचक्रुः ॥२३॥

今译：在园林东北角的住处，

　　　自动出现一座净水井，

　　　宫女们惊讶不已，在那里

　　　履行仪式，如同在圣地。（23）

昙译：淨水清涼井，前後②自然生，

　　　中宮婇女眾，怪歎未曾有，

　　　競赴而飲浴，皆起安樂想。

धर्मार्थिभिर्भूतगणैश्च दिव्यैस्तद्दर्शनार्थं वनमापुपूरे ।

कौतूहलेनैव च पादपेभ्यः पुष्पाण्यकाले ऽपि ……॥२४॥

今译：天国成群的精灵渴望正法，

　　　想要拜见他，怀着好奇心，

　　　拥满园林，即使不到时候，

　　　也让那些花朵从树上（飘落）③。（24）

昙译：無量負多④天，樂法悉雲集，

　　　於藍毗尼園，遍滿林樹間，

---

① 此处"无薪"对应的原词是 anīritaḥ，词义为"不动"。
② 此处"前后"对应的原词是 prāguttare，词义为"东北"。
③ 这里意谓为菩萨降下花雨。
④ 此处"负多"，据《中华大藏经》校勘记，《碛》、《普》、《南》、《径》、《清》、《丽》作"部多"。"部多"是 bhūta（精灵）一词的音译。

奇特眾妙花，非時而敷榮。
凶暴眾生類，一時生慈心，
世間諸疾病，不療自然除。
亂鳴諸禽獸，恬默寂無聲，
萬川皆停流，濁水悉澄清，
空中無雲翳，天鼓自然鳴。
一切諸世間，悉得安隱樂，
猶如荒難國，忽得賢明主，
菩薩所以生，為濟世眾苦，
唯彼魔天王，震動大憂惱。
父母①見生子，奇特未曾想，②
素性雖安重，驚駭改常容，
自慮交心胸③，一喜復一懼。
夫人見其子，不由常道生，
女人性怯弱，怵惕懷冰炭，
不別吉凶相，反更生憂怖。
長宿諸母人④，互亂祈神明，
各請常所事，願令太子安。
時彼林中有，知相⑤婆羅門，
威儀具多聞，才辯高名稱，
見相心歡喜，踴躍未曾有，
知王心驚怖，白王以真實：
"人生於世間，唯求殊勝子，

---

① 此处"父母"，据《中华大藏经》校勘记，《碛》、《普》、《南》、《径》、《清》、《丽》作"父王"。"父王"指净饭王。
② 此处"想"字，据《中华大藏经》校勘记，《碛》、《普》、《南》、《径》、《清》、《丽》作"有"。
③ 此处"自慮交心胸"，据《中华大藏经》校勘记，《丽》作"二息交胸起"。
④ "长宿诸母人"指年长的妇女们。
⑤ "知相"指通晓占相术。

王今如滿月，應生大歡喜，
今生奇特子，必能顯宗族。
安心自欣慶，莫生餘疑慮，
靈祥集家國，從今轉休①盛，
所生殊勝子，必為世間救。
惟此上士身，金色妙光明，
如是殊勝相，必成等正覺。
若令②樂世間，必作轉輪王，
普為大地主，勇猛正法治，
王領四天下，統御一切王，
猶如世光明，日光為最勝。
若處於山林，專心求解脫，
成就實智慧，普照於世間，
譬如須彌山，普為諸山王。
眾寶金為最，眾流海為最，
諸宿月為最，諸明日為最，
如來處世間，兩足中為尊③。
淨目脩且廣，上下瞬長睫，
瞪矚綪④青色，明煥半月形，
此相云何非，平等殊勝目？"
時王告二生⑤："若如汝所說，
以是因緣故，如此奇特相，⑥

---

① 此处"休"字，据《中华大藏经》校勘记，《碛》、《普》、《南》、《径》、《清》作"兴"。
② 此处"令"字，据《中华大藏经》校勘记，《丽》作"习"。
③ 此处"尊"字，据《中华大藏经》校勘记，《丽》作"最"。这句中的"两足"指人。
④ 此处"綪"字，据《中华大藏经》校勘记，《碛》、《普》、《南》、《径》、《清》、《丽》作"绀"。
⑤ "二生"（dvija）指再生族，这里特指再生族中的婆罗门。
⑥ 此处这一行，据《中华大藏经》校勘记，《丽》作"如此奇特相，以何因缘故"。

不應於先王，乃現於我世？"
　　婆羅門白王："不應如是說，
　　多聞與智慧，名稱及事業，
　　如是四事者，不應顧先後。

निदर्शनान्यत्र च नो निबोध॥४०॥

今译："……请听我们的这些事例①！（40）

昙译："天物所以生②，各從因緣起，
　　　今當說諸譬，王今且諦聽：

यद्राजशास्त्रं भृगुरङ्गिरा वा न चक्रतुर्वंशकरावृषी तौ ।
तयोः सुतौ सौम्य ससर्जतुस्तत्कालेन शुक्रश्च बृहस्पतिश्च॥४१॥

今译："婆利古和安吉罗这两位仙人，
　　　家族缔造者，没有创制帝王论，
　　　而后，他俩的儿子修迦罗和
　　　毗诃波提完成这任务，贤士啊！（41）

昙译："毗求央耆羅③，此二仙人族，
　　　經歷久遠世，各生殊異子，
　　　毗利訶鉢低，及與儵迦羅④，
　　　能造帝王論，不從先族來。

सारस्वतश्चापि जगाद नष्टं वेदं पुनर्यं ददृशुर्न पूर्वे ।
व्यासस्तथैनं बहुधा चकार न यं वसिष्ठः कृतवानशक्तिः॥४२॥

今译："娑罗私婆蒂之子诵出失传的

---

　　① 以上原文缺第 25—40 颂。第 40 颂原文只剩这最后一句。
　　② 此处这一句，据《中华大藏经》校勘记，《碛》、《普》、《南》、《径》、《清》、《丽》作"物性之所生"。
　　③ "毗求"是 bhṛgu（婆利古）一词的音译。"央耆罗"是 aṅgiras（安吉罗）一词的音译。
　　④ "毗利诃钵低"是 bṛhaspati（毗诃波提）一词的音译。"儵迦罗"是"修迦罗"（śukra）一词的音译。

吠陀，此前古人已经不再见到；
同样，毗耶娑①多次编订吠陀，
而极裕②却没有能力做这件事。（42）

昙译："薩羅薩③仙人，經論久斷絕，
而生婆羅婆④，續復明經論；
現在知見生，不必由先胄⑤，
毗耶婆⑥仙人，多造諸經論。

वाल्मीकिरादौ च ससर्ज पद्यं जग्रन्थ यन्न च्यवनो महर्षिः।
चिकित्सितं यच्च कार नात्रिः पश्चात्तदात्रेय ऋषिर्जगाद॥४३॥

今译："蚁垤⑦最先创造诗体，
而行落大仙没有编诗；
阿特利没有编制医典，
后由阿特雷耶⑧仙人诵出。（43）

昙译："末後胤跋彌⑨，廣集偈章句；
阿低利仙人，不解醫方論，
後生阿低離，善能治百病。

यच्च द्विजत्वं कुशिको न लेभे तद्ब्राधिनः सूनुरवाप राजन्।
वेलां समुद्रे सगरश्च दध्रे नेक्ष्वाकवो यां प्रथमं बबन्धुः॥४४॥

---

① "毗耶娑"（vyāsa）相传是《摩诃婆罗多》的作者，也是《吠陀》的编订者。
② "极裕"（vasiṣṭha）是著名仙人。他是毗耶娑的先祖。
③ "萨罗萨"对应的原词是 sārasvata，词义为"娑罗私婆蒂之子"。娑罗私婆蒂（sarasvatī）是语言女神。
④ 此处"婆"字，据《中华大藏经》校勘记，《碛》、《普》、《南》、《径》、《清》作"娑"。"婆罗娑"（或"婆罗婆"）这个名字不见于原文。
⑤ 此处"胄"字，据《中华大藏经》校勘记，《碛》、《普》、《南》、《径》、《清》作"绪"。
⑥ 此处"婆"字，据《中华大藏经》校勘记，《丽》作"娑"。
⑦ "蚁垤"（vālmīki，昙译"跋弥"）相传是《罗摩衍那》的作者。《罗摩衍那》被称为"最初的诗"（ādikāvya）。
⑧ "阿特雷耶"（ātreya，昙译"阿低离"）是"阿特利"（atri，昙译"阿低利"）的后裔。
⑨ 这里将跋弥（蚁垤）说成在毗耶娑之后，原文中并没有这样的表述。

今译："拘湿迦没有获得婆罗门性，
　　　　伽亭之子达到这目的[1]，国王啊！
　　　　甘蔗族原先没有围住大海，
　　　　后来，沙伽罗设立了堤岸[2]。(44)

昙译："二生驹尸仙，不开[3]外道论，
　　　　後伽提那王，悉解外道[4]法：
　　　　甘蔗王始族，不能制海潮，
　　　　王[5]娑伽羅王，生育千王子，
　　　　能制大海潮，使不越常限。

आचार्यकं योगविधौ द्विजानामप्राप्तमन्यैर्जनको जगाम ।
ख्यातानि कर्माणि च यानि शौरेः शूरादयस्तेष्वबला बभूवुः ॥४५॥

今译："遮那迦[6]达到瑜伽法师的地位，
　　　　而其他的婆罗门却没有达到；
　　　　修罗的儿子肖利成就的那些
　　　　著名业绩，修罗等人无力达到[7]。(45)

昙译："闍那駒仙人，無師得禪道。

---

① 伽亭（gādhin）之子（昙译"伽提那王"）是众友仙人（viśvāmitra）。他原本是刹帝利，后通过修炼严酷的苦行，而成为婆罗门。拘湿迦（kuśika，昙译"驹尸"）是他的祖父。
② 沙伽罗（sagara，昙译"娑伽罗"）是甘蔗族后裔。按照通行的传说，他在举行第一百次祭祀时，因陀罗偷走他的祭马，带往地下。于是，他的六万个儿子掘地寻找，由此拓展了大海的规模。故而，大海（samudra）又称 sāgara。
③ 此处"开"字，据《中华大藏经》校勘记，《碛》、《普》、《南》、《径》、《清》、《丽》作"闲"。
④ 这里的"外道"指婆罗门。
⑤ 此处"王"字，据《中华大藏经》校勘记，《碛》、《普》、《南》、《径》、《清》、《丽》作"至"。
⑥ 遮那迦（janaka，昙译"闍那驹"）是一位著名的国王。
⑦ 肖利（śauri）是毗湿奴的化身黑天的称号。修罗（śūra）是他的祖父。

तस्मात्प्रमाणं न वयो न वंशः कश्चित्क्वचिच्छ्रैष्ठ्यमुपैति लोके ।
राज्ञामृषीणां च हि तानि तानि कृतानि पुत्रैरकृतानि पूर्वैः ॥४६॥

今译："因此，世上何人何地获得至高
　　　成就，不以年龄和家族为标准，
　　　因为许多国王和仙人的儿子，
　　　完成了前人不能完成的事业。"（46）

昙译："凡得名稱者，皆生於自力，
　　　或先勝後劣，或先劣後勝，
　　　帝王諸神仙，不必承本族，
　　　是故諸世間，不應顧先後。

एवं नृपः प्रत्ययितैर्द्विजैस्तैराश्वासितश्चाप्यभिनन्दितश्च ।
शङ्कामनिष्टां विजहौ मनस्तः प्रहर्षमेवाधिकमारुरोह ॥४७॥

今译：这样，国王受到这些值得
　　　信赖的婆罗门安慰和祝贺，
　　　不仅消除了心中不安的
　　　疑虑，而且加倍感到喜悦。（47）

昙译："大王今如是，應生歡喜心，
　　　以心歡喜故，永離於疑惑。"[①]

प्रीतश्च तेभ्यो द्विजसत्तमेभ्यः सत्कारपूर्वं प्रददौ धनानि ।
भूयादयं भूमिपतिर्यथोक्तो यायाजरामेत्य वनानि चेति ॥४८॥

今译：他高兴地招待这些优秀的
　　　婆罗门，赐予他们许多财物，
　　　心想但愿这孩子如他们所说，
　　　成为国王，年老后前往森林。（48）

昙译：王聞仙人說，歡喜增供養：

[①] 按原文，这颂不再是婆罗门的话语。

"我今生勝子，當紹轉輪①位，
我年已朽邁，出家修梵行，
無令聖王子，捨世遊山林。"②

अथो निमित्तैश्च तपोबलाच्च तज्जन्म जन्मान्तकरस्य बुद्ध्वा ।
शाक्येश्वरस्यालयमाजगाम सद्धर्मतर्षादसितो महर्षिः ॥४९॥

今译：然后，凭借那些征兆，通过
　　　苦行力，阿私陀大仙知道
　　　那是灭生者③出生；他渴望
　　　获得妙法，来到释迦王宫。（49）

昙译：時近處園中，有苦行仙人，
　　　名曰阿私陀，善解於相法，
　　　來詣王宮門。

तं ब्रह्मविद्ब्रह्मविदं ज्वलन्तं ब्राह्म्या श्रिया चैव तपःश्रिया च ।
राज्ञो गुरुर्गौरवसत्क्रियाभ्यां प्रवेशयामास नरेन्द्रसद्म ॥५०॥

今译：这位知梵者中的知梵者，
　　　闪耀婆罗门和苦行的光辉，
　　　国师让他进入国王的宫殿，
　　　盛情招待，对他恭敬有加。（50）

昙译：王謂梵天④應，苦行樂正法，
　　　此二相⑤俱現，梵行相具足；
　　　時王大歡喜，即請入宮內，
　　　恭敬設供養。

---

① "转轮"（cakravartin）指统一天下的转轮王。原文中没有使用此词。
② 这是表达净饭王的想法，意思与原文有些差异。
③ "灭生者"意谓灭除生死轮回者。
④ 梵天（brahman）是大神名。这里按原文，净饭王将这位仙人称为"知梵者"（brahmavid），即通晓宇宙至高精神者。
⑤ "二相"按原文是指婆罗门和苦行这两者的光辉。

स पार्थिवान्तःपुरसंनिकर्षं कुमारजन्मागतहर्षवेगः ।
विवेश धीरो वनसंज्ञयेव तपःप्रकर्षाच्च जराश्रयाच्च ॥ ५१ ॥

今译：到达国王后宫附近，他强烈
　　　感受到王子出生带来的欢乐，
　　　而他依靠苦行威力和年老，
　　　沉着坚定，如同身处林中。（51）

昙译：將入內宮中，唯樂見王子，
　　　雖有婇女眾，如在空閑林。

ततो नृपस्तं मुनिमासनस्थं पाद्यार्घ्यपूर्वं प्रतिपूज्य सम्यक् ।
निमन्त्रयामास यथोपचारं पुरा वसिष्ठं स इवान्तिदेवः ॥ ५२ ॥

今译：这位牟尼入座后，国王
　　　按照仪轨，送上洗足水，
　　　供奉敬拜，并与他交谈，
　　　如同安迪提婆接待极裕[1]。（52）

昙译：安處正法座，加敬尊奉事，
　　　如安低牒王，奉事波尸吒。

धन्यो ऽस्म्यनुग्राह्यमिदं कुलं मे
  यन्मां दिदृक्षुर्भगवानुपेतः ।
आज्ञाप्यतां किं करवाणि सौम्य
  शिष्यो ऽस्मि विश्रम्भितुमर्हसीति ॥ ५३ ॥

今译："我有福分，尊者想着前来
　　　看望我，这是我家族的荣幸，
　　　请吩咐吧，我能为你做什么？
　　　我是你的学生，请你放心！"（53）

---

[1] "安迪提婆"（antideva，昙译"安低牒"）是国王名。极裕（vasiṣṭha，昙译"波尸吒"）是仙人名。

昙译：時王白仙人："我今得大利，
　　　　勞屈大仙人，辱來攝受我，
　　　　諸有所應為，唯願時教勑。"

एवं नृपेणोपमन्त्रितः सन्सर्वेण भावेन मुनिर्यथावत्।
स विस्मयोत्फुल्लविशालदृष्टिर्गम्भीरधीराणि वचांस्युवाच॥५४॥

今译：这样，牟尼受到国王
　　　全心全意的接待照应，
　　　他惊讶地睁着大眼睛，
　　　说出深沉而坚定的话：（54）

昙译：如是勸請已，仙人大歡喜：

महात्मनि त्वय्युपपन्नमेत-
　त्रियातिथौ त्यागिनि धर्मकामे।
सत्त्वान्वयज्ञानवयोऽनुरूपा
　स्निग्धा यदेवं मयि ते मतिः स्यात्॥५५॥

今译："你待我这样真心诚意，符合
　　　你的本性、出身、知识和年龄，
　　　确实体现你是灵魂高尚的人，
　　　热情待客，乐善好施，热爱正法。（55）

昙译："善哉常勝王，眾德悉皆備，
　　　愛樂來求者，惠施崇正法。

एतच्च तद्येन नृपर्षयस्ते धर्मेण सूक्ष्मेण धनान्यवाप्य।
नित्यं त्यजन्तो विधिवद्बभूवुस्तपोभिराढ्या विभवैर्दरिद्राः॥५६॥

今译："正是这样，王仙①们依靠

―――――――――――――――

① "王仙"（rājarṣi）指国王中的仙人，即那些崇尚苦行和恪守正法的国王。

微妙的正法，获取财富，
又始终按照仪轨施舍，
苦行丰富而威权淡薄。（56）

昙译："仁智殊勝族，謙恭善隨順，
宿殖眾妙因，勝果現於今。

प्रयोजनं यत्तु ममोपयाने तन्मे शृणु प्रीतिमुपेहि च त्वम्।
दिव्या मयादित्यपथे श्रुता वाग्बोधाय जातस्तनयस्तवेति॥५७॥

今译："请听我讲述来访目的，
你听了就感到高兴吧！
我在太阳之路听到天音：
你的儿子出生为求觉悟。（57）

昙译："汝當聽我說，今者來因緣：
我從日道來，聞空中天①說，
言王生太子，當成正覺道。

श्रुत्वा वचस्तच्च मनश्च युक्त्वा ज्ञात्वा निमित्तैश्च ततोऽस्म्युपेतः।
दिदृक्षया शाक्यकुलध्वजस्य शक्रध्वजस्येव समुच्छ्रितस्य॥५८॥

今译："听到这话，我凝聚思想，
凭借那些征兆，顿时明白，
然后来到这里，想要看到
帝释旗般挺立的释迦族旗。"（58）

昙译："并見先瑞相，今故來到此，
欲觀釋迦王，建立正法幢。"

इत्येतदेवं वचनं निशाम्य प्रहर्षसंभ्रान्तगतिर्नरेन्द्रः।
आदाय धात्र्यङ्कगतं कुमारं संदर्शयामास तपोधनाय॥५९॥

今译：听了他说的这些话，

---

① 此处的"天"指天神。

国王高兴得手足无措，
将抱在乳母怀中的王子，
带来让这位苦行仙人看。（59）

昙译：我[①]聞仙人說，決定離疑網，
命持太子出，以示於仙人。

चक्राङ्कपादं स ततो महर्षिर्जालावनद्धाङ्गुलिपाणिपादम्।
सोर्णभ्रुवं वारणवस्तिकोशं सविस्मयं राजसुतं ददर्श॥६०॥

今译：大仙惊讶不已，看到
王子的脚跟有旋轮相，
手指和脚趾有网缦相，
眉间有旋毛，密处深藏。（60）

昙译：仙人觀太子，足下千輻輪，
手足網縵指，眉間白毫跱，
馬藏隱密相。

धात्र्यङ्कसंविष्टमवेक्ष्य चैनं देव्यङ्कसंविष्टमिवाग्निसूनुम्।
बभूव पक्ष्मान्तविचञ्चिताश्रुर्निःश्वस्य चैव त्रिदिवोन्मुखोऽभूत्॥६१॥

今译：看到乳母怀中的这位王子，
如同女神怀中的火神之子，
他的眼睫毛上闪烁着泪花，
仰望天国，发出深长叹息。（61）

昙译：容色炎光明，見生未曾相，
流淚長歎息。

दृष्ट्वाश्रुपारिप्लुताक्षं त्वृषिं तं स्नेहात्तनूजस्य नृपश्चकम्पे।
सगद्गदं बाष्पकषायकण्ठः पप्रच्छ स प्राञ्जलिरानताङ्गः॥६२॥

---

① 此处"我"字，据《中华大藏经》校勘记，《碛》、《普》、《南》、《径》、《清》、《丽》作"王"。

今译：看到阿私陀眼中噙满泪水，
　　　国王关怀儿子，心惊胆战，
　　　喉咙含泪哽塞，说话结巴，
　　　他双手合十，俯首问道：（62）

昙译：王見仙人泣，念子心戰慄，
　　　氣結盈心胸，驚悸不自安，
　　　不覺從坐起，稽首仙人足，
　　　而白仙人言：

अल्पान्तरं यस्य वपुः सुरेभ्यो बद्भ्दुतं यस्य च जन्म दीप्तम्।
यस्योत्तमं भाविनमात्थ चार्थं तं प्रेक्ष्य कस्मात्तव धीर बाष्पः॥६३॥

今译："看到他形体与天神无异，
　　　出生光辉，展现多种奇迹，
　　　你也说他未来至高无上，
　　　坚定者啊，你为何还流泪？（63）

昙译："此子生奇特，容貌極端嚴，
　　　天人殆不異，當為①人中上，
　　　何故生憂悲？

अपि स्थिरायुर्भगवन्कुमारः कच्चिन्न शोकाय मम प्रसूतः।
लब्धा कर्थंचित्सलिलाञ्जलिर्मे न खल्विमं पातुमुपैति कालः॥६४॥

今译："这王子能否长寿？尊者啊！
　　　他的出生是否会令我忧伤？
　　　我终于获得合掌祭供之水，②
　　　难道只能留给死神去饮？（64）

---

① 此处"当为"，据《中华大藏经》校勘记，《丽》作"汝言"。
② 这句的意思是自己获得了儿子，这样，自己在去世后，便会获得儿子的祭供之水。

昙译:"將非泣壽夭，災怪非福利[①]？
　　　　久渴得甘露，而反復失耶？

अप्यक्षयं मे यशसो निधानं कच्चिद्ध्रुवो मे कुलहस्तसारः ।
अपि प्रयास्यामि सुखं परत्र सुप्तो ऽपि पुत्रे ऽनिमिषैकचक्षुः ॥६५॥

今译:"我的名声宝藏是否不会衰竭？
　　　　我的家族掌握的力量是否永久？
　　　　我死后在另一世界是否幸福？
　　　　睡眠中一只眼睛睁开在儿身？[②]（65）

昙译:"將非失財寶，喪家亡國乎？
　　　　若有勝子存，國嗣有所寄，
　　　　我死時心悅，安樂生他世，
　　　　猶如人兩目，一眼[③]而一覺。

कच्चिन्न मे जातमफुल्लमेव
　　कुलप्रवालं परिशोषभागि ।
क्षिप्रं विभो ब्रूहि न मे ऽस्ति शान्तिः
　　स्नेहं सुते वेत्सि हि बान्धवानाम् ॥६६॥

今译:"是否我的家族的新芽长出，
　　　　却不会开花，注定要枯萎？
　　　　我深感不安,尊者啊,赶快说！
　　　　你知道亲人们对儿子的爱。"（66）

昙译:"莫如秋霜花，雖敷而無實，
　　　　人於親族中，愛深無過子，

---

　　① 此处这一行，据《中华大藏经》校勘记，《碛》、《普》、《南》、《径》、《清》、《丽》作"將非短寿子，生我忧悲乎"。
　　② 这句的意思可能是自己即使去世，自己的生命能在儿子身上得到延续。
　　③ 此处"眼"字，据《中华大藏经》校勘记，《碛》、《普》、《南》、《径》、《清》、《丽》作"眠"。

宜時為記說①，令我得蘇息。"

इत्यागतावेगमनिष्ठबुद्ध्या बुद्ध्वा नरेन्द्रं स मुनिर्बभाषे ।
मा भून्मतिस्ते नृप काचिदन्या निःसंशयं तद्यदवोचमस्मि ॥६७॥

今译：牟尼知道国王心中不安，
　　　而情绪激动，便对他说道：
　　　"国王啊，不必有其他想法，
　　　不要怀疑我对你说过的话。（67）

昙译：仙人知父王，心懷大憂懼，
　　　即告言大王："王今勿恐怖，
　　　前已語大王，慎勿自生疑。

नास्यान्यथात्वं प्रति विक्रिया मे स्वां वञ्चनां तु प्रति विक्लवोऽस्मि ।
कालो हि मे यातुमयं च जातो जातिक्षयस्यासुलभस्य बोद्धा ॥६८॥

今译："我激动并非因为他有变故，
　　　而是为自己的缺憾感到懊恼，
　　　因为他知道难以获得的灭生，
　　　刚刚出生，我却就要离开人世。（68）

昙译："今相猶如前，不應懷異想，
　　　自惟我年暮，不及故悲泣；
　　　今我臨終時，此子應世王②，
　　　為斷生③故生，斯人難得遇。

विहाय राज्यं विषयेष्वनास्थस्तीव्रैः प्रयत्नैरधिगम्य तत्त्वम् ।
जगत्ययं मोहतमो निहन्तुं ज्वलिष्यति ज्ञानमयो हि सूर्यः ॥६९॥

---

① 此处"记说"意谓"解说"。
② 此处"王"字，据《中华大藏经》校勘记，《丽》作"生"。
③ 此处"断生"，据《中华大藏经》校勘记，《碛》、《普》、《南》、《径》、《清》、《丽》作"尽生"。"尽生"对应的原文是 jātikṣaya（灭生），即灭除生死轮回。

今译:"他将舍弃王国,不执著感官对象,
　　　通过坚忍不拔的努力,掌握真谛;
　　　如同智慧构成的太阳光辉灿烂,
　　　他将驱除笼罩世界的愚痴黑暗。(69)

昙译:"當捨聖王位,不著五欲境①,
　　　精勤修苦行,開覺得真實,
　　　常為諸羣生,滅除癡冥障,
　　　於世永熾燃,智慧日光明。

दुःखार्णवाद्याधिविकीर्णफेनाजरातरङ्गान्मरणोग्रवेगात्।
उत्तारयिष्यत्ययमुह्यमानमार्तं जगज्ज्ञानमहाप्लवेन॥७०॥

今译:"他将用智慧大船,从苦海
　　　救出漂泊沉浮的受难世界;
　　　这苦海遍布疾病的水沫,
　　　衰老的波浪,死亡的激流。(70)

昙译:"眾生沒苦海,眾病為聚沫,
　　　衰老為巨浪,死為海洪濤,
　　　乘輕智慧舟,渡此眾流難。

प्रज्ञाम्बुवेगां स्थिरशीलवप्रां समाधिशीतां व्रतचक्रवाकाम्।
अस्योत्तमां धर्मनदीं प्रवृत्तां तृष्णार्दितः पास्यति जीवलोकः॥७१॥

今译:"这生命世界受贪欲折磨,
　　　将饮用他的无上法河流水,
　　　水流是智慧,戒律是堤岸,
　　　誓愿是轮鸟,入定而清凉。(71)

昙译:"智慧沜流水,淨戒為傍岸,

---

① "五欲境"指色、声、香、味和触五种感官对象。

三昧①清涼定，正受②眾奇鳥，
如此甚深廣，正法之大河，
渴愛諸羣生，飲之以蘇息。

दुःखार्दितेभ्यो विषयावृतेभ्यः संसारकान्तारपथस्थितेभ्यः ।
आख्यास्यति ह्येष विमोक्षमार्गं मार्गप्रनष्टेभ्य इवाध्वगेभ्यः ॥७२॥

今译："世人受痛苦折磨，受欲望
　　　束缚，站在轮回荒野险路上，
　　　他将为他们说明解脱之道，
　　　犹如为迷路的旅人指明方向。（72）

昙译："深著五欲境，眾苦所驅迫，
　　　迷生死曠野，莫若③所歸趣，
　　　菩薩出世間，為通解脫道。

विदह्यमानाय जनाय लोके रागाग्निनायं विषयेन्धनेन ।
प्रह्लादमाधास्यति धर्मवृष्ट्या वृष्ट्या महामेघ इवातपान्ते ॥७३॥

今译："在这世上，以感官对象为
　　　燃料，激情之火烧灼人们，
　　　他将会用法雨为他们带来
　　　喜悦，犹如夏末乌云降雨。（73）

昙译："世間貪欲火，境界④薪熾然，
　　　興發大悲雲，法雨雨令滅。

तृष्णार्गलं मोहतमःकपाटं द्वारं प्रजानामपयानहेतोः ।
विपाटयिष्यत्ययमुत्तमेन सद्धर्मताडेन दुरासदेन ॥७४॥

---

① "三昧"是 samādhi（入定）一词的音译。
② "正受"对应的原词是 vrata，词义为"誓愿"。
③ 此处"莫若"，据《中华大藏经》校勘记，《碛》、《普》、《南》、《径》、《清》、《丽》作"莫知"。
④ "境界"对应的原词是 viṣaya，词义为"感官对象"。

今译："他将会用难以抗衡的
　　　至高妙法，打开以贪欲
　　　为门栓、以愚痴黑暗为
　　　门扇的门，让众生逃出。（74）

昙译："癡闇門重扇①，貪欲為關鑰，
　　　閉塞諸羣生，出要解脫門，
　　　金剛智慧鑷，拔恩愛逆鑽。

स्वैर्मोहपाशैः परिवेष्टितस्य दुःखाभिभूतस्य निराश्रयस्य ।
लोकस्य संबुध्य च धर्मराजः करिष्यते बन्धनमोक्षमेषः ॥ ७५ ॥

今译："这个世界套上自己的愚痴
　　　套索，陷入痛苦，无所依靠，
　　　而在这位法王达到觉悟后，
　　　他将为这个世界解除束缚。（75）

昙译："愚癡網息②纏，窮苦無所依，
　　　法王出世間，能解眾生縛。

तन्मा कृथाः शोकमिमं प्रति त्व-
　　मस्मिन्न शोच्यो ऽस्ति मनुष्यलोके ।
मोहेन वा कामसुखैर्मदाद्वा
　　यो नैष्ठिकं श्रोष्यति नास्य धर्मम् ॥ ७६ ॥

今译："因此，你不必为他忧伤，
　　　在人间，若有人出于愚痴，
　　　沉迷欲乐，不愿听取他的
　　　至高正法，这才让人忧伤。（76）

---

① 此处"扇"字，据《中华大藏经》校勘记，《碛》、《普》、《南》、《径》、《清》、《丽》作"扉"。

② 此处"息"字，据《中华大藏经》校勘记，《碛》、《普》、《南》、《径》、《清》、《丽》作"自"。

昙译:"王莫以此子,自生憂悲患,
當憂彼眾生,著欲違正法。

भ्रष्टस्य तस्माच्च गुणादतो
मे ध्यानानि लब्ध्वाप्यकृतार्थतैव ।
धर्मस्य तस्याश्रवणादहं हि
मन्ये विपत्तिं त्रिदिवे ऽपि वासम् ॥७७॥

今译:"我失去获得这个功德的机会,
即使沉思入定,也达不到目的;
因为我已无缘聆听他的正法,
认为自己即使再生天国也枉然。"① (77)

昙译:"我今老死壞,遠離聖功德,
雖得諸禪定,而不獲其利,
於此菩薩所,竟不聞正法,
身壞命終後,必生三難天②。"

इति श्रुतार्थः ससुहृत्सदार-
स्त्यक्त्वा विषादं मुमुदे नरेन्द्रः ।
एवंविधो ऽयं तनयो ममेति
मेने स हि स्वामपि सारवत्ताम् ॥७८॥

今译:国王连同王后和朋友,
听了解释,转忧为喜,
认为我的儿子会这样,
也是基于自己有力量。(78)

昙译:王及諸眷屬,聞彼仙人說,

---

① 以上是阿私陀仙人解释自己已经年迈,即将去世,已等不到王子成佛,聆听他的说法,故而感到遗憾。
② "三难天"对应这颂原文中的 tridiva,意谓"第三天"即最高的天国。此词也泛指天国。

知其自憂歎，恐怖悉以除：
"生此奇特子，我心得大安。

आर्षेण मार्गेण तु यास्यतीति चिन्ताविधेयं हृदयं चकार ।
न खल्वसौ न प्रियधर्मपक्षः संताननाशात्तु भयं ददर्श ॥७९॥

今译：而想到儿子会走仙人之路，
　　　国王心中又不免产生忧虑；
　　　纵然他不反对可爱的正法，
　　　但他看到断绝后嗣的危险。（79）

昙译："出家捨世榮，修習仙人道，
　　　遂不紹國位，復令我不悅。"

अथ मुनिरसितो निवेद्य तत्त्वं सुतनियतं सुतविक्लवाय राज्ञे ।
सबहुमतमुदीक्ष्यमाणरूपः पवनपथेन यथागतं जगाम ॥८०॥

今译：牟尼阿私陀向为儿子担忧的
　　　国王说明了王子未来的真相，
　　　然后沿着来时的风之路离去，
　　　众人怀着崇敬仰望他的身影。（80）

昙译：爾時彼仙人，向王真實說：
　　　"必如王所慮，當成正覺道。"
　　　於王眷屬中，安慰眾心已，
　　　自以己神力，騰虛而遠逝。

कृतमितिरनुजासुतं च दृष्ट्वा
　　मुनिवचनश्रवणे च तन्मतौ च ।
बहुविधमनुकम्पया स साधुः
　　प्रियसुतवद्विनियोजयांचकार ॥८१॥

今译：那位善良的舅舅知识完善，
　　　看到外甥，又听到牟尼的话，

　　　　　铭记在心，对妹妹的儿子
　　　　　充满同情，如同自己的爱子。（81）

昙译：爾時白淨王[①]，見子奇特相，
　　　又聞阿私陀，決定真實說，
　　　於子心敬重，珍護兼常念。[②]

नरपतिरपि पुत्रजन्मतुष्टो विषयगतानि विमुच्य बन्धनानि ।
कुलसदृशमचीरकरद्यथावत्रियतनयस्तनयस्य जातकर्म ॥ ८२ ॥

今译：国王为儿子诞生高兴，
　　　大赦国内狱中的囚犯；
　　　他喜爱儿子，为儿子举行
　　　符合家族仪轨的诞生礼。（82）

昙译：普慈覆[③]天下，牢獄悉解脫；
　　　世人生子法，隨宜取捨事，
　　　依諸經方論，一切悉皆為。

दशसु परिणतेष्वह:सु चैव प्रयतमनाः परया मुदा परीतः ।
अकुरुत जपहोममङ्गलाद्याः परमभवाय सुतस्य देवतेज्याः ॥ ८३ ॥

今译：满了十天，他控制思想，
　　　怀着极大喜悦，祭祀天神，
　　　举行默祷和祭供等吉祥
　　　仪式，为儿子祈求至福。（83）

昙译：生子滿十日，安隱心已泰，
　　　普祠諸天神，廣施於有道。

---

① "白净王"是净饭王的又一译名。
② 昙译这颂译文与原文有差异。
③ 此处"普慈覆"，据《中华大藏经》校勘记，《碛》、《普》、《南》、《径》、《清》、《丽》作"大赦于"。

अपि च शतसहस्रपूर्णसंख्याः
स्थिरबलवत्तनयाः सहेमशृङ्गीः ।
अनुपगतजराः पयस्विनीर्गाः
स्वयमददात्सुतवृद्धये द्विजेभ्यः ॥ ८४ ॥

今译：他也亲自施舍众婆罗门，
　　　足足十万头未老的母牛，
　　　角系金子，奶水充足，牛犊
　　　健壮，为求儿子未来繁荣。（84）

昙译：沙門婆羅門，呪願祈吉福，
　　　嚫施①諸羣生，及國中貧乏，
　　　村城婇女眾，牛馬象財錢，
　　　各隨彼所須，一切皆給與。

बहुविधविषयास्ततो यतात्मा स्वहृदयतोषकरीः क्रिया विधाय ।
गुणवति नियते शिवे मुहूर्ते मतिमकरोन्मुदितः पुरप्रवेशे ॥ ८५ ॥

今译：他控制自我，举行各种
　　　仪式，让自己内心满意，
　　　然后，他高高兴兴地
　　　选定进城的吉日良辰。（85）

昙译：卜擇選良時，遷子還本宮。

द्विरदरदमयीमथो महार्हां
सितसितपुष्पभृतां मणिप्रदीपाम् ।
अभजत शिविकां शिवाय देवी
तनयवती प्रणिपत्य देवताभ्यः ॥ ८६ ॥

---

① "嚫施"（dakṣiṇā，音译"达嚫"）意谓布施。这颂原文中的"布施"一词没有使用此词。

今译：王后抱着儿子敬拜诸神，
　　　以求吉祥，然后登上宝车；
　　　这昂贵宝车用象牙制成，
　　　装饰有白花和明亮珍珠。（86）

昙译：二飯①白淨牙，七寶莊嚴輿，
　　　雜色珠絞絡，明艷極光澤，
　　　夫人抱太子，周匝禮天神。

पुरमथ पुरतः प्रवेश्य पत्नीं स्थविरजनानुगतामपत्यनाथाम्।
नृपतिरपि जगाम पौरसंघैर्दिवममरैर्मघवानिवार्च्यमानः॥८७॥

今译：国王先让看护儿子的王后入城，
　　　老妇人们尾随其后，然后他入城，
　　　受到城市民众敬拜，犹如因陀罗
　　　进入天国之时，受到众天神敬拜。（87）

昙译：然後昇寶輿，婇女眾隨侍，
　　　王與諸臣民，一切俱導從，
　　　猶如天帝釋，諸天眾圍遶。

भवनमथ विगाह्य शाक्यराजो भव इव षण्मुखजन्मना प्रतीतः।
इदमिदमिति हर्षपूर्णवक्त्रो बहुविधपुष्टियशस्करं व्यधत्त॥८८॥

今译：然后，释迦王进入宫中，
　　　犹如大神湿婆喜得六面童②，
　　　满脸笑容，做出各种安排，
　　　有利于王子的成长和名声。（88）

昙译：如摩醯須③羅，忽生六面子，

---

① "二饭"指象，源自象的称号 dvipa（二饮），即象既用鼻子，也用嘴饮水。这颂原文中的"象"一词没有使用此词，而是使用象的另一个称号 dvirada（二牙）。
② "六面童"（ṣaṇmukha）是湿婆的儿子室建陀。
③ 此处"须"字，据《中华大藏经》校勘记，《碛》、《普》、《南》、《径》、《清》、《丽》作"首"。摩醯首罗（maheśvara，意译"大自在天"）是湿婆的称号。这颂原文中

設種種眾具，供給及請福，
今王生太子，設眾具亦然。

**इति नरपतिपुत्रजन्मवृद्ध्या
सजनपदं कपिलाह्वयं पुरं तत्।
धनदपुरमिवाप्सरोऽवकीर्णं
मुदितमभून्नलकूबरप्रसूतौ॥८९॥**

今译：这座名为迦毗罗的城市和周围
国土，沉浸在王子诞生的欢乐中，
犹如那座充满天女的财神的城市，
因为那罗鸠波罗诞生，喜气洋洋。（89）

昙译：毗沙門天王，生那羅鳩婆①，
　　　一切諸天眾，皆悉大歡喜，
　　　王今生太子，迦毗羅衛國，
　　　一切諸人民，歡喜亦如是。

इति बुद्धचरिते महाकाव्ये भगवत्प्रसूतिर्नाम प्रथमः सर्गः॥१॥

今译：以上是大诗《佛所行赞》中名为《世尊诞生》的第一章。

没有使用此词，而是使用另一个称号 bhava。
　① "毗沙門天王"（vaiśravaṇa）即财神俱比罗。这颂原文中直接使用"财神"（dhanada）一词。他的儿子名为"那罗鸠波罗"（nalakūbara，昙译"那罗鸠婆"）。

२ अन्तःपुरविहारः

今译：第二章　后宫生活

昙译：處宮品第二

आ जन्मनो जन्मजरान्तकस्य तस्यात्मजस्यात्मजितः स राजा ।
अहन्यहन्यर्थगजाश्वमित्रैर्वृद्धिं ययौ सिन्धुरिवाम्बुवेगैः ॥१॥

今译：自从他的这位寂灭生和老、
　　　调伏自我的儿子出生之后，
　　　国王的财富、象、马和朋友
　　　日益增长，犹如信度河的水流。（1）

昙译：時白淨王家，以生聖子故，
　　　親族名子弟，羣臣悉忠良，
　　　象馬寶車輿，國財七寶器，
　　　日日轉增勝，隨應而集生。

धनस्य रत्नस्य च तस्य तस्य कृताकृतस्यैव च काञ्चनस्य ।
तदा हि नैकान्स निधीनवाप मनोरथस्याप्यतिभारभूतान् ॥२॥

今译：那时，他获得许多宝藏，
　　　这样那样的财物、珠宝
　　　以及加工和未加工的金子，
　　　甚至愿望之车也已超重。（2）

昙译：無量諸伏藏①，自然從地出。

---

① "伏藏"对应这颂原文中的 nidhi 一词，词义为"宝藏"。

ये पद्मकल्पैरपि च द्विपेन्द्रैर्न मण्डलं शक्यमिहाभिनेतुम्।
मदोत्कटा हैमवता गजास्ते विनापि यत्नादुपतस्थुरेनम्॥३॥

今译：那些雪山大象疯狂凶猛，
　　　即使如同莲花象的象王，
　　　也无法将它们引回象厩，
　　　现在却不用费力就来到。（3）

昙译：清淨雪山中，兇狂羣白象，
　　　不呼自然至，不御自調伏。

नानाङ्कचिह्नैर्नवहेमभाण्डैर्विभूषितैर्लम्बसटैस्तथान्यैः।
सञ्चुक्षुभे चास्य पुरं तुरङ्गैर्बलेन मैत्र्या च धनेन चान्यैः॥४॥

今译：那些马匹撼动他的城市，
　　　装饰有各种各样的标记，
　　　崭新的金马具，披挂鬃毛，
　　　凭军队、朋友和财力获得。（4）

昙译：種種雜色馬，形體極端嚴，
　　　朱髦纖長尾，超騰駿若飛，
　　　又①野之所生，應時自然至。

पुष्टाश्च तुष्टाश्च तथास्य राज्ये साध्व्योऽरजस्का गुणवत्पयस्काः।
उद्ग्रवत्सैः सहिता बभूवुर्बह्व्यो बहुक्षीरदुहश्च गावः॥५॥

今译：同样，他的王国中，还有许多
　　　奶质优良的母牛，肥壮，满意，
　　　没有污垢，驯良，奶水充足，
　　　还伴随有许多健壮的牛犊。（5）

昙译：純色調善牛，肥壯形端正，
　　　平步淳香乳，應時悉雲集。

---

① 此处"又"字，据《中华大藏经》校勘记，《碛》、《普》、《南》、《径》、《清》作"朝"。

मध्यस्थतां तस्य रिपुर्जगाम मध्यस्थभावः प्रययौ सुहृत्त्वम्।
विशेषतो दार्ढ्यमियाय मित्रं द्वावस्य पक्षावपरस्तु नास॥६॥

今译：他的敌人变成中立者，
　　　中立者变为朋友，朋友
　　　变得更加牢固，于是，
　　　他只有两翼，而无敌人。（6）

昙译：怨憎者心平，中平益淳厚，
　　　素篤增親密，亂逆悉消除。

तथास्य मन्दानिलमेघशब्दः सौदामिनीकुण्डलमण्डिताभ्रः।
विनाश्मवर्षाशनिपातदोषैः काले च देशे प्रववर्ष देवः॥७॥

今译：天神在各地及时下雨，
　　　雨云装饰有闪电耳环，
　　　伴有柔和的风和雷声，
　　　而无冰雹和霹雳之灾。（7）

昙译：微風隨時雨，雷霆不震裂。

रुरोह सस्यं फलवद्यथर्तु तदाकृतेनापि कृषिश्रमेण।
ता एव चास्यौषधयो रसेन सारेण चैवाभ्यधिका बभूवुः॥८॥

今译：谷物按季生长收获，
　　　甚至不必费力耕种，
　　　那些药草也变得
　　　格外茁壮和多汁。（8）

昙译：種殖不待時，取①實倍豐積，
　　　五穀鮮香美，輕軟易消化。

---

① 此处"取"字，据《中华大藏经》校勘记，《碛》、《普》、《南》、《径》、《清》作"收"。

शरीरसंदेहकरे ऽपि काले संग्रामसंमर्द इव प्रवृत्ते ।
स्वस्थाः सुखं चैव निरामयं च प्रजज्ञिरे कालवशेन नार्यः ॥९॥

今译：即使身体面临有危险，
　　　犹如战斗中兵戎相见，
　　　孕妇们依然按时分娩，
　　　安稳舒适，没有病痛。（9）

昙译：諸有懷孕者，身安體和適。

पृथग्व्रतिभ्यो विभवे ऽपि गर्हे न प्रार्थयन्ति स्म नराः परेभ्यः ।
अभ्यर्थितः सूक्ष्मधनो ऽपि चार्यस्तदा न कश्चिद्विमुखो बभूव ॥१०॥

今译：除了出家人，即使财富受挫，
　　　人们也不伸手向他人乞求，
　　　而高贵者即使财富匮乏，
　　　也不会将乞求者拒之门外。（10）

昙译：除受四聖種①，諸餘世間人，
　　　資生各自如，無有他外②想。

नागौरवो बन्धुषु नाप्यदाता नैवाव्रतो नानृतिको न हिंस्रः ।
आसीत्तदा कश्चन तस्य राज्ये राज्ञो ययातेरिव नाहुषस्य ॥११॥

今译：在他的王国中，如同在
　　　友邻之子迅行的王国中，
　　　无人不尊重亲友，不施舍，
　　　不守誓言，说谎或害人。（11）

昙译：無慢無慳疾，亦無恚害心，

---

① "四圣种"（catvāra āryavaṃśāḥ）指对食、衣、住和修行产生喜悦和满意，故而"受四圣种"指出家人。这颂原文中使用的"出家人"一词是 vratin。
② 此处"外"字，据《中华大藏经》校勘记，《碛》、《普》、《南》、《径》、《清》作"求"。

　　　　一切諸士女，玄同劫初①人。

उद्यानदेवायतनाश्रमाणां कूपप्रपापुष्करिणीवनानाम्।
चक्रुः कियांस्तत्र च धर्मकामाः प्रत्यक्षतः स्वर्गमिवोपलभ्य॥ १२॥

今译：热爱正法的人们修建
　　　花园、神庙、净修林、
　　　水井、水亭、莲花池和
　　　园林，仿佛亲眼目睹天国。（12）

昙译：天廟諸寺舍，園林井泉池，
　　　一切如天物，應時自然生。

मुक्तश्च दुर्भिक्षभयामयेभ्यो हृष्टो जनः स्वर्ग इवाभिरेमे।
पत्नीं पतिर्वा महिषी पतिं वा परस्परं न व्यभिचेरतुश्च॥ १३॥

今译：摆脱饥馑、恐怖和疾病，
　　　人们仿佛在天国享乐；
　　　丈夫对妻子，或者妻子
　　　对丈夫，互相都不背叛。（13）

昙译：合境無飢餓，刀兵疾疫息，
　　　國中諸人民，諸②族相愛敬。

कश्चित्सिषेवे रतये न कामं कामार्थमर्थं न जुगोप कश्चित्।
कश्चिद्धनार्थं न चचार धर्मं धर्माय कश्चिन्न चकार हिंसाम्॥ १४॥

今译：无人为欲乐追求爱情，
　　　无人为贪欲隐藏财富，
　　　无人为财富遵行正法，

---

① "劫初"指世界诞生后的初期。按照印度古人的观念，"劫初"是正法圆满的时代，此后正法逐渐衰落，直至世界毁灭。这颂原文中没有使用这个概念。

② 此处"诸"字，据《中华大藏经》校勘记，《碛》、《普》、《南》、《径》、《清》、《丽》作"亲"。

无人为正法伤害众生。（14）

昙译：法愛①相娛樂，悉不生染故，
　　　以義求財物，無有貪利心，
　　　為法行惠施，無求及報②想，
　　　脩習四梵行③，滅除恚害心。

स्तेयादिभिश्चाप्यरिभिश्च नष्टं स्वस्थं स्वचक्रं परचक्रमुक्तम्।
क्षेमं सुभिक्षं च बभूव तस्य पुरानरण्यस्य यथैव राष्ट्रे॥ १५॥

今译：盗匪之类和敌人销声匿迹，
　　　摆脱敌人统治，独立自主，
　　　他的王国生活安定和富足，
　　　如同古代的阿那罗尼耶国。（15）

तदा हि तज्जन्मनि तस्य राज्ञो मनोरिवादित्यसुतस्य राज्ये।
चचार हर्षः प्रणनाश पाप्मा जज्वाल धर्मः कलुषः शशाम॥ १६॥

今译：王子诞生后，国王的王国
　　　如同太阳之子摩奴④的王国，
　　　到处充满欢乐，罪恶消失，
　　　正法闪耀光辉，污浊涤除。（16）

昙译：過去摩㝹王，生日光太子⑤，
　　　舉國蒙吉祥，眾惡一時息。

एवंविधा राजकुलस्य संपत्सर्वार्थसिद्धिश्च यतो बभूव।
ततो नृपस्तस्य सुतस्य नाम सर्वार्थसिद्धो ऽयमिति प्रचक्रे॥ १७॥

---

① 此处"法爱"指热爱正法，而原文中的 kāma 一词，词义为"爱欲"或"爱情"。
② 此处"及报"，据《中华大藏经》校勘记，《碛》、《普》、《南》、《径》、《清》、《丽》作"反报"。"反报"指回报。
③ "四梵行"（又称"四无量"）指慈、悲、喜和舍。这颂原文中没有使用这个概念。
④ "摩奴"（manu，昙译"摩㝹"）是人类始祖。
⑤ 这句按原文应为"太阳之子摩奴"。

今译：王族如此繁荣富强，
　　　一切目的全都达到，
　　　因此国王为这个儿子
　　　取名，叫做"一切义成"。（17）

昙译：今王生太子，其得亦復爾，
　　　以備眾德義，名悉達羅他①。

देवी तु माया विबुधर्षिकल्पं दृष्ट्वा विशालं तनयप्रभावम्।
जातं प्रहर्षं न शशाक सोढुं ततो निवासाय दिवं जगाम॥१८॥

今译：王后摩耶看到儿子
　　　威力广大，如同神仙，
　　　承受不住心中的喜悦，
　　　命终往生天国居住。（18）

昙译：時摩耶夫人，見其所生子，
　　　端正如天童，眾美悉備足，
　　　過喜不自勝，命終生天上。

ततः कुमारं सुरगर्भकल्पं स्नेहेन भावेन च निर्विशेषम्।
मातृष्वसा मातृसमप्रभावा संवर्धयामात्मजवद्बभूव॥१९॥

今译：与王后一样能力非凡的姨母，
　　　抚育这位如同神胎的王子，
　　　就像抚育自己的亲生儿子，
　　　慈爱和温柔与生母毫无区别。（19）

昙译：大愛瞿曇彌②，見太子天童，
　　　德貌世奇挺③，既生母命終，

---

① "悉达罗他"（或译"悉达多"）是佛陀的称号 siddhārtha（义成）的音译。这颂原文中的用词是 sarvārthasiddha（一切义成）。

② "瞿昙弥"（gautamī，也译"乔答弥"）是佛陀的姨母。

③ 此处"挺"字，据《中华大藏经》校勘记，《碛》、《普》、《南》、《径》、《清》作"特"。

愛育如其子，子敬亦如母。

ततः स बालार्क इवोदयस्थः समीरितो वह्निरिवानिलेन ।
क्रमेण सम्यग्ववृधे कुमारस्ताराधिपः पक्ष इवातमस्के ॥२०॥

今译：王子渐渐地健康成长，
　　　犹如东山初升的太阳，
　　　犹如风儿扇旺的火焰，
　　　犹如白半月的月亮。（20）

昙译：猶日月火光，從微照漸漸[①]，
　　　太子長日新，德貌茂亦然[②]。

ततो महार्हाणि च चन्दनानि रत्नावलीश्चौषधिभिः सगर्भाः ।
मृगप्रयुक्तान्रथकांश्च हैमानाचक्रिरे ऽस्मै सुहृदालयेभ्यः ॥२१॥

今译：然后，给予他来自朋友
　　　家中的贵重的檀香膏，
　　　内含药草的宝石项链，
　　　鹿儿牵引的小金车。（21）

昙译：無價栴檀香，閻浮檀名寶，
　　　護身神仙樂[③]，瓔珞莊嚴身。

वयो ऽनुरूपाणि च भूषणानि हिरण्मयान्हस्तिमृगाश्वकांश ।
रथांश्च गोपुत्रकसंप्रयुक्तान्पुत्रीश्च चामीकररूप्यचित्राः ॥२२॥

今译：适合他年龄的装饰品，
　　　金制的小象、小鹿和

[①] 此处"渐渐"，据《中华大藏经》校勘记，《碛》、《普》、《南》、《径》、《清》作"渐广"。

[②] 此处"茂亦然"，据《中华大藏经》校勘记，《碛》、《普》、《南》、《径》、《清》作"亦复尔"。

[③] 此处"乐"字，据《中华大藏经》校勘记，《碛》、《普》、《南》、《径》、《清》作"药"。

小马，牛犊牵引的小车，
镶嵌金银的各色玩偶。（22）

昙译：附庸諸隣國，聞王生太子，
奉獻諸珍異，牛羊鹿馬車，
寶器莊嚴具，助悅太子心。

एवं स तैस्तैर्विषयोपचारैर्वयो ऽनुरूपैरुपचर्यमाणः ।
बालो ऽप्यबालप्रतिमो बभूव धृत्या च शौचेन धिया श्रिया च ॥२३॥

今译：即使这些适合年龄的
玩具供这位儿童玩耍，
他却不同于寻常的儿童，
稳重、清净、睿智和吉祥。（23）

昙译：雖有諸嚴飾，嬰童玩好物，
太子性安重，形少而心宿①。

वयश्च कौमारमतीत्य सम्यक्संप्राप्य काले प्रतिपत्तिकर्म ।
अल्पैरहोभिर्बहुवर्षगम्या जग्राह विद्याः स्वकुलानुरूपाः ॥२४॥

今译：过了童年，及时举行入学
仪式，他只用少许几天，
就掌握需要多年学会的、
适合自己家族的知识。（24）

昙译：心栖高勝境，不染於榮華，
修學諸術藝，一聞超師匠。

नैःश्रेयसं तस्य तु भव्यमर्थं श्रुत्वा पुरस्तादसितान्महर्षेः ।
कामेषु सङ्गं जनयांबभूव वनानि यायादिति शाक्यराजः ॥२५॥

今译：先前听阿私陀大仙说过，

---

① "形少而心宿"是形容他少年老成。

　　　　他的未来目标是达到至福，
　　　　释迦王担心他会前往林中，
　　　　便设法让他沉浸在爱欲中。（25）

　昙译：父王見聰達，深慮喻①世表，

**कुलात्ततो ऽस्मै स्थिरशीलयुक्तात्साध्वीं वपुर्ह्रीविनयोपपन्नाम्।
यशोधरां नाम यशोविशालां वामाभिधानां श्रियमाजुहाव॥२६॥**

　今译：他从恪守戒规的家族，为王子
　　　　娶了一位名门淑女，称作女子的
　　　　吉祥天女，具备美貌、廉耻和
　　　　教养，声誉卓著，名叫耶输陀罗。（26）

　昙译：廣訪名豪族，風教禮義門，
　　　　容姿端正女，名耶輸陀羅，
　　　　應娉太子妃，誘導留其心。

**विद्योतमानो वपुषा परेण सनत्कुमारप्रतिमः कुमारः।
सार्धं तया शाक्यनरेन्द्रवध्वा शच्या सहस्राक्ष इवाभिरेमे॥२७॥**

　今译：这位王子如同舍那鸠摩罗②，
　　　　形体闪耀光辉，无与伦比，
　　　　与释迦王的儿媳共享欢乐，
　　　　犹如千眼因陀罗和舍姬。（27）

　昙译：太子志高遠，德盛貌清明，
　　　　猶梵天長子，舍那鳩摩羅，
　　　　賢妃美容貌，窈窕淑妙姿，
　　　　瓌艷若天后，同處日夜歡。

---

　　① 此处"喻"字，据《中华大藏经》校勘记，《碛》、《普》、《南》、《径》、《清》、《丽》作"逾"。
　　② "舍那鸠摩罗"（sanatkumāra，或译"永童"）是梵天的儿子。

किंचिन्मनःक्षोभकरं प्रतीपं कथं न पश्येदिति सो ऽनुचिन्त्य ।
वासं नृपो व्यादिशति स्म तस्मै हर्म्योदरेष्वेव न भूप्रचारम् ॥ २८ ॥

今译：国王考虑怎样让他看不到
任何扰乱思想的反面事物，
指定让他住在宫殿阁楼
深处，防止他来到地面。（28）

昙译：為立清淨宮，宏麗極莊嚴，

ततः शरत्तोयदपाण्डरेषु भूमौ विमानेष्विव रञ्जितेषु ।
हर्म्येषु सर्वर्तुसुखाश्रयेषु स्त्रीणामुदारैर्विजहार तूर्यैः ॥ २९ ॥

今译：那些宫殿白似秋云，各季
舒适安逸，仿佛欢乐天宫
降落人间，王子消遣娱乐，
伴随妇女们的美妙乐器。（29）

昙译：高峙在虛空，迢遞若秋雲，
溫涼四時適，隨時擇善居，
妓女眾圍遶，奏合天樂音，
奉合天樂音①，勿憐②穢聲色，
令生厭世想。

कलैर्हि चामीकरबद्धकक्षैर्नारीकराग्राभिहतैर्मृदङ्गैः ।
वराप्सरोनृत्यसमैश्च नृत्यैः कैलासवत्तद्भवनं रराज ॥ ३० ॥

今译：他的住处灿若盖拉瑟山，
妇女们手指敲击的小鼓
周边箍有金子，鼓声轻柔，

---

① 这句"奉合天乐音"，据《中华大藏经》校勘记，《碛》、《普》、《南》、《径》、《清》无，显然是衍文。
② 此处"怜"字，据《中华大藏经》校勘记，《丽》作"邻"。

那些舞蹈堪与天女媲美。（30）

昙译：如天犍撻婆①，自然寶宮殿，
　　　樂女奏天音，聲色耀心目，
　　　菩薩處高宮，音樂亦如是。

वाग्भिः कलाभिर्ललितैश्च हावैर्मदैः सखेलैर्मधुरैश्च हासैः ।
तं तत्र नार्यो रमयांबभूवुर्भ्रूवञ्चितैरर्धनिरीक्षितैश्च ॥३१॥

今译：轻柔的话语，游戏的娇态，
　　　摇晃的醉态，甜蜜的笑声，
　　　挑动的眉毛，眯缝的眼光，
　　　妇女们在那里这样取悦他。（31）

ततः स कामाश्रयपण्डिताभिः स्त्रीभिर्गृहीतो रतिकर्कशाभिः ।
विमानपृष्ठान्न महीं जगाम विमानपृष्ठादिव पुण्यकर्मा ॥३२॥

今译：那些妇女精通情爱，
　　　热衷欲乐，他被迷住，
　　　不曾从宫楼走下地面，
　　　犹如住在天宫的善人。②（32）

नृपस्तु तस्यैव विवृद्धिहेतोस्तद्द्वाविनार्थेन च चोद्यमानः ।
शमे ऽभिरेमे विरराम पापाद्येजे दमं संविबभाज साधून् ॥३३॥

今译：为了他的成长，也受到
　　　他的未来目标的激励，
　　　国王求平静，戒绝罪恶，
　　　克制自我，恩赐善人。（33）

昙译：父王為太子，靜居修純德，

---

① "犍撻婆"（gandharva，又译"乾闼婆"或"健达缚"）是天国的歌舞伎。这颂原文中没有使用此词。

② 这颂和上一颂不见于昙译。

仁慈正法化，親賢遠惡友。

नाधीरवत्कामसुखे ससञ्जे न संररञ्जे विषमं जनन्याम्।
धृत्येन्द्रियाश्वांश्चपलान्विजिग्ये बन्धूंश्च पौरांश्च गुणैर्जिगाय॥३४॥

今译：他不像不坚定的人们那样
　　　贪恋欲乐，不对女人起邪念，
　　　以意志征服躁动的感官之马，
　　　以品德征服亲戚朋友和市民。（34）

昙译：心不染自[①]愛，於欲起毒想，
　　　攝情撿諸根，滅除輕躁意，
　　　和顏善聽說，慈教厭眾心。

नाध्यैष्ट दुःखाय परस्य विद्यां ज्ञानं शिवं यत्तु तदध्यगीष्ट।
स्वाभ्यः प्रजाभ्यो हि यथा तथैव सर्वप्रजाभ्यः शिवमाशशंसे॥३५॥

今译：掌握知识，不令他人痛苦，
　　　他赞颂那种吉祥的智慧；
　　　如同盼望自己的民众，
　　　他盼望一切众生平安。（35）

昙译：宣化諸外道，斷諸謀逆術，
　　　教學濟世方，萬民聽[②]安樂，
　　　如令我子安，萬民亦如是。

भं भासुरं चाङ्गिरसाधिदेवं यथावदानर्च तदायुषे सः।
जुहाव हव्यान्यकृशो कृशानौ ददौ द्विजेभ्यः कृशनं च गाश्च॥३६॥

今译：为求王子长寿，他按照仪轨敬拜

---

① 此处"自"字，据《中华大藏经》校勘记，《碛》、《普》、《南》、《径》、《清》、《丽》作"恩"。
② 此处"听"字，据《中华大藏经》校勘记，《碛》、《普》、《南》、《径》、《清》、《丽》作"得"。

以毗诃婆提为主神的明亮星座，
向熊熊的火中投放许多祭品，
向众婆罗门施舍金子和母牛。（36）

昙译：事火奏①諸神，

सस्नौ शरीरं पवितुं मनश्च तीर्थाम्बुभिश्चैव गुणाम्बुभिश्च ।
वेदोपदिष्टं सममात्मजं च सोमं पपौ शान्तिसुखं च हार्दम् ॥ ३७ ॥

今译：他用圣地之水沐浴净化身体，
用品德之水沐浴净化思想；
他按照吠陀规定饮用苏摩汁，
同时享受心中自发的安乐。（37）

昙译：叉手飲月光②，恒水③沐浴身，
法水澡其心，祈福非存己，
唯子及萬民。

सान्त्वं बभाषे न च नार्थवद्यज्जल्प तत्त्वं न च विप्रियं यत् ।
सान्त्वं ह्यतत्त्वं परुषं च तत्त्वं ह्रियाशकन्नात्मन एव वक्तुम् ॥ ३८ ॥

今译：他不说可爱而不真实的话，
也不说真实而不可爱的话，
出于羞愧，甚至不能对自己说
可爱不真实或真实不可爱的话。④（38）

昙译：愛言非無義，義言非不愛，
愛言非不實，實言非不愛，

---

① 此处"奏"字，据《中华大藏经》校勘记，《碛》、《普》、《南》、《径》、《清》、《丽》作"奉"。
② 此处"饮月光"，对应这颂原文中的 somam papau（饮苏摩汁）。其中的 soma 一词也有"月亮"的意思，但这里是指"苏摩汁"。
③ 此处"恒水"指恒河水，也就是原文中所说的"圣地之水"。
④ 这颂的意思是他只说既可爱又真实的话。

以有慚愛①故，不能如實說，
於愛不愛事。

इष्टेष्वनिष्टेषु च कार्यवत्सु न रागदोषाश्रयतां प्रपेदे ।
शिवं सिषेवे व्यवहारशुद्धं यज्ञं हि मेने न तथा यथा तत्॥२९॥

今译：对于诉讼者，无论喜欢不喜欢，
　　　他都不感情用事而造成错误；
　　　他注重司法纯洁而吉祥平安，
　　　认为祭祀也未必能达到这样。（39）

昙译：不依貪恚想，志存於寂默，
　　　平正止諍訟，不以祠天會，
　　　勝於斷事福。②

आशावते चाभिगताय सद्यो देयाम्बुभिस्तर्षमचेच्छिदिष्ट ।
युद्धादृते वृत्तपरश्वधेन द्विड्दर्पमुद्धृत्तमबेभिदिष्ट॥४०॥

今译：他用施舍之水，顷刻间
　　　解除前来求助者的渴望；
　　　他不用战争，而用善行
　　　之斧破除敌人的狂妄。（40）

昙译：見彼多求眾，豐施過其望，
　　　心無戰爭想，以德降怨敵。

एकं विनिन्ये स जुगोप सप्त सप्तैव त्यत्याज ररक्ष पञ्च ।
प्राप त्रिवर्गं बुबुधे त्रिवर्गं जज्ञे द्विवर्गं प्रजहौ द्विवर्गम्॥४१॥

今译：调伏一，保护七，

---

① 此处"爱"字，据《中华大藏经》校勘记，《碛》、《普》、《南》、《径》、《清》、《丽》作"愧"。
② 这颂中的"祠天会"指祭祀。"断事"对应这颂原文中的 vyavahāra 一词，词义为"司法"或"判案"。

第二章　后宫生活　49

舍弃七，保护五，
获得三，理解三，
知道二，舍弃二。①（41）

昙译：調一而護士②，離七防制五，
　　　得三覺了三，知二捨於二。

कृतागसो ऽपि प्रतिपाद्य वध्यान्नाजीघनन्नापि रुषा ददर्श ।
बबन्ध सान्त्वेन फलेन चैतांस्त्यागोऽपि तेषां ह्यनयाय दृष्टः ॥४२॥

今译：即使认为犯罪者罪该处死，
　　　他不处死，也不粗暴对待，
　　　而给予他们从轻的处罚，
　　　因为释放他们也不合法理。（42）

昙译：求情得其罪，應死垂仁恕，
　　　不加麤惡言，軟語而教勅，
　　　務施以財物，指授資生路。

आर्षाण्यचारीत्परमव्रतानि वैराण्यहासीच्चिरसंभृतानि ।
यशांसि चापद्रुणगन्धवन्ति रजांस्यहार्षीन्मलिनीकराणि ॥४३॥

今译：他奉行仙人们的最高誓愿，
　　　摒弃心中长期积累的敌意，
　　　消除形成污垢的激情尘土，
　　　获得散发品德香气的名声。（43）

昙译：受學神仙道，滅除怨恚心，
　　　名德普流聞，世間③永消亡。

---

① 这颂中的数字具体所指不详。
② 此处"士"字，据《中华大藏经》校勘记，《碛》、《普》、《南》、《径》、《清》、《丽》作"七"。
③ 此处"世间"，据《中华大藏经》校勘记，《碛》、《普》、《南》、《径》、《清》作"世累"。

न चाजिहीर्षीद्बलिमप्रवृत्तं न चाचिकीर्षीत्परवस्त्वभिध्याम्।
न चाविवक्षीद्द्विषतामधर्मं न चाविवाक्षीद्धृदयेन मन्युम्॥४४॥

今译：不愿超量收取赋税，
　　　不愿觊觎他人财物，
　　　不愿披露敌手恶行，
　　　不愿心中怀有愤怒。（44）

तस्मिंस्तथा भूमिपतौ प्रवृत्ते भृत्याश्च पौराश्च तथैव चेरुः।
शमात्मके चेतसि विप्रसन्ने प्रयुक्तयोगस्य यथेन्द्रियाणि॥४५॥

今译：这位国王行为如此，
　　　臣仆和市民们效法，
　　　犹如瑜伽行者的思想，
　　　平静清净，感官也同样。（45）

昙译：主匠修明德，率土皆承習，
　　　如人心安靜，四體諸根從。

काले ततश्चारुपयोधरायां यशोधरायां स्वयशोधरायाम्।
शौद्धोदने राहुसपत्नवक्त्रो जज्ञे सुतो राहुल एव नाम्ना॥४६॥

今译：到时候，乳房优美、自身
　　　享有名声的耶输陀罗和这位
　　　净饭王之子生下儿子，脸庞
　　　犹如罗睺之敌，得名罗睺罗[①]。（46）

昙译：時白淨太子，賢妃耶輸陀，
　　　年並漸長大，乃生羅睺羅

---

① 罗睺罗（rāhula）这个名字中含有"罗睺"（rāhu）一词。罗睺原本是一位阿修罗，曾偷尝天神的甘露，被太阳和月亮发现，报告毗湿奴。毗湿奴砍下了他的脑袋。但因尝到一点甘露，故而他的脑袋长生不死。此后，他经常吞噬太阳和月亮，作为对他们的报复。这就是印度古代传说的日食和月食的来源。这里的"罗睺之敌"指月亮。

अथेष्टपुत्रः परमप्रतीतः कुलस्य वृद्धिं प्रति भूमिपालः ।
यथैव पुत्रप्रसवे ननन्द तथैव पौत्रप्रसवे ननन्द ॥४७॥

今译：如愿得子的国王对于
　　　家族的繁荣充满信心，
　　　他为孙子的出生高兴，
　　　犹如当初为儿子的出生。（47）

昙译：白淨王自念，太子已生子，
　　　歷世相繼嗣，正化無終極。

पुत्रस्य मे पुत्रगतो ममेव स्नेहः कथं स्यादिति जातहर्षः ।
काले स तं तं विधिमाललम्बे पुत्रप्रियः स्वर्गमिवारुरुक्षन् ॥४८॥

今译：他满怀喜悦，心想"儿子
　　　会像我一样关怀儿子"；
　　　他热爱儿子，及时举行
　　　各种仪式，仿佛想升天。（48）

昙译：太子既生子，愛子與我同，
　　　不復慮出家，但當力修善，
　　　我今心大安，無異生天樂。

स्थित्वा पथि प्राथमकल्पिकानां राजर्षभाणां यशसान्वितानाम् ।
शुक्लान्यमुक्त्वापि तपांस्यतप्त यज्ञैश्च हिंसारहितैरयष्ट ॥४९॥

今译：遵行劫初时代著名的
　　　王中雄牛们的道路，
　　　他修苦行而保持洁净，
　　　举行祭祀而不杀生。（49）

昙译：猶若劫初時，仙王所住道，
　　　受行清淨業，祠祀不害生。

अजाज्वलिष्टाथ स पुण्यकर्मा नृपश्रिया चैव तपःश्रिया च ।
कुलेन वृत्तेन धिया च दीप्तस्तेजः सहस्रांशुरिवोत्सिसृक्षुः ॥५०॥

今译：他行善积德，闪耀国王的
　　　光辉和苦行的光辉，闪耀
　　　家族、行为和智慧的光辉，
　　　愿像太阳那样放射光芒。（50）

昙译：熾然修勝業，王勝梵行勝，
　　　宗族財寶勝，勇健伎藝勝，
　　　明顯照世間，如日千光耀。

स्वायंभुवं चार्चिकमर्चयित्वा
　　जजाप पुत्रस्थितये स्थितश्रीः ।
चकार कर्माणि च दुष्कराणि
　　प्रजाः सिसृक्षुः क इवादिकाले ॥५१॥

今译：他诵唱自生者的娑摩赞歌，
　　　为儿子安稳，默祷长久吉祥；
　　　他从事艰难的事业，犹如
　　　原初之神，想要创造众生。[①]（51）

तत्याज शस्त्रं विममर्श शास्त्रं शमं सिषेवे नियमं विषेहे ।
वशीव कंचिद्विषयं न भेजे पितेव सर्वान्विषयान्ददर्श ॥५२॥

今译：抛弃武器，潜心研读经典，
　　　追求平静，努力遵守戒规，
　　　像自制者那样不执著对象，
　　　像父亲那样对待一切领地。[②]（52）

[①] 这颂中的"自生者"和"原初之神"均指梵天。"从事艰难的事业"指修苦行。
[②] 这颂中的"对象"和"领地"在原文中均使用 viṣaya 一词，前者指"感官对象"，后者指国王统治的"疆域"。

बभार राज्यं स हि पुत्रहेतोः पुत्रं कुलार्थं यशसे कुलं तु ।
स्वर्गाय शब्दं दिवमात्महेतोर्धर्मार्थमात्मस्थितिमाचकाङ्क्ष ॥५३॥

今译：维持王国，为了儿子；维持儿子，
为了家族；维持家族，为了声誉；
维持声誉，为了升天；维持升天，
为了自我；维持自我，为了正法。（53）

昙译：所以為人王，將為顯其子，
顯子為宗族，榮族以名聞，
名高得生天，生天樂為己，
己樂智慧增，悟道弘正法，

एवं स धर्मं विविधं चकार सद्भिर्निपातं श्रुतितश्च सिद्धम् ।
दृष्ट्वा कथं पुत्रमुखं सुतो मे वनं न यायादिति नाथमानः ॥५४॥

今译：他履行各种正法，它们
与善人相伴，靠圣典获得，
期盼"我的儿子已经看到
儿子，不会再前往林中"。（54）

昙译：先勝多聞所①，受行眾妙道，
唯願令太子，愛子不捨家。

रिरक्षिषन्तः श्रियमात्मसंस्थां रक्षन्ति पुत्रान्भुवि भूमिपालाः ।
पुत्रं नरेन्द्रः स तु धर्मकामो ररक्ष धर्मादिषयेषु मुञ्चन् ॥५५॥

今译：大地上的国王们为了保护自己
拥有王权，保护自己的儿子，
而这位国王自己热爱正法，却让

---

① 这一句中，"先胜"对应原文中的 sat 一词，词义为"善人"或"圣者"；"多闻"通常对应 śruta，而在这里是对应原文中的 śruti 一词，词义为"圣典"；"所"则是对应语法中的从格，表示"通过"或"依靠"。

儿子追逐感官对象，回避正法。（55）

昙译：一切諸國王，生子年尚小，
　　　不令王國土，慮其心放逸，
　　　縱情著世樂，不能紹王種；
　　　今王生太子，隨心恣五欲，
　　　唯願樂世榮，不欲令學道。

वनमनुपमसत्त्वा बोधिसत्त्वास्तु सर्वे
विषयसुखरसज्ञा जग्मुरुत्पन्नपुत्राः ।
अत उपचितकर्मा रूढमूले ऽपि हेतौ
स रतिमुपसिषेवे बोधिमापन्न यावत् ॥५६॥

今译：然而，一切菩萨生性无与伦比，
　　　在了解欲乐，生子后，前往林中，
　　　因此，尽管功德累积，因缘成熟，
　　　他依然享受欲乐，直至达到觉悟。（56）

昙译：過去菩薩王，其道離深國①，
　　　要習世榮樂，生子繼宗嗣，
　　　然後入山林，修行寂默道。

इति बुद्धचरिते महाकाव्ये अन्तःपुरविहारो नाम द्वितीयः सर्गः ॥२॥

今译：以上是大诗《佛所行赞》中名为《后宫生活》的第二章。

---

① 此处"离深国"，据《中华大藏经》校勘记，《碛》、《普》、《南》、《径》、《清》、《丽》作"虽深固"。

३ संवेगोत्पत्तिः

今译：第三章　王子忧患

昙译：厌患品第三

**ततः कदाचिन्मृदुशाद्वलानि पुंस्कोकिलोन्नादितपादपानि ।
शुश्राव पद्माकरमण्डितानि गीतैर्निबद्धानि स काननानि ॥ १ ॥**

今译：然后，有一次，他听到
　　　园林中歌声萦绕，那里，
　　　绿草柔软，装饰有莲池，
　　　树上雄杜鹃发出啼鸣。（1）

昙译：外有諸園林，流泉清涼池，
　　　衆新①華果樹，行列垂玄蔭，
　　　異類諸奇鳥，奮飛戲其中，
　　　水陸四種花，炎色流妙香，
　　　伎女回②奏樂，弦歌告太子。

**श्रुत्वा ततः स्त्रीजनवल्लभानां मनोज्ञभावं पुरकाननानाम् ।
बहिःप्रयाणाय चकार बुद्धिमन्तर्गृहे नाग इवावरुद्धः ॥ २ ॥**

今译：他听到妇女们喜爱的
　　　城市园林的迷人情景，
　　　于是，想要外出旅游，

---

　　① 此处"新"字，据《中华大藏经》校勘记，《碛》、《普》、《南》、《径》、《清》、《丽》作"杂"。

　　② 此处"回"字，据《中华大藏经》校勘记，《碛》、《普》、《南》、《径》、《清》、《丽》作"因"。

犹如关在屋内的大象。(2)

昙译：太子聞音樂，嘆美彼園林，
　　　內懷甚踊悅，思樂出遊觀，
　　　猶如繫狂象，常慕閑曠野。

ततो नृपस्तस्य निशम्य भावं पुत्राभिधानस्य मनोरथस्य ।
स्नेहस्य लक्ष्म्या वयसश्च योग्यामाज्ञापयामास विहारयात्राम् ॥३॥

今译：国王听说儿子的心愿，
　　　便吩咐安排儿子出游，
　　　符合自己的富贵和慈爱，
　　　也符合这儿子的年龄。(3)

昙译：父王聞太子，樂出彼園遊，
　　　即勅諸羣臣，嚴飾備羽儀。

निवर्तयामास च राजमार्गे संपातमार्तस्य पृथग्जनस्य ।
मा भूत्कुमारः सुकुमारचित्तः संविग्नचेता इति मन्यमानः ॥४॥

今译：他想到王子思想稚嫩，
　　　不要让他心生恐惧，
　　　便吩咐禁止受苦之人
　　　出现在王家大道上。(4)

昙译：平治正王路，并除諸醜穢，

प्रत्यङ्गहीनान्विकलेन्द्रियांश्च जीर्णातुरादीन्कृपणांश्च दिक्षु ।
ततः समुत्सार्य परेण साम्ना शोभां परां राजपथस्य चक्रुः ॥५॥

今译：于是，以最温和的方式，
　　　劝走四处肢体和器官
　　　残缺者，老人和病人，
　　　让王家大道光辉无比。(5)

昙译：老病形殘類，羸劣貧窮苦，
　　　無令少樂子[1]，見起厭惡心。

**ततः कृते श्रीमति राजमार्गे श्रीमान्विनीतानुचरः कुमारः ।
प्रासादपृष्ठादवतीर्य काले कृताभ्यनुज्ञो नृपमभ्यगच्छत्॥ ६॥**

今译：这样，王家大道美丽吉祥，
　　　在合适时间，光辉的王子
　　　由温顺的侍从陪伴，获准
　　　从宫楼顶下来，拜见国王。（6）

昙译：莊嚴悉備已，啟請求拜辭。

**अथो नरेन्द्रः सुतमागताश्रुः शिरस्युपाघ्राय चिरं निरीक्ष्य ।
गच्छेति चाज्ञापयति स्म वाचा स्नेहान्न चैनं मनसा मुमोच॥ ७॥**

今译：国王眼中含泪，亲吻
　　　儿子的头，久久凝视，
　　　满怀慈爱，口中吩咐道：
　　　"去吧！"心中却舍不得。（7）

昙译：王見太子至，摩頭瞻顏色，
　　　悲喜情交許[2]，口許而心留。

**ततः स जाम्बूनदभाण्डभृद्भिर्युक्तं चतुर्भिर्निभृतैस्तुरङ्गैः ।
अक्लीबविद्वच्छुचिरश्मिधारं हिरण्मयं स्यन्दनमारुरोह॥ ८॥**

今译：然后，他登上一辆金车，
　　　由四匹驯顺的马牵引，
　　　马匹都配备有金鞍具，
　　　车夫健壮、聪明和正直。（8）

---

① "少乐子"意谓"年轻快乐的王子"。
② 此处"许"字，据《中华大藏经》校勘记，《碛》、《普》、《南》、《径》、《清》、《丽》作"结"。

昙译：眾寶軒飾車，結駟駿平流，
　　　　賢良善術藝，年少美姿容，
　　　　佳①淨鮮花服，同車為執御。

ततः प्रकीर्णोज्ज्वलपुष्पजालं विषक्तमाल्यं प्रचलत्पताकम्।
मार्गं प्रपेदे सदृशानुयात्रश्चन्द्रः सनक्षत्र इवान्तरीक्षम्॥९॥

今译：大道上布满灿烂的鲜花，
　　　　到处悬挂花环，旗帜飘扬，
　　　　他和合适的侍从们上路，
　　　　犹如月亮和群星登临天空。（9）

昙译：街巷散眾華，寶縵綿路慢②，
　　　　垣樹列道側，寶器以莊嚴，
　　　　繒蓋諸幢幡，繽紛隨風揚。

कौतूहलात्स्फीततरैश्च नेत्रैर्नीलोत्पलार्धैरिव कीर्यमाणम्।
शनैः शनै राजपथं जगाहे पौरैः समन्तादभिवीक्ष्यमाणः॥१०॥

今译：他缓慢地登上王家大道，
　　　　四周围有城市居民观看，
　　　　他们好奇地睁大着眼睛，
　　　　仿佛遍布半开的青莲花。（10）

昙译：觀者挾長路，側身目連③光，
　　　　瞪矚而不瞬，如並④青蓮花。

---

　　① 此处"佳"字，据《中华大藏经》校勘记，《碛》、《普》、《南》、《径》、《清》、《丽》作"妙"。
　　② 此处"绵路慢"，据《中华大藏经》校勘记，《碛》、《普》、《南》、《径》、《清》、《丽》作"蔽路旁"。
　　③ 此处"连"字，据《中华大藏经》校勘记，《碛》、《普》、《南》、《径》、《清》作"运"。
　　④ 此处"并"字，可能是"半"字，与原文中的 ardha（半）一词对应。

第三章 王子忧患 59

तं तुष्टुवुः सौम्यगुणेन केचिद्वन्दिरे दीप्ततया तथान्ये ।
सौमुख्यतस्तु श्रियमस्य केचिद्वैपुल्यमाशंसिषुरायुषश्च ॥ ११ ॥

今译：一些人赞美他的可爱品质，
　　　一些人崇拜他的显赫光辉，
　　　一些人喜爱他的和蔼面容，
　　　希望他荣华富贵和长寿。（11）

昙译：巨火①悉扈從，如星隨宿王②，
　　　異口同聲嘆，稱慶世希有。

निःसृत्य कुब्जाश्च महाकुलेभ्यो व्यूहाश्च कैरातकवामनानाम् ।
नार्यः कृशेभ्यश्च निवेशनेभ्यो देवानुयानध्वजवत्प्रणेमुः ॥ १२ ॥

今译：从大宅中跑出许多驼子、
　　　侏儒和山民③，从小宅中
　　　跑出许多妇女，俯首致敬，
　　　仿佛面对天神出游的旗帜。（12）

昙译：貴賤及貧富，長幼及中年，
　　　悉皆恭敬禮，唯願令吉祥。
　　　郭邑及田里，聞太子當出，
　　　尊卑不待辭，寤寐不相告，
　　　六畜不遑收，錢財不及斂，
　　　門戶不容閉，奔馳走路傍。④

ततः कुमारः खलु गच्छतीति श्रुत्वा स्त्रियः प्रेष्यजनात्प्रवृत्तिम् ।
दिदृक्षया हर्म्यतलानि जग्मुर्जनेन मान्येन कृताभ्यनुज्ञाः ॥ १३ ॥

---

① 此处"巨火"，据《中华大藏经》校勘记，《碛》、《普》、《南》、《径》、《清》、《丽》作"臣民"。
② "宿王"指月亮。这颂原文中无此词。但在原文第 9 颂中有"犹如月亮和群星登临天空"这样的描述。
③ "驼子、侏儒和山民"是大户人家收养的奴仆。
④ 这里比照原文，昙译文字有较多增饰。

今译：妇女们从仆从那里
听到王子出来的消息，
渴望观看，获得长辈
准许，登上楼顶露台。（13）

ताः स्रस्तकाञ्चीगुणविघ्निताश्च सुप्तप्रबुद्धाकुललोचनाश्च ।
वृत्तान्तविन्यस्तविभूषणाश्च कौतूहलेनानिभृताः परीयुः ॥ १४ ॥

今译：她们得知消息就佩戴首饰，
刚睡醒的眼睛还带着迷茫，
出于好奇和激动，一拥而上，
滑落的腰带阻碍行进速度。（14）

प्रासादसोपानतलप्रणादैः काञ्चीरवैर्नूपुरनिस्वनैश्च ।
वित्रासयन्त्यो गृहपक्षिसङ्घानन्योन्यवेगांश्च समाक्षिपन्त्यः ॥ १५ ॥

今译：登上楼顶台阶的响声，
腰带和脚镯的叮当声，
对家中的鸟群造成惊吓，
她们也互相指责抢行。（15）

कासांचिदासां तु वराङ्गनानां जातत्वराणामपि सोत्सुकानाम् ।
गतिं गुरुत्वाज्जगृहुर्विशालाः श्रोणीरथाः पीनपयोधराश्च ॥ १६ ॥

今译：其中一些美丽的妇女
即使着急想加快速度，
无奈臀部宽阔和胸脯
丰满，体重牵制了脚步。（16）

शीघ्रं समर्थापि तु गन्तुमन्या गतिं निजग्राह ययौ न तूर्णम् ।
ह्रियाप्रगल्भा विनिगूहमाना रहःप्रयुक्तानि विभूषणानि ॥ १७ ॥

今译：另一位谨慎的妇女，

即使能快走，也止步，
不快走，她出于羞涩，
掩盖自己私处的装饰。（17）

परस्परोत्पीडनपिण्डितानां संमर्दसंक्षोभिकुण्डलानाम्।
तासां तदा सस्वनभूषणानां वातायनेष्वप्रशमो बभूव॥१८॥

今译：她们互相挤成一团，
　　　耳环晃动，碰撞摩擦，
　　　各种首饰叮当作响，
　　　那些窗户不得安宁。（18）

वातायनेभ्यस्तु विनिःसृतानि परस्परायासितकुण्डलानि।
स्त्रीणां विरेजुर्मुखपङ्कजानि सक्तानि हर्म्येष्विव पङ्कजानि॥१९॥

今译：那些妇女的莲花脸
　　　伸出窗外，耳环互相
　　　碰撞，仿佛许多莲花
　　　汇集聚拢在楼顶上。（19）

ततो विमानैर्युवतीकरालैः कौतूहलोद्घाटितवातयानैः।
श्रीमत्समन्तान्नगरं बभासे वियद्विमानैरिव साप्सरोभिः॥२०॥

今译：那些宫楼充满青春少女，
　　　出于好奇打开扇扇窗户，
　　　这座城市处处吉祥美丽，
　　　犹如天国宫中充满天女。（20）

वातायनानामविशालभावादन्योन्यगण्डार्पितकुण्डलानाम्।
मुखानि रेजुः प्रमदोत्तमानां बद्धाः कलापा इव पङ्कजानाम्॥२१॥

今译：那些美丽妇女的脸庞，
　　　拥挤在狭窄的窗户，

耳环互相贴在脸颊上，
犹如捆在一起的莲花。（21）

昙译：樓閣堤塘樹，窓牖衢巷間，
側身競容目，瞪矚觀無厭。①

तं ताः कुमारं पथि वीक्षमाणाः स्त्रियो बभुर्गांमिव गन्तुकामाः ।
ऊर्ध्वोन्मुखाश्चैनमुदीक्षमाणा नरा बभुर्द्यामिव गन्तुकामाः ॥२२॥

今译：那些妇女俯视路上的
王子，仿佛想要下地，
而那些男子抬头仰望
王子，仿佛想要上天。（22）

昙译：高觀謂頭②地，步者謂乘虛，
意專不自覺，形神若雙飛，

दृष्ट्वा च तं राजसुतं स्त्रियस्ता
जाज्वल्यमानं वपुषा श्रिया च ।
धन्यास्य भार्येति शनैरवोच-
ञ्छुद्धैर्मनोभिः खलु नान्यभावात् ॥२३॥

今译：那些妇女看到这个王子
形体优美，闪耀吉祥光辉，
出于真心而非邪念，悄悄
说道："成为他的妻子有福。"（23）

昙译：處愛③恭形觀，不生放逸心：

---

① 以上原文第 13—20 颂关于妇女们竞相观看王子的描写，昙译均删略，而代之以这一颂。
② 此处"头"字，据《中华大藏经》校勘记，《碛》、《普》、《南》、《径》、《清》、《丽》作"投"。
③ 此处"处爱"，据《中华大藏经》校勘记，《碛》、《普》、《南》、《径》、《清》、《丽》作"虔虔"。

第三章 王子忧患 63

अयं किल व्यायतपीनबाहू रूपेण साक्षादिव पुष्पकेतुः ।
त्यक्त्वा श्रियं धर्ममुपैष्यतीति तस्मिन्हि ता गौरवमेव चक्रुः ॥२४॥

今译：因为她们对他满怀尊敬：
　　　"他的手臂修长又健壮，
　　　仿佛是爱神化身，而据说，
　　　他将抛弃王权，追求正法。"（24）

昙译："圓體傭支節，色若蓮花敷，
　　　今出處園林，願成聖法仙。"

कीर्णं तथा राजपथं कुमारः पौरैर्विनीतैः शुचिधीरवेषैः ।
तत्पूर्वमालोक्य जहर्ष किंचिन्मेने पुनर्भावमिवात्मनश्च ॥२५॥

今译：这位王子第一次见到王家
　　　大道上充满市民，举止文雅，
　　　衣着洁净得体，他满怀喜悦，
　　　似乎感到自己又获得再生。（25）

昙译：太子見修塗①，莊嚴從人眾，
　　　服乘鮮光澤，欣然心歡悅；
　　　國人瞻太子，嚴儀悉②羽從，
　　　亦如諸王③眾，見天太子生。④

पुरं तु तत्स्वर्गमिव प्रहृष्टं शुद्धाधिवासाः समवेक्ष्य देवाः ।
जीर्णं नरं निर्ममिरे प्रयातुं संचोदनार्थं क्षितिपात्मजस्य ॥२६॥

今译：而净居天诸神看到这座
　　　城市充满欢乐，如同天国，

---

① 此处"修涂"意谓"大道"，对应这颂原文中的 rājapatha（王家大道）。
② 此处"悉"字，据《中华大藏经》校勘记，《碛》、《普》、《南》、《径》、《清》、《丽》作"胜"。
③ 此处"王"字，据《中华大藏经》校勘记，《丽》作"天"。
④ 这颂中的后两行不见于原文。

他们便幻化出一个老人，
为了激励这位王子出家。（26）

昙译：時淨居天王，忽然在道側，
變形衰老者，勸生厭離心。

ततः कुमारो जरयाभिभूतं दृष्ट्वा नरेभ्यः पृथगाकृतिं तम्।
उवाच संग्राहकमागतास्थस्तत्रैव निष्कम्पनिविष्टदृष्टिः॥२७॥

今译：于是，王子看到一位
形貌与众不同的老人，
便将目光紧紧盯住他，
出于关心，询问车夫：（27）

昙译：太子見老人，驚怪問御者：

क एष भोः सूत नरो ऽभ्युपेतः केशैः सितैर्यष्टिविषक्तहस्तः।
भ्रूसंवृताक्षः शिथिलानताङ्गः किं विक्रियैषा प्रकृतिर्यदृच्छा॥२८॥

今译："御者啊！这是什么人？
满头白发，手持拐杖，
眉毛遮眼，肢体松垮，
是变形、原形或偶然？"（28）

昙译："此是何等人？頭白而背僂，
目冥身戰搖，任杖而羸步，
為是身本①變，為受性自爾？"

इत्येवमुक्तः स रथप्रणेता निवेदयामास नृपात्मजाय।
संरक्ष्यमप्यर्थमदोषदर्शी तैरेव देवैः कृतबुद्धिमोहः॥२९॥

今译：车夫闻听此言，回禀王子，
而众天神已经搅乱他的

---

① 此处"本"字，据《中华大藏经》校勘记，《碛》、《普》、《南》、《径》、《清》、《丽》作"卒"。

头脑，他不觉得自己失误，
说出了应该回避的话题：（29）

昙译：御者心躇躇，不敢以實答，
淨居加神力，令其表真言：

रूपस्य हन्त्री व्यसनं बलस्य शोकस्य योनिर्निधनं रतीनाम्।
नाशः स्मृतीनां रिपुरिन्द्रियाणामेषा जरा नाम ययैष भग्नः॥ ३० ॥

今译："美貌的杀手，力量的破坏者，
忧愁的源泉，爱欲的毁灭者，
感官的敌人，记忆的湮灭者，
它名叫老年，摧毁了这个人。（30）

昙译："色變氣虛微，多憂少歡樂，
喜妄①諸根羸，是名衰老相。

पीतं ह्यनेनापि पयः शिशुत्वे कालेन भूयः परिसृप्तमुर्व्याम्।
क्रमेण भूत्वा च युवा वपुष्मान्क्रमेण तेनैव जरामुपेतः॥ ३१ ॥

今译："他在婴儿期也吃奶，
而后学会在地上爬，
随后成为英俊青年，
最后达到这种老年。"（31）

昙译："此本為嬰兒，長養於母乳，
及童子嬉遊，端正恣五欲，
年逝形枯朽，今為老所壞。"

इत्येवमुक्ते चलितः स किंचिद्राजात्मजः सूतमिदं बभाषे।
किमेष दोषो भविता ममापीत्यस्मै ततः सारथिरभ्युवाच॥ ३२ ॥

---

① 此处"妄"字，据《中华大藏经》校勘记，《碛》、《普》、《南》、《径》、《清》、《丽》作"忘"。

今译：王子闻听此言，心中
　　　有点震动，询问车夫：
　　　"我将来也会有这种
　　　遭遇？"车夫回答说：（32）

昙译：太子長歎息，而問御者言：
　　　"但彼獨衰老，吾等亦當然？"
　　　御者又答言：

आयुष्मतो ऽप्येष वयःप्रकर्षो निःसंशयं कालवशेन भावी ।
एवं जरां रूपविनाशयित्रीं जानाति चैवेच्छति चैव लोकः ॥ ३३ ॥

今译："王子您即使长寿，将来
　　　也必然会受时间约束；
　　　世人都知道老年毁灭
　　　美貌，但依然孜孜以求。"（33）

昙译："尊亦有此分，時移形自變，
　　　必至無所疑，少壯無不老，
　　　覺①世知而求。"

ततः स पूर्वाशयशुद्धबुद्धि-
　　विस्तीर्णकल्पाचितपुण्यकर्मा ।
श्रुत्वा जरां संविविजे महात्मा
　　महाशनेर्घोषमिवान्तिके गौः ॥ ३४ ॥

今译：他的知觉早已受到心愿净化，②
　　　在无数劫中积累了大量善业；
　　　他精神高尚，闻听老年而惊慌，
　　　犹如公牛听到附近雷电轰鸣。（34）

---

① 此处"觉"字，据《中华大藏经》校勘记，《碛》、《普》、《南》、《径》、《清》、《丽》作"举"。

② 这句意谓他在前生就怀有拯救众生的心愿。

昙译：菩薩久習修①，清淨智慧業，
　　　廣殖諸德本，願果華於今，
　　　聞說衰老苦，戰慄身毛豎，
　　　雷電霹靂聲，羣獸怖奔走。

निःश्वस्य दीर्घं स्वशिरः प्रकम्प्य तस्मिंश्च जीर्णे विनिवेश्य चक्षुः ।
तां चैव दृष्ट्वा जनतां सहर्षां वाक्यं स संविग्न इदं जगाद ॥ ३५ ॥

今译：他的眼睛盯着这位老人，
　　　频频摇头，发出深长叹息，
　　　又看到众人沉浸在欢乐中，
　　　他感到惊恐，说出这番话：（35）

昙译：菩薩亦如是，震怖長噓息，
　　　繫心於老苦，頷頭而瞪矚：

एवं जरा हन्ति च निर्विशेषं स्मृतिं च रूपं च पराक्रमं च ।
न चैव संवेगमुपैति लोकः प्रत्यक्षतो ऽपीदृशमीक्षमाणः ॥ ३६ ॥

今译："老年无分别地毁灭
　　　记忆、美貌和勇气，
　　　世人即使亲眼目睹，
　　　却依然丝毫不惊慌。（36）

昙译："念此衰老苦，世人何愛樂？
　　　老相之所壞，觸類無所擇，
　　　雖有壯色力，無一不遷變，
　　　目前②見證相，如何不厭離？"

एवं गते सूत निवर्तयाश्वान्शीघ्रं गृहाण्येव भवान्प्रयातु ।
उद्यानभूमौ हि कुतो रतिर्मे जराभये चेतसि वर्तमाने ॥ ३७ ॥

---

① 此处"习修"，据《中华大藏经》校勘记，《丽》作"修习"。
② "目前"对应这颂原文中的 pratyakṣatas 一词，词义为"亲眼目睹"。

今译:"既然这样,御者啊!
　　　请你赶快策马回宫,
　　　我的心中惧怕老年,
　　　在花园里怎会快乐?"(37)

昙译:菩萨谓御者,宜速迴车还,
　　　念念衰老至,园林何足欢?

अथाज्ञया भर्तुसुतस्य तस्य निवर्तयामास रथं नियन्ता।
ततः कुमारो भवनं तदेव चिन्तावशः शून्यमिव प्रपेदे॥३८॥

今译:然后,遵照王子命令,
　　　车夫立即驾车返回;
　　　王子回到宫中,忧心
　　　忡忡,仿佛陷入虚无。(38)

昙译:受命即风驰,飞轮旋本宫,
　　　心存朽暮境,如归空冢间。

यदा तु तत्रैव न शर्म लेभे जरा जरेति प्रपरीक्षमाणः।
ततो नरेन्द्रानुमतः स भूयः क्रमेण तेनैव बहिर्जगाम॥३९॥

今译:他在宫中闷闷不乐,
　　　始终浮现"老年,老年",
　　　后来,获得国王准许,
　　　他再次同样地出游。(39)

昙译:触事不留情,所居无暂安。
　　　王闻子不悦,劝令重出游,
　　　即勅诸群臣,庄严复胜前。

अथापरं व्याधिपरीततदेहं त एव देवाः ससृजुर्मनुष्यम्।
दृष्ट्वा च तं सारथिमाबभाषे शौद्धोदनिस्तद्गतदृष्टिरेव॥४०॥

今译：于是，众天神又幻化出
　　　另一个疾病缠身的人，
　　　净饭王之子看到了他，
　　　目光紧盯着，询问车夫：（40）

昙译：又[①]復化病人，守命在路傍，

स्थूलोदरः श्वासचलच्छरीरः स्रस्तांसबाहुः कृशपाण्डुगात्रः ।
अम्बेति वाचं करुणं ब्रुवाणः परं समाश्रित्य नरः क एषः ॥४१॥

今译："腹部鼓胀，身体喘息晃动，
　　　肩和手臂下垂，苍白瘦弱，
　　　紧靠在他人身上，可怜地
　　　喊着'妈呀！'这是什么人？"（41）

昙译：身瘦而腹大，呼吸長喘息，
　　　手脚攣枯燥，悲泣而呻吟，
　　　太子問御者："此復何等人？"

ततो ऽब्रवीत्सारथिरस्य सौम्य धातुप्रकोपप्रभवः प्रवृद्धः ।
रोगाभिधानः सुमहाननर्थः शक्तो ऽपि येनैष कृतोऽस्वतन्त्रः ॥४२॥

今译：车夫回答说："善人啊，有一种
　　　名叫疾病的作恶者，强大有力，
　　　源自元素[②]失调，即使这人原本
　　　健壮，也受它折磨，不能自主。"（42）

昙译：對曰："是病者，四大俱錯亂，
　　　羸劣無所堪，轉側恃仰人。"

---

　　① 此处"又"字，据《中华大藏经》校勘记，《碛》、《普》、《南》、《径》、《清》、《丽》作"天"。
　　② "元素"（dhātu）一般指"五大"（地、水、火、风和空）或"四大"（地、水、火和风）。这里指体内的风、胆汁和黏液三种致病元素。

इत्यूचिवात्राजसुतः स भूयस्तं सानुकम्पो नरमीक्षमाणः ।
अस्यैव जातो पृथगेष दोषः सामान्यतो रोगभयं प्रजानाम् ॥४३॥

今译：这样，王子满怀同情，
再次望着这个人，说道：
"单单是他生这种疾病，
还是人人都有生病危险？"（43）

昙译：太子聞所說，即生哀愍心，
問："唯此人病，餘亦當復爾？"

ततो बभाषे स रथप्रणेता कुमार साधारण एष दोषः ।
एवं हि रोगैः परिपीड्यमानो रुजातुरो हर्षमुपैति लोकः ॥४४॥

今译：车夫说道："王子啊！
人人都会生病，确实，
即使遭受病痛折磨，
世人仍然追求快乐。"（44）

昙译：對曰："此世間，一切俱亦然，
有身必有患，愚癡樂朝歡。"

इति श्रुतार्थः स विषण्णचेताः प्रावेपताम्बूर्मिगतः शशीव ।
इदं च वाक्यं करुणायमानः प्रोवाच किंचिन्मृदुना स्वरेण ॥४५॥

今译：闻听实情，王子心中沮丧，
身体颤抖，犹如水波中的
月亮，他心生怜悯，以柔软
而低沉的话音，这样说道：（45）

昙译：太子聞其說，即生大恐怖，
身心悉戰動，譬如揚波月：

इदं च रोगव्यसनं प्रजानां पश्यंश्च विश्रम्भमुपैति लोकः ।
विस्तीर्णमज्ञानमहो नराणां हसन्ति ये रोगभयैरमुक्ताः ॥४६॥

今译："看到众生的疾病祸患，
　　　　世人依然安心，哎呀！
　　　　人的无知确实严重，没有
　　　　摆脱疾病威胁，还欢笑。（46）

昙译："處斯大苦器，云何能自安？
　　　　嗚呼世間人，愚惑癡闇障，
　　　　病賊至無期，而生喜樂心。"

निवर्त्यतां सूत बहिःप्रयाणान्नरेन्द्रसद्मैव रथः प्रयातु ।
श्रुत्वा च मे रोगभयं रतिभ्यः प्रत्याहतं संकुचतीव चेतः ॥४७॥

今译："御者啊！停止出游，
　　　　驾车返回王宫！听到
　　　　疾病的威胁，我的心
　　　　厌弃游乐，仿佛缩回。"（47）

昙译：於是迴車還，愁憂念病苦，
　　　　如人被打害，捲身待杖至。

ततो निवृत्तः स निवृत्तहर्षः प्रध्यानयुक्तः प्रविवेश वेश्म ।
तं द्विस्तथा प्रेक्ष्य च संनिवृत्तं पर्येषणं भूमिपतिश्चकार ॥४८॥

今译：于是，他返回王宫，
　　　　失去欢乐，陷入沉思；
　　　　国王见他两次这样
　　　　返回，便询问原因。（48）

昙译：靜息於閑宮，專求及①世樂，
　　　　王復聞子還，勅問何因緣？

---

① 此处"及"字，据《中华大藏经》校勘记，《碛》、《普》、《南》、《径》、《清》、《丽》作"反"。

श्रुत्वा निमित्तं तु निवर्तनस्य संत्यक्तमात्मानमनेन मेने ।
मार्गस्य शौचाधिकृताय चैव चुक्रोश रुष्टोऽपि च नोग्रदण्डः ॥४९॥

今译：国王得知返回的原因，
　　　感到自己已被他抛弃，
　　　于是，责备负责清路者，
　　　尽管愤怒，但没有严惩。（49）

昙译：對曰見病人，王怖猶失身，
　　　深責治路者，心結口不言。

भूयश्च तस्मै विदधे सुताय
　　विशेषयुक्तं विषयप्रचारम् ।
चलेन्द्रियत्वादपि नाम सक्तो
　　नास्मान्विजह्यादिति नाथमानः ॥५०॥

今译：他再次为儿子安排种种
　　　特殊的感官享乐，心想：
　　　"只要他感官躁动而执著，
　　　也许就不会抛弃我们。"（50）

昙译：復增伎女眾，音樂倍勝前，
　　　以此悅視聽，樂俗不厭家。

यदा च शब्दादिभिरिन्द्रियार्थै-
　　रन्तःपुरे नैव सुतो ऽस्य रेमे ।
ततो बहिर्व्यादिशति स्म यात्रां
　　रसान्तरं स्यादिति मन्यमानः ॥५१॥

今译：然而，他的儿子并不喜爱
　　　后宫中声色等等感官对象，
　　　于是，他再次安排他出游，
　　　心想可以让他换换口味。（51）

昙译：晝夜進聲色，其心未始觀①，
　　　王自出遊歷，更求勝妙園。

स्नेहाच भावं तनयस्य बुद्ध्वा
　　स रागदोषानविचिन्त्य कांश्चित्।
योग्याः समाज्ञापयति स्म तत्र
　　कलास्वभिज्ञा इति वारमुख्याः ॥५२॥

今译：他满怀慈爱，了解儿子的
　　　状况，不担心激情的危害，
　　　吩咐在那里安排合适的
　　　伎女，要求个个精通伎艺。（52）

昙译：簡擇諸婇女，美艷極恣顔，
　　　諂黠能奉事，容睸②能惑人。

ततो विशेषेण नरेन्द्रमार्गे स्वलंकृते चैव परीक्षिते च।
व्यत्यस्य सूतं च रथं च राजा प्रस्थापयामास बहिः कुमारम्॥५३॥

今译：王家大道经过特殊的
　　　精心装饰，还加强巡视，
　　　又调换了车辆和车夫，
　　　然后，国王让王子出游。（53）

昙译：增修王御道，防制諸不淨，
　　　并勅善御者，瞻察擇路行。

ततस्तथा गच्छति राजपुत्रे तैरेव देवैर्विहितो गतासुः।
तं चैव मार्गे मृतमुह्यमानं सूतः कुमारश्च ददर्श नान्यः॥५४॥

---

① 此处"观"字，据《中华大藏经》校勘记，《磧》、《普》、《南》、《径》、《清》、《丽》作"欢"。

② 此处"睸"字，据《中华大藏经》校勘记，《磧》、《普》、《南》、《径》、《清》、《丽》作"媚"。

今译：这样，王子出游，那些天神
又安排一个失去生命的人；
这个死人在路上被人抬着，
而只有车夫和王子能看到。（54）

昙译：時彼淨居天，化復[①]為死人，
四人共持輿，現於菩薩前，
餘人悉不覺，菩薩御者見。

अथब्रवीद्राजसुतः स सूतं नरैश्चतुर्भिरभ्रियते क एषः ।
दीनैर्मनुष्यैरनुगम्यमानो भूषितश्चाप्यवरुद्यते च॥५५॥

今译：于是，这位王子询问车夫：
"这是什么人？由四个人
抬走他，经过装饰打扮，
而众人跟随，却哀伤哭泣。"（55）

昙译：問："此何等輿？幡花雜莊嚴，
從者悉憂慼，散髮號哭隨。"

ततः स शुद्धात्मभिरेव देवैः शुद्धाधिवासैरभिभूतचेताः ।
अवाच्यमप्यर्थमिमं नियन्ता प्रव्याजहारार्थवदीश्वराय॥५६॥

今译：心灵纯洁的净居天诸神
已经控制了车夫的思想，
因此，他向主人如实说出
原本不该说出的事情真相：（56）

昙译：天神教御者，對曰："為死人，

बुद्धीन्द्रियप्राणगुणैर्वियुक्तः सुप्तो विसंज्ञस्तृणकाष्ठभूतः ।
संवर्ध्य संरक्ष्य च यत्नवद्भिः प्रियप्रियैस्त्यज्यत एष कोऽपि॥५७॥

[①] 此处"化复"，据《中华大藏经》校勘记，《碛》、《普》、《南》、《径》、《清》、《丽》作"复化"。

今译："这是某个人，失去了智力、感官、
生命和品质，躺在那里，无知无觉，
如同草木，至亲的亲人们曾经尽力
抚育他，保护他，现在已将他抛弃。"（57）

昙译："諸根壞命斷，心散念識離，
神斷①形乾燥，挺直如枯木，
親戚諸朋友，恩愛素纏綿，
今悉不喜見，遠棄空塚間。"

इति प्रणेतुः स निशम्य वाक्यं संचुक्षुभे किंचिदुवाच चैनम्।
किं केवलोऽस्यैव जनस्य धर्मः सर्वप्रजानामयमीदृशोऽन्तः॥५८॥

今译：听了车夫说的这番话，
他有点儿激动，询问道：
"这是这人的特殊法则，
还是一切众生的结局？"（58）

昙译：太子聞死聲，悲痛心交結，
问："唯此人死，天下亦俱然？"

ततः प्रणेता वदति स्म तस्मै
सर्वप्रजानामिदमन्तकर्म।
हीनस्य मध्यस्य महात्मनो वा
सर्वस्य लोके नियतो विनाशः॥५९॥

今译：于是，车夫回答王子，说道：
"这是一切众生的最终结局，
世上所有的人都注定毁灭，
无论下等、中等或高尚者。"（59）

---

① 此处"断"字，据《中华大藏经》校勘记，《碛》、《普》、《南》、《径》、《清》、《丽》作"逝"。

昙译：對曰："普皆爾，夫始必有終，

　　　　長幼及中年，有身莫不壞。"

ततः स धीरो ऽपि नरेन्द्रसूनुः श्रुत्वैव मृत्युं विषसाद सद्यः।
अंसेन संश्लिष्य च कूबराग्रं प्रोवाच निह्रादवता स्वरेण॥६०॥

今译：尽管王子性格沉稳，听到

　　　　这死亡，也顿时心情沮丧，

　　　　肩膀紧紧靠在车柱顶端，

　　　　以激动高亢的话音说道：（60）

昙译：太子心驚怛，身垂車軾前，

　　　　息殆絕而嘆：

इयं च निष्ठा नियता प्रजानां
　　प्रमाद्यति त्यक्तभयश्च लोकः।
मनांसि शङ्के कठिनानि नृणां
　　स्वस्थास्तथा ह्यध्वनि वर्तमानाः॥६१॥

今译："这是众生注定的结局，

　　　　而世人不在意，不知恐惧，

　　　　我怀疑人心居然这样坚硬，

　　　　他们在这路上欣然自得。（61）

昙译："世人一何誤？公見身磨滅，

　　　　猶尚放逸生，心非枯木石，

　　　　曾不慮無常？"

तस्माद्रथः सूत निवर्त्यतां नो विहारभूमेर्न हि देशकालः।
जानन्विनाशं कथमार्तिकाले सचेतनः स्यादिह हि प्रमत्तः॥६२॥

今译："御者啊，我们驾车返回吧！

　　　　这不是娱乐的时间和场合，

知道了毁灭，在这痛苦时刻，
有头脑的人怎么还会放逸？"（62）

昙译：即勅迴車還，非復遊戲時，
命絕死無期，如何縱心遊？

इति ब्रुवाणेऽपि नराधिपात्मजे निवर्तयामास स नैव तं रथम्।
विशेषयुक्तं तु नरेन्द्रशासनात्स पद्मषण्डं वनमेव निययौ॥६३॥

今译：尽管王子这样发话，
车夫却没有调转车身，
而遵照国王命令，驶向
精心布置的莲花园林。（63）

昙译：御者奉王勅，畏怖不敢旋，
正御疾驅馳，徑往之①彼園。

ततः शिवं कुसुमितबालपादपं
परिभ्रमन्मुदितमत्तकोकिलम्।
विमानवत्स कमलचारुदीर्घिकं
ददर्श तद्वनमिव नन्दनं वनम्॥६४॥

今译：然后，王子看到吉祥的园林，
新树鲜花盛开，迷醉的杜鹃
欢喜跳跃，水池中莲花可爱，
还有宫殿，如同天国欢喜园。（64）

昙译：林流肅②清淨，嘉木悉敷榮，
靈禽雜奇獸，飛走欣和鳴，

---

① 此处"之"字，据《中华大藏经》校勘记，《丽》作"至"。
② 此处"肃"字，据《中华大藏经》校勘记，《丽》作"满"。

光耀悦耳目，犹天难陀①园。

वराङ्गनागणकलिलं नृपात्मज-
　　स्ततो बलाद्धनमतिनीयते स्म तत्।
वराप्सरोवृतमलकाधिपालयं
　　नवव्रतो मुनिरिव विघ्नकातरः॥६५॥

今译：这样，王子被强行带到这个园林，
　　　里面布满成群成群的娇艳美女，
　　　犹如刚刚发愿的牟尼惧怕障碍，
　　　被带到充满天女的阿罗迦王宫②。（65）

इति बुद्धचरिते महाकाव्ये संवेगोत्पत्तिर्नाम तृतीयः सर्गः॥३॥

今译：以上是大诗《佛所行赞》中名为《王子忧患》的第三章。

---

① "难陀"是 nandana（欢喜）一词的音译。
② "阿罗迦王"是财神俱比罗。

४ स्त्रीविघातनः

今译：第四章 摒弃妇女

昙译：離欲品第四

ततस्तस्मात्पुरोद्यानात्कौतूहलचलेक्षणाः ।
प्रत्युज्जग्मुर्नृपसुतं प्राप्तं वरमिव स्त्रियः ॥ १ ॥

今译：然后，从城市花园中，
　　　妇女们出来迎接王子，
　　　仿佛迎接来到的新郎，
　　　眼中转动好奇的目光。（1）

昙译：太子入園林，眾女來奉迎，

अभिगम्य च तास्तस्मै विस्मयोत्फुल्ललोचनाः ।
चक्रिरे समुदाचारं पद्मकोशनिभैः करैः ॥ २ ॥

今译：她们走向这位王子，
　　　睁大着惊奇的眼睛，
　　　双手合十似含苞莲花，
　　　热诚向王子表达敬意。（2）

昙译：並生希遇想，競媚進幽誠。

तस्थुश्च परिवार्यैनं मन्मथाक्षिप्तचेतसः ।
निश्चलैः प्रीतिविकचैः पिबन्त्य इव लोचनैः ॥ ३ ॥

今译：她们围在他的身边，
　　　心中充满爱的激情，

双双眼睛流露喜悦，
凝视着，仿佛吞饮他。（3）

昙译：各盡伎姿態，供侍隨所宜，
或有執手足，或遍摩其身，
或復對言笑，或現憂感容，
視以悅太子，令生愛樂心。

तं हि ता मेनिरे नार्यः कामो विग्रहवानिति ।
शोभितं लक्षणैर्दीप्तैः सहजैर्भूषणैरिव ॥ ४ ॥

今译：他身上闪耀种种妙相，
仿佛是天然的装饰品，
在这些妇女的心目中，
他是具有形体的爱神。（4）

昙译：眾女見太子，光顏狀天身[①]，
不假諸飾好，素體踰莊嚴。

सौम्यत्वाच्चैव धैर्याच्च काश्चिदेनं प्रजज्ञिरे ।
अवतीर्णो महीं साक्षाद्रूढांशुश्चन्द्रमा इति ॥ ५ ॥

今译：这位王子柔和沉稳，
一些妇女由此认为：
他可能是天上月神，
藏着光辉下凡大地。（5）

昙译：一切皆瞻仰，謂月天子來。

तस्य ता वपुषाक्षिप्ता निगृहीतं जजृम्भिरे ।
अन्योन्यं दृष्टिभिर्हत्वा शनैश्च विनिशश्वसुः ॥ ६ ॥

[①] 昙译这颂的"光顏狀天身"意谓光辉的容貌如同天生，或者，如同天神的身体。这颂的意思与原文一致，但表述方式不同。

今译：被王子的形体迷住，
　　　她们显得畏畏缩缩，
　　　互相之间望来望去，
　　　口中发出轻轻喘息。（6）

एवं ता दृष्टिमात्रेण नार्यो दद‍ृशुरेव तम्।
न व्याजहुर्न जहसुः प्रभावेणास्य यन्त्रिताः॥७॥

今译：正是这样，这些妇女
　　　被王子的威力摄伏，
　　　只是用眼睛望着他，
　　　既不说话，也不微笑。（7）

昙译：種種設方便，不動菩薩心，
　　　更互相顧視，抱愧寂無言。

तास्तथा तु निरारम्भा दृष्ट्वा प्रणयविक्लवाः।
पुरोहितसुतो धीमानुदायी वाक्यमब्रवीत्॥८॥

今译：看到她们迷惘困惑，
　　　站在那里无所作为，
　　　聪明睿智的祭司之子
　　　优陀夷便开口说道：（8）

昙译：有婆羅門子，名曰優陀夷，
　　　謂諸婇女言：

सर्वाः सर्वकलाज्ञाः स्थ भावग्रहणपण्डिताः।
रूपचातुर्यसंपन्नाः स्वगुणैर्मुख्यतां गताः॥९॥

今译："你们通晓一切技艺，
　　　也都擅长掌握感情，
　　　具备美貌，富有魅力，
　　　品质堪称女中翘楚。（9）

昙译：“汝等悉端正，聪明多伎术，
　　　　色力亦不常，兼解诸世间，
　　　　隐祕随欲方。

शोभयेत गुणैरेभिरपि तानुत्तरान्कुरून्।
कुबेरस्यापि चाक्रीडं प्रागेव वसुधामिमाम्॥१०॥

今译：“你们凭借自己的品质，
　　　　甚至能美化北俱卢洲①，
　　　　也能美化俱比罗乐园，
　　　　更何况这个尘世大地。（10）

昙译：“容色世希有，状如玉女形。

शक्ताश्चालयितुं यूयं वीतरागानृषीनपि।
अप्सरोभिश्च कलितान्ग्रहीतुं विबुधानपि॥११॥

今译：“那些仙人已摆脱欲念，
　　　　你们也能让他们动心；
　　　　那些天神有天女作伴，
　　　　你们也能将他们吸引。（11）

昙译：“天见舍妃后②，神仙为之倾，
　　　　如何人王子，不能减③其情？

भावज्ञानेन हावेन रूपचातुर्यसंपदा।
स्त्रीणामेव च शक्ताः स्थ संरागे किं पुनर्नृणाम्॥१२॥

今译：“通晓情感，擅长撒娇，
　　　　具备美貌，富有魅力，

---

① 按照印度古代地理概念，印度位于瞻部洲，北俱卢洲位于瞻部洲北面，传说那里是乐土。
② "天见舍妃后"意谓天神看见她们，会舍弃自己的妃后。这句的表述不同于原文。
③ 此处"减"字，据《中华大藏经》校勘记，《碛》、《普》、《南》、《径》、《清》、《丽》作"感"。

你们甚至能让女人们
动情，更何况那些男人。（12）

तासामेवंविधानां वो वियुक्तानां स्वगोचरे ।
इयमेवंविधा चेष्टा न तुष्टो ऽस्म्याज्वेन वः ॥ १३ ॥

今译："而现在你们这般模样，
放弃自己擅长的本领，
变得如此正直而纯朴，
我对这种行为不满意。（13）

इदं नववधूनां वो हीनीकुञ्चितचक्षुषाम् ।
सदृशं चेष्टितं हि स्यादपि वा गोपयोषिताम् ॥ १४ ॥

今译："你们现在的这种行为，
像是刚刚出嫁的新娘，
或者像是牧人的妻子，
面含羞涩，眼帘低垂。[①]（14）

यदपि स्यादयं धीरः श्रीप्रभावान्महानिति ।
स्त्रीणामपि महत्तेज इतः कार्यो ऽत्र निश्चयः ॥ १५ ॥

今译："即使认为他有王权的
威力，意志坚定伟大，
而女人的威力更伟大，
你们应该抱有这决心。（15）

昙译："今此王太子，持心雖堅固，
清淨德純備，不勝女人力。

पुरा हि काशिसुन्दर्या वेशवध्वा महानृषिः ।
ताडितो ऽभूत्पदा व्यासो दुर्धर्षो देवतैरपि ॥ १६ ॥

---

① 以上三颂不见于昙译。

第四章 摒弃妇女　83

今译："从前，大仙人毗耶娑，
　　　　众天神也难以挫败他，
　　　　而妓女迦希孙陀利，
　　　　却能任意用脚踢他。（16）

昙译："古昔孫陀利，能壞大仙人，
　　　　令習於愛欲，以足蹈其頂。

मन्थालगौतमो भिक्षुर्जघ्न्या वारमुख्यया ।
पिप्रीषुश्च तदर्थार्थं व्यसून्निरहरत्पुरा ॥ १७ ॥

今译："从前还有一位比丘，
　　　　名叫曼他罗乔答摩，
　　　　想要取悦妓女姜伽，
　　　　最终为此丧命毁灭。（17）

गौतमं दीर्घतपसं महर्षिं दीर्घजीविनम् ।
योषित्संतोषयामास वर्णस्थानावरा सती ॥ १८ ॥

今译："从前还有一位妇女，
　　　　属于低级种姓，却能
　　　　满足那一位长寿的
　　　　长苦行大仙乔答摩。（18）

昙译："長苦行瞿曇，亦為天后壞①。

ऋष्यशृङ्गं मुनिसुतं तथैव स्त्रीष्वपण्डितम् ।
उपायैर्विविधैः शान्ता जग्राह च जहार च ॥ १९ ॥

今译："还有牟尼之子鹿角，

---

① "瞿曇"是 gautama（乔答摩）一词的音译。"天后"对应的原文是 varṇasthānāvarā，词义应为"种姓地位低下的（妇女）"。

　　　　对于女性一窍不通，
　　　　香达运用种种手段，
　　　　引他上钩，将他带走。①（19）
　昙译："勝渠仙人子②，習欲隨沿流。

विश्वामित्रो महर्षिश्च विगाढो ऽपि महत्तपः ।
दश वर्षाण्यहर्मेने घृताच्याप्सरसा हृतः ॥ २० ॥

　今译："还有毗舍密多罗大仙，
　　　　即使他已经修得大苦行，
　　　　也被伽利达吉天女带走，
　　　　度过十年光阴如同一天。③（20）
　昙译："毗尼④婆梵仙，修道十千歲，
　　　　深著於天后，一日頓破壞。

एवमादीनृषींस्तांस्ताननयन्विकियां स्त्रियः ।
ललितं पूर्ववयसं किं पुननृपतेः सुतम् ॥ २१ ॥

　今译："既然妇女们能够
　　　　让那么多仙人动情，
　　　　更何况这一位王子，
　　　　正值青春欢乐年华。（21）

---

　①　传说盎伽王国发生旱灾，盎伽王听从婆罗门的建议，让养女香达引诱鹿角仙人来到他的王国，由此普降大雨，解除旱灾。

　②　"胜渠仙人子"按这颂原文应该是指鹿角。这个短语可读为"胜渠仙人的儿子"，也可读为"仙人之子胜渠"。鹿角的原文是 ṛṣyaśṛṅga，鹿角的父亲的名字是 vibhāṇḍaka。而这两个名字，无论音和义，都很难与"胜渠"对应。

　③　"毗舍密多罗"（viśvāmitra，又译"众友"，昙译"毗尸婆"）长期修炼苦行。天帝因陀罗为了破坏他的苦行，派遣天女引诱他。而按照《摩诃婆罗多》记载，这位天女名叫美那迦（menakā）。

　④　此处"尼"字，据《中华大藏经》校勘记，《碛》、《普》、《南》、《径》、《清》、《丽》作"尸"。

昙译:"如彼諸美女,力勝諸梵天[①],
　　　況汝等伎術,不能感王子?

तदेवं सति विश्रब्धं प्रयतध्वं तथा यथा ।
इयं नृपस्य वंशश्रीरितो न स्यात्पराङ्मुखी ॥२२॥

今译:"正是这样,你们
　　　要树立信心,不要
　　　让王族的繁荣昌盛
　　　由此背运而衰落。(22)

昙译:"當更勤方便,勿令絕王嗣。

या हि काश्चिद्युवतयो हरन्ति सदृशं जनम् ।
निकृष्टोत्कृष्टयोर्भावं या गृह्णन्ति ता तु स्त्रियः ॥२३॥

今译:"有些女人只能俘获
　　　与自己同类的男人;
　　　或高或低,都能俘获,
　　　这才是真正的女人。"[②](23)

昙译:"女人性親[③]賤,尊榮隨勝天[④],
　　　何不盡其術,令彼生染心?"

इत्युदायिवचः श्रुत्वा ता विद्धा इव योषितः ।
समारुरुहुरात्मानं कुमारग्रहणं प्रति ॥२४॥

今译:闻听优陀延这些话,

---

① 此处"梵天",据《中华大藏经》校勘记,《碛》、《普》、《南》、《径》、《清》、《丽》作"梵行"。这里用"梵行"指称婆罗门仙人。这颂原文中,没有使用此词,而使用"仙人"(ṛṣi)一词。
② 这颂原文中的 tā tu 应写为 tāstu。
③ 此处"亲"字,据《中华大藏经》校勘记,《碛》、《普》、《南》、《径》、《清》、《丽》作"虽"。
④ 此处"天"字,据《中华大藏经》校勘记,《碛》、《普》、《南》、《径》、《清》作"夫"。

仿佛被击中了要害,
这些妇女下定决心,
要俘获这一位王子。(24)

昙译：爾時婇女眾，慶聞優陀說，
　　　增其踊悅心，如鞭策良馬，
　　　往到太子前，各進種種術。

ता भ्रूभिः प्रेक्षितैर्हावैर्हसितैर्ललितैर्गतैः
चक्षुराक्षेपिकाश्चेष्टा भीतभीता इवाङ्गनाः॥२५॥

今译：这些美女挑眉，斜视，
　　　撒娇，微笑，步姿优美；
　　　她们仿佛还带着胆怯，
　　　做出种种挑逗的动作。(25)

昙译：歌舞或言笑，揚眉露白齒，
　　　美目相眄睞，輕衣見素身，
　　　妖搖而徐步，詐親漸習近。

राज्ञस्तु विनियोगेन कुमारस्य च मार्दवात्।
जहुः क्षिप्रमविश्रम्भं मदेन मदनेन च॥२६॥

今译：既然这是国王的命令,
　　　而这位王子温和柔顺,
　　　妇女们兴奋而又激动,
　　　顿时心中增强了自信。(26)

昙译：情欲實其心，兼奉大王言①，
　　　慢形褻②隱陋，忘其慚愧情。

---

① 此处"言"字，据《中华大藏经》校勘记，《丽》作"旨"。
② 此处"褻"字，据《中华大藏经》校勘记，《碛》、《普》、《南》、《径》、《清》、《丽》作"媟"。

अथ नारीजनवृतः कुमारो व्यचरद्वनम्।
वासितायूथसहितः करीव हिमवद्वनम्॥ २७॥

今译：这样，在妇女们围绕下，
　　　王子在这园林中漫步，
　　　如同有成群母象陪伴，
　　　大象在雪山林中游荡。（27）

昙译：太子心堅固，傲然不改容，
　　　猶如大龍象，羣象眾圍遶，
　　　不能亂其心，處眾若閑居。

स तस्मिन्कानने रम्ये जज्वाल श्रीपुरःसरः।
आक्रीड इव विभ्राजे विवस्वानप्सरोवृतः॥ २८॥

今译：王子在这可爱的园林中，
　　　有妇女们伴随，光彩熠熠，
　　　犹如在维跋罗阇乐园中，
　　　众天女围绕天神毗婆薮[①]。（28）

昙译：猶如天帝釋，諸天女圍繞，
　　　太子在園林，圍繞亦如是。

मदेनावर्जिता नाम तं काश्चित्तत्र योषितः।
कठिनैः पस्पृशुः पीनैः संहतैर्वल्गुभिः स्तनैः॥ २९॥

今译：在那里，有一些妇女
　　　受激情驱动，用丰满、
　　　结实、坚挺和优美的
　　　乳房触碰这位王子。（29）

स्रस्तांसकोमलालम्बमृदुबाहुलताबला।

[①] "毗婆薮"（vivasvat）通常是太阳神的称号。

अनृतं स्खलितं काचित्कृत्वैनं सस्वजे बलात्॥३०॥

今译：有个妇女手臂柔软，
犹如蔓藤从斜肩垂下，
她假装走路时绊倒，
趁势用力抱住王子。（30）

काचित्ताम्राधरोष्ठेन मुखेनासवगन्धिना ।
विनिश्श्वास कर्णे ऽस्य रहस्यं श्रूयतामिति॥३१॥

今译：有个妇女嘴唇赤红，
口中散发蜜酒香气，
凑近到王子的耳边，
悄悄说："请听秘密。"（31）

काचिदाज्ञापयन्तीव प्रोवाचार्द्रानुलेपना ।
इह भक्तिं कुरुष्वेति हस्तसंश्लेषलिप्सया॥३२॥

今译：有个妇女身上涂抹
滑润的油膏，仿佛
命令道："请信任我！"
想要与王子牵手。（32）

मुहुर्मुहुर्मदव्याजस्रस्तस्तनीलांशुकापरा ।
आलक्ष्यरशना रेजे स्फुरद्विद्युदिव क्षपा॥३३॥

今译：另一个妇女佯装醉酒，
蓝绸衣时不时滑下，
显露腹部腰带，犹如
夜空展现一道闪电。（33）

काश्चित्कनककाञ्चीभिर्मुखराभिरितस्ततः ।
बभ्रमुर्दर्शयन्त्यो ऽस्य श्रोणीस्तन्वंशुकावृताः॥३४॥

今译：有些妇女走来走去，
　　　金腰带发出叮当声，
　　　转动着向王子展露
　　　薄绸衣覆盖的臀部。（34）

चूतशाखां कुसुमितां प्रगृह्यान्या ललम्बिरे ।
सुवर्णकलशप्रख्यान्दर्शयन्त्यः पयोधरान् ॥ ३५ ॥

今译：另一些妇女抓住
　　　开花的芒果树枝，
　　　斜身向王子展示
　　　如同金罐的乳房。（35）

काचित्पद्मवनादेत्य सपद्मा पद्मलोचना ।
पद्मवक्त्रस्य पार्श्वेऽस्य पद्मश्रीरिव तस्थुषी ॥ ३६ ॥

今译：有个莲花眼妇女带着
　　　莲花，从莲花池走来，
　　　犹如莲花女神，站在
　　　脸似莲花的王子身边。（36）

मधुरं गीतमन्वर्थं काचित्साभिनयं जगौ ।
तं स्वस्थं चोदयन्तीव वञ्चितोऽसीत्यवेक्षितैः ॥ ३७ ॥

今译：有个妇女唱着甜蜜的
　　　歌曲，伴有表演动作，
　　　仿佛劝王子放松自己，
　　　斜眼说道："你受蒙蔽。"（37）

शुभेन वदनेनान्या भ्रूकार्मुकविकर्षिणा ।
प्रावृत्यानुचकारास्य चेष्टितं धीरलीलया ॥ ३८ ॥

今译：另一个妇女脸庞优美，
　　　扬起眉毛如同挽开弓，

模仿这位王子的姿态，
装出沉着坚定的样子。（38）

पीनवल्गुस्तनी काचिद्धासाघूर्णितकुण्डला ।
उच्चैरवजहासैनं समाप्नोतु भवानिति ॥३९॥

今译：有位妇女乳房丰满，
　　　耳环在笑声中晃动，
　　　她高声嘲笑王子道：
　　　"请你圆满完成吧！"（39）

अपयान्तं तथैवान्या बबन्धुर्माल्यदामभिः ।
काश्चित्साक्षेपमधुरैर्जगृहुर्वचनाङ्कुशैः ॥४०॥

今译：另一个妇女用花环套住
　　　避开的王子，有些妇女
　　　用语言之钩勾住王子，
　　　嘲笑讽刺中带着甜蜜。（40）

प्रतियोगार्थिनी काचिद्गृहीत्वा चूतवल्लरीम् ।
इदं पुष्पं तु कस्येति पप्रच्छ मदविक्लवा ॥४१॥

今译：有个妇女想与王子
　　　争辩，抓住芒果嫩枝，
　　　心醉神迷，询问道：
　　　"你说这是谁的花朵？"（41）

काचित्पुरुषवत्कृत्वा गतिं संस्थानमेव च ।
उवाचैनं जितः स्त्रीभिर्जय भो पृथिवीमिमाम् ॥४२॥

今译：有个妇女模仿男子，
　　　跨出步伐，做出姿态，
　　　说道："妇女将你征服，
　　　你就征服这大地吧！"（42）

अथ लोलेक्षणा काचिज्जिघ्रन्ती नीलमुत्पलम्।
किंचिन्मदकलैर्वाक्यैर्नृपात्मजमभाषत॥४३॥

今译：有个妇女转动眼睛，
　　　嗅闻一株蓝莲花，
　　　兴奋激动而话语
　　　含混，对王子说道：（43）

पश्य भर्तश्चितं चूतं कुसुमैर्मधुगन्धिभिः।
हेमपञ्जररुद्धो वा कोकिलो यत्र कूजति॥४४॥

今译："主人请看这芒果树，
　　　鲜花盛开，香气甜蜜，
　　　这杜鹃在那里鸣叫，
　　　仿佛被关在金笼中。（44）

अशोको दृश्यतामेष कामिशोकविवर्धनः।
रुवन्ति भ्रमरा यत्र दह्यमाना इवाग्निना॥४५॥

今译："请看这一棵无忧树，
　　　增添情人们的忧伤，
　　　蜜蜂在那里嘤嘤嗡嗡，
　　　它们仿佛遭到火烧。①（45）

चूतयक्ष्या समाश्लिष्टो दृश्यतां तिलकद्रुमः।
शुक्लवासा इव नरः स्त्रिया पीताङ्गरागया॥४६॥

今译："请看芒果树枝伸展，
　　　缠住这棵提罗迦树，
　　　犹如涂抹黄色的女子，
　　　拥抱身着白衣的男子。（46）

---

① 无忧树开红花，故而蜜蜂在那里仿佛遭到火烧。

第四章 摒弃妇女

फुल्लं कुरुबकं पश्य निर्भुक्तालक्तकप्रभम्।
यो नखप्रभया स्त्रीणां निर्भर्त्सित इवानतः॥४७॥

今译："请看俱卢跋迦树鲜花
盛开，犹如流淌①红颜料，
而面对妇女们指甲光芒，
仿佛感到羞愧，弯身低垂。（47）

बालाशोकश्च निचितो दृश्यतामेष पल्लवैः।
यो ऽस्माकं हस्तशोभाभिर्लज्जमान इव स्थितः॥४८॥

今译："请看这棵年幼的
无忧树布满嫩枝，
面对我们柔美的手，
它也仿佛感到羞愧。（48）

दीर्घिकां प्रावृतां पश्य तीरजैः सिन्दुवारकैः।
पाण्डुरांशुकसंवीतां शयानां प्रमदामिव॥४९॥

今译："请看这水池，池边
围绕信度婆罗树丛，
仿佛躺着一位美女，
身穿浅白色的绸衣。（49）

दृश्यतां स्त्रीषु माहात्म्यं चक्रवाको ह्यसौ जले।
पृष्ठतः प्रेष्यवद्भार्यामनुवर्त्यनुगच्छति॥५०॥

今译："请看女性的伟大！
水中这只雄轮鸟，
像仆从那样跟随，
在他的妻子身后。（50）

---

① "流淌"的原文是 nirbhukta，似应为 nirmukta。

मत्तस्य परपुष्टस्य रुवतः श्रूयतां ध्वनिः ।
अपरः कोकिलो ऽन्वक्षं प्रतिश्रुत्केव कूजति ॥५१॥

今译:"请听这只发情的
杜鹃发出鸣叫声,
另一只杜鹃随即
响应,仿佛是回声。(51)

अपि नाम विहङ्गानां वसन्तेनाहृतो मदः ।
न तु चिन्तयतो ऽचिन्त्यं जनस्य प्राज्ञमानिनः ॥५२॥

今译:"也许,春天能激发
鸟禽的爱情,而不能
激发自以为聪明睿智、
终日匪夷所思的人。"(52)

इत्येवं ता युवतयो मन्मथोद्धामचेतसः ।
कुमारं विविधैस्तैस्तैरुपचक्रमिरे नयैः ॥५३॥

今译:正是这样,这些妇女
思想已经被爱神控制,
采取各种各样的方法,
向这位王子发动攻势。(53)

昙译:或為整衣服,或為洗手足,
或以香塗身,或以華嚴飾,
或為貫瓔珞,或有扶抱身,
或為安枕席,或傾身密語,
或世俗調戲,或說眾欲事,
或作諸欲形,規以動其心。①

---

① 以上第 29—53 颂描写妇女们挑逗和引诱王子,昙译删略,而代之以这里简略的描述。

एवमाक्षिप्यमाणो ऽपि स तु धैर्यावृतेन्द्रियः ।
मर्तव्यमिति सोद्वेगो न जहर्ष न विव्यथे ॥५४॥

今译：王子即使受到骚扰，
感官依然保持坚定，
既不喜悦，也不沮丧，
只为人的生死忧虑。（54）

昙译：菩薩心清淨，堅固難可轉，
聞諸婇女說，不憂亦不喜。

तासां तत्त्वे ऽनवस्थानं दृष्ट्वा स पुरुषोत्तमः ।
समं विग्नेन धीरेण चिन्तयामास चेतसा ॥५५॥

今译：这位人中至尊看到
她们没有立足真谛，
他心中既感到忧虑，
又保持坚定，思忖道：（55）

昙译：倍生厭思惟，嘆此為奇怪，
始知諸女人，欲心盛如是：

किं विमा नावगच्छन्ति चपलं यौवनं स्त्रियः ।
यतो रूपेण संमत्तं जरा यन्नाशयिष्यति ॥५६॥

今译："这些妇女为何
不理解青春易逝？
她们迷恋这美貌，
而衰老会毁灭它。（56）

昙译："不知少壯色，俄頃老死壞，
哀哉此大惑，愚癡覆其心。

नूनमेता न पश्यन्ति कस्यचिद्रोगसंप्लवम् ।

तथा हृष्टा भयं त्यक्त्वा जगति व्याधिधर्मिणि ॥५७॥

今译："她们确实没有发觉
疾病洪流到处泛滥，
在必然会患病的世上，
这样喜悦，不知恐惧。（57）

昙译："當思老病死，晝夜勤勗勵，
鋒劍臨其頸，如何猶嬉笑？

अनभिज्ञाश्च सुव्यक्तं मृत्योः सर्वापहारिणः ।
ततः स्वस्था निरुद्विग्नाः क्रीडन्ति च हसन्ति च ॥५८॥

今译："她们显然不明白
死亡会带走一切，
无忧无虑，安乐
自在，游戏欢笑。（58）

जरां व्याधिं च मृत्युं च को हि जानन्सचेतनः ।
स्वस्थस्तिष्ठेन्निषीदेद्वा शयेद्वा किं पुनर्हसेत् ॥५९॥

今译："哪个有头脑的人，
知道了老、病和死，
还会安心或站或坐
或躺，更何况欢笑？（59）

यस्तु दृष्ट्वा परं जीर्णं व्याधितं मृतमेव च ।
स्वस्थो भवति नोद्विग्नो यथाचेतास्तथैव सः ॥६०॥

今译："如果看到其他人
衰老、患病和死亡，
依然安心不忧虑，
这是没有头脑的人。（60）

昙译："見他老病死，不知自觀察，

是則泥木人，當有何心慮？[1]

वियुज्यमाने हि तरौ पुष्पैरपि फलैरपि ।
पतति च्छिद्यमाने वा तरुरन्यो न शोचते॥६१॥

今译："因为正如一棵树
　　　失去花和果，或者
　　　被砍倒，另一棵树
　　　并不会感到忧伤。"（61）

昙译："如空野雙樹，華葉俱茂盛，
　　　一已被斬伐，第二不知怖，
　　　此等諸人輩，無心亦如是。"

इति ध्यानपरं दृष्ट्वा विषयेभ्यो गतस्पृहम् ।
उदायी नीतिशास्त्रज्ञस्तमुवाच सुहृत्तया॥६२॥

今译：看到王子陷入沉思，
　　　毫不贪恋感官对象，
　　　优陀夷通晓正道论，
　　　怀着友情，对他说道：（62）

昙译：爾時優陀夷，來至太子所，
　　　見宴默禪思，心無五欲想，
　　　即白太子言：

अहं नृपतिना दत्तः सखा तुभ्यं क्षमः किल ।
यास्मात्त्वयि विवक्षा मे तया प्रणयवत्तया॥६३॥

今译："我是受国王指派，
　　　适合成为你的朋友，
　　　故而我真心诚意，

---

[1] 以上原文三颂意思类同，昙译予以简化，合并为这一颂。

想要对你说些话。（63）

昙译："大王先見勅，為子作良友，
　　　　今當奉誠言。

अहितात्प्रतिषेधश्च हिते चानुप्रवर्तनम्।
व्यसने चापरित्यागस्त्रिविधं मित्रलक्षणम्॥६४॥

今译："阻止有害的事情，
　　　　鼓励有益的事情，
　　　　危难之时不遗弃，
　　　　这是朋友的三相。（64）

昙译："朋友有三種，能除不饒益，
　　　　成人饒益事，遭難不遺棄。

सो ऽहं मैत्रीं प्रतिज्ञाय पुरुषार्थात्पराङ्मुखः।
यदि त्वा समुपेक्षेय न भवेन्मित्रता मयि॥६५॥

今译："我已经承诺是朋友，
　　　　如果对你漠不关心，
　　　　那么，背弃人生职责，
　　　　我就称不上是朋友。（65）

昙译："我既名善友，棄捨丈夫儀①，
　　　　言不盡所懷②，何名為三益？

तद्ब्रवीमि सुहृद्भूत्वा तरुणस्य वपुष्मतः।
इदं न प्रतिरूपं ते स्त्रीष्वदाक्षिण्यमीदृशम्॥६६॥

今译："因此，我作为朋友，
　　　　要指出你对妇女们

---

① 此处"仪"字，据《中华大藏经》校勘记，《丽》作"义"。
② 这句"言不尽所怀"，意谓若是不将心中的话都说出来。

这样冷淡，与你的
青春和美貌不相称。（66）

昙译："今故說真言，以表我丹誠：
年在於盛時，容色得充備，
不重於女人，斯非勝人體。

अनृतेनापि नारीणां युक्तं समनुवर्तनम्।
तद्व्रीडापरिहारार्थमात्मरत्यर्थमेव च॥६७॥

今译："即使不出自真心，
也应该随顺妇女，
既免得她们羞愧，
也满足自己爱欲。（67）

昙译："正使無實心，宜應方便納，
當生軟下心，隨順取其意。

संनतिश्चानुवृत्तिश्च स्त्रीणां हृदयबन्धनम्।
स्नेहस्य हि गुणा योनिर्मानकामाश्च योषितः॥६८॥

今译："谦恭和随顺能够
系住妇女们的心；
美德是爱的源泉，
妇女喜欢受尊敬。（68）

昙译："愛欲憎憍慢[①]，無過於女人，

तदर्हसि विशालाक्ष हृदये ऽपि पराङ्मुखे।
रूपस्यास्यानुरूपेण दाक्षिण्येनानुवर्तितुम्॥६९॥

---

① 此处"憎"字，据《中华大藏经》校勘记，《碛》、《普》、《南》、《径》、《清》、《丽》作"增"。"爱欲增憍慢"这个短语对应这颂原文中的 mānakāmāḥ 一词，词义应为"喜欢受尊敬"。其中的 māna 含有"尊敬"和"骄傲"两义。在这句中，也可以理解为妇女喜欢受尊敬而感到骄傲。

今译:"因此,大眼王子啊!
　　　即使违背你的心愿,
　　　你也应该以礼相待,
　　　与自己的美貌相称。(69)

昙译:"且今心雖背,法應方便①隨。

दाक्षिण्यमौषधं स्त्रीणां दाक्षिण्यं भूषणं परम्।
दाक्षिण्यरहितं रूपं निष्पुष्पमिव काननम्॥७०॥

今译:"礼貌是妇女的药草,
　　　礼貌是最好的装饰,
　　　缺少礼貌的美貌,
　　　犹如无花的树林。(70)

昙译:"順女心為樂,順為莊嚴具,
　　　若人離於順,如樹無花果。

किं वा दाक्षिण्यमात्रेण भावेनास्तु परिग्रहः।
विषयान्दुर्लभाँल्लब्ध्वा न ह्यवज्ञातुमर्हसि॥७१॥

今译:"无论只是礼貌,还是
　　　出自真情,请接受她们!
　　　获得这样难以获得的
　　　感官对象,你不该轻视。(71)

昙译:"何故應隨順?攝受其事故,
　　　已得難得境,勿起輕易想。

कामं परमिति ज्ञात्वा देवोऽपि हि पुरंदरः।
गौतमस्य मुनेः पत्नीमहल्यां चकमे पुरा॥७२॥

---

① 此处"方便"对应这颂原文中的 dākṣiṇya 一词,词义为"礼貌"。

今译:"知道爱欲最重要,
　　　甚至天神因陀罗
　　　也曾贪恋阿赫利雅,
　　　乔答摩仙人的妻子。"①（72）

昙译:"欲为最第一,天犹不能妄②,
　　　帝释尚私通,瞿昙仙人妻。

अगस्त्यः प्रार्थयामास सोमभार्यां च रोहिणीम्।
तस्मात्तत्सदृशीं लेभे लोपामुद्रामिति श्रुतिः॥७३॥

今译:"传说投山仙人追求
　　　月亮的妻子罗醯尼,
　　　后来获得与罗醯尼
　　　相似的罗芭慕德拉③。（73）

昙译:"阿伽陀④仙人,长夜修苦行,
　　　为以求天居⑤,而逐⑥愿不果。

उतथ्यस्य च भार्यायां ममतायां महातपः।
मारुत्यां जनयामास भरद्वाजं बृहस्पतिः॥७४॥

今译:"优多提耶的妻子是

---

① 传说天王因陀罗曾经乔装乔答摩仙人（gautama）,占有这位仙人的妻子阿赫利雅（ahalyā）。乔答摩发现后,诅咒阿赫利雅变成石像。直至后来遇见罗摩的双足,变成石像的阿赫利雅才恢复原形。
② 此处"妄"字,据《中华大藏经》校勘记,《碛》、《普》、《南》、《径》、《清》、《丽》作"忘"。
③ "罗芭慕德拉"（lopāmudrā）相传是毗达尔跋国公主。
④ "阿伽陀"是 agastya（投山）一词的音译。
⑤ 此处"居"字,据《中华大藏经》校勘记,《碛》、《普》、《南》、《径》、《清》、《丽》作"后"。
⑥ 此处"逐"字,据《中华大藏经》校勘记,《碛》、《普》、《南》、《径》、《清》、《丽》作"遂"。

风神的女儿摩摩妲，
大苦行者毗诃波提
与她生下波罗堕遮。① （74）

बृहस्पतेर्महिष्यां च जुह्वत्यां जुह्व तां वरः ।
बुधं विबुधकर्माणं जनयामास चन्द्रमाः ॥७५॥

今译："在毗诃波提的妻子
举行祭祀时，优秀的
祭祀者月神与她生下
业绩如同天神的菩陀。② （75）

कालीं चैव पुरा कन्यां जलप्रभवसंभवाम् ।
जगाम यमुनातीरे जातरागः पराशरः ॥७६॥

今译："波罗奢罗仙人
在阎牟那河边，
产生欲念，走向
鱼的女儿迦利。③ （76）

मातज्ञायामक्षमालायां गर्हितायां रिरंसया ।
कपिञ्जलादं तनयं वसिष्ठो ऽजनयन्मुनिः ॥७७॥

今译："牟尼极裕产生爱欲，
与受到人们谴责的

---

① "毗诃波提"（bṛhaspati）是天国祭司。传说摩摩妲（mamatā）怀孕在身，毗诃波提趁她的丈夫外出时，与她交欢。后来，摩摩妲生下两个儿子，其中一个是毗诃波提的儿子波罗堕遮。
② 传说月神是毗诃波提的学生。他与毗诃波提的妻子达拉（tārā）私通，生下儿子菩陀（budha）。
③ "迦利"（kālī）是渔夫的养女贞信（satyavatī）的称号。一次，她为波罗奢罗（parāśara）仙人摆渡。这位仙人爱上她，与她交欢，生下儿子毗耶娑（vyāsa）。

摩登伽女阿刹摩罗，
生下儿子迦宾奢罗陀。①（77）

ययातिश्चैव राजर्षिर्वयस्यपि विनिर्गते ।
विश्वाच्याप्सरसा सार्धं रेमे चैत्ररथे वने ॥७८॥

今译："还有那位迅行王仙，
即使寿命临近结束，
仍然在奇车园林中，
与天女毗奢吉寻欢。②（78）

स्त्रीसंसर्गं विनाशान्तं पाण्डुर्ज्ञात्वापि कौरवः ।
माद्रीरूपगुणाक्षिप्तः सिषेवे कामजं सुखम् ॥७९॥

今译："俱卢后裔般度王明知
自己与女人交合会丧命，
依然迷恋玛德拉的美色，
冒死享受爱欲的快乐。③（79）

करालजनकश्चैव हत्वा ब्राह्मणकन्यकाम् ।
अवाप भ्रंशमप्येवं न तु सेजे न मन्मथम् ॥८०॥

今译："国王迦拉罗遮那迦
带走婆罗门的女儿，

---

① 在马鸣的另一部诗作《美难陀传》（saundarananda）中，也提到这个传说（7.28），并指称这个女子是"贱民女子（śvapākī）阿刹摩罗"。而按照现有传说，极裕仙人（vasiṣṭha）的妻子是阿容达提（arundhatī）。这是一位忠贞的妻子。她是生主迦尔陀摩（kardama）的女儿。印度古代神话传说在流传中，常常会滋生蔓延，出现种种变异。马鸣的这个说法，可能另有所据。

② 传说迅行王（yayāti）曾遭太白仙人诅咒而变得衰老。于是，他依次请求四个儿子，以自己的衰老换取他们的青春。唯有小儿子补卢（puru）同意他的请求。这样，他用补卢的青春又享受了一千年人生。最后，他将青春归还小儿子补卢。

③ 般度（pāṇdu）王曾在林中射杀一对正在交欢的麋鹿。而其中那头公鹿是一位仙人的化身，在临死时，诅咒般度王也将在交欢中死去。后来，般度王抑制不住自己的情欲，与妻子玛德拉交欢而亡故。

即使为此遭到毁灭，
他也无法放弃爱欲。（80）

एवमाद्या महात्मानो विषयान्गर्हितानपि ।
रतिहेतोर्बुभुजिरे प्रागेव गुणसंहितान् ॥ ८१ ॥

今译："这样多的高贵人物，
追求爱欲，甚至享受
受人谴责的感官对象，
何况美好的感官对象。（81）

昙译："婆羅墮仙人，及與月天子，
婆羅舍仙人，與迦賓闍羅，
如是比眾多，悉為女人壞，
況今自境界①，而不能娛樂？②

त्वं पुनर्न्यायतः प्राप्तान्बलवान्रूपवान्युवा ।
विषयानवजानासि यत्र सक्तमिदं जगत् ॥ ८२ ॥

今译："而你年轻貌美又有力，
却轻视这些感官对象，
她们是你合法获得的，
对此所有世人都执著。"（82）

昙译："宿世殖德本，得此妙眾具，
世間皆樂著，而心反不珍。"

इति श्रुत्वा वचस्तस्य श्लक्ष्णमागमसंहितम् ।
मेघस्तनितनिर्घोषः कुमारः प्रत्यभाषत ॥ ८३ ॥

---

① 此处"自境界"意谓自己的感官对象。
② 以上第 74—80 颂，昙译删略，而用这一颂概括。其中，婆罗堕即波罗堕遮，实际上应该是毗诃波提；婆罗舍即波罗奢罗；迦宾阇罗即迦宾奢罗陀，实际应该是极裕仙人。

今译：闻听这一番温顺
　　　而符合经典的话，
　　　王子便作出回答，
　　　话音似云中雷声：(83)

昙译：爾時王太子，聞友優陀夷，
　　　甜辭利口辯，善說世間相，
　　　答言優陀夷：

उपपन्नमिदं वाक्यं सौहार्दव्यञ्जकं त्वयि।
अत्र च त्वानुनेष्यामि यत्र मा दुष्टु मन्यसे॥८४॥

今译："你说的这番话，
　　　体现了你的友情，
　　　而你错误理解我，
　　　为此我要劝导你。(84)

昙译："感汝誠心說，我今當語汝，
　　　且復留心聽。

नावजानामि विषयाञ्ज्ञाने लोकं तदात्मकम्।
अनित्यं तु जगन्मत्वा नात्र मे रमते मनः॥८५॥

今译："我并不轻视感官对象，
　　　我知道这是世人本性，
　　　但我认为这世界无常，
　　　我的心不愿耽迷其中。(85)

昙译："不薄妙境界，亦知世人樂，
　　　俱①見無常相，故生患累心。

---

① 此处"俱"字，据《中华大藏经》校勘记，《碛》、《普》、《南》、《径》、《清》、《丽》作"但"。

जरा व्याधिश्च मृत्युश्च यदि न स्यादिदं त्रयम्।
ममापि हि मनोज्ञेषु विषयेषु रतिर्भवेत्॥८६॥

今译:"衰老、患病和死亡,
　　　如果不存在这三者,
　　　我也会热衷于这些
　　　迷人的感官对象。(86)

昙译:"若此法常存, 無老病死苦,
　　　我亦應受樂, 終無厭離心。

नित्यं यद्यपि हि स्त्रीणामेतदेव वपुर्भवेत्।
दोषवत्स्वपि कामेषु कामं रज्येत मे मनः॥८७॥

今译:"如果妇女们的美貌
　　　能够永远保持不变,
　　　即使爱欲充满弊端,
　　　我的心也会迷上它。(87)

昙译:"若令諸女色, 至竟無衰變,
　　　愛欲雖為過, 猶可留人情。

यदा तु जरयापीतं रूपमासां भविष्यति।
आत्मनो ऽप्यनभिप्रेतं मोहात्तत्र रतिर्भवेत्॥८८॥

今译:"一旦她们的美貌
　　　逐渐被衰老吞噬,
　　　甚至自己也厌烦,
　　　唯有愚痴会喜欢。(88)

昙译:"人有老病死, 彼應自不樂,
　　　何況於他人, 而生染著心?

मृत्युव्याधिजराधर्मा मृत्युव्याधिजरात्मभिः।

रममाणो ह्यसंविग्नः समानो मृगपक्षिभिः ॥८९॥

今译:"注定老、病和死,
　　　却依然寻欢作乐,
　　　毫无忧虑和恐惧,
　　　也就与禽兽无异。(89)

昙译:"悲①常五欲境,自身俱亦然,②
　　　而生愛樂心,此則同禽獸。

**यदप्यात्थ महात्मानस्ते ऽपि कामात्मका इति ।
संवेगो ऽत्रैव कर्तव्यो यदा तेषामपि क्षयः ॥९०॥**

今译:"即使你说到那些
　　　高贵人物执著爱欲,
　　　但他们也都毁灭,
　　　故而应该心生厌离。(90)

昙译:"汝所引諸仙,習著五欲者,
　　　彼即可厭患,習欲故磨滅。

**माहात्म्यं न च तन्मन्ये यत्र सामान्यतः क्षयः ।
विषयेषु प्रसक्तिर्वा युक्तिर्वा नात्मवत्तया ॥९१॥**

今译:"我不认可那是高贵,
　　　他们共同遭到毁灭,
　　　因为不能控制自我,
　　　一味执著感官对象。(91)

---

① 此处"悲"字,据《中华大藏经》校勘记,《碛》、《普》、《南》、《径》、《清》、《丽》作"非"。
② 这一行的意思是"自身"也与"五欲境"一样"非常"(即"无常")。而在这颂原文中,与"自身"对应的 ātman 一词,用在复合词末尾,是指"性质"或"属性"。因此,原文第一行如果直译的话,应该是"注定老、病和死者(依然)与那些属于老、病和死者(寻欢作乐)"。

昙译:"又稱彼勝王,樂著五欲境,
　　　　亦復同磨滅,當知彼非勝。

यदप्यात्थानृतेनापि स्त्रीजने वर्त्यतामिति ।
अनृतं नावगच्छामि दाक्षिण्येनापि किंचन ॥९२॥

今译:"你说即使虚情假意,
　　　　也应该随顺妇女们;
　　　　以礼相待又虚情假意,
　　　　我对此确实不能理解。(92)

昙译:"善①言假方便,隨順習近者,
　　　　習則真染著,何名為方便?

न चानुवर्तनं तन्मे रुचितं यत्र नार्जवम् ।
सर्वभावेन संपर्को यदि नास्ति धिगस्तु तत् ॥९३॥

今译:"我不会喜欢这种
　　　　虚情假意的随顺;
　　　　我唾弃这种缺乏
　　　　真心实意的结合。(93)

昙译:"虛誑為②隨順,是事我不為,
　　　　真實隨順者,是則為非法。

अधृतेः श्रद्दधानस्य सक्तस्यादोषदर्शिनः ।
किं हि वञ्चयितव्यं स्याज्जातरागस्य चेतसः ॥९४॥

今译:"缺乏坚定,充满信任,
　　　　一味执著,产生爱欲,
　　　　而看不清其中的危害,
　　　　怎么能欺骗这样的心?(94)

---

① 此处"善"字,据《中华大藏经》校勘记,《丽》作"若"。
② 此处"为"字,据《中华大藏经》校勘记,《丽》作"伪"。

昙译："此心難裁抑，隨事即生著，
　　　　著則不見過，如何方便隨？

वञ्चयन्ति च यद्येवं जातरागाः परस्परम्।
ननु नैव क्षमं द्रष्टुं नराः स्त्रीणां नृणां स्त्रियः॥९५॥

今译："如果产生了爱欲，
　　　　就互相进行欺骗，
　　　　无论男子或女子，
　　　　这样确实不应该。（95）

昙译："虛順而心求①，此理我不見。

तदेवं सति दुःखार्तं जरामरणभागिनम्।
न मां कामेष्वनार्येषु प्रतारयितुमर्हसि॥९६॥

今译："正是这样，我注定
　　　　衰老死亡，遭受痛苦，
　　　　你不应该将我带入
　　　　这种低劣的爱欲中。（96）

昙译："知②是老病死，大苦之積聚，
　　　　令我墜其中，此非知識③說。

अहो ऽतिधीरं बलवच्च ते मन-
　श्चलेषु कामेषु च सारदर्शिनः।
भये ऽतितीव्रे विषयेषु सज्जसे
　निरीक्षमाणो मरणाध्वनि प्रजाः॥९७॥

---

① 此处"求"字，据《中华大藏经》校勘记，《碛》、《普》、《南》、《径》、《清》、《丽》作"乖"。
② 此处"知"字，据《中华大藏经》校勘记，《丽》作"如"。
③ "知识"指相知相识的朋友。汉译佛经中常将 kalyāṇamitra（善友）一词译为"善知识"。这颂原文中没有使用此词。

今译："啊！你的心确实坚强有力，
　　　　从脆弱的爱欲中看出坚实，
　　　　纵然目睹众生行走在死亡路，
　　　　你仍执著恐怖的感官对象。（97）

昙译："嗚呼優陀夷，真為大肝膽，
　　　　生老病死患，此苦甚可畏，
　　　　眼見悉朽壞，而猶樂追逐。

अहं पुनर्भीरुरतीवविक्लवो
　　　जराविपद्व्याधिभयं विचिन्तयन्।
लभे न शान्तिं न धृतिं कुतो रतिं
　　　निशामयन्दीप्तमिवाग्निना जगत्॥९८॥

今译："而我心怀疑惧，困惑不安，
　　　　惊恐地思考老、病和死亡，
　　　　目睹这世界仿佛遭到火烧，
　　　　我不得安宁，哪里会有快乐？（98）

昙译："今我至儜劣，其心亦狹小，
　　　　思惟老病死，卒至不預期，
　　　　盡①夜忘睡眠，何由習五欲？

असंशयं मृत्युरिति प्रजानतो
　　　नरस्य रागो हृदि यस्य जायते।
अयोमयीं तस्य परैमि चेतनां
　　　महाभये रज्यति यो न रोदिति॥९९॥

今译："如果知道注定会死，
　　　　心中依然产生爱欲，
　　　　陷入恐怖，不知哭泣，

---

① 此处"尽"字，据《中华大藏经》校勘记，《丽》作"昼"。

我认为是铁石心肠。"（99）

昙译："老病死熾然，決定至無疑，
　　　猶不知憂感，真為木石心。"

अथो कुमारश्च विनिश्चयात्मिकां
　　चकार कामाश्रयघातिनीं कथाम्।
जनस्य चक्षुर्गमनीयमण्डलो
　　महीधरं चास्तमियाय भास्करः ॥१००॥

今译：王子的这番话表达了
　　　反对耽迷爱欲的决心，
　　　这时，太阳落下西山，
　　　人们能看清它的圆轮。（100）

昙译：太子為優陀，種種巧方便，
　　　說欲為深患，不覺至日暮。

ततो वृथाधारितभूषणस्रजः
　　कलागुणैश्च प्रणयैश्च निष्फलैः।
स्व एव भावे विनिगृह्य मन्मथं
　　पुरं ययुर्भग्नमनोरथाः स्त्रियः ॥१०१॥

今译：佩戴的装饰和花环都无用，
　　　展示的技艺和情意都落空，
　　　既然愿望破碎，那些妇女
　　　抑制心中爱欲，返回城去。（101）

昙译：時諸婇女眾，伎樂莊嚴具，
　　　一切悉無用，慚愧還入城。

ततः पुरोद्यानगतां जनश्रियं
　　निरीक्ष्य सायं प्रतिसंहृतां पुनः।

अनित्यतां सर्वगतां विचिन्तय-
न्निवेश धिष्ण्यं क्षितिपालकात्मजः ॥ १०२ ॥

今译：看到城市花园中的
妇女们在黄昏撤走，
王子思索一切无常，
也返回自己的住所。（102）

昙译：太子見園林，莊嚴悉休廢，
伎女盡還歸，其處盡虛寂，
倍增非常①想，俛仰還本宮。

ततः श्रुत्वा राजा विषयविमुखं तस्य तु मनो
न शिश्ये तां रात्रिं हृदयगतशल्यो गज इव ।
अथ श्रान्तो मन्त्रे बहुविविधमार्गे ससचिवो
न सो ऽन्यत्कामेभ्यो नियमनमपश्यत्सुतमतेः ॥ १०३ ॥

今译：然后，国王听说王子厌弃感官对象，
便彻夜难眠，犹如心窝中箭的大象；
他不辞辛苦，与大臣商议各种对策，
除了爱欲，别无办法束缚儿子的心。（103）

昙译：父王聞太子，心絕於五欲，
極生大憂苦，如利刺貫心，
即召諸羣臣，問欲設方便②？
咸言非五欲，所能留其心。

इति बुद्धचरिते महाकाव्ये स्त्रीविघातनो नाम चतुर्थः सर्गः ॥ ४ ॥

今译：以上是大诗《佛所行赞》中名为《摒弃妇女》的第四章。

---

① "非常"的原词是 anityatā，词义为"无常"。
② 此处"方便"一词，据《中华大藏经》校勘记，《丽》作"何方"。

५ अभिनिष्क्रमणः

今译：第五章　离城出家

昙译：出城品第五

स तथा विषयैर्विलोभ्यमानः परमाहैंरपि शाक्यराजसूनुः ।
न जगाम धृतिं न शर्म लेभे हृदये सिंह इवातिदिग्धविद्धः ॥ १ ॥

今译：释迦族王子受到种种
　　　无价的感官对象诱惑，
　　　不得安宁，也无快乐，
　　　犹如狮子，毒箭穿心。(1)

昙译：王復增種種，勝妙五欲具，
　　　晝夜以娛樂，冀悅太子心；
　　　太子深厭離，了無憂[①]樂情，
　　　但思生死苦，如被箭師子。

अथ मन्त्रिसुतैः क्षमैः कदाचित्सखिभिश्चित्रकथैः कृतानुयात्रः ।
वनभूमिदिदृक्षया शमेप्सुर्नरदेवानुमतो बहिः प्रतस्थे ॥ २ ॥

今译：一次，王子渴望宁静，想要
　　　观赏林地，征得国王同意，
　　　由大臣的儿子们陪伴出城，
　　　这些朋友能干，擅长交谈。(2)

---

① 此处"忧"字，据《中华大藏经》校勘记，《碛》、《普》、《南》、《径》、《清》、《丽》作"爱"。

昙译：王使諸大臣，貴族名子弟，
　　　年少勝姿顏，聰慧執禮儀，
　　　晝夜同遊止，以取太子心，
　　　如是未幾時，啟王復出遊。

नवरुक्मखलीनकिङ्किणीकं प्रचलच्चामरचारुहेमभाण्डम्।
अभिरुह्य स कन्थकं सदश्वं प्रययौ केतुमिव द्रुमाजकेतुः॥३॥

今译：王子登上骏马犍陟出发，
　　　犹如花旗出现在旗杆上，
　　　马嚼系有崭新的金铃铛，
　　　漂亮的金鞍上拂尘摇晃。（3）

昙译：服乘駿足馬，眾寶具莊嚴，
　　　與諸貴族子，圍遶俱出城。

स विकृष्टतरां वनान्तभूमिं वनलोभाच्ययौ महीगुणाच्च।
सलिलोर्मिविकारसीरमार्गां वसुधां चैव ददर्श कृष्यमाणाम्॥४॥

今译：受森林和大地美景吸引，
　　　他走向更远的林边地区，
　　　看见正在翻垦的土地，
　　　那些犁沟如同水中波浪。（4）

昙译：譬如四種華，日照悉開敷，
　　　太子耀神景，羽從悉蒙光，
　　　出城遊園林，修路廣且平，
　　　樹木花果茂，心樂遂忘歸。

हलभिन्नविकीर्णशष्पदर्भां हतसूक्ष्मक्रिमिकीटजन्तुकीर्णाम्।
समवेक्ष्य रसां तथाविधां तां स्वजनस्येव वधे भृशं शुशोच॥५॥

今译：那些青草被犁头割碎，
　　　那些小昆虫受到伤害，

看到这样的耕地，仿佛
同胞遭杀戮，深感悲伤。（5）

昙译：路傍見耕人，墾壤殺諸虫，
其心生悲惻，痛踰刺貫心。

कृषतः पुरुषांश्च वीक्षमाणः पवनार्कांशुरजोविभिन्नवर्णान् ।
वहनक्लमविक्लवांश्च धुर्यान्परमार्यः परमां कृपां चकार ॥ ६ ॥

今译：又看到犁地的农夫饱受
风沙和烈日，肤色毁坏，
而耕牛牵拉，精疲力竭，
这位大贤士心生大悲悯。（6）

昙译：又見彼農夫，勤苦形枯悴，
蓬髮而流汗，塵土坌其身，
耕牛亦疲困，吐舌而急喘，
太子性慈悲，極生憐愍心。

अवतीर्य ततस्तुरङ्गपृष्ठाच्छनकैर्गां व्यचरच्छुचा परीतः ।
जगतो जननव्ययं विचिन्वन्कृपणं खल्विदमित्युवाच चार्तः ॥ ७ ॥

今译：然后，从马背上下来，
满怀悲伤，缓步行走，
他思索世界的生和灭，
痛苦地说道："多可怜！"（7）

昙译：慨然興長嘆，降身委地坐，
觀察此眾苦，思惟生滅法，
嗚呼諸世間，愚癡莫能覺。

मनसा च विविक्ततामभीप्सुः सुहृदस्ताननुयायिनो निवार्य ।
अभितश्चलचारुपर्णवत्या विजने मूलमुपेयिवान्स जम्ब्वाः ॥ ८ ॥

116 梵汉对勘佛所行赞

今译：他心中渴望幽静独处，
　　　让跟随的朋友们止步，
　　　走近无人的阎浮树根，
　　　可爱的树叶左右摆动。（8）

昙译：安慰諸人眾，各令隨處坐，
　　　自蔭閻浮樹。

निषसाद स यत्र शौचवत्यां भुवि वैदूर्यनिकाशशाद्वलायाम्।
जगतः प्रभवव्ययौ विचिन्वन्मनसश्च स्थितिमार्गमालम्बे॥९॥

今译：他坐在洁净的地上，
　　　那些青草宛如琉璃，
　　　思索世界的生和灭，
　　　努力保持思想稳定。（9）

昙译：端坐正思惟，觀察諸生死，
　　　起滅無常變。

समवाप्तमनःस्थितिश्च सद्यो विषयेच्छादिभिराधिभिश्च मुक्तः।
सवितर्कविचारमाप शान्तं प्रथमं ध्यानमनास्रवप्रकारम्॥१०॥

今译：他立刻达到思想稳定，
　　　摆脱感官欲望和苦恼，
　　　进入有思考和观察的
　　　初禅，平静，无烦恼。（10）

昙译：心定安不動，五欲廓雲消，
　　　有覺亦有觀[1]，入初無漏[2]禪。

अधिगम्य ततो विवेकजं तु परमप्रीतिसुखं मनःसमाधिम्।

---

[1] "有觉亦有观"对应这颂原文中的 savitarkavicāra（有思考和观察）。汉译佛经中也常译为"有寻和有伺"。这里的"寻"指"寻思"，"伺"指"伺察"。

[2] "无漏"对应的原词是 anāsrava，词义为"无欲流"或"无烦恼"。

第五章　离城出家

इदमेव ततः परं प्रदध्यौ मनसा लोकगतिं निशाम्य सम्यक्॥११॥

今译：然后，获得寂静产生的
　　　至高喜乐，沉思入定，
　　　他心中看清世界之道，
　　　深入地思考至高法则：（11）

昙译：離欲生喜樂，正受三摩提①：

**कृपणं बत यज्जनः स्वयं सन्नवशो व्याधिजराविनाशधर्मा।
जरयार्दितमातुरं मृतं वा परमज्ञो विजुगुप्सते मदान्धः॥१२॥**

今译："可怜啊！人不能自主，
　　　注定衰老、患病和死亡，
　　　却盲目无知，还要厌弃
　　　他人衰老、患病和死亡。（12）

昙译："世間甚辛苦，老病死所壞，
　　　終身受大苦，而不自覺知，
　　　厭他老病死，此則為大患。

**इह चेदहमीदृशः स्वयं सन्विजुगुप्सेय परं तथास्वभावम्।
न भवेत्सदृशं हि तत्क्षमं वा परमं धर्ममिमं विजानतो मे॥१३॥**

今译："即使自己这样，还要
　　　厌弃本性相同的其他人，
　　　因为我知道最高的法则，
　　　也就不可能做这样的事。"（13）

昙译："我今於②勝法，不應同世間，
　　　自瘦③老病死，而反惡他人。"

---

①　"三摩提"是 samādhi（入定）一词的音译。
②　此处"于"字，据《中华大藏经》校勘记，《碛》、《普》、《南》、《径》、《清》、《丽》作"求"。
③　此处"瘦"字，据《中华大藏经》校勘记，《碛》、《普》、《南》、《径》、《清》、《丽》作"嬰"。"自嬰"意谓"自己遭受"。

इति तस्य विपश्यतो यथावज्जगतो व्याधिजराविपत्तिदोषान्।
बल्यौवनजीवितप्रवृत्तो विजगामात्मगतो मदः क्षणेन॥ १४॥

今译：这样，他如实洞察世界
老、病和死亡的弊端：
自我迷恋力量、青春和
生命，而在刹那间离去。（14）

昙译：如是真實觀，少壯色力壽，
新新不暫停，終歸磨滅法。

न जहर्ष न चापि चानुतेपे विचिकित्सां न ययौ न तन्द्रिनिद्रे।
न च कामगुणेषु संररञ्जे न विद्विद्वेष परं न चावमेने॥ १५॥

今译：他不喜悦，也不忧愁，
不疑惑，也不昏睡；
他不沾染种种爱欲，
也不憎恨和鄙视他人。（15）

昙译：不喜亦不憂，不疑亦不亂，
不眠不著欲，不壞不兼①彼。

इति बुद्धिरियं च नीरजस्का ववृधे तस्य महात्मनो विशुद्धा।
पुरुषैरपरैरदृश्यमानः पुरुषश्चोपससर्प भिक्षुवेषः॥ १६॥

今译：他精神高尚，这种清净
无垢的智慧获得增长，
一位比丘模样的人来到
他身旁，而别人看不见。（16）

昙译：寂靜離諸蓋②，慧光轉增明，

---

① 此处"兼"字，据《中华大藏经》校勘记，《碛》、《普》、《南》、《径》、《清》、《丽》作"嫌"。

② "离诸盖"对应这颂原文中的 nīrajaskāḥ 一词，词义为"无尘"或"无垢"。"盖"的梵文用词是 nivaraṇa（或译"盖障"），指遮蔽智慧的烦恼。

爾時淨居天，化為比丘形，
來詣太子所。

**नरदेवसुतस्तमभ्यपृच्छद्द को ऽसीति शशांस सोऽथ तस्मै ।
नरपुंगव जन्ममृत्युभीतः श्रमणः प्रव्रजितोऽस्मि मोक्षहेतोः ॥१७॥**

今译：王子询问："请问你是谁？"
此人回答："人中雄牛啊！
我是沙门，惧怕生和死，
故而出家，为寻求解脱。（17）

昙译：太子敬起迎，問言："汝何人？"
答言："是沙門，畏厭老病死，
出家求解脫。

**जगति क्षयधर्मके मुमुक्षर्मृगयेऽहं शिवमक्षयं पदं तत् ।
स्वजनेऽन्यजने च तुल्यबुद्धिर्विषयेभ्यो विनिवृत्तरागदोषः ॥१८॥**

今译："这个世界属于毁灭法，
我想解脱，寻求吉祥的
不灭境界，亲疏皆平等，
对感官对象无爱无憎。（18）

昙译："眾生老病死，變壞無暫停，
故我求常樂，無滅亦無生，
怨親平等心，不務於財色。

**निवसन्क्वचिदेव वृक्षमूले विजने वायतने गिरौ वने वा ।
विचराम्यपरिग्रहो निराशः परमार्थाय यथोपपन्नभैक्षः ॥१९॥**

今译："居无定所，树根处，
僻静处，山中或林中，
无所执取，无所愿望，
乞食维生，寻求真谛。"（19）

昙译:"所安唯山林，空寂無所歸，
　　　塵想既已息，蕭條倚空閑，
　　　精麤無所擇，乞求以支身。"

इति पश्यत एव राजसूनोरिदमुक्त्वा स नभः समुत्पपात ।
स हि तद्पुरन्यबुद्धदर्शी स्मृतये तस्य समेयिवान्दिवौकाः ॥२०॥

今译：说完这些话，他就在
　　　王子面前，腾空升起；
　　　他是乔装的天神，见过
　　　其他佛，前来提醒王子。（20）

昙译：即於太子前，輕舉騰虛逝，
　　　太子心歡喜，惟念過去佛，
　　　建立此威儀，遺象[①]見於今。

गगनं खगवद्ध्रते च तस्मिन्नृवरः संजहृषे विसिस्मिये च ।
उपलभ्य ततश्च धर्मसंज्ञामभिनिर्याणविधौ मतिं चकार॥२१॥

今译：他像鸟儿腾飞空中，
　　　人中俊杰又惊又喜，
　　　由此他想起了正法，
　　　便做出出家的决定。（21）

昙译：端坐正思惟，即得正法念，
　　　當作何方便？遂心長出家。

तत इन्द्रसमो जितेन्द्रियाश्वः प्रविविक्षुः पुरमश्वमारुरोह ।
परिवारजनं त्ववेक्षमाणस्तत एवाभिमतं वनं न भेजे॥२२॥

今译：他制伏感官之马，堪比

---

① 此处"象"字，据《中华大藏经》校勘记，《碛》、《普》、《南》、《径》、《清》、《丽》作"像"。这里的意思是王子认为这是过去佛采取这种方式向他显现，与这颂原文的意思一致，而表述有差异。

因陀罗，上马准备回城，
他考虑到身边这些随从，
没有依随心愿留居林中。（22）

昙译：歛情抑諸根，徐起還入城，
眷屬①悉隨從，謂止不遠逝②。

स जरामरणक्षयं चिकीर्षुर्वनवासाय मतिं स्मृतौ निधाय ।
प्रविवेश पुनः पुरं न कामाद्वनभूमेरिव मण्डलं द्विपेन्द्रः ॥२३॥

今译：他渴望灭绝老和死，
已下决心居住林中，
犹如象王从林地返回
象厩，返城并非愿意。（23）

昙译：內密興愍念，方便起③世表，
形雖隨路歸，心實留山林，
猶如繫狂象，常念遊曠野。

सुखिता बत निर्वृता च सा स्त्री पतिरीदृक्ष इहायताक्ष यस्याः ।
इति तं समुदीक्ष्य राजकन्या प्रविशन्तं पथि साञ्जलिर्जगाद ॥२४॥

今译：在返城路上，一位公主
望着他，双手合十说道：
"有这样的夫主，那位
妇女多么快乐和幸福！"（24）

昙译：太子時入城，士女挾路迎，
老者願為子，少願為夫妻，
或願為兄弟，諸親內眷屬。

---

① "眷属"对应的原词是 parivāra，词义为"随从"。汉译佛经中使用的"眷属"一词也包含随从。
② "谓止不远逝"的意思是"说到此止步，不再远行"。
③ 此处"方便起"，据《中华大藏经》校勘记，《丽》作"方欲超"。

अथ घोषमिमं महाभ्रघोषः परिशुश्राव शमं परं च लेभे ।
श्रुतवान्स हि निर्वृतेति शब्दं परिनिर्वाणविधौ मतिं चकार ॥ २५ ॥

今译：王子话音似雷鸣，听到
这话音，感到无上幸福，
因为闻听"幸福"这个词[①]，
激发他决心达到般涅槃[②]。（25）

昙译：若當從所願，諸集悕望斷，
太子心歡喜，忽聞斷集聲，
若當從所願[③]，斯願要當成，
深思斷集樂，增長涅槃心。[④]

अथ काञ्चनशैलश्रृङ्गवर्ष्मा गजमेघर्षभबाहुनिस्वनाक्षः ।
क्षयमक्षयधर्मजातरागः शशिसिंहाननविक्रमः प्रपेदे ॥ २६ ॥

今译：他身躯似金山，手臂似象鼻，
声音似雷鸣，眼睛似公牛，
面庞似月亮，步姿似雄狮，
心中渴望无尽法[⑤]，进入王宫。（26）

昙译：身如金山峰，傭臂如象手，
其音若春雷，紺眼譬牛王，

[①] 此处"幸福"的原词是 nirvṛtā（阴性），nirvṛta 的词义是"幸福"、"安乐"或"寂灭"，也与佛教中的 nirvāṇa（涅槃）同义。

[②] "般涅槃"的原词是 parinirvāṇa，指完全涅槃。此词在汉译佛经中也译为"究竟涅槃"，或简单译为"涅槃"。

[③] 此处"若当从所愿"，据《中华大藏经》校勘记，《碛》、《普》、《南》、《径》、《清》作"此音我所乐"。

[④] 昙译这颂的表述不同于原文。第一行字的"集"（samudaya）指痛苦产生的原因。因而这一行的意思是如果顺从他们的意愿，就成为种种痛苦产生的原因，解脱的希望也就断绝。第二行中的"断集"指断除痛苦产生的原因。因而"断集声"就是幸福声或寂灭声。第三行中的"若当从所愿"应该是"此音我所乐"。这样，"斯愿"是指"断集"的愿望。

[⑤] "无尽法"（akṣayadharma）指缘起法，即缘起无穷无尽。

　　　　無盡法為心，面如滿月光，
　　　　師子王遊步，徐入於本宮。

**मृगराजगतिस्ततो ऽभ्यगच्छन्नृपतिं मन्त्रिगणैरुपास्यमानम्।
समितौ मरुतामिव ज्वलन्तं मघवन्तं त्रिदिवे सनत्कुमारः॥२७॥**

今译：他迈着兽王狮子步姿，
　　　　走向众臣侍奉的国王，
　　　　犹如天国众天神集会，
　　　　永童走向光辉的天王。（27）

昙译：猶如帝釋子①，心敬形亦恭，
　　　　往詣父王所。

**प्रणिपत्य च साञ्जलिर्बभाषे दिश मह्यं नरदेव साध्वनुज्ञाम्।
परिविव्रजिषामि मोक्षहेतोर्नियतो ह्यस्य जनस्य विप्रयोगः॥२८॥**

今译：他俯首双手合十，说道：
　　　　"请国王允诺我的请求！
　　　　我希望出家，寻求解脱，
　　　　我注定要与众人分离。"（28）

昙译：稽首問和安，並啟生死畏，
　　　　哀請求出家："一切諸世間，
　　　　合會要別離，是故願出家，
　　　　欲求真解脫。"

**इति तस्य वचो निशाम्य राजा करिणेवाभिहतो द्रुमश्चचाल।
कमलप्रतिमे ऽञ्जलौ गृहीत्वा वचनं चेदमुवाच बाष्पकण्ठः॥२९॥**

今译：闻听此话，国王如同树木
　　　　遭到大象撞击，摇摇晃晃，

---

① 此处"帝释子"对应这颂原文中的 sanatkumāra，指梵天的儿子永童，而非帝释（即"天王"）的儿子。

他握住王子合掌似莲花的
双手，喉咙哽咽，说道：(29)

昙译：父王闻出家，心即大战懼，
　　　猶如大狂象，動搖小樹林[①]，
　　　前執太子手，流淚而告言：

प्रतिसंहर तात बुद्धिमेतां न हि कालस्तव धर्मसंश्रयस्य ।
वयसि प्रथमे मतौ चलायां बहुदोषां हि वदन्ति धर्मचर्याम् ॥३०॥

今译："孩子啊！打消你的这种想法，
　　　现在不是你奉行正法的时候，
　　　人们说青春期思想还不稳定，
　　　奉行正法会出现许多弊端。(30)

昙译："且止此所說，未是依法時，
　　　少壯心動搖，行法多生過。

विषयेषु कुतूहलेन्द्रियस्य व्रतखेदेष्वसमर्थनिश्चयस्य ।
तरुणस्य मनश्चलत्यरण्यादनभिज्ञश्च विशेषतो विवेके ॥३१॥

今译："青年对感官对象充满好奇，
　　　尚无能力发誓愿奉守苦行；
　　　青年的思想远离林中生活，
　　　尤其是不能适应幽静孤寂。(31)

昙译："奇特五欲境，心尚未厭離，
　　　出家修苦行，未能決定心，
　　　空閑曠野中，其心未寂滅。

मम तु प्रियधर्म धर्मकालस्त्वयि लक्ष्मीमवसृज्य लक्ष्मभूते ।
स्थिरविक्रम विक्रमेण धर्मस्तव हित्वा तु गुरु भवेद्धर्मः ॥३२॥

---

① 此处"林"字，据《中华大藏经》校勘记，《碛》、《普》、《南》、《径》、《清》、《丽》作"枝"。

今译："热爱正法者啊！我已到奉行
　　　正法的时候，将王位移交你[①]；
　　　勇敢坚定者啊！如果你强行
　　　抛弃我，你的正法便成非法。（32）

昙译："汝心雖樂法，未若我是時，
　　　汝應領國事，令我先出家，
　　　棄父絕宗嗣，此則為非法。

तदिमं व्यवसायमुत्सृज त्वं भव तावन्निरतो गृहस्थधर्मे ।
पुरुषस्य वयःसुखानि भुक्त्वा रमणीयो हि तपोवनप्रवेशः ॥३३॥

今译："你放弃这个决定吧！
　　　你应该热爱家居法[②]！
　　　在享受人生幸福后，
　　　愉快地进入苦行林。"（33）

昙译："當息出家心，受習世間法，
　　　安樂善名聞，然後可出家。"

इति वाक्यमिदं निशम्य राज्ञः कलविङ्कस्वर उत्तरं बभाषे ।
यदि मे प्रतिभूश्चतुर्षु राजन्भवसि त्वं न तपोवनं श्रयिष्ये ॥३४॥

今译：听了国王的这番话，王子
　　　回答，话音似迦罗频伽鸟[③]：
　　　"如果你能保证我四件事，
　　　国王啊，我就不去苦行林。（34）

昙译：太子恭遜辭，復啟於父王：

---

　① 此处原文中，还有 lakṣmabhūte（"成为标志"或"成为目标"）一词，用作"你"的形容词，或可理解为"受众人关注的"。昙译没有涉及此词。
　② 按照印度古代婆罗门教的正法观念，人生分为四个阶段：梵行期、家居期、林居期和遁世期。
　③ "迦罗频伽鸟"（kalaviṅka）是麻雀或杜鹃。这个鸟名，汉译佛经中常采用音译，也译为"好声鸟"或"好音声鸟"。

"惟為保四事，當息出家心。

**न भवेन्मरणाय जीवितं मे विहरेत्स्वास्थ्यमिदं च मे न रोगः।
न च यौवनमाक्षिपेज्जरा मे न च संपत्तिमिमां हरेद्विपत्तिः॥३५॥**

今译："我的生命不会走向死亡，
　　　疾病不会夺走我的健康，
　　　衰老不会伤害我的青春，
　　　灾难不会毁灭我的富贵。"（35）

昙译："保子命常存，無病不衰老，
　　　眾具不損減，奉命停出家。"

**इति दुर्लभमर्थमूचिवांसं तनयं वाक्यमुवाच शाक्यराजः।
त्यज बुद्धिमिमामतिप्रवृत्तामवहास्योऽतिमनोरथोऽक्रमश्च॥३६॥**

今译：闻听儿子说出这些难以
　　　达到的目的，释迦王说道：
　　　"抛弃这种不实际的想法，
　　　过分的奢望会招人嘲笑。"（36）

昙译：父王告太子："汝勿說此言，
　　　如此四事者，誰能保令無？
　　　汝求此四願，正為人所笑，
　　　且停出家心，服習於五欲。"

**अथ मेरुगुरुर्गुरुं बभाषे यदि नास्ति क्रम एष नास्मि वार्यः।
शरणाज्ज्वलनेन दह्यमानान्न हि निश्चिक्रमिषुः क्षमं ग्रहीतुम्॥३७॥**

今译：王子沉重似须弥山，回答父亲，
　　　说道："如果做不到这些，那么，
　　　不要阻拦我，因为不应该阻拦
　　　想从着火的房屋中出逃的人。（37）

昙译：太子復啟王："四願不可保，

應聽子出家，願不為留難，
子在被燒舍，如何不聽出？

जगतश्च यदा ध्रुवो वियोगो ननु धर्माय वरं स्वयंवियोगः ।
अवशं ननु विप्रयोजयेन्मामकृतस्वार्थमतृप्तमेव मृत्युः ॥३८॥

今译："既然与世界的离别是注定的，
我宁可自动离别，追求正法，
否则，尚未实现自己的目的，
死神就会让我这无助者离别。"（38）

昙译："分析①為常理，孰能不聽求？
脫當自磨滅，不如以法離，
若不以法離，死至孰能持？"

इति भूमिपतिर्निशाम्य तस्य
व्यवसायं तनयस्य निर्मुमुक्षोः ।
अभिधाय न यास्यतीति भूयो
विदधे रक्षणमुत्तमांश्च कामान् ॥३९॥

今译：这样，国王已经明白
儿子追求解脱的决心，
再次表示"王子不能走"，
加强警卫和增加欲乐。（39）

昙译：父王知子心，決定不可轉，
但當盡力留，何須復多言？
更增諸婇女，上妙五欲樂，
晝夜苦防衛，要不令出家。

सचिवैस्तु निदर्शितो यथावद्-

---

① 此处"分析"对应这颂原文中的 viyoga 一词，词义为"分离"或"离别"。

हुमानात्रणयाच्च शास्त्रपूर्वम्।
गुरुणा च निवारितो ऽश्रुपातैः
प्रविवेशावसथं ततः स शोचन्॥४०॥

今译：大臣们怀着尊敬和爱意，
　　　如实地按照经典开导他，
　　　而父王泪流满面阻拦他，
　　　这样，他忧伤地进入住处。（40）

昙译：國中諸羣臣，來詣太子所，
　　　廣引諸禮律，勸令順王命；
　　　太子見父王，悲感泣流淚，
　　　且還本宮中，端坐默思惟。

चलकुण्डलचुम्बिताननाभिर्घननिश्वासविकम्पितस्तनीभिः।
वनिताभिर्धीरलोचनाभिमृगशावाभिरिवाभ्युदीक्ष्यमाणः॥४१॥

今译：妇女们望着他，如同
　　　幼鹿闪烁不安的目光，
　　　胸脯随着喘息而起伏，
　　　耳环摇晃着亲吻脸颊。（41）

昙译：宮中諸婇女，親近圍遶侍，
　　　伺候瞻顏色，瞻①目不暫瞬，
　　　猶若秋林鹿，端視彼獵師。

स हि काञ्चनपर्वतावदातो हृदयोन्मादकरो वराङ्गनानाम्।
श्रवणाङ्गविलोचनात्मभावान्वचनस्पर्शवपुर्गुणैर्जहार॥४२॥

今译：他如同金山，明亮洁净，
　　　言语、接触、形体和美德，

---

① 此处"瞻"字，据《中华大藏经》校勘记，《碛》、《普》、《南》、《径》、《清》、《丽》作"矖"。

吸引美女们的耳朵、眼睛
　　　和肢体，令她们心醉神迷。(42)

昙译：太子正容貌，猶若真金山，
　　　伎女共瞻察，聽教候音顏，
　　　敬畏察其心，猶彼林中鹿。

विगते दिवसे ततो विमानं वपुषा सूर्य इव प्रदीप्यमानः।
तिमिरं विजिघांसुरात्मभासा रविरुद्यन्निव मेरुमारुरोह॥४३॥

今译：然后，白天逝去，他如同太阳，
　　　形体闪耀着光辉，登上宫殿，
　　　犹如太阳升起，登上须弥山顶，
　　　想要以自身的光芒驱散黑暗。(43)

昙译：漸已至日暮，太子處幽夜，
　　　光明甚輝耀，如日照須彌。

कनकोज्ज्वलदीप्तदीपवृक्षं वरकालागुरुधूपपूर्णगर्भम्।
अधिरुह्य स वज्रभक्तिचित्रं प्रवरं काञ्चनमासनं सिषेवे॥४४॥

今译：他坐上华丽的金宝座，
　　　镶嵌有成排的金刚石，
　　　灯台上闪耀金色光焰，
　　　散发浓郁黑沉水香气。(44)

昙译：坐於七寶座，薰以妙栴檀①。

तत उत्तममुत्तमाङ्गनास्तं निशि तूर्यैरुपतस्थुरिन्द्रकल्पम्।
हिमवच्छिरसीव चन्द्रगौरे द्रविणेन्द्रात्मजमप्सरोगणौघाः॥४५॥

今译：夜晚，美女们奏乐侍奉
　　　这位如同因陀罗的俊杰，

---

① "栴檀"是 candana（檀香）一词的音译。此处原文中使用的是 kālāguru（黑沉水香）一词。

犹如在洁白似月的雪山顶，
成群的天女侍奉财神之子。（45）

昙译：婇女眾圍遶，奏揵撻婆音，
如毗沙門子，眾妙天樂聲。

परमैरपि दिव्यतूर्यकल्पैः स तु तेनैव रतिं ययौ न हर्षम् ।
परमार्थसुखाय तस्य साधोरभिनिश्क्रमिषा यतो न रेमे ॥४६॥

今译：即使乐器美妙似天乐，
也不能赢得他的欢喜，
这位善士一心想出家，
追求最高真实的快乐。（46）

昙译：太子心所念，第一遠離樂[1]，
雖作眾妙音，亦不在其懷。

अथ तत्र सुरैस्तपोवरिष्ठैरकनिष्ठैर्व्यवसायमस्य बुद्ध्वा ।
युगपत्प्रमदाजनस्य निद्रा विहितासीद्विकृताश्च गात्रचेष्टाः ॥४७॥

今译：这时，最优秀的阿迦尼吒[2]
苦行天神们知道他的决心，
施展神力，让所有的妇女
全都入睡，身体姿态扭曲。（47）

昙译：時淨居天子，知太子時至，
決定應出家，忽然化來下，
厭諸伎女眾，悉皆令睡眠。

अभवच्छयिता हि तत्र काचिद्विनिवेश्य प्रचले करे कपोलम् ।

---

[1] "第一远离乐"意谓最高的寂静快乐。此处对应的原文是 paramārathasukha。其中的 paramāratha，词义为"最高目的"、"最高真实"或"最高真理"，汉译佛经中经常译为"第一义"或"真谛"。

[2] "阿迦尼吒"（akaniṣṭha，或译"色究竟天"）是色界十八天中的最高天。阿迦尼吒天神也属于净居天神。

दयितामपि रुक्मपत्त्रचित्रां कुपितेवाङ्कगतां विहाय वीणाम्॥४८॥

今译：有个妇女躺着，脸颊
　　　搁在颤动的手臂上，
　　　仿佛生气，抛弃怀中
　　　镶嵌金叶的心爱琵琶。（48）

विबभौ करलग्नवेणुरन्या स्तनविस्रस्तसितांशुका शयाना ।
ऋजुषड्पद्पङ्क्तिजुष्टपद्मा जलफेनप्रहसत्तटा नदीव॥४९॥

今译：另一个妇女躺着，手中握着
　　　笛子，白绸衣已从胸脯滑落，
　　　宛如一条河流，成排的蜜蜂
　　　享受莲花，沿岸的水沫微笑。①（49）

नवपुष्करगर्भकोमलाभ्यां तपनीयोज्ज्वलसंगताङ्गदाभ्याम्।
स्वपिति स्म तथापरा भुजाभ्यां परिरभ्य प्रियवन्मृदङ्गमेव॥५०॥

今译：另一个妇女入睡，双臂紧抱
　　　小鼓，犹如紧抱自己的情人，
　　　这双臂柔软如同新莲花苞，
　　　臂钏的金色光芒交相辉映。（50）

नवहाटकभूषणास्तथान्या वसनं पीतमनुत्तमं वसानाः ।
अवशा घननिद्रया निपेतुर्गजभग्ना इव कर्णिकारशाखाः॥५१॥

今译：另一些妇女佩戴崭新的
　　　金首饰，身穿无价的黄衣，
　　　不由自主倒地昏睡，犹如
　　　大象撞断的迦尼迦多树枝。（51）

---

① 这里以"河流"比喻这些妇女，"成排的蜜蜂"比喻笛子，"莲花"比喻手掌，"水沫微笑"比喻白绸衣。

अवलम्ब्य गवाक्षपार्श्वमन्या शयिता चापविभुग्नगात्रयष्टिः ।
विरराज विलम्बिचारुहारा रचिता तोरणशालभञ्जिकेव ॥५२॥

今译：另一个妇女靠着窗户
入睡，肢体弯曲似弓，
可爱的项链悬空摇晃，
犹如拱门上女子雕像。（52）

मणिकुण्डलदष्टपत्त्रलेखं मुखपद्मं विनतं तथापरस्याः ।
शतपत्त्रमिवार्धवक्रनालं स्थितकारण्डवघट्टितं चकाशे ॥५३॥

今译：另一个妇女的莲花脸垂下，
摩尼珠耳环啃啮彩绘线条①，
犹如茎秆向下弯曲的莲花，
迦兰陀鸟站在上面叼啄。（53）

अपराः शयिता यथोपविष्टाः स्तनभारैरवनम्यमानगात्राः ।
उपगुह्य परस्परं विरेजुर्भुजपाशैस्तपनीयपारिहार्यैः ॥५४॥

今译：另一些妇女入睡如同坐着，
肢体因乳房沉重而弯下，
那些手臂佩戴金环，互相
拥抱，仿佛用绳索系缚。（54）

महतीं परिवादिनीं च काचिद्वनितालिङ्ग्य सखीमिव प्रसुप्ता ।
विजुघूर्ण चलत्सुवर्णसूत्रा वदनेनाकुलयोक्त्रकेन ॥५५॥

今译：有个妇女抱着一把大弦琴，
犹如抱着女友，在睡眠中
摇晃，身上的金丝带摆动，
脸上的那些挂饰②凌乱不堪。（55）

---

① "彩绘线条"（pattralekhā）指描在脸颊上的一些装饰性的线条。
② "挂饰"的原词是 yoktraka，词义为"绳索"，这里姑且译为"挂饰"。

第五章　离城出家　133

पणवं युवतिर्भुजांसदेशाद्वविस्रंसितचारुपाशमन्या ।
सविलासरतान्ततान्तमूर्वोर्विवरे कान्तमिवाभिनीय शिश्ये॥५६॥

今译：另一个妇女入睡，腰鼓
随背带从她的肩部滑下，
落到了她的双腿中间，
犹如欢爱后疲倦的情人。（56）

अपरा बभूवुर्निमीलिताक्ष्यो विपुलाक्ष्यो ऽपि शुभभ्रुवो ऽपि सत्यः ।
प्रतिसंकुचितारविन्दकोशाः सवितर्यस्तमिते यथा नलिन्यः॥५७॥

今译：另一些妇女秀眉大眼，
现在却都紧闭着双目，
仿佛太阳已落下西山，
那些莲花都合上花苞。（57）

शिथिलाकुलमूर्धजा तथान्या जघनस्त्रस्तविभूषणांशुकान्ता ।
अशयिष्ट विकीर्णकण्ठसूत्रा गजभग्ना प्रतियातनाङ्गनेव॥५८॥

今译：另一个妇女头发披散，
项链断裂，装饰品和
衣服滑落臀部，犹如
大象踩坏的妇女画像。（58）

अपरास्त्ववशा ह्रिया वियुक्ता
धृतिमत्यो ऽपि वपुर्गुणैरुपेताः ।
विनिशश्वसुरुल्बणं शयाना
विकृताः क्षिप्तभुजा जजृम्भिरे च॥५९॥

今译：另一些妇女即使体态优美，
思想稳重，现在也不由自主，
失去廉耻，东倒西歪躺着，
手臂伸展，呼噜声响沉重。（59）

व्यपविद्धविभूषणस्रजो ऽन्या
　विसृताग्रन्थनवाससो विसंज्ञाः ।
अनिमीलितशुक्लनिश्चलाक्ष्यो
　न विरेजुः शयिता गतासुकल्पाः ॥ ६० ॥

今译：另一些妇女躺着，毫无
　　　知觉，首饰和花环散落，
　　　衣结松开，眼珠不动弹，
　　　而露出眼白，如同死尸。（60）

विवृतास्यपुटा विवृद्धगात्री प्रपतद्ङ्क्रजला प्रकाशगुह्या ।
अपरा मदघूर्णितेव शिश्ये न बभासे विकृतं वपुः पुपोष ॥ ६१ ॥

今译：另一个妇女体态臃肿，
　　　仿佛醉酒，躺倒在地，
　　　嘴巴张开，涎水流淌，
　　　私处袒露，肢体扭曲。（61）

इति सत्त्वकुलान्वयानुरूपं विविधं स प्रमदाजनः शयानः ।
सरसः सदृशं बभार रूपं पवनावर्जितरुग्रपुष्करस्य ॥ ६२ ॥

今译：这些妇女就这样躺着，
　　　符合她们的本性和出身，
　　　犹如一个水池，池中的
　　　莲花都已遭到狂风摧折。（62）

昙译：容儀不斂攝，委縱露醜形，
　　　惽睡互低仰，樂器亂縱橫。
　　　傍倚或反倒[①]，或復以投深[②]，
　　　纓絡如曳鎖，衣裳絞縛身。

---

① 此处"倒"字，据《中华大藏经》校勘记，《丽》作"侧"。
② 此处"以投深"，据《中华大藏经》校勘记，《碛》、《普》、《南》、《径》、《清》作"似投渊"，《丽》作"似投深"。

抱琴而偃地，猶若受苦人，
黃綠衣流散，如摧迦尼華。
縱體倚壁眠，狀若懸角弓，
或手攀窗牖，如似絞死尸。
頻曳長欠去①，厭吁②涕流涎，
蓬頭露醜形，見若顛狂人。
華鬘垂覆面，或以面掩地，
或舉身戰掉，猶若獨搖鳥。
委身更相枕，手足互相加，
或嚬蹙皺眉，或合眼開口，
種種身散亂，狼籍猶橫尸。③

समवेक्ष्य तथा तथा शयाना विकृतास्ता युवतीरधीरचेष्टाः ।
गुणवद्वपुषो ऽपि वल्गुभाषा नृपसूनुः स विगर्हयांबभूव ॥६३॥

今译：王子看到这些妇女即使
原本体态优美，言语温柔，
现在这样躺着，肢体扭曲，
姿态失控，于是心生反感。（63）

昙译：時太子端坐，觀察諸婇女：
"先皆極端嚴，言嘆④心諂黠，
妖豔巧姿媚，而今悉醜穢。

अशुचिर्विकृतश्च जीवलोके वनितानामयमीदृशः स्वभावः ।
वसनाभरणैस्तु वञ्च्यमानः पुरुषः स्त्रीविषयेषु रागमेति ॥६४॥

---

① 此处"频曳长欠去"，据《中华大藏经》校勘记，《丽》作"频呻长欠呿"。
② 此处"厌吁"，据《中华大藏经》校勘记，《丽》作"魇呼"。
③ 以上第 48—62 颂不能与此处昙译逐一对应。虽然昙译的内容与原文大体一致，但其中的文字表述存在诸多差异，尤其是删略了那些带有艳情色彩的词语。
④ 此处"叹"字，据《中华大藏经》校勘记，《碛》、《普》、《南》、《径》、《清》、《丽》作"笑"。

今译:"在这世上,污秽丑陋,
　　　这正是妇女们的本性,
　　　男人受服装和装饰品
　　　欺骗,对女人产生爱欲。(64)

昙译:"女人性如是,云何可亲近?
　　　沐浴假缘饰,诳惑男子心。

विमृशेच्चदि योषितां मनुष्यः प्रकृतिं स्वप्नविकारमीदृशं च ।
ध्रुवमत्र न वर्धयेत्प्रमादं गुणसंकल्पहतस्तु रागमेति ॥ ६५ ॥

今译:"如果男人思考女人本性,
　　　看到她们睡眠中的丑态,
　　　也就肯定不会放逸,唯有
　　　颠倒妄想,才会产生爱欲。"(65)

昙译:"我今已觉了,决定出无疑。"

इति तस्य तदन्तरं विदित्वा निशि निश्क्रमिषा समुद्बभूव ।
अवगम्य मनस्ततो ऽस्य देवैर्भवनद्वारमपावृतं बभूव ॥ ६६ ॥

今译:这样,理解了这种区别,
　　　便产生连夜出走的愿望,
　　　而众天神知道他的想法,
　　　为他打开了宫殿的大门。(66)

昙译:尔时净居天,来下为开门。

अथ सो ऽवततार हर्म्यपृष्ठाद्युवतीस्ताः शयिता विगर्हमाणः ।
अवतीर्य ततश्च निर्विशङ्को गृहकक्ष्यां प्रथमां विनिर्जगाम ॥ ६७ ॥

今译:他对躺在那里的妇女们
　　　怀有反感,走下宫殿楼阁;
　　　下来后,他毫不迟疑地
　　　走出宫殿的第一道院墙。(67)

昙译：太子時徐起，出諸婇女間，
　　　跚蹰於内閤。

तुरगावचरं स बोधयित्वा जविनं छन्दकमित्थमित्युवाच ।
हयमानय कन्थकं त्वरावानमृतं प्राप्तुमितो ऽद्य मे यियासा॥६८॥

今译：他唤醒身手敏捷的
　　　车夫阐铎迦，说道：
　　　"赶快牵来犍陟马，
　　　我要出去求取甘露。（68）

昙译：而告車匿①言："吾今心渴仰，
　　　欲飲甘露泉，被馬速牽來，
　　　欲至不死鄉②。

हृदि या मम तुष्टिरद्य जाता
　　व्यवसायश्च यथा मतौ निविष्टः ।
विजने ऽपि च नाथवानिवास्मि
　　ध्रुवमर्थो ऽभिमुखः समेत्य इष्टः॥६९॥

今译："今天我心中感到满意，
　　　因为我已经做出决定，
　　　我仿佛暗中得到庇护，
　　　愿望的目标肯定实现。（69）

昙译："自知心決定，堅固誓莊嚴。

ह्रियमेव च संनतिं च हित्वा
　　शयिता मत्प्रमुखे यथा युवत्यः ।
विवृते च यथा स्वयं कपाटे
　　नियतं यातुमतो ममाद्य कालः॥७०॥

---

① "車匿"是车夫阐铎迦（chandaka）的又一译名。
② 此处"不死乡"对应这颂原文中的 amṛta 一词，词义为"不死"或"甘露"。

今译："那些妇女失去廉耻和
　　　　谦恭，躺在我的面前，
　　　　而宫殿大门自动打开，
　　　　确实是我出走的机会。"（70）

昙译："婇女本端正，今悉見醜形，
　　　　門戶先關下①，今已悉自開，
　　　　觀此諸瑞相，第一義之筌。"

प्रतिगृह्य ततः स भर्तुराज्ञां विदितार्थोऽपि नरेन्द्रशासनस्य ।
मनसीव परेण चोद्यमानस्तुरगस्यानयने मतिं चकार ॥७१॥

今译：尽管知道国王的命令，
　　　马夫听从主人的吩咐，
　　　仿佛内心受他人驱动，
　　　不由自主决定去牵马。（71）

昙译：車匿內思惟，應奉太子教，
　　　脫令父王知，復應深罪責，②
　　　諸天加神力，不覺牽馬來。

अथ हेमखलीनपूर्णवक्त्रं लघुशय्यास्तरणोपगूढपृष्ठम् ।
बलसत्त्वजवान्वयोपपन्नं स वराश्वं तमुपानिनाय भर्त्रे ॥७२॥

今译：他为主人牵来这匹马，
　　　品质优良，快速有力，
　　　马嘴已经塞好金嚼子，
　　　马背上铺有轻盈坐垫。（72）

昙译：手③乘駿良馬，眾寶鏤乘具。

---

　　① 此处"下"字，据《中华大藏经》校勘记，《普》、《南》、《径》、《清》、《丽》作"闭"。
　　② 这一行的意思是如果让国王知道，会被追究罪责。
　　③ 此处"手"字，据《中华大藏经》校勘记，《碛》、《普》、《南》、《径》、《清》、《丽》作"平"。

第五章　离城出家　139

प्रततत्रिकपुच्छमूलपार्ष्णिं निभृतह्रस्वतनूजपुच्छकर्णम्।
विनतोन्नतपृष्ठकुक्षिपार्श्वं विपुलप्रोथललाटकट्युरस्कम्॥७३॥

今译：它的背脊、臀部和尾部纵长，
　　　鬃毛、尾巴和耳朵短而紧凑，
　　　背、腹和两胁或隆起，或下垂，
　　　鼻子、前额、腰臀和胸脯宽阔。（73）

昙译：高翠長髦尾，局背短毛耳，
　　　鹿腹鵝王頭①，額廣圓爪②鼻，
　　　龍咽膞臆③方，具足騏驥相。

उपगुह्य स तं विशालवक्षाः कमलाभेन च सान्त्वयन्करेण।
मधुराक्षरया गिरा शशास ध्वजिनीमध्यमिव प्रवेष्टुकामः॥७४॥

今译：胸膛宽阔的王子拥抱它，
　　　用莲花般的手掌抚摸它，
　　　仿佛就要动身上战场，
　　　用甜蜜的话语吩咐道：（74）

昙译：太子撫馬頸，摩身而告言：

बहुशः किल शत्रवो निरस्ताः समरे त्वामधिरुह्य पार्थिवेन।
अहमप्यमृतं पदं यथावत्तुरगश्रेष्ठ लभेय तत्कुरुष्व॥७५॥

今译："据说许多次，国王骑着你，
　　　在战斗中驰骋，击溃敌人，
　　　骏马啊，你就这样行动吧！
　　　让我也能达到不死境界。（75）

昙译："父王常乘汝，臨敵輒勝怨④，

---

① 此处"头"字，据《中华大藏经》校勘记，《丽》作"颈"。
② 此处"爪"字，据《中华大藏经》校勘记，《丽》作"瓠"。
③ 此处"膞臆"，据《中华大藏经》校勘记，《普》、《丽》作"髖臆"。
④ "胜怨"意谓战胜怨敌。

吾今欲相依，遠涉甘露津。

सुलभाः खलु संयुगे सहाया विषयावाप्तसुखे धनार्जने वा ।
पुरुषस्य तु दुर्लभाः सहायाः पतितस्यापदि धर्मसंश्रये वा ॥ ७६ ॥

今译："在战斗中，追逐感官享乐中，
获取财富中，同伴容易获得，
而一旦陷入危难困境，或者，
追求正法，同伴就难以获得。（76）

昙译："戰鬥多眾旅，榮樂多伴遊，
商人求珍寶，樂從者亦眾，
連①苦良友難，求法必寡明②，
堪此二友者，終獲於吉安。

इह चैव भवन्ति ये सहायाः
  कलुषे कर्मणि धर्मसंश्रये वा ।
अवगच्छति मे यथान्तरात्मा
  नियतं ते ऽपि जनास्तदंशभाजः ॥ ७७ ॥

今译："而在这世上，作为同伴，
或从事恶业，或追求正法，
我心中完全明白，他们
肯定会分得相应的果报。（77）

तदिदं परिगम्य धर्मयुक्तं मम निर्याणमितो जगद्धिताय ।
तुरगोत्तम वेगविक्रमाभ्यां प्रयतस्वात्महिते जगद्धिते च ॥ ७८ ॥

今译："因此，你要知道我的出家
事关正法，是为世界谋利益，

---

① 此处"连"字，据《中华大藏经》校勘记，《碛》、《普》、《南》、《径》、《清》、《丽》作"遭"。
② 此处"明"字，据《中华大藏经》校勘记，《碛》、《普》、《南》、《径》、《清》、《丽》作"朋"。

骏马啊，施展速度和勇气吧！
为你自己，也为世界谋利益。"（78）

昙译："吾今欲出遊，為度苦眾生，
汝今欲自利，兼濟諸羣民①，
宜當竭其力，長駈勿疲惓。"

इति सुहृदमिवानुशिष्य कृत्ये तुरगवरं नृवरो वनं यियासुः ।
सितमसितगतिद्युतिर्वपुष्मान्त्रविरिव शारदमभ्रमारुरोह ॥७९॥

今译：人中俊杰准备前往林中，
形体灿烂似火，登上白马，
犹如太阳登上秋天白云，
这些话像是劝导朋友尽责。（79）

昙译：勸已彼②跨馬，理轡倐晨征，
人狀日殿流，馬如日③雲浮。

अथ स परिहरन्निशीथचण्डं परिजनबोधकरं ध्वनिं सदश्वः ।
विगतहनुरवः प्रशान्तहेषश्चकितविमुक्तपदक्रमो जगाम ॥८०॥

今译：这匹骏马努力抑止声响，
以免惊动黑夜，吵醒人们；
它迈着平稳的步伐前行，
双颚悄无声，嘶鸣也停息。（80）

昙译：速④身不奮迅，屏氣不噴鳴。

---

① 此处"群民"，据《中华大藏经》校勘记，《碛》、《普》、《南》、《径》、《清》、《丽》作"群萌"。"萌"通"氓"。"群萌"指民众。
② 此处"彼"字，据《中华大藏经》校勘记，《碛》、《普》、《南》、《径》、《清》、《丽》作"徐"。
③ 此处"日"字，据《中华大藏经》校勘记，《碛》、《普》、《南》、《径》、《清》、《丽》作"白"。
④ 此处"速"字，据《中华大藏经》校勘记，《碛》、《普》、《南》、《径》、《清》、《丽》作"束"。

कनकवलयभूषितप्रकोष्ठैः
　　कमलनिभैः कमलानिव प्रविध्य ।
अवनततनवस्ततो ऽस्य यक्षा-
　　श्चकितगतैर्दधिरे खुरान्कराग्रैः ॥८१॥

今译：然后，药叉们佩戴金臂钏，
　　　弯身用宛如莲花的手指，
　　　小心翼翼地托着马蹄，
　　　仿佛在那里安放莲花。（81）

昙译：四神來捧足，潛密寂無聲。

गुरुपरिघकपाटसंवृता या
　　न सुखमपि द्विरदैरपाव्रियन्ते ।
व्रजति नृपसुते गतस्वनास्ताः
　　स्वयमभवन्विवृताः पुरः प्रतोल्यः ॥८२॥

今译：那些通道紧锁着大门，
　　　即使大象也难以撞开，
　　　而王子经过时，它们
　　　都会无声地自动敞开。（82）

昙译：重門固關鑰，天神自令開①。

पितरमभिमुखं सुतं च बालं
　　जनमनुरक्तमनुत्तमां च लक्ष्मीम् ।
कृतमतिरपहाय निर्व्यपेक्षः
　　पितृनगरात्स ततो विनिर्जगाम ॥८३॥

今译：慈爱的父亲，年幼的儿子，
　　　亲爱的眷属，荣华和富贵，
　　　他毅然决然，抛弃这一切，
　　　毫不眷恋，走出父王都城。（83）

---

① 此处"自令开"，据《中华大藏经》校勘记，《丽》作"令自开"。

第五章　离城出家　143

昙译：敬重無過父，受①深莫踰子，
　　　內外諸眷屬，恩愛亦纏綿，
　　　遣情無遺念，飄然超出城。

अथ स विमलपङ्कजायताक्षः पुरमवलोक्य ननाद सिंहनादम्।
जननमरणयोरदृष्टपारो न पुरमहं कपिलाह्वयं प्रवेष्टा॥८४॥

今译：然后，大眼睛如同纯净的莲花，
　　　望着这座城市，发出狮子吼：
　　　"不看到生死的彼岸，我不再
　　　进入这座名为迦比罗的城市。"（84）

昙译：清淨蓮花目，從於②泥中生。③
　　　顧瞻父王宮，而說告離篇：
　　　"不度生老死，永無遊此緣。"

इति वचनमिदं निशम्य तस्य द्रविणपतेः परिषद्गणा ननन्दुः।
प्रमुदितमनसश्च देवसङ्घा व्यवसितपारणमाशशंसिरे ऽस्मै॥८५॥

今译：听到这个话，财神的
　　　随从药叉们欢欣鼓舞，
　　　众天神也满心欢喜，
　　　称赞他的决心会实现。（85）

昙译：一切諸天眾，虛空龍鬼神，
　　　隨喜稱善哉，唯此真諦言。

हुतवहवपुषो दिवौकसो ऽन्ये व्यवसितमस्य सुदुष्करं विदित्वा।
अकृषत तुहिने पथि प्रकाशं घनविवरप्रसृता इवेन्दुपादाः॥८६॥

---

① 此处"受"字，据《中华大藏经》校勘记，《碛》、《普》、《南》、《径》、《清》、《丽》作"爱"。

② 此处"于"字，据《中华大藏经》校勘记，《碛》、《普》、《南》、《径》、《清》、《丽》作"淤"。

③ "从淤泥中生"对应的原文是 paṅkaja。这个复合词的词义为"生于泥沼的"，指称"莲花"。

今译：知道他下定艰难决心，
　　　其他的天神形体似火，
　　　犹如月光穿透乌云，
　　　照亮雾气弥漫的道路。（86）

昙译：諸天龍神眾，慶得難得心，
　　　各以自力光，引導助其明。

हरितुरगतुरङ्गवत्तुरङ्गः
　　स तु विचरन्मनसीव चोद्यमानः।
अरुणपरुषतारमन्तरिक्षं
　　स च सुबहूनि जगाम योजनानि॥८७॥

今译：这匹骏马如同天王之马，
　　　快速行进如同思想受驱动，
　　　天空晨曦中星星还在闪烁，
　　　它已经行走了许多由旬[①]。（87）

昙译：人馬心俱銳，奔遊[②]若流星，
　　　東方猶未曉，已進三由旬。

इति बुद्धचरिते महाकाव्येऽभिनिष्क्रमणो नाम पञ्चमः सर्गः॥५॥
今译：以上是大诗《佛所行赞》中名为《离城出家》的第五章。

[①] "由旬"（yojana）是长度单位，一由旬大约相当于十四公里。
[②] 此处"游"字，据《中华大藏经》校勘记，《碛》、《普》、《南》、《径》、《清》、《丽》作"逝"。

६ छन्दकनिवर्तनः

今译：第六章　阐铎迦返城

昙译：車匿還品第六

ततो मुहूर्ताभ्युदिते जगच्चक्षुषि भास्करे ।
भार्गवस्याश्रमपदं स ददर्श नृणां वरः ॥ १ ॥

今译：然后，世界之眼太阳
　　　在顷刻间冉冉升起，
　　　这位人中俊杰看到
　　　跋罗伽婆①的净修林。（1）

昙译：須臾夜已過，眾生眼光出，②
　　　顧見林樹間，跋伽仙人處。

सुप्तविश्वस्तहरिणं स्वस्थस्थितविहङ्गमम् ।
विश्रान्त इव यद्दृष्ट्वा कृतार्थ इव चाभवत् ॥ २ ॥

今译：这里的鹿儿放心睡眠，
　　　鸟禽也安然自在栖息，
　　　他看到这些，仿佛疲倦
　　　消失，也仿佛目的达到。（2）

昙译：林流極清廣③，禽獸親附人，

---

①　"跋罗伽婆"（bhārgava，昙译"跋伽"）是婆利古（bhṛgu）仙人的后裔，通常指持斧罗摩（paśurāma）。
②　"众生眼光"对应这颂原文中的 jagaccakṣuṣi bhāskare，意谓"世界之眼太阳"。
③　此处"广"字，据《中华大藏经》校勘记，《碛》、《普》、《南》、《径》、《清》、《丽》作"旷"。

太子見心喜，形勞自然息，
　此則為祥瑞，必獲未曾利。

स विस्मयनिवृत्त्यर्थं तपःपूजार्थमेव च ।
स्वां चानुवर्तितां रक्षन्नश्वपृष्ठादवतारत् ॥ ३ ॥

今译：为了克制自己的傲慢，
　　　为了对苦行表示尊敬，
　　　为了维护自己的仪态，
　　　他随即从马背上下来。（3）

昙译：又見彼仙人，是所應供養，
　　　并自護其儀，滅除高慢跡。

अवतीर्य च पस्पर्श निस्तीर्णमिति वाजिनम् ।
छन्दकं चाब्रवीत्प्रीतः स्नापयन्निव चक्षुषा ॥ ४ ॥

今译：下来后，他抚摩骏马，
　　　说道："任务已经完成。"
　　　他仿佛高兴地用眼睛
　　　为阐铎迦沐浴，说道：（4）

昙译：下馬手摩頭："汝今已度我。"
　　　慈目觀[①]車匿，獲[②]清涼水洗：

इमं तार्क्ष्योपमजवं तुरङ्गमनुगच्छता ।
दर्शिता सौम्य मद्भक्तिर्विक्रमश्चायमात्मनः ॥ ५ ॥

今译："你跟随这匹速度堪比
　　　金翅鸟的骏马，贤士啊！

[①] 此处"观"字，据《中华大藏经》校勘记，《碛》、《普》、《南》、《径》、《清》、《丽》作"视"。

[②] 此处"获"字，据《中华大藏经》校勘记，《碛》、《普》、《南》、《径》、《清》、《丽》作"犹"。

已经显示对我的忠诚，
你自己的勇力。(5)

昙译："駿足馳若飛，汝常係馬後，
喜爾深恭敬，精勤無懈惓，
餘事不足計，唯取汝真心。

सर्वथास्म्यन्यकार्यो ऽपि गृहीतो भवता हृदि।
भर्तुःस्नेहश्च यस्यायमीदृशः शक्तिरेव च॥६॥

今译："我全心投身别的事，
而你对主人的忠诚，
以及你的这种能力，
依然引起我的注意。(6)

昙译："心敬形堪①勤，此二今始見。

अस्निग्धोऽपि समर्थोऽस्ति निःसामर्थ्यो ऽपि भक्तिमान्।
भक्तिमांश्चैव शक्तश्च दुर्लभस्त्वद्विधो भुवि॥७॥

今译："不忠诚，却有能力，
无能力，却很忠诚，
而像你这样既忠诚，
又有能力，世上难得。(7)

昙译："人有心至識②，身力無所堪，
力堪心不至，汝今二俱備。

तत्प्रीतो ऽस्मि तवानेन महाभागेन कर्मणा।
यस्य ते मयि भावो ऽयं फलेभ्यो ऽपि पराङ्मुखः॥८॥

---

① 此处"堪"字，据《中华大藏经》校勘记，《碛》、《普》、《南》、《径》、《清》作"甚"。

② 此处"识"字，据《中华大藏经》校勘记，《碛》、《普》、《南》、《径》、《清》、《丽》作"诚"。

今译："因此，你的这种高尚
　　　行为，让我感到高兴，
　　　即使你忠于我的这种
　　　感情得不到相应回报。（8）

昙译："捐棄世榮利，進步隨我來。

को जनस्य फलस्थस्य न स्यादभिमुखो जनः।
जनीभवति भूयिष्ठं स्वजनो ऽपि विपर्यये॥९॥

今译："哪个人会不喜欢
　　　能给予回报的人？
　　　若非这样，自己人
　　　也会变成陌路人。（9）

昙译："何人不向利？無利親戚離，
　　　汝今空隨我，不求見世報①。

कुलार्थं धार्यते पुत्रः पोषार्थं सेव्यते पिता।
आशाया च्छिष्यति जगन्नास्ति निष्कारणा स्वता॥१०॥

今译："为了家族而抚养儿子，
　　　为了成长而侍奉父亲，
　　　世人的结合都有目的，
　　　各自的行为不无原因。（10）

昙译："夫人生育子，為以紹宗嗣，
　　　所以奉敬王，為以報恩養，
　　　一切皆求遊②，汝獨背利遊。

किमुक्त्वा बहु संक्षेपात्कृतं मे सुमहत्प्रियम्।

---

① 此处"见"字与"现"通，"见世报"即"现世报"。
② 此处"游"字，据《中华大藏经》校勘记，《碛》、《普》、《南》、《径》、《清》、《丽》作"利"。

निवर्तस्वाश्वमादाय संप्राप्तो ऽस्मीप्सितं पदम्॥ ११॥

今译："何必说这么多？总之，
　　　你已为我做了大好事，
　　　带着这匹马，请回吧！
　　　我已到达愿望的地点。"（11）

昙译："至言不煩多，今當略告汝，
　　　汝事我已畢，今且乘馬還，
　　　自我馬①夜來，所求處今得。"

इत्युक्त्वा स महाबाहुरनुशांसचिकीर्षया ।
भूषणान्यवमुच्यास्मै संतप्तमनसे ददौ॥ १२॥

今译：大臂王子说完这些话，
　　　取下身上那些装饰品，
　　　赠给这位内心忧虑的
　　　车夫，表示对他赞赏。（12）

昙译：即脫寶瓔珞，以授於車匿：
　　　"具持是②賜汝，以慰汝憂悲。"

मुकुटादीपकर्माणं मणिमादाय भास्वरम् ।
ब्रुवन्वाक्यमिदं तस्थौ सादित्य इव मन्दरः॥ १३॥

今译：他从顶冠上取下具有
　　　照明功能的闪亮宝珠，
　　　站立着，犹如曼陀罗山
　　　偕同太阳，这样说道：（13）

昙译：寶冠頂摩尼，光明照其身，

---

① 此处"马"字，据《中华大藏经》校勘记，《碛》、《普》、《南》、《径》、《清》、《丽》作"长"。"长夜"指长期。

② 此处"具持是"，据《中华大藏经》校勘记，《碛》、《普》、《南》、《径》、《清》、《丽》作"持是以"。

即脱置掌中，如日曜須彌①：

अनेन मणिना छन्द प्रणम्य बहुशो नृपः ।
विज्ञाप्यो ऽमुक्तविश्रम्भं संतापविनिवृत्तये ॥१४॥

今译："阐铎迦啊，带着这宝珠，
　　　　反复不断向国王俯首行礼，
　　　　向他报告消息，平息他的
　　　　忧愁，不要让他失去信任。（14）

昙译："車匿持此珠，還歸父王所，
　　　　持珠禮王足，以表我受②心。

जन्ममरणनाशार्थं प्रविष्टो ऽस्मि तपोवनम् ।
न खद्व स्वर्गतर्षेण नास्नेहेन न मन्युना ॥१५॥

今译："为了灭绝生和死，
　　　　我已进入苦行林，
　　　　并非出于想升天，
　　　　也非无情和愤怒。（15）

昙译："為我啟請王，願捨愛戀情，
　　　　為脫生老死，故入苦行林，
　　　　亦不求生天，非無仰戀心，
　　　　亦不懷結恨，唯欲捨憂悲。

तदेवमभिनिष्क्रान्तं न मां शोचितुमर्हसि ।
भूत्वापि हि चिरं श्लेषः कालेन न भविष्यति ॥१६॥

今译："我已经这样出家，
　　　　你不必为我忧伤，

---

① 此处"须弥"（sumeru）按原文是 mandara（曼陀罗）。
② 此处"受"字，据《中华大藏经》校勘记，《碛》、《普》、《南》、《径》、《清》、《丽》作"虔"。

聚合即使很久长，
到时候也会分离。（16）

昙译："長夜集恩愛，要當有別離。

ध्रुवो यस्माच्च विश्लेषस्तस्मान्मोक्षाय मे मतिः।
विप्रयोगः कथं न स्याद्भूयो ऽपि स्वजनादिति॥१७॥

今译："因为必定会分离，
所以我追求解脱，
这样确实能达到
与亲人不再分离。（17）

昙译："以有當離故，故求解脫因，
若得解脫者，永無離親期。

शोकत्यागाय निष्क्रान्तं न मां शोचितुमर्हसि।
शोकहेतुषु कामेषु सक्ताः शोच्यास्तु रागिणः॥१८॥

今译："为抛弃忧伤而出家，
你不应该为我忧伤，
忧伤源自爱欲，应该
为执著爱欲者忧伤。（18）

昙译："為斷憂出家，勿為子生憂；
五欲為憂根，應憂著欲者。

अयं च किल पूर्वेषामस्माकं निश्चयः स्थिरः।
इति दायाद्यभूतेन न शोच्यो ऽस्मि पथा व्रजन्॥१९॥

今译："据说这是我们
祖先的坚定决心，
我继承这个传统，
不应该为我忧伤。（19）

昙译："乃祖諸勝王，堅固志不移，
　　　　今我襲餘財[1]，唯法捨非宜。

भवन्ति ह्यर्थदायादाः पुरुषस्य विपर्यये ।
पृथिव्यां धर्मदायादाः दुर्लभास्तु न सन्ति वा ॥२०॥

今译："因为一旦人去世，
　　　　便有财产继承者，
　　　　然而继承正法者，
　　　　世上难得或没有。（20）

昙译："夫人命終時，財產悉遺子，
　　　　子多貪欲[2]利，而我樂法財。

यदपि स्यादसमये यातो वनमसाविति ।
अकालो नास्ति धर्मस्य जीविते चञ्चले सति ॥२१॥

今译："或许会说这个人，
　　　　进入林中不合时，
　　　　而生命变化无常，
　　　　正法不会不合时。（21）

昙译："若言年少壯，非是遊學時，
　　　　當知求正法，無時非為時。

तस्मादद्यैव मे श्रेयश्चेतव्यमिति निश्चयः ।
जीविते को हि विश्रम्भो मृत्यौ प्रत्यर्थिनि स्थिते ॥२२॥

今译："故而我决定今天
　　　　就应该追求至福，
　　　　死亡就站在对面，

---

[1] "袭余财"对应这颂原文中的 dāyādyabhūta。这个复合词的词义是"成为继承者"。
[2] 此处"欲"字，据《中华大藏经》校勘记，《碛》、《普》、《南》、《径》、《清》、《丽》作"俗"。

谁还会信任生命？（22）

昙译："無常無定期，死怨常隨伺，
是故我今日，決定求法時。

एवमादि त्वया सौम्य विज्ञाप्यो वसुधाधिपः ।
प्रयतेथास्तथा चैव यथा मां न स्मरेदपि॥२३॥

今译："你要将所有这些
报告国王，贤士啊！
你还要竭尽全力，
让他不要挂念我。（23）

昙译："如上諸所啟，汝悉為我宣，
唯願今①父王，不復我顧戀。

अपि नैर्गुण्यमस्माकं वाच्यं नरपतौ त्वया ।
नैर्गुण्यात्त्यज्यते स्नेहः स्नेहत्यागान्न शोच्यते॥२४॥

今译："你也要告诉国王，
说我无品德，抛弃
亲情，而抛弃亲情，
也就不必为他忧伤。"（24）

昙译："若以形毀我，令王割愛者，
汝慎勿惜言，使王今②不絕。"

इति वाक्यमिदं श्रुत्वा छन्दः संतापविक्लवः ।
बाष्पग्रथितया वाचा प्रत्युवाच कृताञ्जलिः॥२५॥

今译：听了他的这番话，

---

① 此处"今"字，据《中华大藏经》校勘记，《碛》、《普》、《南》、《径》、《清》、《丽》作"令"。
② 此处"今"字，据《中华大藏经》校勘记，《碛》、《普》、《南》、《径》、《清》、《丽》作"念"。

　　　　　阐铎迦烦恼忧伤，
　　　　　喉咙含泪话哽塞，
　　　　　双手合十回答道：（25）

　　昙译：車匿奉教勅，慧①塞情悎迷，
　　　　　合掌而胡跪，還答太子言：

अनेन तव भावेन बान्धवायासदायिना ।
भर्तुः सीदति मे चेतो नदीपङ्क इव द्विपः ॥२६॥

　　今译："你的这种态度肯定
　　　　　会让亲人们悲痛欲绝，
　　　　　主人啊，我的心下沉，
　　　　　犹如大象陷入淤泥中。（26）

　　昙译："如勅真②宣言，恐更增憂悲，
　　　　　憂悲增轉深，如象溺深泥。

कस्य नोत्पादयेद्बाष्पं निश्चयस्ते ऽयमीदृशः ।
अयोमये ऽपि हृदये किं पुनः स्नेहविक्लवे ॥२७॥

　　今译："你做出这样的决定，
　　　　　有谁会不伤心流泪，
　　　　　即使他是铁石心肠，
　　　　　更何况有亲情缠绕？（27）

　　昙译："決定恩愛乖，有心孰不哀？
　　　　　金石尚摧碎，何況溺哀情？

विमानशयनार्हं हि सौकुमार्यमिदं क्व च ।

---

　　① 此处"慧"字，据《中华大藏经》校勘记，《碛》、《普》、《南》、《径》、《清》、《丽》作"悲"。
　　② 此处"真"字，据《中华大藏经》校勘记，《碛》、《普》、《南》、《径》、《清》、《丽》作"具"。

खरदर्भाङ्कुरवती तपोवनमही क्व च ॥२८॥

今译:"因为你的身体娇嫩,
　　　只适合睡在宫中床上,
　　　怎能睡在苦行林地上,
　　　达薄草的草尖坚硬刺身？（28）

昙译:"太子長深宮，少樂身細軟，
　　　投身刺棘林，苦行安可堪？

श्रुत्वा तु व्यवसायं ते यदद्धो ऽयं मयाहृतः ।
बलात्कारेण तन्नाथ दैवेनैवास्मि कारितः ॥२९॥

今译:"当时听到你的决定,
　　　我为你牵来这匹马,
　　　主人啊，那是众天神
　　　强行迫使我这样做。（29）

昙译:"初命我索馬，下情甚不安，
　　　天神見駈逼，唯令①速莊嚴。

कथं ह्यात्मवशो जानन्व्यवसायमिमं तव ।
उपानयेयं तुरगं शोकं कपिलवास्तुनः ॥३०॥

今译:"如果我能掌控自己,
　　　知道了你的这个决定,
　　　我怎么会牵来这匹马,
　　　给迦比罗城造成不幸？（30）

昙译:"何意令太子，決定捨深宮，
　　　迦毗羅衞國，合境生悲痛？

---

① 此处"唯令"，据《中华大藏经》校勘记，《碛》、《普》、《南》、《径》、《清》、《丽》作"命我"。

तन्नार्हसि महाबाहो विहातुं पुत्रलालसम्।
स्निग्धं वृद्धं च राजानं सद्धर्ममिव नास्तिकः॥३१॥

今译："大臂王子啊，你不该
抛弃年迈的国王，这位
对儿子充满慈爱的父亲，
犹如无信仰者抛弃正法。（31）

昙译："父王年已老，念子爱亦深，
决定捨出家，此則非所應，
邪見①天②父母，此則無復論。

संवर्धनपरिश्रान्तां द्वितीयां तां च मातरम्।
देवीं नार्हसि विस्मर्तुं कृतघ्न इव सत्क्रियाम्॥३२॥

今译："你不应该忘记王后，
如同一个忘恩负义者，
她是你的第二位母亲，
长期含辛茹苦抚育你。（32）

昙译："瞿曇彌長養，乳哺形枯乾，
慈愛難可忘，莫作背恩人。

बालपुत्रां गुणवतीं कुलश्लाघ्यां पतिव्रताम्।
देवीमर्हसि न त्यक्तुं क्लीबः प्राप्तामिव श्रियम्॥३३॥

今译："你不应该抛弃妻子，
如同懦夫抛弃王权，
她出身望族有美德，
抚育幼子，忠于丈夫。（33）

---

① "邪见"对应这颂原文中的 nāstika 一词，词义为"无信仰者"。
② 此处"天"字，据《中华大藏经》校勘记，《碛》、《普》、《南》、《径》、《清》、《丽》作"无"。

昙译:"嬰兒功德母，勝稚①能奉事，
　　　　得勝②而復棄，此則非勝人。

पुत्रं याशोधरं श्लाघ्यं यशोधर्मभृतां वरम्।
बालमर्हसि न त्यक्तुं व्यसनीवोत्तमं यशः॥३४॥

今译:"耶输陀罗的年幼儿子，
　　　　享名誉，行正法，受称赞，
　　　　你不应该抛弃这个佼佼者，
　　　　犹如作恶之人抛弃名誉。（34）

昙译:"耶輸陀勝子，嗣國掌正法，
　　　　厥年尚幼少，是亦不應捨。

अथ बन्धुं च राज्यं च त्यक्तुमेव कृता मतिः।
मां नार्हसि विभो त्यक्तुं त्वत्पादौ हि गतिर्मम॥३५॥

今译:"即使你决心要抛弃
　　　　亲人和王国，主人啊！
　　　　你也不应该抛弃我，
　　　　你的双足是我的归宿。（35）

昙译:"已違捨父王，及宗親眷屬，
　　　　勿復遺棄我，要不離尊足。

नास्मि यातुं पुरं शक्तो दह्यमानेन चेतसा।
त्वामरण्ये परित्यज्य सुमन्त्र इव राघवम्॥३६॥

今译:"我心中烦恼焦躁，
　　　　不能将你抛弃林中，
　　　　而自己回城，如同

---

① 此处"胜稚"，据《中华大藏经》校勘记，《碛》、《普》、《南》、《径》、《清》、《丽》作"胜族"。
② 此处"胜"字，对应这颂原文中的 śrī 一词，指吉祥女神，象征王权。

苏曼多罗抛弃罗摩。① (36)

昙译:"我心懷湯火,不堪獨還國,
今於空野中,棄捐太子歸,
則同須曼提,棄於捨②羅摩。

किं हि वक्ष्यति मां राजा त्वद्दृते नगरं गतम्।
वक्ष्याम्युचितदर्शित्वात्किं तवान्तःपुराणि वा॥३७॥

今译:"缺了你,我独自回城,
国王会对我说些什么?
我又能对后宫说什么?
她们一向看我守规矩。(37)

昙译:"今若獨還宮,白王當何言?
合宮同見責,復以何辭答?

यदप्यात्थापि नैर्गुण्यं वाच्यं नरपताविति।
किं तद्वक्ष्याम्यभूतं ते निर्दोषस्य मुनेरिव॥३८॥

今译:"你甚至要我报告
国王,说你无品德,
你如同无瑕的牟尼,
我怎能说这种假话?(38)

昙译:"太子而③告我,隨方便形毀,
牟尼功德所④,云何而虛說?

---

① 这里引用《罗摩衍那》故事。"苏曼多罗"(sumantra,昙译"须曼提")是十车王的车夫。十车王迫不得已,流放儿子罗摩。苏曼多罗奉十车王之命,将罗摩送往林中。
② 此处"弃于舍",据《中华大藏经》校勘记,《碛》、《普》、《南》、《径》、《清》、《丽》作"弃舍于"。
③ 此处"而"字,据《中华大藏经》校勘记,《碛》、《普》、《南》、《径》、《清》、《丽》作"向"。"向"意谓"先前"或"方才"。
④ "功德所"意谓"功德的所在处",即"充满功德"。

हृदयेन सलज्जेन जिह्वया सज्जमानया ।
अहं यदपि वा ब्रूयां कस्तच्छ्रद्धातुमर्हति॥३९॥

今译："我心中怀有愧疚，
　　　说话时舌头会僵硬，
　　　即使我这样说出口，
　　　又有谁会相信它？（39）

昙译："我深惭愧故，舌亦不能言，
　　　設使有所說，天下誰復信？

यो हि चन्द्रमसस्तैक्ष्ण्यं कथयेच्छ्रद्दधीत वा ।
स दोषांस्तव दोषज्ञ कथयेच्छ्रद्दधीत वा॥४०॥

今译："如果有人声称或者相信
　　　月亮光芒灼热，这样的人
　　　才会声称或者相信你这位
　　　明辨是非者有这些错误。（40）

昙译："若言月光熱，世間有信者，
　　　脫①有信太子，所行非法行。

सानुक्रोशस्य सततं नित्यं करुणवेदिनः ।
स्निग्धत्यागो न सदृशो निवर्तस्व प्रसीद मे॥४१॥

今译："你一向富有同情心，
　　　也始终充满怜悯心，
　　　不应该这样抛弃亲情，
　　　垂恩于我，请回去吧！"（41）

昙译："太子心柔軟，常慈悲一切，
　　　深愛而棄捨，此則違宿心，

---

① 此处"脱"字，意谓"或许"。

願可思還宮，以慰我愚誠。"

इति शोकाभिभूतस्य श्रुत्वा छन्दस्य भाषितम्।
स्वस्थः परमया धृत्या जगाद वदतां वरः॥४२॥

今译：王子听了阐铎迦
　　满怀忧伤的这番话，
　　　他无限坚定，擅长
　　　辞令，自如地说道：（42）

昙译：太子聞車匿，悲切苦諫言，
　　　心安轉堅固，而復告之曰：

मद्वियोगं प्रति च्छन्द संतापस्त्यज्यतामयम्।
नानाभावो हि नियतं पृथग्जातिषु देहिषु॥४३॥

今译："与我分离，阐铎迦啊！
　　请你抛弃这种烦恼吧！
　　众生各自分别出生，
　　注定会有种种差别。（43）

昙译："汝今為我故，而生別離苦，
　　　當捨此悲念，具①自慰其心，
　　　眾生各異趣，乖離理自常。

स्वजनं यद्यपि स्नेहान्न त्यजेयमहं स्वयम्।
मृत्युरन्योन्यमवशानस्मान्संत्याजयिष्यति॥४४॥

今译："即使我自己出于亲情，
　　而不抛弃自己的亲人，
　　死亡也会让我们这些
　　不能自主者互相抛弃。（44）

---

① 此处"具"字，据《中华大藏经》校勘记，《碛》、《普》、《南》、《径》、《清》、《丽》作"且"。

昙译:"縱令我今日,不捨諸親族,
　　　　死至形神乖①,當復云何留?

महत्या तृष्णया दुःखैर्गर्भेणास्मि यया धृतः ।
तस्या निष्फलयत्नायाः क्वाहं मातुः क्व सा मम ॥४५॥

今译:"母亲怀胎承受痛苦,
　　　　对我抱有极大希望,
　　　　而她的辛劳却无果报,
　　　　她在哪里?我在哪里?(45)

昙译:"慈母懷妊我,深愛常抱苦,
　　　　生已即命終,竟不蒙子養,
　　　　存亡各異路,今為何處求?

वासवृक्षे समागम्य विगच्छन्ति यथाण्डजाः ।
नियतं विप्रयोगान्तस्तथा भूतसमागमः ॥४६॥

今译:"正如鸟儿栖息在
　　　　树上,相聚又离去,
　　　　同样,世上的万物
　　　　注定会合又分离。(46)

昙译:"曠野茂高樹,眾鳥羣聚栖,
　　　　暮集晨必散,世間離亦然。

समेत्य च यथा भूयो व्यपयान्ति बलाहकाः ।
संयोगो विप्रयोगश्च तथा मे प्राणिनां मतः ॥४७॥

今译:"正如空中的乌云
　　　　互相聚合又分散,
　　　　同样,我认为众生
　　　　互相会合又分离。(47)

---

① "形神乖"意谓"形和神分离"。

昙译:"浮雲興高山,四集盈虛空,
　　　俄而復消散,人理亦復然。

यस्माद्याति च लोको ऽयं विप्रलभ्य परंपरम्।
ममत्त्वं न क्षमं तस्मात्स्वप्नभूते समागमे॥४८॥

今译:"这个世界的众生,
　　　互相欺蒙又离去,
　　　因此,相聚似梦,
　　　不应认可属于我。(48)

昙译:"世間本自乖,暫會恩愛纏,
　　　如夢見①聚散,不應計我親。

सहजेन वियुज्यन्ते पर्णरागेण पादपाः।
अन्येनान्यस्य विश्लेषः किं पुनर्न भविष्यति॥४९॥

今译:"既然那些树木也会与
　　　共生的树叶色彩分离,
　　　更何况互相彼此之间,
　　　怎么可能不出现分离?(49)

昙译:"譬如春生樹,漸長柯葉茂,
　　　秋霜遂零落,同體尚分離,
　　　況人暫合會,親戚常俱生②？

तदेवं सति संतापं मा कार्षीः सौम्य गम्यताम्।
लम्बते यदि तु स्नेहो गत्वापि पुनरावज॥५०॥

今译:"既然这样,贤士啊!

---

① 此处"见"字,据《中华大藏经》校勘记,《碛》、《普》、《南》、《径》、《清》、《丽》作"中"。
② 此处"常俱生",据《中华大藏经》校勘记,《碛》、《普》、《南》、《径》、《清》、《丽》作"岂常俱"。

不必烦恼，你就走吧！
如果感情留恋不舍，
即使走了，也会返回。（50）

昙译："汝且息忧苦，顺我教而归，
归意犹存我，且归后更还。

ब्रूयाश्चास्मत्कृतापेक्षं जनं कपिलवास्तुनि ।
त्यज्यतां तद्गतः स्नेहः श्रूयतां चास्य निश्चयः ॥५१॥

今译："你要对迦比罗城中
关心我的人们这样说：
'抛弃对他的亲情吧！
请听他做出的决定：（51）

昙译："迦毗罗卫人，闻我心决定，
顾遗念我者，汝当宣我言：

क्षिप्रमेष्यति वा कृत्वा जन्ममृत्युक्षयं किल ।
अकृतार्थो निरारम्भो निधनं यास्यतीति वा ॥५२॥

今译："'一旦他灭绝生死，
他很快就会返回；
如果不能达到目的，
那么，他就会毁灭。'"（52）

昙译："'越度生死海，然后当来还；
情愿若不果，身灭山林间。'"

इति तस्य वचः श्रुत्वा कन्थकस्तुरगोत्तमः ।
जिह्वया लिलिहे पादौ बाष्पमुष्णं मुमोच च ॥५३॥

今译：听了他的这番话，
犍陟这匹良种马，

伸舌舔他的双足，
眼中流淌出热泪。（53）

昙译：白馬聞太子，苦[1]斯真實言，
屈膝而舐足，長息淚流連。

जालिना स्वस्तिकाङ्केन चक्रमध्येन पाणिना ।
आममर्श कुमारस्तं बभाषे च वयस्यवत् ॥५४॥

今译：王子伸手抚摸这匹马，
他手上有网幔和卍字
标志，还有转轮相记，
仿佛对同龄兄弟说道：（54）

昙译：輪掌網鞅手，順摩白馬頂：

मुञ्च कन्थक मा बाष्पं दर्शितेयं सदश्वता ।
मृष्यतां सफलः शीघ्रं श्रमस्ते ऽयं भविष्यति ॥५५॥

今译："犍陟啊，不要流泪！
你已展示骏马品质；
耐心等待吧，你的
辛劳很快会有功果。"（55）

昙译："汝莫生憂悲，我今懺謝汝，
良馬之勤勞，其功今已畢，
惡道苦長息，妙果現於今。"

मणित्सरुं छन्दकहस्तसंस्थं ततः स धीरो निशितं गृहीत्वा
कोशादसिं काञ्चनभक्तिचित्रं बिलादिवाशीविषमुद्बबर्ह ॥५६॥

今译：然后，他坚定地取过阐铎迦
手中锋利的宝剑，拔剑出鞘，

---

[1] 此处"苦"字，据《中华大藏经》校勘记，《碛》、《普》、《南》、《径》、《清》、《丽》作"发"。

　　　　仿佛从洞穴中拽出一条蛇，
　　　　此剑镶有金子，珠宝剑柄。（56）
昙译：眾寶莊嚴劍，車匿常執隨，
　　　　太子拔利劍，如龍曜光明。

निष्कास्य तं चोत्पलपत्त्रनीलं चिच्छेद चित्रं मुकुटं सकेशम्।
विकीर्यमाणांशुकमन्तरीक्षे चिक्षेप चैनं सरसीव हंसम्॥५७॥

今译：他拔出这把色泽如同青莲花瓣、
　　　　闪耀蓝光的利剑，削去漂亮的
　　　　顶冠和头发，连同破碎的丝带，
　　　　抛入空中，犹如天鹅飞入湖中。（57）
昙译：寶冠籠玄髮，合剃置空中，
　　　　上昇凝虛境，飄若鷥鳥翔。

पूजाभिलाषेण च बाहुमान्याद्दिवौकसस्तं जगृहुः प्रविद्धम्।
यथावदेनं दिवि देवसङ्घा दिव्यैर्विशेषैर्महयां च चक्रुः॥५८॥

今译：天国居民满怀敬意，接住
　　　　这抛来的顶冠，渴望供奉；
　　　　众天神在天国依照仪轨，
　　　　用天上的供品进行祭拜。（58）
昙译：忉利①諸天下②，執髮還天宮，
　　　　常欲奉事足，況今得頂髮？
　　　　盡心加供養，至於正法盡。

मुक्त्वा त्वलंकारकलत्रवत्तां श्रीविप्रवासं शिरसश्च कृत्वा।
दृष्ट्वांशुकं काञ्चनहंससचिह्नं वन्यं स धीरो ऽभिचकाङ्क्ष वासः॥५९॥

---

　　① "忉利"（trāyastriṃśa，或译"三十三天"）是天国处所之一，位于须弥山顶。此处原文没有使用此词，而统称"天国居民"。
　　② 此处"天下"，据《中华大藏经》校勘记，《碛》、《普》、《南》、《径》、《清》作"天子"。

今译：去掉了身上所有装饰品，
也抛弃了头顶上的王冠，
而看到镶有金天鹅标志的
绸衣，他渴望林中的衣服。（59）

昙译：太子時自念，莊嚴具悉除，
唯有素繒衣，猶非出家儀。

ततो मृगव्याधवपुर्दिवौका भावं विदित्वास्य विशुद्धभावः ।
काषायवस्त्रोऽभिययौ समीपं तं शाक्यराजप्रभवोऽभ्युवाच ॥ ६० ॥

今译：然后，一位生性纯洁的天神，
知道他的心愿，化作捕鹿的
猎人，身穿袈裟衣，走向前来，
这位释迦王子见到他，说道：（60）

昙译：時淨居天子，知太子心念，
化為獵師像，持弓佩利箭，
身被袈裟衣，徑至太子前。

शिवं च काषायमृषिध्वजस्ते न युज्यते हिंस्रमिदं धनुश्च ।
तत्सौम्य यद्यस्ति न सक्तिरत्र मह्यं प्रयच्छेदमिदं गृहाण ॥ ६१ ॥

今译："你这件吉祥袈裟衣是仙人的
标识，与这张杀生的弓不相配，
因此，贤士啊，如果你不在意，
就把它送给我，你取走我的衣。"（61）

昙译：太子念此衣，染色清涼①服，
仙人上嚴飾②，獵者非所應，

---

① 此处"清凉"，据《中华大藏经》校勘记，《碛》、《普》、《南》、《径》、《清》、《丽》作"清净"。

② 此处"严饰"，据《中华大藏经》校勘记，《丽》作"标饰"。此词对应这颂原文中的 dhvaja 一词，词义为"标志"。

即呼獵師前，軟語而告之①：
"汝於此衣服，貪愛似不深，
欲以我所脫。"②

व्याधो ऽब्रवीत्कामद काममारादनेन विश्वास्य मृगान्निहन्मि ।
अर्थस्तु शक्रोपम यद्यनेन हन्त प्रतीच्छानय शुक्लमेतत्॥६२॥

今译：猎人说道："我依靠它获取信任，
　　　随意走近和捕杀鹿，赐恩者啊！
　　　如果你想要，就请你取走它吧！
　　　堪比因陀罗者啊，给我这白衣！"（62）

昙译：獵師白太子："非不惜此衣，
　　　用謀諸羣鹿，誘之令見趣，③
　　　苟是汝所須，今當與交易。"

परेण हर्षेण ततः स वन्यं जग्राह वासो ऽशुकमुत्ससर्ज ।
व्याधस्तु दिव्यं वपुरेव बिभ्रत्तच्छुक्लमादाय दिवं जगाम॥६३॥

今译：于是，王子无比喜悦，接受
　　　这林中衣，舍弃自己的绸衣，
　　　而此刻猎人呈现天神的形体，
　　　取走王子的白衣，升天而去。（63）

昙译：獵者既貿衣，還自復天身。

ततः कुमारश्च स चाश्वगोपस्तस्मिंस्तथा याति विसिस्मियाते ।
आरण्यके वाससि चैव भूयस्तस्मिन्नकार्षां बहुमानमाशु॥६४॥

---

① 此处"告之"，据《中华大藏经》校勘记，《碛》、《普》、《南》、《径》、《清》、《丽》作"告曰"。
② 此处文字有脱漏，据《中华大藏经》校勘记，《碛》、《普》、《南》、《径》、《清》、《丽》作"以我身上服，与汝相贸易"。
③ 这一行据《中华大藏经》校勘记，《碛》、《普》、《南》、《径》、《清》作"用媒于群鹿，诱引而杀之"。

今译：王子和车夫看到他
　　　这样离去，惊诧不已，
　　　顿时对这件林中衣
　　　产生更崇高的敬意。(64)

昙译：太子及車匿，見生奇特須①，
　　　此必無事衣，定非世人服，
　　　內心大歡喜，於衣倍增敬。

छन्दं ततः साश्रुमुखं विसृज्य काषायसंभृद्धृतिकीर्तिभृत्सः ।
येनाश्रमस्तेन ययौ महात्मा संध्याभ्रसंवीत इवोडुराजः ॥६५॥

今译：然后，送走泪流满面的阐陀迦，
　　　身穿袈裟衣，享有坚定的名声，
　　　这位精神高尚者走向净修林，
　　　犹如围绕着黄昏云彩的月亮。(65)

昙译：即與車匿別，被著袈裟衣，
　　　猶若青絳雲，圍繞日月輪，
　　　安詳進所之②，入於仙人窟。

ततस्तथा भर्तरि राज्यनिःस्पृहे
　　तपोवनं याति विवर्णवाससि ।
भुजौ समुत्क्षिप्य ततः स वाजिभृ-
　　द्दृशं विचुक्रोश पपात च क्षितौ ॥६६॥

今译：眼看主人这样舍弃王国，
　　　身著褪色衣，前往苦行林，
　　　车夫阐铎迦高举起双臂，
　　　发出痛苦呼号，跌倒在地。(66)

---

① 此处"须"字，据《中华大藏经》校勘记，《碛》、《普》、《南》、《径》、《清》、《丽》作"想"。

② 此处"进所之"，据《中华大藏经》校勘记，《丽》作"而谛步"。

昙译：車匿自隨矚，漸隱不復見，
　　　太子捨父王，眷屬及我身，
　　　愛著袈裟衣，入於苦行林，
　　　舉首[①]仰呼天，迷悶而躃地。

विलोक्य भूयश्च रुरोद सस्वरं हयं भुजाभ्यामुपगुह्य कन्थकम्।
ततो निराशो विलपन्मुहुर्मुहुर्ययौ शरीरेण पुरं न चेतसा॥६७॥

今译：他再次凝望，失声痛哭，
　　　双手抱住犍陟这匹骏马，
　　　然后，绝望地返回城去，
　　　一路哀叹，身走心不走。（67）

昙译：起抱白馬頸，望絕隨路歸，
　　　徘徊屢反顧，形往心反馳。

कचित्प्रदध्यौ विललाप च कचित्कचि-
त्प्रचस्खाल पपात च कचित्।
अतो व्रजन्भक्तिवशेन दुःखित-
श्चचार बह्वीरवशाः पथि क्रियाः॥६८॥

今译：有时候沉思，有时候哀悼，
　　　有时候磕绊，有时候跌倒，
　　　他受忠心控制，痛苦不堪，
　　　一路上种种行动不由自主。（68）

昙译：或沈思失魂，或俯仰垂身，
　　　或倒而復起，悲泣隨路還。

इति बुद्धचरिते महाकाव्ये छन्दकनिवर्तनो नाम षष्ठः सर्गः॥६॥

今译：以上是大诗《佛所行赞》中名为《阐铎迦返城》的第六章。

[①] 此处"举首"，据《中华大藏经》校勘记，《碛》、《普》、《径》作"举手"。

७ तपोवनप्रवेशः

今译：第七章　入苦行林

昙译：入苦行林品第七

ततो विसृज्याश्रुमुखं रुदन्तं छन्दं वनच्छन्दतया निरास्थः ।
सर्वार्थसिद्धो वपुषाभिभूय तमाश्रमं सिद्ध इव प्रपेदे ॥ १ ॥

今译：他无所执著，向往林中生活，
　　　已经送走泪流满面的阐铎迦，
　　　圆满达到目的，形体的光辉
　　　胜过净修林，仿佛悉陀①来到。（1）

昙译：太子遣車匿，將入仙人處，
　　　端嚴身光曜，普照苦行林，
　　　具足一切義②，隨義而之後③。

स राजसूनुर्मृगराजगामी मृगाजिरं तन्मृगवत्प्रविष्टः ।
लक्ष्मीवियुक्तोऽपि शरीरलक्ष्म्या चक्षूंषि सर्वाश्रमिणां जहार ॥ २ ॥

今译：王子具有兽王狮子的步姿，
　　　而他像鹿儿那样进入鹿区，
　　　即使已舍弃王权，形体光辉
　　　依然吸引所有林居者的视线。（2）

---

①　"悉陀"（siddha）指具有神通力的半神或非凡的仙人。
②　"具足一切义"对应这颂原文中的 sarvārthasiddha，意谓"达到一切目的"。这也是佛陀的称号，即"一切义成"。
③　此处"后"字，据《中华大藏经》校勘记，《碛》、《普》、《南》、《径》、《清》、《丽》作"彼"。"随义而之彼"按原文是 siddha iva prapede，意谓"仿佛悉陀来到"。

昙译：譬如師子王[①]，入千[②]羣獸中，
　　　　俗容悉已捨，唯見道真形，
　　　　彼諸學仙士，忽覩未曾見，
　　　　懍然心驚喜，合掌端目矚。

स्थिता हि हस्तस्थयुगास्तथैव कौतूहलाच्चक्रधराः सदाराः ।
तमिन्द्रकल्पं दद‍ृशुर्न जग्मुर्धुर्या इवार्धावनतैः शिरोभिः ॥ ३ ॥

今译：那些持轮者[③]手中握着轭，
　　　　与妻子们一起，满怀好奇，
　　　　看到他像因陀罗，便站住
　　　　不动，弯腰俯首如同耕牛。（3）

昙译：男女隨執事，即視不改儀，
　　　　如天觀帝釋，瞪視目不瞬。
　　　　諸仙不移足，瞪視亦復然，
　　　　任重手執作，瞻敬不釋事，[④]
　　　　如牛在轅軛，形來[⑤]而心依。

विप्राश्च गत्वा बहिरिध्महेतोः प्राप्ताः समित्पुष्पपवित्रहस्ताः ।
तपःप्रधानाः कृतबुद्धयो ऽपि तं द्रष्टुमीयुर्न मठानभीयुः ॥ ४ ॥

今译：那些婆罗门出外捡拾柴火，
　　　　手持各种柴薪和花草返回，
　　　　尽管苦行高超，思想成熟，
　　　　也不回茅屋，前来观看他。（4）

---

① 此处"譬如師子王"，据《中华大藏经》校勘记，《碛》、《普》、《南》、《径》、《清》作"如兽王师子"。
② 此处"千"字，据《中华大藏经》校勘记，《碛》、《普》、《南》、《径》、《清》、《丽》作"于"。
③ 此处"持轮者"（cakradhara）可能指驾车的车夫，故而"手中握着轭"。
④ 这里的两行描写"诸仙"，即婆罗门苦行者，如果移入第4颂，似乎更合适。
⑤ 此处"来"字，据《中华大藏经》校勘记，《碛》、《普》、《南》、《径》、《清》作"束"。

昙译：俱學神仙疇①，咸說未曾見。

हृष्टाश्च केका मुमुचुर्मयूरा दृष्ट्वाम्बुदं नीलमिवोन्नमन्तः ।
शष्पाणि हित्वाभिमुखाश्च तस्थुर्मृगाश्चलाक्षा मृगचारिणश्च ॥५॥

今译：那些孔雀犹如看到乌云，
　　　满怀喜悦，仰天发出鸣叫；
　　　那些鹿儿和鹿行者②伫立着，
　　　丢下青草，眼珠转动观望。（5）

昙译：孔雀等眾鳥，欣曜率翔鳴，
　　　持鹿戒梵志③，隨鹿遊山林，
　　　鹿④性鹿睒睗，見太子端視，
　　　隨鹿諸梵志，端視亦復然。

दृष्ट्वा तमिक्ष्वाकुकुलप्रदीपं ज्वलन्तमुद्यन्तमिवांशुमन्तम् ।
कृते ऽपि दोहे जनितप्रमोदाः प्रसुस्रुवुर्होमदुहश्च गावः ॥६॥

今译：看到这一位甘蔗族的明灯，
　　　光辉闪耀如同初升的太阳，
　　　那些供应祭品的母牛即使
　　　已经挤过奶，又流淌乳汁。（6）

昙译：憶初⑤燈重明，猶如初日光，
　　　能感羣乳中⑥，增出甜香乳。

---

① 此处"疇"字，据《中华大藏经》校勘记，《碛》、《普》、《南》、《径》、《清》、《丽》作"者"。
② "鹿行者"（mṛgacārin）指模仿鹿那样生活的苦行者。
③ "梵志"指婆罗门（brāhmaṇa）或梵行者（brahmacārin）。此处原文中没有使用此词。
④ 此处"鹿"字，据《中华大藏经》校勘记，《碛》、《普》、《南》、《径》、《清》作"麤"。
⑤ 此处"忆初"，据《中华大藏经》校勘记，《碛》、《普》、《南》、《径》、《清》、《丽》作"甘蔗"。
⑥ 此处"中"字，据《中华大藏经》校勘记，《碛》、《普》、《南》、《径》、《清》、《丽》作"牛"。

第七章 入苦行林 173

कश्चिद्वसूनामयमष्टमः स्यात्स्यादश्विनोरन्यतरश्च्युतो वा ।
उच्चेरुरुच्चैरिति तत्र वाचस्तद्दर्शनाद्विस्मयजा मुनीनाम् ॥७॥

今译：那些牟尼看到他，惊诧
　　　不已，高声地说出话语：
　　　"这是第八位婆薮①，或者，
　　　是双马童②中的一位下凡？"（7）

昙译：彼諸梵志等，驚喜得③相告：
　　　"為八婆藪天，為二阿濕波。

लेखर्षभस्येव वपुर्द्वितीयं धामेव लोकस्य चराचरस्य ।
स द्योतयामास वनं हि कृत्स्नं यदृच्छया सूर्य इवावतीर्णः ॥८॥

今译："犹如因陀罗的第二个形体，
　　　动物和不动物世界的光辉，
　　　他照亮这里整个净修林，
　　　仿佛天上太阳忽然下降。"（8）

昙译："為第六魔王，為梵迦夷天④，
　　　為日月天子，而來下此耶？"

ततः स तैराश्रमिभिर्यथावदभ्यर्चितश्चोपनिमन्त्रितश्च ।
प्रत्यर्चयां धर्मभृतो बभूव स्वरेण साम्भोऽम्बुधरोपमेन ॥९॥

今译：然后，净修林居民依礼
　　　向他表达敬意，接待他；
　　　他也向这些持法者致敬，

---

① "婆薮"（vasu）是一组天神的名称，共有八位。其中的第八位名叫 prabhāsa，词义为"光辉"。
② "双马童"（aśvin，昙译"二阿湿波"）是一对天国神医。
③ 此处"得"字，据《中华大藏经》校勘记，《碛》、《普》、《南》、《径》、《清》、《丽》作"传"。
④ "梵迦夷天"是 brahmakāyika（梵众天）一词的音译。这一行中的"第六魔王"和"梵迦夷"均不见于原文。

话音如同饱含雨水的云。（9）

昙译：要是所應敬，奔競來供養，
　　　太子亦謙下，敬辭以問訊。

कीर्णं तथा पुण्यकृता जनेन स्वर्गाभिकामेन विमोक्षकामः।
तमाश्रमं सोऽनुचचार धीरस्तपांसि चित्राणि निरीक्षमाणः॥१०॥

今译：这里到处是行善积德者，
　　　渴望升天，渴望解脱，
　　　这位坚定者漫步净修林，
　　　观察各种各样的苦行。（10）

昙译：菩薩遍親①察，林中諸梵志，
　　　種種修福業，悉求生天樂。

तपोविकारांश्च निरीक्ष्य सौम्यस्तपोवने तत्र तपोधनानाम्।
तपस्विनं कंचिदनुव्रजन्तं तत्त्वं विजिज्ञासुरिदं बभाषे॥११॥

今译：他在这个苦行林中看到
　　　苦行者们修炼各种苦行，
　　　这位贤士渴望了解真谛，
　　　询问身后的一位苦行者：（11）

昙译：問長宿②梵志，所行真實道：

तत्पूर्वमद्याश्रमदर्शनं मे यस्मादिमं धर्मविधिं न जाने।
तस्माद्भवानर्हति भाषितुं मे यो निश्चयो यत्प्रति वः प्रवृत्तः॥१२॥

今译："我今天首次见到净修林，
　　　不知道这种正法的规则，
　　　因此，希望你能告诉我，

---

① 此处"亲"字，据《中华大藏经》校勘记，《碛》、《普》、《南》、《径》、《清》、《丽》作"观"。
② "长宿"意谓"年长的"。

你们的决心和怎样修行。"（12）

昙译："今我初至此，未知行何法？
　　　随事貧所疑①，願為我解説。"

ततो द्विजातिः स तपोविहारः शाक्यर्षभायर्षभविक्रमाय ।
क्रमेण तस्मै कथयांचकार तपोविशेषांस्तपसः फलं च ॥१३॥

今译：于是，这位热爱苦行的
　　　婆罗门，向释迦族健壮
　　　勇敢的雄牛，依次讲述
　　　各种苦行的特点和功果：（13）

昙译：爾時彼二生，具以諸苦行，
　　　及與苦行果，次第隨事答：

अग्राम्यमन्नं सलिले प्ररूढं पर्णानि तोयं फलमूलमेव ।
यथागमं वृत्तिरियं मुनीनां भिन्नास्तु ते ते तपसां विकल्पाः ॥१४॥

今译："食物不出自村落②，而取自水中的
　　　植物，还有树叶、水、果子和根茎，
　　　这些牟尼遵循经典过着这种生活，
　　　而他们选择的苦行方式多种多样。（14）

昙译："非聚落所出，清淨水生物，
　　　或食根莖葉，或復食花果，
　　　種種各異道，服食亦不同。

उञ्छेन जीवन्ति खगा इवान्ये तृणानि केचिन्मृगवच्चरन्ति ।
केचिद्भुजङ्गैः सह वर्तयन्ति वल्मीकभूता वनमारुतेन ॥१५॥

今译："有些人像鸟儿捡拾谷穗，

---

① 此处"貧所疑"，据《中华大藏经》校勘记，《碛》、《普》、《南》、《径》、《清》、《丽》作"而请问"。
② 这句意谓"不吃村庄中耕种的食物"。

　　　　有些人像鹿儿觅食青草，
　　　　有些人与蟒蛇一起生活，
　　　　在林风吹拂下成为蚁垤。（15）

　昙译："或習於鳥生，兩足鉗取食，
　　　　有隨鹿食草，吸風蟒蛇仙。

अश्मप्रयत्नार्जितवृत्तयो ऽन्ये केचित्स्वदन्तापहतान्नभक्षाः।
कृत्वा परार्थं श्रपणं तथान्ये कुर्वन्ति कार्यं यदि शेषमस्ति॥१६॥

　今译："有些人努力用石头碾取食物，
　　　　有些人用自己牙齿嗑开食物，
　　　　另有一些人为别人烧煮食物，
　　　　而自己只吃别人吃剩的食物。（16）

　昙译："木石舂①不食，兩齒嚙為痕，
　　　　或乞食施人，取殘而自食。

केचिज्जलक्लिन्नजटाकलापा
　　द्विः पावकं जुह्वति मन्त्रपूर्वम्।
मीनैः समं केचिदपो विगाह्य
　　वसन्ति कूर्मोल्लिखितैः शरीरैः॥१७॥

　今译："有些人用水浇湿头顶发髻，
　　　　念诵颂诗，一日两次祭供火；
　　　　有些人如同鱼儿，长期浸泡
　　　　水中，身体被乌龟划出伤痕。（17）

　昙译："或常水木②頭，或復奉事火，
　　　　水居習魚仙，如是等種種。

---

　① 此处"舂"字，据《中华大藏经》校勘记，《碛》、《普》、《南》、《径》、《清》、《丽》作"舂"。
　② 此处"木"字，据《中华大藏经》校勘记，《碛》、《普》、《南》、《径》、《清》、《丽》作"沐"。

एवंविधैः कालंचितैस्तपोभिः परैर्दिवं यान्त्यपरैर्नृलोकम्।
दुःखेन मार्गेण सुखं ह्युपैति सुखं हि धर्मस्य वदन्ति मूलम्॥ १८॥

今译："这样积以时日，凭严酷苦行
　　　升天，凭普通苦行进入人间，
　　　他们说痛苦的道路通向幸福，
　　　因为正法的根本目的是幸福。"（18）

昙译："梵志修苦行，壽終得生天，
　　　以因苦行故，當得安樂果。"

इत्येवमादि द्विपदेन्द्रवत्सः श्रुत्वा वचस्तस्य तपोधनस्य।
अदृष्टतत्त्वो ऽपि न संतुतोष शनैरिदं चात्मगतं बभाषे॥ १९॥

今译：王子听了这位苦行者说的
　　　这番话，并没有发现真谛，
　　　心中感到不满意，悄悄地
　　　自言自语，说了这些话：（19）

昙译：兩足尊[①]賢士，聞此諸苦行，
　　　不見真實義，內心不欣悅，
　　　思惟哀念彼，心口自相告：

दुःखात्मकं नैकविधं तपश्च
　　स्वर्गप्रधानं तपसः फलं च।
लोकाश्च सर्वे परिणामवन्तः
　　स्वल्पे श्रमः खल्वयमाश्रमाणाम्॥ २०॥

今译："各种苦行都具有痛苦性，
　　　苦行的主要成果是升天，
　　　然而一切世界变化无常，
　　　净修林的辛劳收效甚微。（20）

[①] "兩足尊"（dvipadendra）意谓"人中至尊"，也是佛的称号。而在这颂原文中指"国王"，与 vatsa（"孩子"或"儿子"）组成复合词，词义为"王子"。

昙译:"哀哉大苦行,唯求人天报,
　　　　輪迴向生死,苦多而果少。

प्रियांश्च बन्धूनिषयांश्च हित्वा ये स्वर्गहेतोर्नियमं चरन्ति।
ते विप्रयुक्ताः खलु गन्तुकामा महत्तरं बन्धनमेव भूयः॥२१॥

今译:"抛弃了亲友和感官对象,
　　　　克制自己,努力追求天国,
　　　　确实,他们是在出离后,
　　　　又想要接受更大的束缚。(21)

昙译:"違親捨勝境[1],決定求天樂,
　　　　雖免於小苦,終為大苦縛。

कायक्लमैर्यैश्च तपोऽभिधानैः प्रवृत्तिमाकाङ्क्षति कामहेतोः।
संसारदोषानपरीक्षमाणो दुःखेन सोऽन्विच्छति दुःखमेव॥२२॥

今译:"出于欲望,通过苦行这种
　　　　折磨身体的方式,企盼转生,
　　　　这样的人毫不察觉轮回的
　　　　弊端,依靠痛苦追求痛苦。(22)

昙译:"自枯槁其形,修行諸苦行,
　　　　而求於受生,增長五欲因,
　　　　不觀生死故,以苦而求苦。

त्रासश्च नित्यं मरणात्प्रजानां यत्नेन चेच्छन्ति पुनःप्रसूतिम्।
सत्यां प्रवृत्तौ नियतश्च मृत्युस्तत्रैव मग्ना यत एव भीताः॥२३॥

今译:"众生永远惧怕死亡,
　　　　他们努力追求再生,
　　　　而再生后又注定死亡,
　　　　陷入其中,始终恐惧。(23)

---

[1] "胜境"对应这颂原文中的 viṣayān,指"感官对象"。

昙译:"一切眾生類，心常畏於死，
　　　　精勤求受生，生已會當死，
　　　　雖復畏於苦，而長沒苦海。

इहार्थमेके प्रविशन्ति खेदं स्वर्गार्थमन्ये श्रममाप्नुवन्ति ।
सुखार्थमाशाकृपणोऽकृतार्थः पतत्यनर्थे खद्द जीवलोकः ॥२४॥

今译:"一些人追求现世而受苦，
　　　　一些人追求天国而受累，
　　　　这个生命世界渴求幸福，
　　　　结果希望落空，陷入不幸。（24）

昙译:"此生極疲勞，將生復不息，
　　　　任苦求現樂，求生天亦勞，
　　　　求樂心下劣，俱墮於非義①。

न खल्वयं गर्हित एव यत्नो यो हीनमृत्सृज्य विशेषगामी ।
प्राज्ञैः समानेन परिश्रमेण कार्यं तु तद्यत्र पुनर्न कार्यम् ॥२५॥

今译:"摒弃低劣而追求优胜，
　　　　不应该谴责这种努力，
　　　　而智者应该以同样的
　　　　辛劳，达到永不辛劳。（25）

昙译:"方於極鄙劣，精勤則為勝，
　　　　未若修智慧，兩捨②永無為。

शरीरपीडा तु यदीह धर्मः सुखं शरीरस्य भवत्यधर्मः ।
धर्मेण चाप्नोति सुखं परत्र तस्मादधर्मं फलतीह धर्मः ॥२६॥

今译:"如果在现世折磨身体是正法，
　　　　那么，身体的快乐成为非法；

---

① "非义"对应这颂原文中的 anartha，词义为"无利益"或"不幸"。
② 此处"两舍"一词可能是指既舍弃低劣的愿望，也舍弃辛劳。这颂原文中没有此词。

如果依靠正法，来世获得快乐，
那么，现世的正法造成非法。（26）

昙译："苦身是法者，安樂為非法，
行法而後樂，因法果非法①。

यतः शरीरं मनसो वशेन प्रवर्तते चापि निवर्तते च।
युक्तो दमश्चेतस एव तस्माच्चित्तादृते काष्ठसमं शरीरम्॥२७॥

今译："身体行动或停止，
全都在心控制下，
因此，努力调伏心，
身体无心似枯木。②（27）

昙译："身所行越③滅，皆由心意力，
若離心意者，此身如枯木，
是故當調心，心調形自正。

आहारशुद्ध्या यदि पुण्यमिष्टं
तस्मान्मृगानामपि पुण्यमस्ति।
ये चापि बाह्याः पुरुषाः फलेभ्यो
भाग्यापराधेन पराङ्मुखार्थाः॥२८॥

今译："如果食物纯洁能积功德，
那么，那些鹿儿也有功德，
甚至缺乏善果者也能这样，
他们命运乖离，无缘财富。（28）

昙译："食淨為福者，禽獸貧窮子，
常食於果葉，斯等應有福。

---

① 这句中的"果"字对应原文中的动词 phalati，意谓"产生结果"。故而，这句的意思是因正法而产生非法的结果。
② 这颂的意思是强调要调伏心，因为身体如果无心，便如同枯木。
③ 此处"越"字，据《中华大藏经》校勘记，《碛》、《普》、《南》、《径》、《清》、《丽》作"起"。

第七章 入苦行林

दुःखे ऽभिसंधिस्त्वथ पुण्यहेतुः सुखे ऽपि कार्यो ननु सो ऽभिसंधिः ।
अथ प्रमाणं न सुखे ऽभिसंधिर्दुःखे प्रमाणं ननु नाभिसंधिः ॥२९॥

今译:"如果设想功德源自痛苦,
　　　为何不能设想源自快乐?
　　　如果源自快乐不能成立,
　　　为何源自痛苦能够成立?（29）

昙译:"若言善心起，苦行为福因，
　　　彼诸安乐行，何不善心起？
　　　乐非善心起，善亦非苦因。

तथैव ये कर्मविशुद्धिहेतोः
　　स्पृशन्त्यपस्तीर्थमिति प्रवृत्ताः ।
तत्रापि तोषो हृदि केवलो ऽयं
　　न पावयिष्यन्ति हि पापमापः ॥३०॥

今译:"同样，一些人沾水净化
　　　业行，心想这里是圣地，
　　　这只是内心的自我满足，
　　　因为水并不能净化罪恶。（30）

昙译:"若彼诸外道，以水为净者，
　　　乐水居众生，恶业能常净。

स्पृष्टं हि यद्यदुणवद्धिरम्भस्तत्तत्पृथिव्यां यदि तीर्थमिष्टम् ।
तस्मादुणानेव परैमि तीर्थमापस्तु निःसंशयमाप एव ॥३१॥

今译:"如果圣者接触过的那些
　　　河流堪称大地上的圣地，
　　　那么，我认为圣地是圣者
　　　品德，水毫无疑问只是水。"（31）

　昙译:"彼本功德仙，所可住止处，

功德仙住故，普世之所重，
應尊彼功德，不應重其處。"

इति स्म तत्तद्बहुयुक्तियुक्तं जगाद चास्तं च ययौ विवस्वान्।
ततो हविर्धूमविवर्णवृक्षं तपःप्रशान्तं स वनं विवेश॥३२॥

今译：他说了许多相关论题，
　　　这时，太阳落下西山，
　　　他进入寂静的苦行林，
　　　祭烟缭绕，树色变暗。（32）

昙译：如是廣說法，遂至日云暮。

अभ्युद्धृतप्रज्वलिताग्निहोत्रं कृताभिषेकर्षिजनावकीर्णम्।
जाप्यस्वनाकूजितदेवकोष्ठं धर्मस्य कर्मान्तमिव प्रवृत्तम्॥३३॥

今译：这里仿佛是正法作坊，
　　　举行祭祀，点燃祭火，
　　　到处有仙人浇灌酥油，
　　　神龛前面回响祈祷声。（33）

昙译：見有事火者，或鑽或吹然①，
　　　或有酥油灑，或舉聲呪願。

काश्चिन्निशास्तत्र निशाकराभः परीक्षमाणश्च तपांस्युवास।
सर्व परिक्षेप्य तपश्च मत्वा तस्मात्तपःक्षेत्रतलाजगाम॥३४॥

今译：如同月亮，他在那里度过
　　　一些夜晚，考察种种苦行，
　　　经过全面的观察和思考，
　　　他决定离开这个苦行地。②（34）

昙译：如是竟日夜，觀察彼所行，
　　　不見真實義，則便欲捨去。

---

① "或钻或吹然"意谓或者钻木取火，或者吹旺火焰。
② 这颂原文中的 sarva 一词应为 sarvam。

अन्वव्रजन्नाश्रमिणस्ततस्तं तद्रूपमाहात्म्यगतैर्मनोभिः ।
देशादनार्यैरभिभूयमानान्महर्षयो धर्ममिवापयान्तम् ॥ ३५ ॥

今译：受他的容貌和威严吸引，
　　　净修林居民们跟随着他，
　　　仿佛正法离开由非圣者
　　　盘踞的地方，众大仙跟随。（35）

昙译：時彼諸梵志，悉來請坐①住，
　　　眷仰菩薩德，無不勤勸請：
　　　"如②從非法處，來至正法林，
　　　而復欲棄捨，是故勸請留。"③

ततो जटावल्कलचीरखेलांस्तपोधनांश्चैव स तान्ददर्श ।
तपांसि चैषामनुरुध्यमानस्तस्थौ शिवे श्रीमति वृक्षमूले ॥ ३६ ॥

今译：而他看到这些苦行者的
　　　发髻和树皮衣颠簸摆动，
　　　顾虑到他们劳累，便停留
　　　在一棵美丽吉祥的树下。（36）

昙译：諸長宿梵志，蓬髮服草衣，
　　　追隨菩薩後，願請小留神；
　　　菩薩見諸老，隨逐身疲勞，
　　　止住一樹下，安慰遣令還。

अथोपसृत्याश्रमवासिनस्तं मनुष्यवर्यं परिवार्य तस्थुः ।
वृद्धश्च तेषां बहुमानपूर्वं कलेन साम्ना गिरमित्युवाच ॥ ३७ ॥

---

① 此处"坐"字，据《中华大藏经》校勘记，《碛》、《普》、《南》、《径》、《清》、《丽》作"留"。

② 此处"如"字，据《中华大藏经》校勘记，《碛》、《普》、《南》、《径》、《清》、《丽》作"汝"。

③ 这里两行按原文，不是净修林居民们的话语，而且表达的意思也与原文有差异。挽留的话语出现在下面第 38 颂。

今译：然后，净修林居民走上前来，
　　　　站在这位人中俊杰的周围，
　　　　其中一位年长者满怀尊敬，
　　　　以温和柔顺的语调对他说[1]：（37）

昙译：梵志諸長幼，圍繞合掌請：

त्वय्यागते पूर्ण इवाश्रमो ऽभूत्संपद्यते शून्य एव प्रयाते ।
तस्मादिमं नार्हसि तात हातुं जिजीविषोर्देहमिवेष्टमायुः ॥३८॥

今译："你来到后，净修林仿佛变得充实，
　　　　现在你离去，净修林仿佛变得空虚，
　　　　因此，你不应该离开，犹如可爱的
　　　　寿命不应该离开渴望活命的身体。（38）

昙译："汝忽來至此，園林妙充滿，
　　　　而今棄捨去，遂成丘曠野，
　　　　如人愛壽命，不欲捨其身，
　　　　我等亦如是，唯願小留住。

ब्रह्मर्षिराजर्षिसुरर्षिजुष्टः पुण्यः समीपे हिमवान्हि शैलः ।
तपांसि तान्येव तपोधनानां यत्संनिकर्षाद्बहुलीभवन्ति॥३९॥

今译："雪山就在附近，梵仙、
　　　　王仙和神仙[2]经常出没，
　　　　因此，这里的苦行者们，
　　　　修炼多种多样的苦行。（39）

昙译：此處諸梵志[3]，王仙及天仙，

---

[1] 这颂原文中的 manuṣyavarya 一词应为 manuṣyavaryam。

[2] "仙人"（ṛṣi）分成三种：梵仙（brahmarṣi）指婆罗门仙人；王仙（rājarṣi）指虔诚如同仙人的国王；神仙（surarṣi 或 devarṣi）指天国的仙人。

[3] 此处"梵志"，据《中华大藏经》校勘记，《碛》、《普》、《南》、《径》、《清》作"梵仙"。

皆依於此處，人^①隣雪山側。

तीर्थानि पुण्यान्यभितस्तथैव सोपानभूतानि नभस्तलस्य।
जुष्टानि धर्मात्मभिरात्मवद्भिर्देवर्षिभिश्चैव महर्षिभिश्च॥४०॥

今译："同样，附近这些圣地，
　　　　都已成为通天的台阶，
　　　　神仙和大仙经常出没，
　　　　控制自我，恪守正法。（40）

昙译："增長人苦行，其處莫過此，
　　　　眾多諸學士，由此路生天。

इतश्च भूयः क्षममुत्तरैव दिक्सेवितुं धर्मविशेषहेतोः।
न तु क्षमं दक्षिणतो बुधेन पदं भवेदेकमपि प्रयातुम्॥४१॥

今译："为了追求殊胜法，
　　　　应该由此往北行，
　　　　智者不会往南行，
　　　　哪怕只是走一步。（41）

昙译："求福學仙者，皆從此已北，
　　　　攝受於正法，慧者不遊南。

तपोवने ऽस्मिन्नथ निष्क्रियो वा संकीर्णधर्मापतितो ऽशुचिर्वा।
दृष्टस्त्वया येन न ते विवत्सा तद्ब्रूहि यावद्रुचितोऽस्तु वासः॥४२॥

今译："如果你看到这个苦行林中，
　　　　正法杂乱，不纯洁，无作为，
　　　　故而你不愿意住下，请指出！
　　　　但愿你能高兴愉快地住下。（42）

---

① 此处"人"字，据《中华大藏经》校勘记，《碛》、《普》、《南》、《径》、《清》、《丽》作"又"。

昙译:"若汝見我等,懈怠不精進,
　　　行諸不淨法,而不樂住者,
　　　我等悉應去,汝可留止此。

इमे हि वाञ्छन्ति तपःसहायं तपोनिधानप्रतिमं भवन्तम्।
वासस्त्वया ही्न्द्रसमेन सार्धं बृहस्पतेरभ्युदयावहः स्यात्॥४३॥

今译:"因为你如同苦行的宝藏,
　　　大家盼望你能陪伴修苦行;
　　　你堪比因陀罗,与你同住,
　　　会给毗诃波提①带来繁荣。"(43)

昙译:"此諸梵志等,當②求苦行伴,
　　　汝為苦行長,云何相棄捨?
　　　若能止住此,奉事如帝釋,
　　　亦如天奉事,毗梨訶鉢低。"

इत्येवमुक्ते स तपस्विमध्ये तपस्विमुख्येन मनीषिमुख्यः।
भवप्रणाशाय कृतप्रतिज्ञः स्वं भावामन्तर्गतमाचचक्षे॥४४॥

今译:苦行者魁首在众苦行者中
　　　说完这些话后,智者魁首
　　　已经立下灭绝生死的誓愿,
　　　向他们表白自己内心真情:(44)

昙译:菩薩向梵志,說己心所期:

ऋज्वात्मनां धर्मभृतां मुनीनामिष्टातिथित्वात्स्वजनोपमानाम्।
एवंविधैर्मा प्रति भावजातैः प्रीतिः परा मे जनितश्च मानः॥४५॥

今译:"牟尼们思想正直,奉守正法,

---

① "毗诃波提"(bṛhaspati,昙译"毗梨诃钵低")是天国祭司。
② 此处"当"字,据《中华大藏经》校勘记,《碛》、《普》、《南》、《径》、《清》、《丽》作"常"。

热情待客，如同自己的亲友；
他们这样真心诚意地对待我，
我备受尊敬，感到无比喜悦。（45）

昙译："我修正方便，唯欲滅諸有，
汝等心質直，行法亦寂默，
親念於來賓，我心實愛樂。

स्निग्धाभिराभिर्हृदयंगमाभिः समासतः स्नात इवास्मि वाग्भिः ।
रतिश्च मे धर्मनवग्रहस्य विस्पन्दिता संप्रति भूय एव ॥४६॥

今译："总之，充满情意的话语
打动人心，我仿佛受沐浴；
我是一个奉行正法的新人，
此刻又再次涌起这种喜悦。（46）

昙译："美說感人懷，聞者皆沐浴，
聞汝等所說，增我樂法情。

एवं प्रवृत्तान्भवतः शरण्यानतीव संदर्शितपक्षपातान् ।
यास्यामि हित्वेति ममापि दुःखं यथैव बन्धूंस्त्यजतस्तथैव ॥४७॥

今译："你们这些庇护者这样友善，
对我表示极其真挚的信任，
想到我现在要离你们而去，
我也痛苦，如同抛弃亲人。（47）

昙译："汝等悉歸我，以為法良朋，
而今棄捨汝，其心甚恨①然，
先違本親屬，今與汝等乖，
合會別離苦，其苦等無異。

---

① 此处"恨"字，据《中华大藏经》校勘记，《碛》、《普》、《南》、《径》、《清》、《丽》作"怅"。

स्वर्गाय युष्माकमयं तु धर्मो ममाभिलाषस्त्वपुनर्भवाय ।
अस्मिन्वने येन न मे विवत्सा भिन्नः प्रवृत्त्या हि निवृत्तिधर्मः ॥४८॥

今译:"你们的正法是追求天国,
而我的追求是摆脱再生,
所以我不愿住在净修林,
因为寂灭之法断除作为。(48)

昙译:"非我心不樂,亦不見他過,
但汝等苦行,悉求生天樂,
我求滅三有[①],形背而心乖。

तन्नारतिर्मे न परापचारो वनादितो येन परिव्रजामि ।
धर्मे स्थिताः पूर्वयुगानुरूपे सर्वे भवन्तो हि महर्षिकल्पाः ॥४९॥

今译:"我并非不满意,或受到
别人错待,而离开净修林,
因为你们全都像大仙人,
恪守自古以来奉行的正法。"(49)

昙译:"汝等所行法,自習先師業,
我為滅諸集,以求無集法,[②]
是故於此林,永無久停理。"

ततो वचः सूनृतमर्थवच्च सुश्लक्ष्णमोजस्वि च गर्वितं च ।
श्रुत्वा कुमारस्य तपस्विनस्ते विशेषयुक्तं बहुमानमीयुः ॥५०॥

今译:王子的话句句在理,
温和亲切,坚定庄重,

---

① "三有"(tribhava)指在欲界、色界和无色界中轮回转生。这颂原文中没有使用"灭三有"这个词语,而是使用"摆脱再生"(apunarbhava)和"寂灭之法"(nivṛttidharma)这样的词语。

② 这一行不见于这颂原文。"集"(samudaya)指痛苦产生的原因。

　　　　苦行者们听了之后，
　　　　心中对他更添尊敬。（50）

　昙译：爾時諸梵志，聞菩薩所說，
　　　　真實有義言，辭辯理高勝，
　　　　其心大歡喜，倍深加宗敬[①]。

कश्चिद्द्विजस्तत्र तु भस्मशायी प्रांशुः शिखी दारवचीरवासाः ।
आपिङ्गलाक्षस्तनुदीर्घघोणः कुण्डैकहस्तो गिरमित्युवाच ॥५१॥

　今译：这时，有一个常年躺卧灰中的
　　　　婆罗门，身躯魁梧，束有发髻，
　　　　身穿树皮衣，眼睛呈现黄褐色，
　　　　鼻子细长，一手持罐，对他说：（51）

　昙译：時有一梵志，常臥塵土中，
　　　　瓔[②]髮衣樹皮，黃眼脩高鼻，
　　　　而白菩薩言：

धीमन्नुदारः खद्द् निश्चयस्ते
　　यस्त्वं युवा जन्मनि दृष्टदोषः ।
स्वर्गापवर्गौ हि विचार्य सम्य-
　　ग्यस्यापवर्गे मतिरस्ति सोऽस्ति ॥५२॥

　今译："智者啊，你的志向高远，
　　　　年纪轻轻，看到出生弊端，
　　　　正确地观察天国和解脱，
　　　　而后做出决定，追求解脱。（52）

---

　　① 此处"倍深加宗敬"，据《中华大藏经》校勘记，《碛》、《普》、《南》、《径》、《清》作"深加崇敬情"。
　　② 此处"瓔"字，据《中华大藏经》校勘记，《碛》、《普》、《南》、《径》、《清》、《丽》作"縈"。

昙译:"志固智慧明,次①定了生過②,
善知離生安,不着生天福,
志求永灭身,是則未曾有,
唯有此一人。③

यज्ञैस्तपोभिर्नियमैश्च तैस्तैः स्वर्गं यियासन्ति हि रागवन्तः।
रागेण सार्धं रिपुणेव युद्ध्वा मोक्षं परीप्सन्ति तु सत्त्ववन्तः॥५३॥

今译:"怀有贪欲者依靠种种祭祀、
苦行和戒规约束,向往天国,
而本性纯洁者犹如面对敌人,
与贪欲进行战斗,追求解脱。(53)

昙译:"祠祀祈天神,及種種苦行,
悉求生天樂,未離貪欲境;
能與貪欲事④,悉⑤求真解脫,
此則為丈夫,決定正覺士。

तद्बुद्धिरेषा यदि निश्चिता ते तूर्णं भवान्गच्छतु विन्ध्यकोष्ठम्।
असौ मुनिस्तत्र वसत्यराडो यो नैष्ठिके श्रेयसि लब्धचक्षुः॥५४॥

今译:"因此,如果这是你的决定,
你就赶快前往文底耶山腹,
大牟尼阿罗蓝就住在那里,
他已经洞悉至高幸福所在。(54)

---

① 此处"次"字,据《中华大藏经》校勘记,《碛》、《普》、《南》、《径》、《清》、《丽》作"决"。
② "了生过"意谓了断出生的弊端。
③ 此处后五句,据《中华大藏经》校勘记,《丽》无。
④ 此处"事"字,据《中华大藏经》校勘记,《碛》、《普》、《南》、《径》、《清》、《丽》作"争"。
⑤ 此处"悉"字,据《中华大藏经》校勘记,《碛》、《普》、《南》、《径》、《清》、《丽》作"志"。

昙译："斯處不足留，當至頻陀①山，
　　　　彼有大牟尼，名曰阿羅藍，
　　　　唯彼得究竟②，第一增勝臥③。"

तस्माद्व्रवाञ्छ्रोष्यति तत्त्वमार्गं सत्यां रुचौ संप्रतिपत्स्यते च ।
यथा तु पश्यामि मतिस्तथैषा तस्यापि यास्यत्यवधूय बुद्धिम् ॥५५॥

今译："你能听取他的真实之道，
　　　　如果合意，你就可以实行，
　　　　但我觉得，依据你的决心，
　　　　也会抛弃他的想法而离去。（55）

昙译："汝當往詣彼，得聞真實道，
　　　　能使心悅者，必當行其法；
　　　　我觀汝志樂，恐亦非所安，
　　　　當復捨彼遊，更求餘多聞。"

स्पष्टोच्चघोणं विपुलायताक्षं ताम्राधरौष्ठं सिततीक्ष्णदंष्ट्रम् ।
इदं हि वक्त्रं तनुरक्तजिह्वं ज्ञेयार्णवं पास्यति कृत्स्नमेव ॥५६॥

今译："鼻梁端正高耸，眼睛宽长，
　　　　牙齿洁白锐利，下嘴唇赤红，
　　　　舌头又薄又红，你的这张嘴，
　　　　肯定会喝下整个知识海洋。（56）

昙译："隆鼻廣長目，丹脣素利齒，
　　　　薄膚面光澤，朱舌長軟薄，
　　　　如是眾妙相，悉飲爾炎④水。"

---

① "频陀"是 vindhya（文底耶）的又一种音译。
② "究竟"对应这颂原文中的 naiṣṭhike śreyasi，意谓至高的或终极的幸福。
③ 此处"臥"字，据《中华大藏经》校勘记，《碛》、《普》、《南》、《径》、《清》、《丽》作"眼"。
④ "尔炎"是 jñeya（所知）一词的音译。

गम्भीरता या भवतस्त्वगाधा
　　या दीप्तता यानि च लक्षणानि ।
आचार्यकं प्राप्स्यसि तत्पृथिव्यां
　　यन्नर्षिभिः पूर्वयुगेऽप्यवाप्तम् ॥५७॥

今译："你深不可测，光彩熠熠，
　　　具有种种妙相，你将取得
　　　大地上的导师地位，甚至
　　　原初时代的仙人也比不上。"（57）

昙译："當度不測深，世間無有比，
　　　耆舊諸仙人，不得者當得。"

परममिति ततो नृपात्मज-
　　स्तमृषिजनं प्रतिनन्द्य निर्ययौ ।
विधिवदनुविधाय ते ऽपि तं
　　प्रविविशुराश्रमिणस्तपोवनम् ॥५८॥

今译：然后，王子说道："好吧！"
　　　向众仙人致敬，告别离去，
　　　净修林居民也依礼向他
　　　致敬，返回自己的苦行林。（58）

昙译：菩薩領其言，與諸仙人別，
　　　彼諸仙人眾，右繞①各辭還。

इति बुद्धचरिते महाकाव्ये तपोवनप्रवेशो नाम सप्तमः सर्गः ॥७॥

今译：以上是大诗《佛所行赞》中名为《入苦行林》的第七章。

---

① "右绕"指向王子右绕致敬。

8 अन्तःपुरविलापः

今译：第八章　后宫悲伤

昙译：合宫憂悲品第八

**ततस्तुरङ्गावचरः स दुर्मनास्तथा वनं भर्तरि निर्ममे गते ।
चकार यत्नं पथि शोकनिग्रहे तथापि चैवाश्रु न तस्य चिक्षिये ॥१॥**

今译：主人不执著自我，前往
　　　净修林，马夫精神沮丧，
　　　一路上努力克制悲伤，
　　　眼泪仍然止不住流淌。（1）

昙译：車匿牽馬還，望絕心悲塞，
　　　隨路號泣行，不能自開割。

**यमेकरात्रेण तु भर्तुराज्ञया जगाम मार्गं सह तेन वाजिना ।
इयाय भर्तुर्विरहं विचिन्तयंस्तमेव पन्थानमहोभिरष्टभिः ॥२॥**

今译：原先听从主人的吩咐，
　　　随马匹走了一夜的路，
　　　如今思念与主人分离，
　　　这条路走了八天八夜。（2）

昙译：先與太子俱，一宿之只[①]路，
　　　今捨太子還，生奪天蔭故，
　　　徘徊心顧戀，八日乃至城。

[①] 此处"只"字，据《中华大藏经》校勘记，《碛》、《普》、《南》、《径》、《清》、《丽》作"径"。

हयश्च सौजा विचचार कन्थकस्ततां भावेन बभूव निर्मदः ।
अलंकृतश्चापि तथैव भूषणैरभूद्गतश्रीरिव तेन वर्जितः ॥३॥

今译：骏马犍陟威武有力，
　　　如今情绪低落萎靡，
　　　即使佩戴种种装饰品，
　　　缺少主人，失去光辉。（3）

昙译：良馬素體駿，奮迅有威相，
　　　躑躅顧瞻仰，不覩太子形，
　　　流淚四體垂，憔悴失光澤。

निवृत्य चैवाभिमुखस्तपोवनं
　　　भृशं जिहेषे करुणं मुहुर्मुहुः ।
क्षुधान्वितो ऽप्यध्वनि शष्पमम्बु वा
　　　यथा पुरा नाभिनन्द नाददे ॥४॥

今译：它转身回眸苦行林，
　　　一再发出声声悲鸣，
　　　即使饥饿，也不喜欢
　　　取食路边的草和水。（4）

昙译：旋轉慟悲鳴，日夜忘水草。

ततो विहीनं कपिलाह्वयं पुरं महात्मना तेन जगद्धितात्मना ।
क्रमेण तौ शून्यमिवोपजग्मतुर्दिवाकरेणेव विनाकृतं नभः ॥५॥

今译：他俩渐渐走近迦比罗城，
　　　这里失去为世界谋福的
　　　精神高尚者，仿佛成废墟，
　　　如同失去灿烂太阳的天空。（5）

第八章　后宫悲伤　195

昙译：遺失救世王[1]，還歸毗迦羅[2]，
　　　國土悉廓然，如入空聚落，
　　　如日隱須彌，舉世悉曛冥。

सपुण्डरीकैरपि शोभितं जलैरलंकृतं पुष्पधरैर्नगैरपि ।
तदेव तस्योपवनं वनोपमं गतप्रहर्षैर्न रराज नागरैः ॥ ६ ॥

今译：即使城市花园池水依然
　　　覆盖莲花，树木盛开鲜花，
　　　市民们失去欢乐，便变得
　　　如同森林，不再光彩熠熠。（6）

昙译：泉池不澄清，華果不榮茂，
　　　巷路諸士女，憂感失歡喜[3]。

ततो भ्रमद्भिर्दिदिशि दीनमानसैरनुज्ज्वलैर्बाष्पहतेक्षणैर्नरैः ।
निर्वाय॑माणाविव तावुभौ पुरं शनैरपस्नातमिवाभिजग्मतुः ॥ ७ ॥

今译：他俩[4]缓缓走近这座城市，
　　　仿佛它已完成葬礼沐浴，
　　　人们精神沮丧，泪眼模糊，
　　　围上前来，仿佛拦住他俩。（7）

昙译：車匿與白馬，悵怏行不前，
　　　問事不能答，遲遲若尸行。

निशाम्य च स्रस्तशरीरगामिनौ
　　विनागतौ शाक्यकुलर्षभेण तौ ।

---

[1] 此处"王"字，据《中华大藏经》校勘记，《碛》、《普》、《南》、《径》、《清》、《丽》作"主"。
[2] 此处"毗迦罗"，据《中华大藏经》校勘记，《碛》、《普》、《南》、《径》、《清》、《丽》作"迦毗罗"。
[3] 此处"喜"字，据《中华大藏经》校勘记，《碛》、《普》、《南》、《径》、《清》、《丽》作"容"。
[4] "他俩"指马夫阐铎迦和马匹犍陟。

मुमोच बाष्पं पथि नागरो जनः
    पुरा रथे दाशरथेरिवागते ॥८॥

今译：看到他俩身躯和步履沉重，
    释迦族雄牛没有一同返回，
    市民们的泪水洒落在路上，
    犹如从前罗摩的车辆返回①。（8）

昙译：眾見車匿還，不見釋王子，
    舉聲大號泣，如棄羅摩還。

अथ ब्रुवन्तः समुपेतमन्यवो जनाः पथि च्छन्दकमागताश्रवः ।
क्व राजपुत्रः पुरराष्ट्रनन्दनो हृतस्त्वयासाविति पृष्टो ऽन्वयुः ॥९॥

今译：人们满怀忧愁，泪水流淌，
    一路跟随在阐铎迦的身后，
    说道："王子是城市和王国
    欢乐，你把他带到哪里去了？"（9）

昙译：有人來路傍，傾身問車匿：
    "王子世所愛，舉國人之命，
    汝輒盜將去，今為何所在？"

ततः स तान्भक्तिमतो ऽब्रवीज्जनान्नरेन्द्रपुत्रं न परित्यजाम्यहम् ।
रुदन्नहं तेन तु निर्जने वने गृहस्थवेशश्च विसर्जिताविति ॥१०॥

今译：于是，他告诉忠诚的市民：
    "我并没有抛弃王子，相反，
    在偏僻的林中，我哭泣着，
    他打发我带着世俗服饰返回。"（10）

昙译：車匿抑悲心，而答眾人言：

---

① 这里意谓从前十车王的车夫将被流放的王子罗摩送往森林后，空车返回。

第八章　后宫悲伤　197

　　　"我眷戀追逐，不捨於王子，
　　　王子捐棄我，并捨俗威儀，
　　　剃頭被法服，遂入苦行林。"

इदं वचस्तस्य निशाम्य ते जनाः
　　सुदुष्करं खल्विति निश्चयं ययुः ।
पतद्धि जहुः सलिलं न नेत्रजं
　　मनो निनिन्दुश्च फलोत्थमात्मनः ॥ ११ ॥

今译：人们听了他的这番话，
　　　觉得这确实是艰难事，
　　　眼中泪水止不住流淌，
　　　自我责备只考虑自己。（11）

昙译：眾人聞出家，驚起奇特想，
　　　嗚呼①而啼泣，涕淚交流下，
　　　各各相告語："我等作何計？"

अथोचुरद्यैव विशाम तद्वनं
　　गतः स यत्र द्विपराजविक्रमः ।
जिजीविषा नास्ति हि तेन नो विना
　　यथेन्द्रियाणां विगमे शरीरिणाम् ॥ १२ ॥

今译：然后，他们说道："我们现在
　　　前往森林，步履如同象王者
　　　去了那里，没有他，我们不再
　　　想活，犹如失去感官的众生。（12）

昙译：眾人咸議言："悉當追隨去，
　　　如人命根壞，身死形神離，

---

① 此处"呼"字，据《中华大藏经》校勘记，《碛》、《普》、《南》、《径》、《清》、《丽》作"咽"。

王子是我命，失命我岂生？

इदं पुरं तेन विवर्जितं वनं
　　वनं च तत्तेन समन्वितं पुरम्।
न शोभते तेन हि नो विना पुरं
　　मरुत्वता वृत्रवधे यथा दिवम्॥१३॥

今译："缺了他，城市变得像森林，
　　　　有了他，森林变得像城市，
　　　　如今城市无光彩，犹如天国
　　　　缺了诛灭弗栗多的因陀罗。"①（13）

昙译："此邑成丘林，彼林城②郭邑，
　　　　此城失威德，如煞毗梨多。"

पुनः कुमारो विनिवृत्त इत्यथो
　　गवाक्षमालाः प्रतिपेदिरे ऽङ्गनाः।
विविक्तपृष्ठं च निशाम्य वाजिनं
　　पुनर्गवाक्षाणि पिधाय चुक्रुशुः॥१४॥

今译：妇女们走到成排窗口前，
　　　　心里想着王子已经返回，
　　　　而看到马背上空空如也，
　　　　便关上窗户，放声哭泣。（14）

昙译：城內諸士女，虛傳王子還，
　　　　奔馳出路上，唯見馬空歸，
　　　　莫知其存亡，悲泣一③種聲。

---

　　① 按照古代传说，因陀罗杀死恶魔弗栗多（vṛtra，昙译"毗梨多"）后，躲藏在水中，故而天国一时失去了因陀罗。

　　② 此处"城"字，据《中华大藏经》校勘记，《碛》、《普》、《南》、《径》、《清》作"成"。

　　③ 此处"一"字，据《中华大藏经》校勘记，《碛》、《普》、《南》、《径》、《清》、《丽》作"种"。

प्रविष्टदीक्षस्तु सुतोपलब्धये
　　व्रतेन शोकेन च खिन्नमानसः ।
जजाप देवायतने नराधिप-
　　श्चकार तास्ताश्च यथाशायाः क्रियाः ॥ १५ ॥

今译：为了获得儿子，实行斋戒，
　　　许愿发誓，心中充满忧伤，
　　　国王在神殿中默默祈祷，
　　　依照心愿举行种种祭祀。（15）

ततः स बाष्पप्रतिपूर्णलोचनस्तुरङ्गमादाय तुरङ्गमानुगः ।
विवेश शोकाभिहतो नृपक्षयं युधापिनीते रिपुणेव भर्तरि ॥ १६ ॥

今译：然后，马夫满含泪水，
　　　牵着马匹，忧心忡忡，
　　　进入王宫，仿佛主人
　　　已被敌方士兵掠走。①（16）

昙译：車匿步牽馬，歔欷垂淚還，
　　　失太子憂悲，加增怖懼心，
　　　如戰士破敵，執怨送王前。②

विगाहमानश्च नरेन्द्रमन्दिरं विलोकयन्नश्रुवहेन चक्षुषा ।
स्वरेण पुष्टेन रुराव कन्थको जनाय दुःखं प्रतिवेदयन्निव ॥ १७ ॥

今译：犍陟马进入王宫时，
　　　张望的眼中流着泪，
　　　它发出悠长的嘶鸣，
　　　仿佛向人们诉苦衷。（17）

---

① 这颂原文中的 yudhāpinīte 似应为 yudhāpanīte。
② 这一行意谓马夫感到自己仿佛是被俘的敌人将被送到国王面前，与原文表达的意思有差异。

昙译：入門淚雨下，滿目無所見，
　　　仰天大啼哭，白馬亦悲鳴。

ततः खगाश्च क्षयमध्यगोचराः समीपबद्धास्तुरगाश्च सत्कृताः ।
हयस्य तस्य प्रतिसस्वनुः स्वनं नरेन्द्रसूनोरुपयानशङ्किनः ॥ १८ ॥

今译：住在宫中的鸟禽，
　　　附近系着的宠马，
　　　响应犍陟马的嘶鸣，
　　　以为王子已经返回。（18）

昙译：宮中雜鳥獸，內廄諸羣馬，
　　　聞白馬悲鳴，長鳴而應之，
　　　謂呼太子還，不見如①絕聲。

जनाश्च हर्षातिशयेन वञ्चिता जनाधिपान्तःपुरसंनिकर्षगाः ।
यथा हयः कन्थक एष हेषते ध्रुवं कुमारो विशतीति मेनिरे ॥ १९ ॥

今译：国王后宫附近的人们，
　　　受到这种欢鸣声蒙骗，
　　　以为犍陟马发出嘶鸣，
　　　肯定是王子进入王宫。（19）

अतिप्रहर्षादथ शोकमूर्च्छिताः कुमारसंदर्शनलोललोचनाः ।
गृहाद्विनिश्चक्रमुराशया स्त्रियः शरत्पयोदादिव विद्युतश्चलाः ॥ २० ॥

今译：伤心绝望的妇女们此刻
　　　欣喜若狂，渴望见到王子，
　　　从屋中走出，仿佛从秋季
　　　乌云中发出的道道闪电。（20）

विलम्बकेशयो मलिनांशुकाम्बरा

---

① 此处"如"字，据《中华大藏经》校勘记，《碛》、《普》、《南》、《径》、《清》、《丽》作"而"。

निरञ्जनैर्बाष्पहतेक्षणैर्मुखैः ।
स्त्रियो न रेजुर्मृजया विनाकृता
दिवीव तारा रजनीक्षयारुणाः ॥२१॥

今译：披头散发，衣服沾满污垢，
　　　脸上不抹香膏，眼中含泪，
　　　这些妇女无心梳洗，犹如
　　　拂晓群星泛红，失去光芒。（21）

昙译：後宮諸婇女，聞馬鳥獸鳴，
　　　亂髮而①萎黃，形瘦脣口乾，
　　　弊衣不浣濯，垢穢不浴身，
　　　悉捨莊嚴具，毀悴不鮮明。

अरक्तताम्रैश्चरणैरनूपुरैरकुण्डलैराजर्वकन्धरैर्मुखैः ।
स्वभावपीनैर्जघनैरमेखलैरहारयोऋ्कैर्मुषितैरिव स्तनैः ॥२२॥

今译：脚上不涂红脂，不戴脚镯，
　　　脸上不戴耳环，脖颈空白，
　　　臀部天然肥大，不束腰带，
　　　胸前的项链仿佛被人偷走。（22）

昙译：舉體無光耀，猶如細小星，
　　　衣裳壞繿縷，狀如被賊形。

निरीक्ष्य ता बाष्पपरीतलोचना निराश्रयं छन्दकमश्वमेव च ।
विषण्णवक्त्रा रुरुदुर्वराङ्गना वनान्तरे गाव इवर्षभोज्झिताः ॥२३॥

今译：这些妇女眼中涌满泪水，
　　　凝视孤单的阐铎迦和马，
　　　脸色变得阴沉，哀哀哭泣，

---

① 此处"而"字，据《中华大藏经》校勘记，《碛》、《普》、《南》、《径》、《清》、《丽》作"面"。

犹如林中母牛遭公牛遗弃。(23)

昙译：見車匿白馬，涕泣絕望歸，
　　　感結而號咷，猶如新喪親，
　　　狂亂而搔擾，如牛失其道。

ततः सबाष्पा महीषी महीपतेः
　　प्रनष्टवत्सा महिषीव वत्सला ।
प्रगृह्य बाहू निपपात गौतमी
　　विलोलपर्णा कदलीव काञ्चनी ॥२४॥

今译：然后，王后乔答弥流着眼泪，
　　　犹如慈爱的母牛失去牛犊，
　　　她紧抱着双臂，跌倒在地，
　　　犹如树叶晃动的金色芭蕉。(24)

昙译：大愛瞿曇彌，聞太子不還，
　　　竦身自投地，四體悉傷壞，
　　　猶如狂風摧，金色芭蕉樹。
　　　又聞子出家，長歎增悲感：
　　　"右旋細軟髮，一孔一髮生。
　　　異①淨鮮光澤，平住而灑地，
　　　何意合天冠？剃著草土中。
　　　傭臂師子步，脩廣牛王目，
　　　身光黃金炎，万②臆梵音聲。
　　　持是上妙相，入於苦行林，
　　　世間何薄福，失斯聖地主？
　　　妙網柔軟足，清淨蓮花色，

---

① 此处"异"字，据《中华大藏经》校勘记，《碛》、《普》、《南》、《径》、《清》、《丽》作"黑"。
② 此处"万"字，据《中华大藏经》校勘记，《碛》、《普》、《南》、《径》、《清》、《丽》作"方"。

土石茨棘①林，云何而可蹈？
生長於深宮，溫衣細軟服，
沐浴以香湯，末香以塗身，
今則置風露，寒暑安可堪？
華族大丈夫，標挺勝多聞，
德備名稱高，常施無所求，
云何忽一朝，乞食以活身？
清淨寶床臥，奏樂以覺悟，
豈能山樹間，草土以籍身？"
念子心悲痛，悶絕而躄地，
侍人扶令起，為拭其目淚。②

हतत्विषो ऽन्याः शिथिलांसबाहवः
  स्त्रियो विषादेन विचेतना इव ।
न चुक्रुशुर्नाश्रु जहुर्न शश्वसु-
  र्न चेलुरासुर्लिखिता इव स्थिताः ॥२५॥

今译：一些妇女缺乏光泽，肩膀和双臂
　　　松懈，神情沮丧，仿佛失去知觉，
　　　她们不哭喊，不流泪，不叹息，
　　　不动弹，仿佛已经固定在画中。（25）

昙译：其餘諸夫人，憂苦四體垂，
　　　內感心慘結，不動如畫人。

अधीरमन्याः पतिशोकमूर्च्छिता
  विलोचनप्रस्रवणैर्मुखैः स्त्रियः ।
सिषिच्छिरे प्रोषितचन्दनान्स्तना-
  न्यराधरः प्रस्रवणैरिवोपलान् ॥२६॥

---

① 此处"茨棘"，据《中华大藏经》校勘记，《碛》、《普》、《南》、《径》、《清》、《丽》作"刺棘"。

② 这里的昙译与下面原文第51—59颂对应。

今译：一些妇女失去坚定，为主人
忧伤而昏厥，脸上流淌泪水，
浇湿已失去檀香膏的胸脯，
犹如山上的流水浇湿岩石。（26）

मुखैश्च तासां नयनाम्बुताडितै रराज तद्राजनिवेशनं तदा ।
नवाम्बुकालेऽम्बुदवृष्टिताडितैः स्रवज्जलैस्तामरसैर्यथा सरः ॥२७॥

今译：她们的面庞遭到泪水打击，
故而这座王宫宛如莲花池，
在新雨降临时，池中莲花
遭到雨水打击，水珠流淌。（27）

सुवृत्तपीनाङ्गुभिर्निरन्तरैररभूषणैर्गूढसिरैर्वराङ्गनाः ।
उरांसि जघ्नुः कमलोपमैः करैः स्वपल्लवैर्वातचला लता इव ॥२८॥

今译：一些妇女的手指丰满圆润，不留
空隙，不显血脉，没有佩戴首饰，
她们用宛如莲花的手拍打胸脯，
仿佛风中蔓藤用嫩枝拍打自己。（28）

करप्रहारप्रचलैश्च ता बभुस्तथापि नार्यः सहितोन्नतैः स्तनैः ।
वनानिलाघूर्णितपद्मकम्पितै रथाङ्गनाम्नां मिथुनैरिवापगाः ॥२९॥

今译：这样，这些妇女结实挺拔的
胸脯随着双手的拍打而晃动，
犹如河流中成对的轮鸟随着
森林之风吹动的莲花而晃动。（29）

यथा च वक्षांसि करैरपीडयंस्तथैव वक्षोभिरपीडयन्करान् ।
अकारयंस्तत्र परस्परं व्यथाः कराग्रवक्षांस्यबला दयालसाः ॥३०॥

今译：她们用双手折磨胸脯，
也是用胸脯折磨双手，

让手指和胸脯互相折磨,
这些妇女缺少怜悯心。①（30）

ततस्तु रोषप्रविरक्तलोचना विषादसंबन्धिकषायगद्गदम् ।
उवाच निश्वासचलत्पयोधरा विगाढशोकाश्रुधरा यशोधरा ॥३१॥

今译：然后，耶输陀罗愤怒而双眼
发红，精神沮丧而话音哽塞，
剧烈喘息而胸脯起伏，满怀
忧伤而眼泪流淌，开口说道：（31）

昙译：時耶輸陀羅，深責車匿言：

निशि प्रसुप्तामवशां विहाय मां
　　गतः क्व स छन्दक मन्मनोरथः ।
उपागते च त्वयि कन्थके च मे
　　समं गतेषु त्रिषु कम्पते मनः ॥३२॥

今译："我夜里睡着不知道，阐铎迦啊！
我的心上人舍弃我，去了哪里？
你们三位原本一起出去，而只有
你和犍陟马回来，我的心儿颤抖。（32）

昙译："生亡我所欽②，今為在何所？
人馬三共行，今唯二來歸，
我心極惶怖，戰慄不自安。

अनार्यमस्त्रिग्धममित्रकर्म मे नृशंस कृत्वा किमिहाद्य रोदिषि ।
नियच्छ बाष्पं भव तुष्टमानसो न संवदत्यश्रु च तच्च कर्म ते॥३३॥

今译："恶人啊，你对我做出不友好的事，

---

① 以上第 26—30 颂不见于昙译。
② 此处"生亡我所钦"，据《中华大藏经》校勘记，《碛》、《普》、《南》、《径》、《清》作"共我意中人"。

无情无义，为何现在在这里哭泣？
你收起眼泪吧！你就自我得意吧！
因为流泪并不符合你做的这件事。（33）

昙译："終是不正人，不昵非善友，
不造①縱强暴，應笑用啼為？
將去而啼還，反覆不相應。

प्रियेण वश्येन हितेन साधुना
त्वया सहायेन यथार्थकारिणा ।
गतो ऽर्यपुत्रो ह्यपुनर्निवृत्तये
रमस्व दिष्ट्या सफलः श्रमस्तव ॥ ३४ ॥

今译："你是他的伙伴，可爱，驯顺，
有益，亲切，顺遂他的心意，
高贵的王子已经一去不复返，
高兴吧！庆幸自己辛劳有成果。（34）

昙译："愛念自在伴，隨欲恣心作，
故使聖王子，一去不復歸，
汝今應大喜，作惡已果成。

वरं मनुष्यस्य विचक्षणो रिपुर्न मित्रमप्राज्ञमयोगपेशलम् ।
सुहृद्ध्रुवेण ह्यविपश्चिता त्वया कृतः कुलस्यास्य महानुपप्लवः ॥ ३५ ॥

今译："人们宁可遇到聪明睿智的敌人，
也不愿有只会坏事的愚蠢朋友，
你自称是朋友，却做事不明智，
竟造成这个家族遭遇灭顶之灾。（35）

---

① 此处"造"字，据《中华大藏经》校勘记，《碛》、《普》、《南》、《径》、《清》、《丽》作"吉"。

昙译："宁近智慧怨，不习愚癡友，
　　　　假名為良朋，內實懷怨結，
　　　　令此勝王家，一旦悉破壞。

इमा हि शोच्या व्यवमुक्तभूषणाः
　　प्रसक्तबाष्पाविलरक्तलोचनाः ।
स्थिते ऽपि पत्यौ हिमवन्महीसमे
　　प्रनष्टशोभा विधवा इव स्त्रियः ॥३६॥

今译："这些妇女令人忧伤，抛开装饰，
　　　　眼睛通红，沾满了泪水和污垢，
　　　　尽管主人如同雪山和大地还在，
　　　　她们却像是失去光彩的寡妇。（36）

昙译："此諸貴夫人，憂悴毀形好，
　　　　涕泣氣息絕，面淚橫流下，
　　　　夫主尚在世，依止如雪山，
　　　　安意如大地，憂悲殆至死。

इमाश्च विक्षिप्तविटङ्कबाहवः प्रसक्तपारावतदीर्घनिस्वनाः ।
विनाकृतास्तेन सहावरोधनैर्भृशं रुदन्तीव विमानपङ्क्तयः ॥३७॥

今译："失去了他，这一排排宫殿，
　　　　也仿佛与后宫妇女一起痛哭，
　　　　宫顶飞檐如同举起的双臂，
　　　　鸽群咕咕声是深长的叹息。（37）

昙译："況此窓牖中，悲泣長叫者，
　　　　生亡其所天，是苦何可堪？

अनर्थकामो ऽस्य जनस्य सर्वथा
　　तुरङ्गमो ऽपि ध्रुवमेष कन्थकः ।
जहार सर्वस्वमितस्तथा हि मे

जने प्रसुप्ते निशि रत्नचौरवत्॥३८॥

今译："这匹犍陟马也肯定是
　　　想要给人们制造不幸，
　　　趁夜里众人入睡，取走
　　　我的财宝，如同盗宝贼。（38）

昙译："告馬汝無義，奪人心所重，
　　　猶如闇冥中，怨賊劫珍寶。

यदा समर्थः खलु सोढुमागता-
　　निषुप्रहारानपि किं पुनः कशाः।
गतः कशापातभयात्कथं न्वयं
　　श्रियं गृहीत्वा हृदयं च मे समम्॥३९॥

今译："它确实有能力迎面抗衡
　　　利箭袭击，更不用说鞭子；
　　　它怎么会出于惧怕鞭打，
　　　而带走我的财富和我的心？（39）

昙译："乘汝戰鬪時，刀刃鋒利箭，
　　　一切悉能堪，今有何不忍？
　　　一族之殊勝，強奪我心去。

अनार्यकर्मा भृशमद्य हेषते
　　नरेन्द्रधिष्ण्यं प्रतिपूरयन्निव।
यदा तु निर्वाहयति स्म मे प्रियं
　　तदा हि मूकस्तुरगाधमो ऽभवत्॥४०॥

今译："它行为低贱，现在才发出
　　　嘶鸣，仿佛响彻整个王宫，
　　　而在带走我的心爱之人时，
　　　这匹卑劣的马却成了哑巴。（40）

昙译："汝是弊惡蟲，造諸不正業，
　　　　今日大鳴呼，聲滿於王宮，
　　　　先初①我所念，爾時何以瘂？

यदि ह्यहेषिष्यत बोधयञ्जनं
　　　खुरैः क्षितौ वाप्यकरिष्यत ध्वनिम्।
हनुस्वनं वाजनिष्यदुत्तमं
　　　न चाभविष्यन्मम दुःखमीदृशाम्॥४१॥

今译："如果它发出嘶鸣，唤醒人们，
　　　　或者用马蹄踏地，发出声响，
　　　　或者努力用下颏制造出响声，
　　　　我也就不会遭受这样的痛苦。"（41）

昙译："若爾時有聲，舉宮悉應覺，
　　　　爾時若覺者，不生今苦惱。"

इतीह देव्याः परिदेविताश्रयं
　　　निशाम्य बाष्पग्रथिताक्षरं वचः।
अधोमुखः साश्रुकलः कृताञ्जलिः
　　　शनैरिदं छन्दक उत्तरं जगौ॥४२॥

今译：公主的话语充满忧伤，话音
　　　　含泪而拥堵，阐铎迦闻听后，
　　　　低垂着头，双手合十，话音
　　　　含泪而哽塞，缓慢地回答说：（42）

昙译：車匿聞苦言，欽②氣而息結，

---

① 此处"初"字，据《中华大藏经》校勘记，《碛》、《普》、《南》、《径》、《清》、《丽》作"劫"。"先劫我所念"意谓先前劫走我的心爱之人。

② 此处"钦"字，据《中华大藏经》校勘记，《碛》、《普》、《南》、《径》、《清》、《丽》作"饮"。

收泪合掌答：

विगर्हितुं नार्हसि देवि कन्थकं
　　न चापि रोषं मयि कर्तुमर्हसि ।
अनागसौ स्वः समवेहि सर्वशो
　　गतो नृदेवः स हि देवि देववत्॥४३॥

今译："你不应该责备这匹犍陟马，
　　　也不应该对我发怒，公主啊！
　　　你要知道我俩完全是无辜的，
　　　这位人中之神出走时像天神。（43）

昙译："願聽我自陳，莫嫌責白馬，
　　　亦莫見瞋恨[①]，我等悉無過，
　　　天神之所為。

अहं हि जानन्नपि राजशासनं बलात्कृतः कैरपि दैवतैरिव ।
उपानयं तूर्णमिमं तुरङ्गमं तथान्वगच्छं विगतश्रमो ऽध्वनि॥४४॥

今译："即使我知道国王的命令，
　　　而仿佛受到某些神灵强制，
　　　我迅速为王子取来这匹马，
　　　又一路跟随，而不知疲倦。（44）

昙译："我極畏王法，天神所駈逼，
　　　速牽馬與之，俱去疾如飛。

व्रजन्नयं वाजिवरो ऽपि नास्पृश-
　　न्महीं खुराग्रैर्विधृतैरिवान्तरा ।
तथैव दैवादिव संयताननो
　　हनुस्वनं नाकृत नाप्यहेषत॥४५॥

[①] 此处"见瞋恨"，据《中华大藏经》校勘记，《碛》、《普》、《南》、《径》、《清》、《丽》作"恚于我"。

今译:"这匹骏马行走时,马蹄仿佛
　　　　被抬高到空中,不接触地面,
　　　　同样,嘴部仿佛受神力控制,
　　　　下颔无声响,也不发出嘶鸣。(45)
昙译:"厭氣令無聲,足亦不觸地。

यतो बहिर्गच्छति पार्थिवात्मजे
　　तदाभवद्द्वारमपावृतं स्वयम्।
तमश्च नैशं रविणेव पाटितं
　　ततो ऽपि दैवो विधिरेष गृह्यताम्॥४६॥

今译:"这位王子离宫出走时,
　　　　宫门自动打开,夜晚的
　　　　黑暗也仿佛被太阳驱散,
　　　　这应该认为是神力所为。(46)
昙译:"城門自然開,虛空自然明,
　　　　斯皆天神力,豈是我所為?"

यदप्रमत्तो ऽपि नरेन्द्रशासना-
　　द्गृहे पुरे चैव सहस्रशो जनः।
तदा स नाबुध्यत निद्रया हृत-
　　स्ततो ऽपि दैवो विधिरेष गृह्यताम्॥४७॥

今译:"即使宫中和城内的人们,
　　　　数以千计,奉国王之命,
　　　　高度戒备,却昏睡不醒,
　　　　这应该认为是神力所为。(47)

यतश्च वासो वनवाससंमतं
　　निसृष्टमस्मै समये दिवौकसा।
दिवि प्रविद्धं मुकुटं च तद्धृतं

ततो ऽपि दैवो विधिरेष गृह्यताम् ॥४८॥

今译:"有位天神将适合林中的
　　　苦行者穿的衣服换给他;
　　　他削掉顶冠,扔到天上,
　　　这应该认为是神力所为。(48)

तदेवमावां नरदेवि दोषतो
　　न तत्प्रयातं प्रति गन्तुमर्हसि ।
न कामकारो मम नास्य वाजिनः
　　कृतानुयात्रः स हि दैवतैर्गतः ॥४९॥

今译:"因此,公主啊,你不能
　　　将他的出走归罪于我俩;
　　　我和这匹马都身不由己,
　　　那是天神们陪随他出走。"(49)

इति प्रयाणं बहुदेवमद्भुतं निशम्य तास्तस्य महात्मनः स्त्रियः ।
प्रनष्टशोका इव विस्मयं ययुर्मनोज्वरं प्रव्रजनात्तु लेभिरे ॥५०॥

今译:这些妇女听说高尚的王子
　　　出走时,有许多天神陪随,
　　　仿佛忘却忧伤,惊诧不已,
　　　但又为他出家而焦灼不安。[①](50)

विषादपारिप्लवलोचना ततः
　　प्रनष्टपोता कुररीव दुःखिता ।
विहाय धैर्यं विरुराव गौतमी
　　तताम चैवाश्रुमुखी जगाद च ॥५१॥

今译:然后,乔答弥眼中充满绝望,

---

① 以上第47—50颂不见于昙译。

仿佛雌鹮失去幼雏而痛苦，
她已丧失意志力，放声大哭，
头昏目眩，泪流满面，说道：①（51）

महोर्मिमन्तो मृदवो ऽसिताः शुभाः
पृथक्पृथञ्ज्मूलरुहाः समुद्गताः ।
प्रवेरितास्ते भुवि तस्य मुर्धजा
नरेन्द्रमौलिपरिवेष्टनक्षमाः॥५२॥

今译："他的头发优美，波浪般卷曲，
每根头发从各自的根部长出，
柔软，乌黑，适合佩戴王冠，
如今却被削下，抛弃在地上。（52）

प्रलम्बबाहुर्मृगराजविक्रमो महर्षभाक्षः कनकोज्ज्वलद्युतिः ।
विशालवक्षा घनदुन्दुभिस्वनस्तथाविधो ऽप्याश्रमवासमर्हति॥५३॥

今译："他的手臂修长，步履似兽王，
眼睛大似公牛，光辉似金子，
胸脯宽阔，话音似云中鼓声，
这样的人怎么能住在净修林？（53）

अभागिनी नूनमियं वसुंधरा
तमार्यकर्माणमनुत्तमं पतिम् ।
गतस्ततो ऽसौ गुणवान्हि तादृशो
नृपः प्रजाभाग्यगुणैः प्रसूयते॥५४॥

今译："难道这个大地无缘享有这一位
行为无比高尚的主人？他已出走；
而正是依靠臣民们的福分和功德，

---

① 这颂至第59颂，昙译见于本品前面部分（原文第24颂和第25颂之间）。

才会有品德这样高尚的国王诞生。(54)

सुजातजालावतताङ्गुली मृदू
	निगूढगुल्फौ बिसपुष्पकोमलौ ।
वनान्तभूमिं कठिनां कथं नु तौ
	सचक्रमध्यौ चरणौ गमिष्यतः ॥५५॥

今译："他的双脚柔软，脚趾上布满
美丽网缦，娇嫩似莲根和莲花，
脚髁深藏，脚底上呈现转轮相，
怎么能踩在林中坚硬的地面上？（55）

विमानपृष्ठे शयनासनोचितं
	महार्हवस्त्रागुरुचन्दनार्चितम् ।
कथं नु शीतोष्णजलागमेषु त-
	च्छरीरमोजस्वि वने भविष्यति ॥५६॥

今译："他的身体闪耀光辉，适合
宫殿顶楼上的卧床和座椅，
衣著华贵，涂抹沉水檀香，
怎能经受林中冷热和风雨？（56）

कुलेन सत्त्वेन बलेन वर्चसा श्रुतेन लक्ष्म्या वयसा च गर्वितः ।
प्रदातुमेवाभ्युचितो न याचितुं कथं स भिक्षां परतश्चरिष्यति ॥५७॥

今译："出身高贵，品性纯洁，有力量，
有学问，光辉吉祥，年轻气盛，
即使别人不乞求，也乐于施舍，
他怎能四处游荡，向他人乞食？（57）

शुचौ शयित्वा शयने हिरण्मये
	प्रबोध्यमानो निशि तूर्यनिस्वनैः ।
कथं बत स्वप्स्यति सो ऽद्य मे व्रती

पटैकदेशान्तरिते महीतले ॥५८॥

今译："夜里睡在洁净的金床上，
　　　直到伴随着乐器声醒来，
　　　他如今怎能按照苦行誓愿，
　　　躺在地上，只垫一条布单？"（58）

इमं प्रलापं करुणं निशम्य ता
　　भुजैः परिष्वज्य परस्परं स्त्रियः ।
विलोचनेभ्यः सलिलानि तत्यजु-
　　र्मधूनि पुष्पेभ्य इवेरिता लताः ॥५९॥

今译：听到这番悲悯的话语，
　　　妇女们伸臂互相抱住，
　　　眼中洒落泪水，如同
　　　蔓藤摇晃，洒落花蜜。（59）

ततो धरायामपतद्यशोधरा विचक्रवाकेव रथाङ्गसाह्वया ।
शनैश्च तत्तद्विललाप विक्लवा मुहुर्मुहुर्गद्गदरुद्धया गिरा ॥६०॥

今译：而耶输陀罗跌倒在地，
　　　犹如雌轮鸟失去雄轮鸟，
　　　惶惑迷乱，缓慢地诉说，
　　　而话音梗塞，一再噎住：（60）

昙译：耶輸陀聞說，心生奇特想，
　　　天神之所為，非是斯等咎，
　　　嫌責心消①除，熾然大苦息，
　　　蹕地稱怨難②：

---

① 此处"消"字，据《中华大藏经》校勘记，《碛》、《普》、《南》、《径》、《清》作"稍"。
② 此处"难"字，据《中华大藏经》校勘记，《碛》、《普》、《南》、《径》、《清》、《丽》作"叹"。

स मामनाथां सहधर्मचारिणी-
　　मपास्य धर्मं यदि कर्तुमिच्छति ।
कुतो ऽस्य धर्मः सहधर्मचारिणीं
　　विना तपो यः परिभोक्तुमिच्छति॥६१॥

今译："他想要奉行正法，而抛弃我
　　这个合法妻子①，让我无依靠；
　　他想要实施苦行，而抛弃我
　　这个合法妻子，他的正法何在？（61）

昙译："雙輪鳥分乖，我今失依怙，
　　同法行生離，樂法捨同行，
　　何處更求法？

शृणोति नूनं स न पूर्वपार्थिवा-
　　न्महासुदर्शप्रभृतीन्पितामहान्।
वनानि पत्नीसहितानुपेयुष-
　　स्तथा हि धर्मं मद्दते चिकीर्षिते॥६२॥

今译："他难道没听说自己的祖先，
　　自大善见②以来的历代先王，
　　他们都带着妻子前往森林？
　　而他想奉行正法却抛弃我③。（62）

昙译："古昔說④先勝，大快見王等，
　　斯皆夫妻俱，學道遊林野，
　　而今捨於我，為求何等法？

---

　　① "合法妻子"的原词是 sahadharmacāriṇī，词义为"共同奉行正法者"。此词昙译"同法行"。
　　② "大善见"（mahāsudarśa，昙译"大快见"）是一位转轮王。
　　③ 这颂原文中的 dharma 一词应为 dharmam。
　　④ 此处"说"字，据《中华大藏经》校勘记，《碛》、《普》、《南》、《径》、《清》、《丽》作"诸"。

मखेषु वा वेदविधानसंस्कृतौ
    न दंपती पश्यति दीक्षितावुभौ ।
समं बुभुक्षू परतो ऽपि तत्फलं
    ततो ऽस्य जातो मयि धर्ममत्सरः ॥ ६३ ॥

今译："或者他没看到夫妻在祭祀中，
　　　共同进行准备，遵奉吠陀仪轨，
　　　获得净化，一同享受来世福报，
　　　因此，在正法上对我这样吝啬。（63）

昙译："梵志祠祀典，夫妻必同行，
　　　同行法為因，終則同受報，
　　　汝何獨法慳，棄我而隻遊？

ध्रुवं स जानन्मम धर्मवल्लभो
    मनः प्रियेष्यांकलहं मुहुर्मिथः ।
सुखं विभीर्मामपहाय रोषणां
    महेन्द्रलोके ऽप्सरसो जिघृक्षति ॥ ६४ ॥

今译："这位热爱正法者肯定在暗中，
　　　经常发现我喜爱妒忌和争吵，
　　　于是抛弃我这个爱发怒的人，
　　　无所顾忌，寻求天国的仙女。（64）

昙译："或見我嫉惡，更求無嫉者；
　　　或當嫌薄我，更求淨天女。

इयं तु चिन्ता मम कीदृशं नु ता
    वपुर्गुणं बिभ्रति तत्र योषितः ।
वने यदर्थं स तपांसि तप्यते
    श्रियं च हित्वा मम भक्तिमेव च ॥ ६५ ॥

今译："我的疑虑是：在这天国，
　　　妇女有怎样的美貌和品德，

让他为此抛弃财富和我的
忠贞,前往林中修苦行？(65)

昙译:"為何勝德色,修習於苦行,
以我薄命故,夫妻生別離？

न खल्वियं स्वर्गसुखाय मे स्पृहा
    न तज्जनस्यात्मवतो ऽपि दुर्लभम्।
स तु प्रियो मामिह वा परत्र वा
    कथं न जह्यादिति मे मनोरथः॥६६॥

今译:"确实,我并不贪求天国的幸福,
即使像我这样的人,这不难获得;
我唯一的心愿是:我的心爱之人
怎样能在今世和来世都不抛弃我？(66)

अभागिनी यद्यहमायतेक्षणं
    शुचिस्मितं भर्तुरुदीक्षितुं मुखम्।
न मन्दभाग्यो ऽर्हति राहुलो ऽप्ययं
    कदाचिदङ्के परिवर्तितुं पितुः॥६७॥

今译:"丈夫的眼睛宽阔,微笑纯洁,
如果我无缘享受凝视这张脸,
那么,罗睺罗这个苦命孩子,
怎么再也不能坐在父亲膝上？(67)

昙译:"羅睺羅何故,不蒙於膝下？

अहो नृशंसं सुकुमारवर्चसः सुदारुणं तस्य मनस्विनो मनः।
कलप्रलापं द्विषतो ऽपि हर्षणं शिशुं सुतं यस्त्यजतीदृशं बत॥६८॥

今译:"丈夫的皮肤柔嫩,思想高尚,
哎呀,他的心却这样残酷无情!
这孩子说话可爱,仇人也喜欢,

　　　　　天哪，他抛弃这么年幼的儿子！(68)

昙译："嗚呼不吉士！貌柔而心剛，
　　　　勝族盛光榮，怨憎猶宗仰，
　　　　又子生未孩，而能永棄捨。

ममापि कामं हृदयं सुदारुणं शिलामयं वाप्ययसो ऽपि वा कृतम्।
अनाथवच्छ्रीरहिते सुखोचिते वनं गते भर्तरि यन्न दीर्यते॥६९॥

今译："然而，我的这颗心同样冷酷，
　　　　仿佛铁石制成！丈夫习惯享乐，
　　　　而今抛弃财富，出家前往林中，
　　　　心已孤苦无助，居然没有破碎！"(69)

昙译："我亦無心腸，夫棄遊山林，
　　　　不能自沉①沒，此則木石人。"

इतीह देवी पतिशोकमूर्च्छिता
　　रुरोद दध्यौ विललाप चासकृत्।
स्वभावधीरापि हि सा सती शुचा
　　धृतिं न सस्मार चकार नो ह्रियम्॥७०॥

今译：这样，公主为王子忧伤，昏昏
　　　　沉沉，哭泣，沉思，反复诉说，
　　　　尽管她本性坚定，但陷入苦恼，
　　　　也就忘却坚定，也不顾忌廉耻。(70)

昙译：言已心迷亂，或哭或狂言，
　　　　或瞪視沈思，哽咽不自勝。

ततस्तथा शोकविलापविक्लवां यशोधरां प्रेक्ष्य वसुंधरागताम्।
महारविन्दैरिव वृष्तिताडितैर्मुखैः सबाष्पैर्वनिता विचुक्रुशुः॥७१॥

---

① 此处"沉"字，据《中华大藏经》校勘记，《碛》、《普》、《南》、《径》、《清》、《丽》作"泯"。

今译：看到耶输陀罗这样倒在地上，
　　　惶惑迷乱，满怀忧伤地诉说，
　　　妇女们嚎啕大哭，泪流满面，
　　　犹如大批莲花遭到雨水打击。（71）

昙译：惙惙氣殆盡，臥於塵土中，
　　　諸餘婇女眾，見生悲痛心，
　　　猶如盛蓮花，風雹摧令萎。

समाप्तजाप्यः कृतहोममङ्गलो नृपस्तु देवायतनाद्विनिर्ययौ ।
जनस्य तेनाजार्तरवेण चाहतश्चाल वज्रध्वनिनेव वारणः ॥७२॥

今译：而国王祈祷完毕，完成吉祥的
　　　祭供仪式，从那座神殿中走出，
　　　便受到人们痛苦的哀号声冲击，
　　　犹如大象听到雷声，身体颤抖。（72）

昙译：父王失太子，晝夜心悲戀，
　　　齋戒求天神，願令子速還，
　　　發願祈請已，出於天祠門，
　　　聞諸啼哭聲，驚怖心迷亂，
　　　如天大雷震，羣象亂奔馳。

निशाम्य च च्छन्दककन्थकावुभौ
　　सुतस्य संश्रुत्य च निश्चयं स्थिरम् ।
पपात शोकाभिहतो महीपतिः
　　शचीपतेर्वृत्त इवोत्सवे ध्वजः ॥७३॥

今译：看到了阐铎迦和犍陟马，
　　　听到了儿子的坚定决心，
　　　国王受忧伤打击而倒下，
　　　犹如节日后的因陀罗旗。（73）

昙译：見車匿白馬，廣問知出家，
　　　　舉身投於地，如崩帝釋幢。

ततो मुहूर्तं सुतशोकमोहितो
　　जनेन तुल्याभिजनेन धारितः ।
निरीक्ष्य दृष्ट्या जलपूर्णया हयं
　　महीतलस्थो विललाप पार्थिवः ॥७४॥

今译：国王为儿子忧伤而昏厥，
　　　立即被出身相同者扶起；
　　　他坐在地上，满含泪水，
　　　凝视着那匹马，诉说道：(74)

昙译：諸臣徐扶起，以法勸令安，
　　　久而心小醒，而告白馬言：

बहूनि कृत्वा समरे प्रियाणि मे
　　महत्त्वया कन्थक विप्रियं कृतम्।
गुणप्रियो येन वने स मे प्रियः
　　प्रियो ऽपि सन्नप्रियवत्प्रवेरितः ॥७५॥

今译："你在战斗中为我做了许多好事，
　　　犍陟啊，现在却做了一件大坏事，
　　　把我的热爱美德的儿子抛弃林中，
　　　即使你热爱他，也仿佛不热爱他。(75)

昙译："我數乘汝戰，每念汝有功，
　　　今者憎怨①汝，倍於愛念時，
　　　所念功德子，汝轉②運令去，

---

① 此处"怨"字，据《中华大藏经》校勘记，《碛》、《普》、《南》、《径》、《清》、《丽》作"恶"。
② 此处"转"字，据《中华大藏经》校勘记，《碛》、《普》、《南》、《径》、《清》、《丽》作"辄"。

擲著山林中，猶自空來歸。

तदद्य मां वा नय तत्र यत्र स
　व्रज द्रुतं वा पुनरेनमानय ।
ऋते हि तस्मान्मम नास्ति जीवितं
　विगाढरोगस्य सदौषधादिव ॥७६॥

今译："现在，或者是你带我去他
那里，或者是你去带回他来！
缺了他，我也就活不下去，
就像是重病之人缺少良药。（76）

昙译："汝速待①我往，不爾②往將還，
不為此二者，我命將不存，
更無餘方治，唯待子為樂③。

सुवर्णनिष्ठीविनि मृत्युना हृते
　सुदुष्करं यन्न ममार संजयः ।
अहं पुनर्धर्मरतौ सुते गते
　मुमुक्षुरात्मानमनात्मवानिव ॥७७॥

今译："儿子金唾被死神夺走后，
桑遮耶死去，这并非难事④；
我的热爱正法的儿子离去，
我像失去灵魂，想要死去。（77）

昙译："如珊闍梵志，為子死煞身，

---

① 此处"待"字，据《中华大藏经》校勘记，《碛》、《普》、《南》、《径》、《清》、《丽》作"持"。

② "不尔"意谓"不然"。

③ 此处"乐"字，据《中华大藏经》校勘记，《碛》、《普》、《南》、《径》、《清》、《丽》作"药"。

④ 这个故事见于《摩诃婆罗多》（12.31），但 sañjaya（"桑遮耶"，昙译"珊闍"）这个名字应为 sṛñjaya（斯楞遮耶）。同时，故事内容也有出入。按照《摩诃婆罗多》，那罗陀仙人让死去的王子金唾复活，国王斯楞遮耶并没有为此死去。

我失行法子，自然①令無身。

विभोर्देशक्षत्रकृतः प्रजापतेः
　　परापरज्ञस्य विवस्वदात्मनः ।
प्रियेण पुत्रेण सता विनाकृतं
　　कथं न मुह्येद्धि मनो मनोरपि ॥७८॥

今译："毗婆薮的儿子摩奴，通晓
　　　远近前后，生有十位国王，
　　　甚至这位强大的生主，失去
　　　爱子，思想怎会不颠倒混乱？（78）

昙译："摩冤众生主，亦当为子忧，
　　　况復我常人，失子能自安？

अजस्य राज्ञस्तनयाय धीमते
　　नराधिपायेन्द्रसखाय मे स्पृहा ।
गते वनं यस्तनये दिवं गतो
　　न मोघबाष्पः कृपणं जिजीव ह ॥७९॥

今译："我欣赏阿迦王聪慧的儿子
　　　十车王，这位因陀罗的朋友，
　　　儿子流亡森林后，升入天国，
　　　而不凄凉地活着，空流眼泪。（79）

昙译："古昔阿闍王②，爱子遊山林，
　　　感思而命終，即時得生天。

प्रचक्ष्व मे भद्र तदाश्रमाजिरं
　　हृतस्त्वया यत्र स मे जलाञ्जलिः ।

---

① 此处"然"字，据《中华大藏经》校勘记，《碛》、《普》、《南》、《径》、《清》、《丽》作"杀"。

② 此处按原文，"阿迦王"（aja，昙译"阿闍王"）的儿子是十车王。十车王的儿子是罗摩。

इमे परीप्सन्ति हि तं पिपासवो
ममासवः प्रेतगतिं यियासवः ॥८०॥

今译:"贤良的马啊,告诉我那座净修林!
你带他到那里,他即将捧水祭供我,
因为我的这些生命元气准备走上
饿鬼之路,渴望饮水,想要见他。"(80)

昙译:"吾今不能死,長夜任①憂苦,
合宮念吾子,虛渴如餓鬼,
如人渴探②水,欲飲而奪之,
守渴而命終,必生餓鬼趣。
令③我至虛渴,得子水復失,
及我未命終,速語我子處,
勿令我渴死,墮於餓鬼中。④

इति तनयवियोगजातदुःखः
क्षितिसदृशं सहजं विहाय धैर्यम् ।
दशरथ इव रामशोकवश्यो
बहु विललाप नृपो विसंज्ञकल्पः ॥८१॥

今译:国王与儿子分离而悲痛,
失去原本如同大地的坚定,
就像十车王为罗摩忧伤,
神志不清,接连不断哀诉。(81)

昙译:"我素志力強,難動如大地,

---

① 此处"任"字,据《中华大藏经》校勘记,《碛》、《普》、《南》、《径》、《清》、《丽》作"住"。
② 此处"探"字,据《中华大藏经》校勘记,《碛》、《普》、《南》、《径》、《清》作"掬"。
③ 此处"令"字,据《中华大藏经》校勘记,《碛》、《普》、《南》、《径》、《清》、《丽》作"今"。
④ 这里表述的意思与原文有些差异,文字也有较多增饰。可能昙译此处依据的原文有所不同,而且有两颂。

失子心躁亂，如昔十車王。"

श्रुतविनयगुणान्वितस्ततस्तं
　　मतिसचिवः प्रवयाः पुरोहितश्च ।
समधृतमिदमूचतुर्यथाव-
　　न्न च परितप्तमुखौ न चाप्यशोकौ ॥८२॥

今译：然后，富有学问、教养和
　　　品德的大臣与年迈的祭司，
　　　既不焦躁，也并非不忧伤，
　　　把握住分寸，对国王说道：（82）

昙译：王師多聞士，大臣智聰達，
　　　二人勸諫王，不緩亦不切：

त्यज नरवर शोकमेहि धैर्यं
　　कुधृतिरिवार्हसि धीर नाश्रु मोक्तुम् ।
स्रजमिव मृदितामपास्य लक्ष्मीं
　　भुवि बहवो हि नृपा वनान्यतीयुः ॥८३॥

今译："人中俊杰啊，抛弃忧伤，恢复坚定！
　　　坚定者啊，你不该像软弱者那样流泪！
　　　在大地上，有许多国王抛弃荣华富贵，
　　　犹如抛弃那些破碎的花环，前往森林。（83）

昙译："願自寬情念，勿以憂自傷，
　　　古昔諸勝王，棄國如散花。

अपि च नियत एष तस्य भावः
　　स्मर वचनं तद्दृषेः पुरासितस्य ।
न हि स दिवि न चक्रवर्तिराज्ये
　　क्षणमपि वासयितुं सुखेन शक्यः ॥८४॥

今译："这是他原本已经注定的性格，

想想以前阿私陀仙人说过的话，
因为他不可能安逸地在天国中，
或在转轮王国中哪怕住上片刻！（84）

昙译："子今行學道，何足苦憂悲？
當憶阿私記[①]，理數自應然，
天樂輪轉[②]聖，蕭然不潔清，
豈曰世界王，能移金玉心？

यदि तु नृपवर कार्य एव यत्नस्त्वरितमुदाहर यावदत्र यावः ।
बहुविधिमिह युद्धमस्तु तावत्तव तनयस्य विधेश्च तस्य तस्य ॥८५॥

今译："但是，如果还需要做出努力，
人中俊杰啊，你就赶快发话吧！
我俩前往那里，让你的儿子和
　种种经典仪轨，再反复较量吧！"（85）

昙译："今當使我等，推求到其所，
方便苦諫諍，以表我丹誠，
要望降其志，以慰王憂悲。"

नरपतिरथ तौ शशास तस्मादद्रुतमित एव युवामभिप्रयातम् ।
न हि मम हृदयं प्रयाति शान्तिं वनशकुनेरिव पुत्रलालसस्य ॥८६॥

今译：于是，国王对他俩说道：
"你俩赶快从这里出发！
因为我的心不得安宁，
就像思念幼雏的林中鸟。"（86）

昙译：王喜即答言："唯汝等速行，

---

① "阿私记"意谓阿私陀仙人所说的话。
② 此处"轮转"，据《中华大藏经》校勘记，《碛》、《普》、《南》、《径》、《清》、《丽》作"转轮"。

如舍君陀[①]鳥，為子空中旋，
我今念太子，便捐[②]心亦然。"

परममिति नरेन्द्रशासनात्तौ
　ययतुरमात्यपुरोहितौ वनं तत्।
कृतमिति सवधूजनः सदारो
　नृपतिरपि प्रचकार शेषकार्यम्॥८७॥

今译："好吧！"遵奉国王的命令，
　　　大臣和祭司前往净修林，
　　　国王也与妻子和儿媳们，
　　　举行其他仪式，祈盼成功。（87）

昙译：二人既受命，王與諸眷屬，
　　　其心小清净[③]，氣宣飡飲通。

इति बुद्धचरिते महाकाव्येऽन्तःपुरविलापो नामाष्टमः सर्गः॥८॥

今译：以上是大诗《佛所行赞》中名为《后宫悲伤》的第八章。

---

① "舍君陀"对应原文中的 śakuni（鸟）。昙译"舍君陀"，更接近 śakunta 一词，词义为"鸟"或指一种鸟名。
② 此处"捐"，据《中华大藏经》校勘记，《碛》、《普》、《南》、《径》、《清》、《丽》作"悁"。
③ 此处"清净"，据《中华大藏经》校勘记，《碛》、《普》、《南》、《径》、《清》、《丽》作"清凉"。

९. कुमारान्वेषणः

今译：第九章　寻找王子

昙译：推求太子品第九

**ततस्तदा मन्त्रिपुरोहितौ तौ बाष्पप्रतोदाभिहितौ नृपेण ।
विद्धौ सदश्वाविव सर्वयत्नात्सौहार्दशीघ्रं ययतुर्वनं तत् ॥ १ ॥**

今译：然后，大臣和祭司受到
　　　国王泪水的鞭策和刺激，
　　　犹如两匹骏马，出于友情，
　　　竭尽全力，迅速前往森林。（1）

昙译：王正以憂悲，感切師①大臣，
　　　如鞭策良馬，馳駛若迅流，
　　　身疲不辭勞，逕詣苦行林。

**तमाश्रमं जातपरिश्रमौ तावुपेत्य काले सदृशानुयात्रौ ।
राजर्द्धिमुत्सृज्य विनीतचेष्टावुपेयतुर्भार्गवधिष्ण्यमेव ॥ २ ॥**

今译：他俩由随从陪同，一路辛苦
　　　奔波，终于到达那个净修林，
　　　抛弃王室威风，采取谦恭的
　　　姿态，走近婆利古后裔住处。（2）

昙译：捨俗五儀飾，善攝諸情根，
　　　入梵志精廬②，敬禮彼諸仙。

---

① 此处"师"字对应这颂原文中的 purohita 一词，词义为"家庭祭司"。
② 此处"精庐"指净修林（āśrama）。

तौ न्यायतस्तं प्रतिपूज्य विप्रं तेनार्चितौ तावपि चानुरूपम्।
कृतासनौ भार्गवमासनस्थं छित्त्वा कथामूचतुरात्मकृत्यम्॥३॥

今译：他俩依礼敬拜这位婆罗门，
　　　婆罗门也依礼向他俩致意；
　　　他俩和婆利古后裔入座后，
　　　话题直切他俩要办的事情：（3）

昙译：諸仙請就座，說法安慰之，
　　　即白仙人言：

शुद्धौजसः शुद्धविशालकीर्तेरिक्ष्वाकुवंशप्रभवस्य राज्ञः।
इमं जनं वेत्तु भवानधीतं श्रुतग्रहे मन्त्रपरिग्रहे च॥४॥

今译："你要知道有一位国王，
　　　他是甘蔗族后裔，具有
　　　纯洁的威力，美名远扬，
　　　而我俩掌握学问和圣典。（4）

昙译："意有所恣①問，淨稱②淨飯王，
　　　甘蔗名勝胄，我等為賢③臣，
　　　法教典要事。

तस्येन्द्रकल्पस्य जयन्तकल्पः पुत्रो जरामृत्युभयं तितीर्षुः।
इहाभ्युपेतः किल तस्य हेतोरावामुपेतौ भगवानवैतु॥५॥

今译："这位国王如同因陀罗，他的儿子
　　　如同迦衍多④，想要超越老死的恐惧，

---

① 此处"恣"字，据《中华大藏经》校勘记，《碛》、《普》、《南》、《径》、《清》、《丽》作"咨"。
② 此处"净称"指纯洁的名称或名誉。
③ 此处"贤"字，据《中华大藏经》校勘记，《碛》、《普》、《南》、《径》、《清》、《丽》作"师"。
④ "迦衍多"（jayanta，昙译"阇延多"）是因陀罗的儿子。

听说他已经来到这里，你要知道，
正是出于这个原因，我俩来到这里。（5）

昙译："王如天帝释，子如阇延多，
　　　為度老病死，出家或投此，
　　　我等為彼來，惟尊應當知。"

तौ सो ऽब्रवीदस्ति स दीर्घबाहुः प्राप्तः कुमारो न तु नाववुद्धः ।
धर्मो ऽयमावर्तक इत्यवेत्य यातस्त्वराडाभिमुखो मुमुक्षुः ॥ ६ ॥

今译：他回答他俩说："有位青年，
　　　双臂修长，已经完全觉醒，
　　　知道我们这里奉行轮回法[①]，
　　　便前往阿罗蓝处寻求解脱。"（6）

昙译：答言："有此人，長臂大人相，
　　　釋[②]我等所行，隨順生死法，
　　　往詣阿羅藍，以求勝解脫。"

तस्मात्ततस्तावुपलभ्य तत्त्वं तं विप्रमामन्त्र्य तदैव सद्यः ।
खिन्नावखिन्नाविव राजभक्त्या प्रसस्रतुस्तेन यतः स यातः ॥ ७ ॥

今译：从他那里了解到这个实情，
　　　他俩立即向这婆罗门告别，
　　　沿着王子去向寻找，忠于
　　　国王，再辛苦也不觉劳累。（7）

昙译：既得定實已，遵崇王速命，
　　　不敢計疲勞，尋路而馳進。

यान्तौ ततस्तौ मृजया विहीनमपश्यतां तं वपुषोज्ज्वलन्तम् ।

[①] 此处"轮回法"的原文是 dharmaḥ āvartakaḥ，指生死轮回的法则。昙译"生死法"。
[②] 此处"释"字，据《中华大藏经》校勘记，《碛》、《普》、《南》、《径》、《清》、《丽》作"择"。而参照原文，"释"字可取，意谓"舍弃"。

उपोपविष्टं पथि वृक्षमूले सूर्यं घनाभोगमिव प्रविष्टम्॥८॥

今译：他俩在行进中，发现王子
坐在路边树下，毫无装饰，
而凭借自己身体闪耀光辉，
犹如进入浓雾密云的太阳。(8)

昙译：見太子處林，悉捨俗儀飾，
真體猶光曜，如日出烏雲。

यानं विहायोपययौ ततस्तं पुरोहितो मन्त्रधरेण सार्धम्।
यथा वनस्थं सहवामदेवो रामं दिदृक्षुर्मुनिरौर्वशेयः॥९॥

今译：于是，祭司和大臣一起下车，
走近他，犹如优哩婆湿之子
投山仙人和大臣婆摩提婆，
渴望见到住在林中的罗摩。① (9)

昙译：國奉天神師，執正法大臣，
捨除俗威儀，不②乘而步進，
猶王婆摩疊，仙人婆私吒，
往詣山林中，見王子羅摩，
各隨其奉③儀，恭敬禮問訊。

तावर्चयामासतुरर्हतस्तं दिवीव शुक्राङ्गिरसौ महेन्द्रम्।
प्रत्यर्चयामास स चाहतस्तौ दिवीव शुक्राङ्गिरसौ महेन्द्रः॥१०॥

今译：他俩依礼向王子，犹如天国修迦罗和

---

① 这里提到投山仙人（aurvaśeya）和婆摩提婆（vāmadeva，昙译"婆摩叠"）看望林中的罗摩，不见于现存的《罗摩衍那》。在现存《罗摩衍那》的《童年篇》中提到婆私吒（vasiṣṭha，或译"极裕"）和婆摩提婆，他俩都是仙人。同时，在《阿逾陀篇》中提到婆私吒和婆罗多一起去看望流亡林中的罗摩。这颂昙译中提到"仙人婆私吒"，符合现存《罗摩衍那》。

② 此处"不"字，据《中华大藏经》校勘记，《碛》、《普》、《南》、《径》、《清》、《丽》作"下"。

③ 此处"奉"字，据《中华大藏经》校勘记，《碛》、《普》、《南》、《径》、《清》、《丽》作"本"。

安吉罗之子毗诃波提[①]向因陀罗致敬,
王子也依礼向他俩,犹如天国因陀罗
向修迦罗和安吉罗之子毗诃波提致敬。(10)

昙译:猶如儵迦羅, 及與央耆羅,
盡心加恭敬, 奉事天帝釋,
王子亦隨敬, 王師及大臣,
如帝釋安慰, 儵迦央耆羅[②]。

कृताभ्यनुज्ञावभितस्ततस्तौ निषेदतुः शाक्यकुलध्वजस्य ।
विरेजतुस्तस्य च संनिकर्षे पुनर्वसू योगगताविवेन्दोः ॥ ११ ॥

今译:获得恩准后,他俩坐下,
坐在这位释迦族旗帜的
身边,犹如井宿双子星,
与月亮会合,光彩熠熠。(11)

昙译:即命彼二人, 坐於王子前,
如富那婆藪[③], 兩星侍月傍。

तं वृक्षमूलस्थमभिज्वलन्तं पुरोहितो राजसुतं बभाषे ।
यथोपविष्टं दिवि पारिजाते बृहस्पतिः शक्रसुतं जयन्तम् ॥ १२ ॥

今译:祭司对坐在树下的光辉
王子,犹如天国毗诃波提
对坐在波利质多树下的
因陀罗之子迦衍多,说道:(12)

昙译:王師及大臣, 啟請於王子,
如毗利波低, 語彼闍延多:

---

① "修迦罗"(śukra)和"毗诃波提"(bṛhaspati)是两位著名的天国仙人。
② 昙译这颂中的"央耆罗"对应这颂原文中的 āṅgirasa("安吉罗之子",即毗诃波提),而在第 1 品第 41 颂中又对应 aṅgiras(安吉罗)。
③ "富那婆藪"是 punarvasu(井宿)一词的音译。

第九章　寻找王子　233

त्वच्छोकशल्ये हृदयावगाढे मोहं गतो भूमितले मुहूर्तम्।
कुमार राजा नयनाम्बुवर्षो यत्त्वामवोचत्तदिदं निबोध॥ १३ ॥

今译："国王为你忧伤，如箭钻心，
　　　　曾经在片刻之间昏倒在地，
　　　　你应该知道，他泪流如雨，
　　　　王子啊，这是他对你说的话：（13）

昙译："父王念太子，如利刺貫心，
　　　　荒迷發狂亂，臥於塵土中，
　　　　日夜增悲思，流淚常如雨，
　　　　勅我有所命，惟願留心聽：

जानामि धर्मं प्रति निश्चयं ते परैमि ते भाविनमेतमर्थम्।
अहं त्वकाले वनसंश्रयात्ते शोकाग्निनाग्निप्रतिमेन दह्ये॥ १४ ॥

今译："'我知道你追求正法的决心，
　　　　我也明白这是你未来的归宿，
　　　　但你进入林中的时间不适当，
　　　　我受到忧伤之火猛烈烧灼。（14）

昙译："'知汝樂法情，決定無所疑，
　　　　非時入林藪，悲戀嬈①我心。

तदेहि धर्मप्रिय मत्प्रियार्थं धर्मार्थमेव त्यज बुद्धिमेताम्।
अयं हि मा शोकरयः प्रवृद्धौ नदीरयः कूलमिवाभिहन्ति॥ १५ ॥

今译："'热爱正法者啊，请回来吧！
　　　　为我抛弃追求正法的想法吧！
　　　　请不要让我的忧伤如同河水
　　　　猛涨，汹涌澎湃，冲毁堤岸！（15）

---

① 此处"嬈"字，据《中华大藏经》校勘记，《碛》、《普》、《南》、《径》、《清》作"烧"。

昙译:"'汝若念法者,應當哀愍我,
搖①寬遠遊情,以愍②我懸心,
勿令憂悲水,崩壞我心圻③。

मेघाम्बुकक्षाद्रिषु या हि वृत्तिः समीरणार्काग्निमहाशनीनाम्।
तां वृत्तिमस्मासु करोति शोको विकर्षणोच्छोषणदाहभेदैः॥ १६॥

今译:"'这忧伤对我来说,
威力如同狂风吹散云,
太阳晒干水,烈火
焚烧草,雷电劈开山。(16)

昙译:"'如雲水草山,風日火雹災,
憂悲為四患,飄乾燒壞心。④

तद्दुःख तावद्वसुधाधिपत्यं काले वनं यास्यासि शास्त्रदृष्टे।
अनिष्टबन्धौ कुरु मय्यपेक्षां सर्वेषु भूतेषु दया हि धर्मः॥ १७॥

今译:"'因此,你享受大地统治权吧!
到了经典规定时间,再去林中;
你要关心我这个不幸的亲人,
因为正法原本怜悯一切众生。(17)

昙译:"'且還食土邑,時至更遊仙,
不顧於親戚,父母亦棄捐,
此豈名慈悲,覆護一切耶?

न चैष धर्मो वन एव सिद्धः पुरे ऽपि सिद्धिर्नियता यतीनाम्।

---

① 此处"搖"字,据《中华大藏经》校勘记,《碛》、《普》、《南》、《径》、《清》、《丽》作"望"。
② 此处"愍"字,据《中华大藏经》校勘记,《碛》、《普》、《南》、《径》、《清》、《丽》作"慰"。
③ 此处"圻"指"河岸",与这颂原文中的 kūla("河岸"或"堤岸")对应。
④ 昙译这颂照搬原文的词序,而实际表达的意思是:风——飘——云,日——干——水,火——烧——草,雹——坏——山。

第九章 寻找王子 235

बुद्धिश्च यत्नश्च निमित्तमत्र वनं च लिङ्गं च हि भीरुचिह्नम्॥१८॥

今译："'正法未必在林中获得成功，
苦行者在城中也肯定能修成，
智慧和勤勉是成功的原因，
森林和形相是怯懦的标志。(18)

昙译："'法不必山林，在家亦脩閑，
覺悟勤方便，是則名出家；
剔①髮服染衣，自放②山藪間，
此則懷畏怖，何足名學仙？

मौलीधरैरंसविषक्तहारैः केयूरविष्टब्धभुजैर्नरेन्द्रैः।
लक्ष्म्यङ्कमध्ये परिवर्तमानैः प्राप्तो गृहस्थैरपि मोक्षधर्मः॥१९॥

今译："'头顶上戴着王冠，肩膀上
悬挂项链，手臂上佩戴腕环，
享有荣华富贵，这样的国王
即使在家，也能获得解脱法。(19)

昙译："'願得一抱汝，以水雨其頂，
冠以汝③天冠，置於彎④蓋下，
矚目一觀汝，然後我出家。⑤

ध्रुवानुजौ यौ बलिवज्रबाहू वैभ्राजमाषाढमथान्तिदेवम्।

---

① 此处"剔"字，据《中华大藏经》校勘记，《碛》、《普》、《南》、《径》、《清》、《丽》作"剃"。
② 此处"放"字，据《中华大藏经》校勘记，《碛》、《普》、《南》、《径》、《清》作"游"。
③ 此处"以汝"，据《中华大藏经》校勘记，《碛》、《普》、《南》、《径》、《清》、《丽》作"汝以"。
④ 此处"弯"字，据《中华大藏经》校勘记，《碛》、《普》、《南》、《径》、《清》、《丽》作"伞"。
⑤ 昙译这颂的意思是国王表示希望为王子灌顶，然后自己退隐林中，过出家人生活，与下面原文第22颂对应。

विदेहराजं जनकं तथैव...... द्रुमं सेनजितश्च राज्ञः ॥२०॥

今译："'达鲁婆的两个弟弟伯利和
　　　缚遮罗跋呼，威跋，阿夏吒，
　　　毗提诃王遮那迦，德鲁摩，
　　　安迪提婆，塞纳耆特诸王。（20）

昙译："'頭留摩光[①]王，阿㝹闍河沙[②]，
　　　跋闍羅婆休，毗跋羅安提，
　　　毗提訶闍那，那羅濕波羅[③]。

एतान्गृहस्थान्नृपतीनवेहि नैःश्रेयसे धर्मविधौ विनीतान्।
उभौ ऽपि तस्माद्युगपद्भजस्व चित्ताधिपत्यं च नृपश्रियं च॥२१॥

今译："'你要知道这些国王都是
　　　在家奉行正法，达到至福，
　　　因此，你也应该同时享有
　　　内心统治权和王国统治权。（21）

昙译："'如是等諸王，悉皆著天冠，
　　　瓔珞以嚴容，手足貫珠環，
　　　婇女眾娛樂，不違解脫因。[④]
　　　汝今可還家，崇習於二事，
　　　心修增上法，為地增上主。'

इच्छामि हि त्वामुपगुह्य गाढं कृताभिषेकं सलिलार्द्रमेव ।

---

　　① 此处"光"字，据《中华大藏经》校勘记，《碛》、《普》、《南》、《径》、《清》、《丽》作"先"。

　　② 此处"河沙"，据《中华大藏经》校勘记，《碛》、《普》、《南》、《径》、《清》作"阿沙"。

　　③ 昙译这颂中，"头留摩"对应原文中的 dhruma（达鲁婆）。"阿㝹闍"对应 anuja（实际意思是"弟弟"）。"阿沙"对应 āṣādha（阿夏吒）。"跋阇罗婆休"对应 vajrabāhu（缚遮罗跋呼）。"毗跋罗"对应 vaibhrāja（威跋王）。"安提"对应 antideva（安迪提婆）。"毗提诃阇那"对应 videharājam janakam（毗提诃王遮那迦）。"那罗湿波罗"不见于原文。

　　④ 昙译以上三行与上面原文第 19 颂对应。

धृतातपत्त्रं समुदीक्षमाणस्तेनैव हर्षेण वनं प्रवेष्टुम्॥२२॥

今译："'因为我盼望你接受灌顶，
圣水浇湿你后，我紧紧地
拥抱你，望着你持有华盖，
我便满怀喜悦，进入森林。'（22）

इत्यब्रवीद्भूमिपतिर्भवन्तं वाक्येन बाष्पग्रथिताक्षरेण ।
श्रुत्वा भवानर्हति तत्प्रियार्थं स्नेहेन तत्स्नेहमनुप्रयातुम्॥२३॥

今译："国王含泪哽咽，对你
讲了这些话，你听后，
为了让他高兴，你应该
以爱心追随他的爱心。（23）

昙译："垂淚約勅我，令宣如是言；
既有此勅旨，汝應奉敬[①]還。

शोकाम्भसि त्वत्प्रभवे ह्यगाधे
दुःखार्णवे मज्जति शाक्यराजः ।
तस्मात्तमुत्तारय नाथहीनं
निराश्रयं मग्नमिवार्णवे नौः॥२४॥

今译："由于你，释迦王沉入苦海，
充满忧愁之水，深不可测，
因此，你应该拯救他，犹如
拯救海中无依无靠的沉船。（24）

昙译："父王因汝故，沒溺憂悲海，
無救無所依，無由自開釋，
汝當為船師，渡著安隱處。

---

① 此处"敬"字，据《中华大藏经》校勘记，《碛》、《普》、《南》、《径》、《清》、《丽》作"教"。

भीष्मेण गङ्गोदरसंभवेन रामेण रामेण च भार्गवेण ।
श्रुत्वा कृतं कर्म पितुः प्रियार्थं पितुस्त्वमप्यर्हसि कर्तुमिष्टम् ॥२५॥

今译:"你已听说恒河之子毗湿摩,
罗摩和婆利古族后裔罗摩,
他们都做了让父亲高兴的事,
你也应该做让父亲高兴的事。①(25)

昙译:"毗林摩②王子,二羅彌跋祇③,
聞父事恭敬④,汝今亦應然。

संवर्धयित्रीं समवेहि देवीमगस्त्यजुष्टां दिशमप्रयाताम् ।
प्रनष्टवत्सामिव वत्सलां गामजस्रमार्तां करुणं रुदन्तीम् ॥२६॥

今译:"你要知道王后,你的养母,
犹如慈爱的母牛失去牛犊,
不停地哀哀哭泣,还没有
前往投山仙人出没的方位⑤。(26)

昙译:"慈母鞠養恩,盡壽報罔極⑥,
如牛失其犢,悲呼忘眠食。

हंसेन हंसीमिव विप्रयुक्तां त्यक्तां गजेनेव वने करेणुम् ।

---

① 这颂中提到的毗湿摩(bhīṣma)是福身王和恒河女神之子。他为了让福身王与渔家女贞信成婚,并保证让贞信所生的儿子继承王位,而发誓独身一世。罗摩(rāma)是十车王的长子。他为了让父亲兑现许给小王后的诺言,让小王后的儿子继承王位,自愿流放森林。婆利古后裔罗摩即持斧罗摩(paśurāma)曾服从父亲残酷的命令,杀死母亲。
② 此处"毗林摩",据《中华大藏经》校勘记,《碛》、《普》、《南》、《径》、《清》作"毗森摩"。"毗森摩"的读音比"毗林摩"接近原文 bhīṣma(毗湿摩)。
③ 此处的"罗弥"对应原文中的 rāma(罗摩)。此词昙译在别处也译为"罗摩",而在这里可能由于此词使用具格 rāmeṇa,而译成了"罗弥"。"跋祇"对应原文中的 bhārgava("跋罗伽婆",即婆利古后裔持斧罗摩)。此词昙译在第6品第1颂中译为"跋伽"。
④ 此处"事恭敬",据《中华大藏经》校勘记,《碛》、《普》、《南》、《径》、《清》、《丽》作"敕恭命"。
⑤ 这里是指南方。南方也是死神阎摩(yama)控制的方位。
⑥ "尽寿报罔极"意谓这一生也报答不尽她的恩情。这句不见于原文。

第九章 寻找王子

आर्तां सनाथामपि नाथहीनां त्रातुं वधूमर्हसि दर्शनेन॥२७॥

今译："犹如雌天鹅与雄天鹅分离,
　　　犹如母象在林中被公象抛弃,
　　　即使有夫主,也等于无夫主,
　　　你要用会面救助痛苦的妻子。"(27)

昙译："汝今應速還,以救我生命,
　　　孤鳥離羣哀,龍象獨遊苦。①

**एकं सुतं बालमनर्हदुःखं संतापमन्तर्गतमुद्वहन्तम्।
तं राहुलं मोक्षय बन्धुशोकाद्राहूपसर्गादिव पूर्णचन्द्रम्॥२८॥**

今译："独生子尚年幼,不堪承受
　　　痛苦,却忍受着内心的焦灼,
　　　你要解除罗睺罗为父母忧伤,
　　　犹如让圆月摆脱罗睺侵蚀。(28)

昙译："憑依者失蔭,當思為救護,
　　　一子孩幼孤,遭苦莫知苦②,
　　　勉③彼煢煢苦,如人救月食。

**शोकाग्निना त्वद्विरहेन्धनेन निःश्वासधूमेन तमःशिखेन।
त्वद्दर्शनाम्ब्विच्छति दह्यमानमन्तःपुरं चैव पुरं च कृत्स्नम्॥२९॥**

今译："后宫乃至整座城市燃烧着
　　　忧伤之火,与你分离是燃料,
　　　叹息是烟雾,昏暗是火苗,
　　　盼望降下与你会面之雨水。"(29)

---

① 这颂按原文,是针对王子的妻子耶输陀罗而说的。
② 此处"苦"字,据《中华大藏经》校勘记,《碛》、《普》、《南》、《径》、《清》、《丽》作"告"。
③ 此处"勉",据《中华大藏经》校勘记,《碛》、《普》、《南》、《径》、《清》作"免"。

昙译："舉國諸士女，別離苦熾然，
　　　　歎息烟衝天，熏慧眼令闇，
　　　　唯求見汝水，滅火目開明。"

स बोधिसत्त्वः परिपूर्णसत्त्वः श्रुत्वा वचस्तस्य पुरोहितस्य ।
ध्यात्वा मुहूर्तं गुणवद्गुणज्ञः प्रत्युत्तरं प्रश्रितमित्युवाच॥३०॥

今译：这位菩萨内心充满勇气，
　　　　听了祭司的话，沉思片刻，
　　　　他通晓一切品德，做出
　　　　符合品德而谦恭的回答：（30）

昙译：菩薩聞父王，切教苦備至，
　　　　端坐正思惟，隨宜遜順答：

अवैमि भावं तनये पितॄणां
　　　विशेषतो यो मयि भूमिपस्य ।
जानन्नपि व्याधिजराविपद्भ्यो
　　　भीतस्त्वगत्या स्वजनं त्यजामि॥३१॥

今译："我知道父亲们对儿子的
　　　　感情，尤其是国王对于我，
　　　　即使知道，但惧怕老病死，
　　　　我别无选择，抛弃亲人们。（31）

昙译："我亦知父王，慈念以①過厚，
　　　　畏生老病死，故違罔極恩。

द्रष्टुं प्रियं कः स्वजनं हि नेच्छेन्नान्ते यदि स्यात्प्रियविप्रयोगः ।
यदा तु भूत्वापि चिरं वियोगस्ततो गुरुं स्निग्धमपि त्यजामि॥३२॥

今译："如果最终不会与亲爱之人分离，

---

① 此处"以"字，据《中华大藏经》校勘记，《碛》、《普》、《南》、《径》、《清》、《丽》作"心"。

　　　　　有谁会不愿意看到可爱的亲人？
　　　　　而即使相处很久，最终会分离，
　　　　　因此，我连慈爱的父亲也抛弃。（32）

　　昙译："誰不重所生？以終別離故，
　　　　　正使生相守，死至莫能留，
　　　　　是故知所重，長辭而出家。

**मद्धेतुकं यत्तु नराधिपस्य शोकं भवानाह न तत्प्रियं मे ।
यत्स्वप्नभूतेषु समागमेषु संतप्यते भाविनि विप्रयोगे॥३३॥**

　　今译："你说国王为我忧伤，
　　　　　我并不乐意看到这样，
　　　　　相聚似梦，未来必定
　　　　　分离，而他为此焦虑。（33）

　　昙译："聞父王憂悲，增戀切我心，
　　　　　但如夢暫會，條忽歸無常。

**एवं च ते निश्चयमेतु बुद्धिर्दृष्ट्वा विचित्रं जगतः प्रचारम् ।
संतापहेतुर्न सुतो न बन्धुरज्ञाननैमित्तिक एष तापः॥३४॥**

　　今译："看到世界的种种行为，
　　　　　你的思想就会得出结论：
　　　　　焦虑的原因不在于儿子
　　　　　或亲人，而是源自无知。（34）

　　昙译："汝當決定知，眾生性不同[①]，
　　　　　憂苦之所生，不必子與親，
　　　　　所以生離苦，皆從癡惑生。

---

　　① "众生性不同"对应这颂原文中的 vicitram jagataḥ pracāram，可理解为"世界众生各种各样的行为"。

यथाध्वगानामिह संगतानां काले वियोगो नियतः प्रजानाम्।
प्राज्ञो जनः को नु भजेत शोकं बन्धुप्रतिज्ञातजनैर्विहीनः॥३५॥

今译:"世上的众生如同旅人,
　　　必定随时相遇又分离,
　　　故而与名为亲友者分离,
　　　哪个智者会为此忧伤？（35）

昙译:"如人随路行，中道暂相逢,
　　　须臾各分析，乖理本自然；
　　　合会暂成亲，随缘理自分,
　　　深达亲假合①，不应生忧悲。

इहैति हित्वा स्वजनं परत्र प्रलभ्य चेहापि पुनः प्रयाति।
गत्वापि तत्राप्यपरत्र गच्छत्येवं जने त्यागिनि कोऽनुरोधः॥३६॥

今译:"抛弃前世亲友，来到这世,
　　　在这世得到亲人后，又离去,
　　　从这世离去后，又前往来世,
　　　谁会留恋这样的离弃之人？（36）

昙译:"此世违亲爱，他世界②求亲,
　　　暂亲复乖离，处处无非亲,
　　　常合如③常散，散散何足哀？

यदा च गर्भात्रभृति प्रवृत्तः सर्वास्ववस्थासु वधाय मृत्युः।
कस्मादकाले वनसंश्रयं मे पुत्रप्रियस्तत्रभवानवोचत्॥३७॥

---

① "深达亲假合"意谓深知亲人们暂时聚合。其中的"假合"可理解为"暂时聚合"，也可理解为"虚假聚合"。按这颂原文中有 bandhupratijñāta 这个复合词，意谓"称为亲人的"或"假名亲人的"。

② 此处"界"字，据《中华大藏经》校勘记，《碛》、《普》、《南》、《径》、《清》、《丽》作"更"。

③ 此处"如"字，据《中华大藏经》校勘记，《碛》、《普》、《南》、《径》、《清》、《丽》作"而"。

今译："每个人从入胎之时开始，
　　　死神随时随地准备杀死他，
　　　为什么我的父亲热爱儿子，
　　　说我前往林中时间不适当？（37）

昙译："處胎漸漸變，分分死更生，
　　　一切時有死，山林何非時？

भवत्यकालो विषयाभिपत्तौ कालस्तथैवार्थविधौ प्रदिष्टः।
कालो जगत्कर्षति सर्वकालान्निर्वाहके श्रेयसि नास्ति कालः॥३८॥

今译："追求感官对象才是不合时，
　　　时间被安排在追求财富中，
　　　时间永远牵制着这个世界，
　　　而获得解脱①的至福无时间。（38）

昙译："侍時受五欲，求財時亦然，
　　　一切時死故，除死法無時。

राज्यं मुमुक्षुर्मयि यच्च राजा तदप्युदारं सदृशं पितुश्च।
प्रतिग्रहीतुं मम न क्षमं तु लोभादपथ्यान्नमिवातुरस्य॥३९॥

今译："国王想要将王权交给我，
　　　这虽然是为父的高尚行为，
　　　但我不能出于贪心而接受，
　　　犹如病人接受不合适食物。（39）

昙译："欲使我為王，慈愛法難違，
　　　如病服非藥，是故我不堪。

कथं नु मोहायतनं नृपत्वं क्षमं प्रपत्तुं विदुषा नरेण।

---

① 此处"解脱"的原词是 nirvāhaka，含有"完成"、"抛弃"或"摆脱"的意思，昙译"除死法"。

सोद्वेगता यत्र मदः श्रमश्च परापचारेण च धर्मपीडा ॥४०॥

今译："王权是充满愚痴的处所，
智者怎么可能去占有它？
其中有恐怖、迷醉和疲惫，
听从他人犯错，危害正法。（40）

昙译："高位愚癡處，放逸隨愛憎，
終身常畏怖，思慮形神疲，
順眾心違法，智者所不為。

जाम्बूनदं हर्म्यमिव प्रदीप्तं विषेण संयुक्तमिवोत्तमान्नम्।
ग्राहाकुलं चाम्बिवव सारविन्दं राज्यं हि रम्यं व्यसनाश्रयं च ॥४१॥

今译："王权可爱，却是灾难渊薮，
犹如一座着火的紫金宫殿，
犹如掺有毒药的美味佳肴，
犹如充满鳄鱼的莲花池水。（41）

昙译："七寶妙宮殿，於中盛火熱[①]，
天厨百味飯，於中有雜毒，
蓮華清涼池，於中多毒蟲，
位高為災宅，慧者所不居。

इत्थं च राज्यं न सुखं न धर्मः पूर्वे यथा जातघृणा नरेन्द्राः।
वयःप्रकर्षेऽपरिहार्यदुःखे राज्यानि मुक्त्वा वनमेव जग्मुः ॥४२॥

今译："这种王权无快乐，无正法，
正如古代的国王们年龄增长，
面对无法消除的痛苦，心生
厌倦，抛弃王国，前往森林。（42）

[①] 此处"热"字，据《中华大藏经》校勘记，《碛》、《普》、《南》、《径》、《清》、《丽》作"然"。

昙译:"古昔先勝王,見居國多愆,
　　　　楚毒加眾生,厭患而出家。

वरं हि भुक्तानि तृणान्यरण्ये तोषं परं रत्नमिवोपगृह्य ।
सहोषितं श्रीसुलभैर्न चैव दोषैरटइयैरिव कृष्णसर्पैः ॥४३॥

今译:"宁可在森林中食草,感到
　　　　最大的满足,犹如怀藏珍宝,
　　　　也不与财富同住,容易招来
　　　　危险,如同那些隐藏的黑蛇。(43)

昙译:"故知王正苦,不如行法安,
　　　　寧處於山林,食草同禽獸,
　　　　不堪處深宮,黑蛇同其穴。

श्लाघ्यं हि राज्यानि विहाय राज्ञां धर्माभिलाषेण वनं प्रवेष्टुम् ।
भग्नप्रतिज्ञस्य न तूपपन्नं वनं परित्यज्य गृहं प्रवेष्टुम् ॥४४॥

今译:"抛弃王国,追求正法,前往
　　　　森林,这样的国王值得称颂,
　　　　而破坏誓言,抛弃森林,返回
　　　　家中,这样的国王不值得称颂。(44)

昙译:"捨王位五欲,任苦遊山林,
　　　　此則為隨順,樂法漸增明;
　　　　今棄閑靜林,還家受五欲,
　　　　日夜苦法增,此則非所應。

जातः कुले को हि नरः ससत्त्वो धर्माभिलाषेण वनं प्रविष्टः ।
काषायमुत्सृज्य विमुक्तलज्जः पुरंदरस्यापि पुरं श्रयेत् ॥४५॥

今译:"出身高贵,有勇气,求正法,
　　　　进入森林,这样的人怎么会
　　　　抛弃袈裟衣,不顾羞耻,返回

城市，即使是返回因陀罗天城？（45）

昙译："名族大丈夫，樂法而出家，
　　　　永背名稱族，建大丈夫志，
　　　　毀形被法服，樂法遊山林，
　　　　今復棄法服，有違慚愧心，
　　　　天王尚不可，況歸人勝宅？

लोभाद्धि मोहादथवा भयेन यो वान्तमन्नं पुनराददीत ।
लोभात्स मोहादथवा भयेन संत्यज्य कामान्पुनराददीत॥४६॥

今译："若有人出于贪婪、愚痴或
　　　　恐惧，再次取回吐出的食物，
　　　　他就会出于贪婪、愚痴或
　　　　恐惧，再次取回抛弃的爱欲。（46）

昙译："已吐貪恚癡，而復還服食，
　　　　如人反食吐，此苦安可堪？

यश्च प्रदीप्ताच्छरणात्कथंचिन्निष्क्रम्य भूयः प्रविशेत्तदेव ।
गार्हस्थ्यमुत्सृज्य स दृष्टदोषो मोहेन भूयो ऽभिलषेद्ग्रहीतुम्॥४७॥

今译："若有人好不容易从火宅中
　　　　逃了出来，却又再次进入，
　　　　他就会在放弃家主地位后，
　　　　明知故犯，愿意再次占有。（47）

昙译："如此舍被燒，方便馳走出，
　　　　須臾還復入，此豈為點夫[①]？
　　　　見生老死過，厭患而出家，
　　　　今當還復入，愚癡與彼同。

---

① "點夫"意谓"聰明人"。这颂原文中无此词。

या च श्रुतिर्मोक्षमवाप्तवन्तो नृपा गृहस्था इति नैतदस्ति ।
शमप्रधानः क्व च मोक्षधर्मो दण्डप्रधानः क्व च राजधर्मः ॥४८॥

今译:"经典中所谓国王在家获得
解脱,这样的事情并不存在,
寂静主导的解脱法和刑杖
主导的王法,两者天壤之别。(48)

昙译:"處宮修解脫,則無有是處,
解脫寂靜生,王者加①楚罰②。

शमे रतिश्चेच्छिथिलं च राज्यं राज्ये मतिश्चेच्छमविप्लवश्च ।
शमश्च तैक्ष्ण्यं च हि नोपपन्नं शीतोष्णयोरैक्यमिवोदकाग्न्योः ॥४९॥

今译:"热爱寂静,则王权松懈,
热衷王权,则寂静毁坏,
寂静和严酷两者不相容,
犹如冷和热以及水和火。(49)

昙译:"寂靜廢王威,王正③解脫乖,
動靜猶水火,二理可④得俱?

तन्निश्चयाद्धा वसुधाधिपास्ते राज्यानि मुक्त्वा शममाप्तवन्तः ।
राज्याश्रिता वा निभृतेन्द्रियत्वादनैष्ठिके मोक्षकृताभिमानाः ॥५०॥

今译:"因此,国王们或者下决心,
抛弃王权,从而达到寂静;
或者,占有王权,控制感官,
自以为解脱,而未得至福。(50)

---

① 此处"加"字,据《中华大藏经》校勘记,《丽》作"如"。
② 此处"楚罚"一词意谓处罚或刑罚,与这颂原文中的 daṇḍa 一词对应,词义为"刑杖"。
③ 此处"正"字,与"政"通。
④ 此处"可"字,据《中华大藏经》校勘记,《碛》、《普》、《南》、《径》、《清》、《丽》作"何"。

昙译:"决定修解脱,亦不俱[①]王位,
　　　　若言居王位,兼修解脱者,
　　　　此則非決定,決定解亦然[②]。

तेषां च राज्ये ऽस्तु शमो यथावत्प्राप्तो वनं नाहमनिश्चयेन ।
छित्त्वा हि पाशं गृहबन्धुसंज्ञं मुक्तः पुनर्न प्रविविक्षुरस्मि ॥५१॥

今译:"让他们在王权中达到平静吧!
　　　　而我不会不下决心进入森林;
　　　　我已斩断家族和亲友的套索,
　　　　获得解脱,不愿意再入套索。"(51)

昙译:"既非決定心,或出還復入;
　　　　我今已決定,斷親屬鈎鉺[③],
　　　　正方便出家,云何還復入?"

इत्यात्मविज्ञानगुणानुरूपं मुक्तस्पृहं हेतुमदूर्जितं च ।
श्रुत्वा नरेन्द्रात्मजमुक्तवन्तं प्रत्युत्तरं मन्त्रधरो ऽप्युवाच ॥५२॥

今译:王子做出这番回答,
　　　　合理有力,摆脱贪欲,
　　　　符合自我知识和品德,
　　　　大臣听后,对他说道:(52)

昙译:大臣內思惟:"太子大丈夫,
　　　　深識德隨順,所說有因緣。"
　　　　而告太子言:

[①] 此处"俱",据《中华大藏经》校勘记,《碛》、《普》、《南》、《径》、《清》、《丽》作"居"。

[②] 此处"亦然",据《中华大藏经》校勘记,《碛》、《普》、《南》、《径》、《清》作"不然"。这句的意思是"决定解脱不会这样"。

[③] 此处"鉺"字,据《中华大藏经》校勘记,《碛》、《普》、《南》、《径》、《清》、《丽》作"饵"。

यो निश्चयो धर्मविधौ तवायं
　　नायं न युक्तो न तु कालयुक्तः ।
शोकाय दत्त्वा पितरं वयःस्थं
　　स्याद्धर्मकामस्य हि ते न धर्मः ॥५३॥

今译："并非说你实行正法的决心
　　不合适，而是时间不合适，
　　你热爱正法，而让年迈的
　　父亲忧伤，这就不合正法。（53）

昙译："如王子所說，求法法應爾，
　　但今非是時。父王衰暮年，
　　念子增憂悲，雖曰樂解脫，
　　反更為非法。

नूनं च बुद्धिस्तव नातिसूक्ष्मा धर्मार्थकामेष्वविचक्षणा वा ।
हेतोरदृष्टस्य फलस्य यस्त्वं प्रत्यक्षमर्थं परिभूय यासि ॥५४॥

今译："你的智力确实不够精细，
　　不明了正法、利益和爱欲①，
　　忽视就在眼前的感官对象，
　　而去追求不可见的果实。（54）

昙译："雖樂出無慧，不思深細理，
　　不見因求果，徒捨見法②歡。

पुनर्भवो ऽस्तीति च केचिदाहुर्नास्तीति केचिन्नियतप्रतिज्ञाः ।
एवं यदा संशयितोऽयमर्थस्तस्मात्क्षमं भोक्तुमुपस्थिता श्रीः ॥५५॥

今译："一些人说有来世再生，

---

① "正法、利益和爱欲"是婆罗门教确认的人生三大目的。
② 此处"见法"中的"见"与"现"通。"现法"（dṛṣṭadharma）指"现世"。这颂原文中没有使用此词。

　　　　一些人发誓说肯定没有，
　　　　既然此事还值得怀疑，
　　　　就应该享受现成的王权。（55）

　昙译："有言有後世，又復有言無，
　　　　有無既不伴①，何為捨見樂？

**भूयः प्रवृत्तिर्यदि काचिदस्ति
रंस्यामहे तत्र यथोपपत्तौ ।
अथ प्रवृत्तिः परतो न काचि-
त्सिद्धोऽप्रयत्नाजगतोऽस्य मोक्षः ॥५६॥**

　今译："如果有来世再生，那么，
　　　　我们按照出生在世上享乐；
　　　　如果没有来世再生，那么，
　　　　无须费力，就从世界解脱。（56）

　昙译："若當有後世，應任其所得，
　　　　若言後世無，無即為解脫②。

**अस्तीति केचित्परलोकमाहुर्मोक्षस्य योगं न तु वर्णयन्ति ।
अग्नेर्यथा ह्यौष्ण्यमपां द्रवत्वं तद्वत्प्रवृत्तौ प्रकृतिं वदन्ति ॥५७॥**

　今译："一些人说有其他世界，
　　　　他们不讲述实施解脱，
　　　　因为正如火热和水湿，
　　　　一切活动源自其本性。（57）

　昙译："有言有後世，不說解脫因，
　　　　如地堅火暖，水濕風飄動，③

---

① 此处"伴"字，据《中华大藏经》校勘记，《碛》、《普》、《南》、《径》、《清》、《丽》作"判"。
② 此处"无即为解脱"的意思是无后世就是解脱。
③ 这里讲述四大元素的性质：地坚、火热、水湿和风动。这颂原文中只提及火和水。

後世亦復然，此則性自爾。

केचित्स्वभावादिति वर्णयन्ति शुभाशुभं चैव भवाभवौ च ।
स्वाभाविकं सर्वमिदं च यस्मादतो ऽपि मोघो भवति प्रयत्नः ॥५८॥

今译："一些人讲述善和恶、
　　　有和无，都出自本性；
　　　既然这一切出自本性，
　　　所有的努力也就白费。（58）

昙译："有說淨不淨，各從自性起，
　　　言可方便移^①，此則愚癡說。

यदिन्द्रियाणां नियतः प्रचारः प्रियाप्रियत्वं विषयेषु चैव ।
संयुज्यते यज्जरयार्तिभिश्च कस्तत्र यत्नो ननु स स्वभावः ॥५९॥

今译："感官活动及感官对象的
　　　可爱和可憎都已经确定；
　　　并且与衰老和病痛相连，
　　　谈何努力？全然是本性。（59）

昙译："諸根行境界，自性皆決定，
　　　愛念與不念，自性定亦然，
　　　老病死等苦，誰方便使然？

अद्भिर्हुताशः शममभ्युपैति तेजांसि चापो गमयन्ति शोषम् ।
भिन्नानि भूतानि शरीरसंस्थान्यैकं च गत्वा जगदुद्वहन्ति ॥६०॥

今译："水能让吞噬祭品的火
　　　熄灭，而火又能晒干水，
　　　分离的四大汇聚成身体，
　　　合为一体，构成这世界。（60）

---

① "言可方便移"意谓说是可以依靠努力加以改变。

昙译："謂水能滅火，火令水前①消，
　　　　自性憎②相壞，性和成眾生。

यत्पाणिपादोदरपृष्ठमूर्ध्नां
　　निर्वर्तते गर्भगतस्य भावः ।
यदात्मनस्तस्य च तेन योगः
　　स्वाभाविकं तत्कथयन्ति तज्ज्ञाः ॥ ६१ ॥

今译："入胎后，手脚、腹背和
　　　　脑袋生成，自我与这个
　　　　身体结合，精通此道者
　　　　讲述这全是自性的作用。（61）

昙译："如人處胎中，手足諸體分，
　　　　神識③自然成，誰有為之者？

कः कण्टकस्य प्रकरोति तैक्ष्ण्यं विचित्रभावं मृगपक्षिणां वा ।
स्वभावतः सर्वमिदं प्रवृत्तं न कामकारोऽस्ति कुतः प्रयत्नः ॥ ६२ ॥

今译："谁让荆棘长有尖刺？
　　　　谁让禽兽生性各异？
　　　　这一切都出自自性，
　　　　并非人为，谈何努力？（62）

昙译："棘刺誰令利？此則性自然，
　　　　及種種禽獸，無欲使爾者④。

सर्गं वदन्तीश्वरतस्तथान्ये तत्र प्रयत्ने पुरुषस्य कोऽर्थः ।

---

① 此处"前"字，据《中华大藏经》校勘记，《碛》、《普》、《南》、《径》、《清》、《丽》作"煎"。
② 此处"憎"字，据《中华大藏经》校勘记，《碛》、《普》、《南》、《径》、《清》、《丽》作"增"。此处讲述自性对立，互相破坏，或许"憎"字更合适。
③ 此处"神识"对应这颂原文中的 ātman 一词，词义为"自我"或"灵魂"。
④ "无欲使尔者"意谓没有想要使它们这样者。

य एव हेतुर्जगतः प्रवृत्तौ हेतुर्निवृत्तौ नियतः स एव॥६३॥

今译："另一些人说自在天是世界
　　　创造者，人为努力有何意义？
　　　唯独他是世界生成的原因，
　　　也必定是世界毁灭的原因。(63)

昙译："諸有生天者[①]，自在天所為，
　　　及餘造化王[②]，無自力方便，
　　　若有所患[③]生，彼亦能令滅，
　　　何須自方便，而求於解脱？

केचिद्वदन्त्यात्मनिमित्तमेव प्रादुर्भवं चैव भवक्षयं च ।
प्रादुर्भवं तु प्रवदन्त्ययत्नाद्यत्नेन मोक्षाधिगमं ब्रुवन्ति॥६४॥

今译："有些人说生成和毁灭，
　　　两者的原因在于自我；
　　　其中，生成无须努力，
　　　而获得解脱必须努力。(64)

昙译："有言我令生，亦復我令滅，
　　　有言無由生，要方便而滅。

नरः पितृणामनृणः प्रजाभि-
　　वेदैर्ऋषीणां क्रतुभिः सुराणाम् ।
उत्पद्यते सार्धमृणैस्त्रिभिस्तै-
　　र्यस्यास्ति मोक्षः किल तस्य मोक्षः॥६५॥

---

① "生天者"指出生在天国者。这颂原文中无此词。
② 此处"王"字，据《中华大藏经》校勘记，《碛》、《普》、《南》、《径》、《清》、《丽》作"者"。
③ 此处"患"字，据《中华大藏经》校勘记，《碛》、《普》、《南》、《径》、《清》、《丽》作"由"。

今译："生育后代偿还父亲的债务，
　　　　诵习吠陀偿还仙人的债务，
　　　　举行祭祀偿还天神的债务，
　　　　摆脱这三种债，就是解脱。（65）

昙译："如人生育子，不负於祖宗，
　　　　學仙人遺典，奉天大祠祀，
　　　　此二①無所負，則名為解脫。

इत्येवमेतेन विधिक्रमेण मोक्षं सयत्नस्य वदन्ति तज्ज्ञाः ।
प्रयत्नवन्तो ऽपि हि विक्रमेण मुमुक्षवः खेदमवाप्नुवन्ति ॥ ६६ ॥

今译："精通此道者说解脱必须
　　　　依照这种仪轨做出努力，
　　　　因为单凭勇气追求解脱，
　　　　即使努力，也白费辛苦。（66）

昙译："古今之所傳，此三求解脫，
　　　　若以餘方便，徒勞而無實。

तत्सौम्य मोक्षे यदि भक्तिरस्ति न्यायेन सेवस्व विधिं यथोक्तम् ।
एवं भविष्यत्युपपत्तिरस्य संतापनाशश्च नराधिपस्य ॥ ६७ ॥

今译："因此，如果你诚心解脱，
　　　　你就按照所说仪轨去做，
　　　　贤士啊，这样你能获得
　　　　解脱，也消除国王焦虑。（67）

昙译："汝欲求解脫，唯習上方便，
　　　　父王憂悲息，解脫道須臾②。

---

① 此处"二"字，据《中华大藏经》校勘记，《碛》、《普》、《南》、《径》、《清》、《丽》作"三"。

② 此处"须臾"，据《中华大藏经》校勘记，《丽》作"得申"。

第九章 寻找王子 255

या च प्रवृत्ता तव दोषबुद्धि-
स्तपोवनेभ्यो भवनं प्रवेष्टुम्।
तत्रापि चिन्ता तव तात मा भूत्
पूर्वे ऽपि जग्मुः स्वगृहान्वनेभ्यः ॥ ६८ ॥

今译："你认为从苦行林再返回
　　　王宫中是错误，孩子啊！
　　　你不必多虑！甚至古人
　　　也从森林返回自己家中。（68）

昙译："捨家遊山林，還歸亦非過。

तपोवनस्थो ऽपि वृतः प्रजाभिर्जगाम राजा पुरमम्बरीषः।
तथा महीं विप्रकृतामनार्यैस्तपोवनादेत्य ररक्ष रामः ॥ ६९ ॥

今译："安波利舍王即使住在苦行林，
　　　也在臣民们围绕下返回城市；①
　　　同样，罗摩也从苦行林返回，
　　　为保护遭受恶人蹂躏的大地。②（69）

昙译："昔奄婆梨王，久處苦行林，
　　　捨徒眾眷屬③，還家居王位；
　　　國王子羅摩，去國處山林，
　　　聞國風俗離，還歸維正化。

तथैव शाल्वाधिपतिर्द्रुमाख्यो वनात्ससूनुर्नगरं विवेश।
ब्रह्मर्षिभूतश्च मुनेर्वसिष्ठाद्धे श्रियं सांकृतिरन्तिदेवः ॥ ७० ॥

今译："同样，沙尔婆王名为德鲁摩，
　　　也偕同儿子从森林返回城市；

---

① "安波利舍"（ambarīṣa，昙译"奄婆梨"）是甘蔗族世系的国王，而这里所说事迹不知出处。
② 按现存《罗摩衍那》，罗摩是在流放森林十四年期满后，正常返回故都的。
③ 这句按原文是"在臣民们围绕（vṛta）下"。

安迪提婆原本是婆罗门仙人,
也从极裕牟尼那里接受王权。(70)

昙译:"娑楼婆國王,名曰頭樓摩,
　　　　父子遊山林,終亦俱還國,
　　　　婆私晝牟尼,及與安低疊,
　　　　山林修梵行,父亦歸本國。"①

एवंविधा धर्मयशःप्रदीप्ता वनानि हित्वा भवनान्यतीयुः ।
तस्मान्न दोषो ऽस्ति गृहं प्रयातुं तपोवनाद्धर्मनिमित्तमेव ॥७१॥

今译:"这些人享有光辉的正法名声,
　　　　都离开森林,返回自己宫殿,
　　　　因此,为了正法,从苦行林
　　　　返回自己家中,这不是错误。"(71)

昙译:"如是等先勝,正法善名稱,
　　　　悉還主②領國,如燈照世間,
　　　　是故捨山林,正法化非過。"

ततो वचस्तस्य निशम्य मन्त्रिणः
    प्रियं हितं चैव नृपस्य चक्षुषः ।
अनूनमव्यस्तमसक्तमद्रुतं
    धृतौ स्थितो राजसुतो ऽब्रवीद्वचः ॥७२॥

今译:这位大臣是国王的眼睛,
　　　他说的这番话可爱有益,
　　　完整而有序,不快不慢,

---

① 昙译这颂中,"头楼摩"(druma)在本品第 20 颂中译为"头留摩"。婆私昼(vasiṣṭha)在本品第9颂中译为"婆私吒",在第一品第 52 颂译为"波尸吒"。"安低叠"(antideva)在本品第 20 颂中译为"安提",在第一品第 52 颂译为"安低牒"。
② 此处"主"字,据《中华大藏经》校勘记,《碛》、《普》、《南》、《径》、《清》、《丽》作"王"。

王子保持坚定，回答说：(72)

昙译：太子聞大臣，愛語饒益說，
以常理不亂，無闕^①而庠序，
堅固^②安隱說，而答於大臣：

इहास्ति नास्तीति य एष संशयः
परस्य वाक्यैर्न ममात्र निश्चयः ।
अवेत्य तत्त्वं तपसा शमेन च
स्वयं ग्रहीष्यामि यदत्र निश्चितम्॥७३॥

今译："世上存在有和无的争议，
而我不依靠他人的话做出
决定，我依靠苦行和寂静，
获知真谛，自己做出决定。（73）

昙译："有無等猶豫，二心疑惑增，
而作有無說，我不決定取，
淨智修苦行，決定我自知。

न मे क्षमं संशयजं हि दर्शनं
ग्रहीतुमव्यक्तपरस्पराहतम् ।
बुधः परप्रत्ययतो हि को व्रजे-
ज्जनो ऽन्धकारे ऽन्य इवान्धदेशिकः॥७४॥

今译："我不会接受充满疑惑的见解，
那些见解含混不清，互相矛盾；
哪个智者会依靠他人指明方向，
如同盲人在黑暗中由盲人引路？（74）

---

① 此处"无关"对应这颂原文中的 anūnam 一词，词义为"不缺少"或"完整"，故而这里的"无关"可能应该写为"无阙"。

② 此处"坚固"，据《中华大藏经》校勘记，《碛》、《普》、《南》、《径》、《清》、《丽》作"固志"。

昙译:"此間福豫論①,展轉相傳習,
　　　　無有真實義,此則我不安,
　　　　明人別真偽,信豈由他生?
　　　　猶如生盲人,以盲人為導,
　　　　於夜大闇中,常②復何所從?

अदृष्टतत्त्वस्य सतो ऽपि किं तु मे
　　शुभाशुभे संशयिते शुभे मतिः।
वृथापि खेदो हि वरं शुभात्मनः
　　सुखं न तत्त्वे ऽपि विगर्हितात्मनः॥७५॥

今译:"然而,即使我还没有发现真谛,
　　　　善和恶存在争议,我也一心向善;
　　　　即使白费辛苦,也保持内心纯洁,
　　　　 否则,获得真谛快乐,也不可取。(75)

昙译:"於淨不淨法,世間生疑惑,
　　　　設不見真實,應行清淨道,
　　　　寧苦行淨法,非樂行不淨。

इमं तु दृष्ट्वागममव्यवस्थितं यदुक्तमार्यैस्तदवेहि साध्विति।
प्रहीणदोषत्वमवेहि चाप्ततां प्रहीणदोषो ह्यनृतं न वक्ष्यति॥७६॥

今译:"发现经典中的说法不确定,
　　　　你要知道智者的说法有益,
　　　　因为摒弃罪恶是智者本性,
　　　　摒弃罪恶的人不会说假话。(76)

昙译:"觀彼相承說,無一決定相,

---

① 此处"此間福豫论",据《中华大藏经》校勘记,《碛》、《普》、《南》、《径》、《清》、《丽》作"世间犹豫论"。
② 此处"常"字,据《中华大藏经》校勘记,《碛》、《普》、《南》、《径》、《清》、《丽》作"当"。

真言虛心受，永離諸愚[①]患，
说[②]過虛偽說，智者所不言。

गृहप्रवेशं प्रति यच्च मे भवानुवाच रामप्रभृतीन्निदर्शनम्।
न ते प्रमाणं न हि धर्मनिश्च येष्वलं प्रमाणाय परिक्षतव्रताः ॥७७॥

今译："你向我举出罗摩等等，
　　　作为返回家中的例证，
　　　但他们不是正法典范，
　　　破坏誓言者不足为训。（77）

昙译："如說羅摩等，捨家修梵行，
　　　終歸還本國，服習五欲者，
　　　此等為陋行，智者所不依。

तदेवमप्येव रविर्महीं पते-
　　दपि स्थिरत्वं हिमवाङ्गिरिस्त्यजेत्।
अदृष्टतत्त्वो विषयोन्मुखेन्द्रियः
　　श्रयेय न त्वेव गृहान्पृथग्जनः ॥७८॥

今译："即使太阳会坠落大地，
　　　即使雪山会失去坚定，
　　　我若是贪恋感官对象，
　　　不见真谛，不会回家。（78）

昙译："我今當為說[③]，略說其要義：
　　　日月墜於地，須彌雪山轉，
　　　我身終不易，退入於非處。

---

① 此处"愚"字，据《中华大藏经》校勘记，《碛》、《普》、《南》、《径》、《清》、《丽》作"过"。
② 此处"说"字，据《中华大藏经》校勘记，《碛》、《普》、《南》、《径》、《清》、《丽》作"语"。
③ 此处"说"字，据《中华大藏经》校勘记，《碛》、《普》、《南》、《径》、《清》、《丽》作"汝"。

अहं विशेयं ज्वलितं हुताशनं
　　न चाकृतार्थः प्रविशेयमालयम्।
इति प्रतिज्ञां स चकार गर्वितो
　　यथेष्टमुत्थाय च निर्ममो ययौ॥७९॥

今译："我可以进入燃烧的烈火中，
　　　而不达到目的，绝不会回家。"
　　　他骄傲地发出这样的誓言，
　　　随后起身，无所执著地离去。(79)

昙译："寧身投盛火，不以義不畢①，
　　　還歸於本國，入於五欲火。"
　　　表斯要誓②已，徐起而長辭。

ततः सबाष्पौ सचिवद्विजाबुभौ निशाम्य तस्य स्थिरमेव निश्चयम्।
विषण्णवक्त्रावनुगम्य दुःखितौ शनैरगत्या पुरमेव जग्मतुः॥८०॥

今译：大臣和婆罗门祭司含着眼泪，
　　　知道了他的坚强决心，神情
　　　沮丧，跟随在后，满怀痛苦，
　　　不知所措，便缓步返回城市。(80)

昙译：太子辯鋒炎，猶如盛日光，
　　　王師及大臣，言論莫能勝，
　　　相謂計已盡，唯當辭退還，
　　　深敬嘆太子，不敢強逼留。

तत्स्नेहादथ नृपतेश्च भक्तितस्तौ
　　सापेक्षं प्रतिययतुश्च तस्थतुश्च।
दुर्धर्षं रविमिव दीप्तमात्मभासा
　　तं द्रष्टुं न हि पथि शेकतुर्न मोक्तुम्॥८१॥

---

① "义不毕"对应这颂原文中的 akṛtārtha 一词，词义为"不达到目的"。其中的 artha（目的）也可读为"意义"，故而此词昙译"义不毕"。
② 此处"要誓"意谓"誓约"，对应这颂原文中的 pratijñā 一词，词义为"誓言"。

今译：出于对王子的关心和对国王的
　　　忠诚，他俩返身观望，站在那里；
　　　而王子自身闪耀光芒如同太阳，
　　　他俩无法看见他，又不能放弃他。（81）

昙译：敬奉王命故，不敢速疾還，
　　　徘徊於中路，行邁願①遲遲。

तौ ज्ञातुं परमगतेर्गतिं तु तस्य
　　　प्रच्छन्नांश्चरपुरुषाञ्छुचीन्विधाय ।
राजानं प्रियसुतलालसं नु गत्वा
　　　द्रक्ष्यावः कथमिति जग्मतुः कथंचित् ॥८२॥

今译：他俩安排可靠的探子乔装打扮，
　　　了解走向最高之路的王子行踪；
　　　然后，他俩艰难地返回，不知
　　　应该如何去见渴望爱子的国王。（82）

昙译：選擇黠慧人，審諦機悟士，
　　　隱身察②伺候，然後捨而還。

इति बुद्धचरिते महाकाव्ये कुमारान्वेषणो नाम नवमः सर्गः ॥९॥

今译：以上是大诗《佛所行赞》中名为《寻找王子》的第九章。

---

　　① 此处"愿"字，据《中华大藏经》校勘记，《碛》、《普》、《南》、《径》、《清》、《丽》作"顾"。
　　② 此处"察"字，据《中华大藏经》校勘记，《碛》、《普》、《南》、《径》、《清》、《丽》作"密"。

१० श्रेण्याभिगमनः

今译：第十章　频毗沙罗王来访

昙译：瓶沙王詣太子品第十

स राजवत्सः पृथुपीनवक्षास्तौ हव्यमन्त्राधिकृतौ विहाय ।
उत्तीर्य गङ्गां प्रचलत्तरङ्गां श्रीमद्गृहं राजगृहं जगाम ॥ १ ॥

今译：这位胸脯宽阔的王子，
打发走祭司和大臣后，
越过波浪翻滚的恒河，
前往宫殿辉煌的王舍城。（1）

昙译：太子辭王師，及正法大臣，
冒浪濟恒河，路由靈鷲巖①。

शैलैः सुगुप्तं च विभूषितं च धृतं च पूतं च शिवैस्तपोदैः ।
पञ्चाचलाङ्कं नगरं प्रपेदे शान्तः स्वयंभूरिव नाकपृष्ठम् ॥ २ ॥

今译：这座城以五山为标志，群山
围护和装饰，也受到洁净的
温泉净化，王子平静地进入，
犹如自在者②进入天国的顶端。（2）

昙译：藏根於五山，特秀峙中亭，
林木花果茂，流泉溫涼分，
入彼五山城，寂靜猶昇天。

---
① "灵鹫岩"（gṛdhvakūṭa，或译"灵鹫峰"）位于王舍城附近。这颂原文中无此词。
② "自在者"（svayaṃbhū）既指梵天，也指毗湿奴或湿婆。

गाम्भीर्यमोजश्च निशाम्य तस्य वपुश्च दीप्तं पुरुषानतीत्य।
विसिस्मिये तत्र जनस्तदानीं स्थाणुव्रतस्येव वृषध्वजस्य॥३॥

今译：那里的人们看到他庄重威严，
　　　形体闪耀光辉，超越一切人，
　　　犹如以公牛为标志、发誓修炼
　　　木桩苦行①的湿婆，惊讶不已。（3）

昙译：國人見太子，容德深且明，
　　　少年身光澤，無比丈夫形，
　　　悉起奇特想，如見自在幢。

तं प्रेक्ष्य यो ऽन्येन ययौ स तस्थौ
　　यस्तत्र तस्थौ पथि सो ऽन्वगच्छत्।
द्रुतं ययौ यः स जगाम धीरं
　　यः कश्चिदास्ते स्म स चोत्पपात॥४॥

今译：看到他，行走的人会站住，
　　　在路上站着的人会跟随他，
　　　快步行走的人会放慢脚步，
　　　而所有坐着的人会站起身。（4）

昙译：橫行為止足，隨後者速馳，
　　　先進悉迴顧，瞻目視無厭。

कश्चित्तमानर्च जनः कराभ्यां सत्कृत्य कश्चिच्छिरसा ववन्दे।
स्निग्धेन कश्चिद्वचसाभ्यनन्दन्नेनं जगामाप्रतिपूज्य कश्चित्॥५॥

今译：有的人双手合掌向他致敬，
　　　有的人俯首弯腰向他行礼，
　　　有的人热情友好表示欢迎，
　　　无人走过不向他表达敬意。（5）

---

① "木桩苦行"（sthāṇuvrata）指保持静止不动的姿势。

昙译：四體諸相好，隨見目不移，
恭敬來奉迎，合掌禮問訊，
咸皆大歡喜，隨宜而供養。

तं जिहियुः प्रेक्ष्य विचित्रवेषाः प्रकीर्णवाचः पथि मौनमीयुः ।
धर्मस्य साक्षादिव संनिकर्षे न कश्चिदन्यायमतिर्बभूव ॥ ६ ॥

今译：看到他，衣著华丽者感到羞愧，
在路边闲谈的人们保持安静，
仿佛站在正法的化身者身边，
任何人的思想都不会不端正。（6）

昙译：瞻仰尊勝顏，俯愧種種形，
政素①輕躁儀，寂默加肅敬，
結恨心永解，慈和情頓增。

अन्यक्रियाणामपि राजमार्गे स्त्रीणां नृणां वा बहुमानपूर्वम् ।
तं देवकल्पं नरदेवसूनुं निरीक्षमाणा न ततर्प दृष्टिः ॥ ७ ॥

今译：男男女女在王家大道上，
忙于各种事务，而目光中
充满敬意，凝望这位如同
天神的王子，不知满足。（7）

昙译：士女公私業，一時悉休廢，
敬形宗其德，隨觀盡忘歸。

भ्रुवौ ललाटं मुखमीक्षणे वा वपुः करौ वा चरणौ गतिं वा ।
यदेव यस्तस्य ददर्श तत्र तदेव तस्याथ बबन्ध चक्षुः ॥ ८ ॥

今译：双眉、额头、面孔、双眼、
形体、双手、双脚和步姿，

---

① "政素"可能意谓"整肃"或"整顿"。

无论谁看到他的哪个部分，
目光就会固定在那个部分。(8)

दृष्ट्वा च सोर्णभ्रुवमायताक्षं ज्वलच्छरीरं शुभजालहस्तम्।
तं भिक्षुवेषं क्षितिपालनार्हं संचुक्षुभे राजगृहस्य लक्ष्मीः॥९॥

今译：看到他眉间有白毫，眼睛宽阔，
身体闪耀光辉，手指网缦优美，
适合统治大地，却身著比丘衣，
王舍城的吉祥女神深感不安。(9)

昙译：眉间白毫相，脩广绀青目，
举体金光曜，清净网缦手，
虽为出家形，有应圣王相，
王舍城士女，长幼悉不安，[①]
此人尚出家，我等何俗欢？

श्रेण्यो ऽथ भर्ता मगधाजिरस्य बाह्याद्विमानाद्विपुलं जनौघम्।
ददर्श पप्रच्छ च तस्य हेतुं ततस्तमस्मै पुरुषः शशंस॥१०॥

今译：摩揭陀国王频毗沙罗[②]，
看到宫殿外面人潮涌动，
便询问发生什么事情，
于是，一位侍臣告诉他：(10)

昙译：尔时瓶沙王，处于高观[③]上，
见彼诸士女，惶惶异常仪，
敕召一外人，备问何因缘？
恭跪王楼下，具白所见闻：

---

① 按这颂原文，此处是讲吉祥女神（lakṣmī）感到不安。吉祥女神是王权的象征。
② 此处"频毗沙罗"（bimbisāra，昙译"瓶沙"）的原文是使用频毗沙罗的另一个名字 śreṇya。
③ 此处"高观"对应这颂原文中的 vimāna 一词，词义为"宫殿"。

ज्ञानं परं वा पृथिवीश्रियं वा विप्रैर्य उक्तो ऽधिगमिष्यतीति ।
स एष शाक्याधिपतेस्तनूजो निरीक्ष्यते प्रव्रजितो जनेन ॥ ११ ॥

今译:"人们在观看释迦王的儿子,
婆罗门们曾经预言他或者
获得至高知识,或者获得
大地统治权,现在已出家。"(11)

昙译:"昔聞釋氏種,殊特殊勝子,
神慧超世表,應王領八方,
今出家在此,眾人悉奉迎。"

ततः श्रुतार्थो मनसागतास्थो राजा बभाषे पुरुषं तमेव ।
विज्ञायतां क्व प्रतिगच्छतीति तथेत्यथैनं पुरुषो ऽन्वगच्छत् ॥ १२ ॥

今译:知道了事情原委,国王心中
产生敬意,对这位侍臣说道:
"你去了解他从这里回到哪里?"
"好吧!"这位侍臣便去跟踪他。(12)

昙译:王聞心驚喜,形留神已馳,
勅使者速還,伺候進趣宜,
奉教密隨從,瞻察所施為。

अलोलचक्षुर्युगमात्रदर्शी निवृत्तवाग्यन्त्रितमन्दगामी ।
चचार भिक्षां स तु भिक्षुवर्यो निधाय गात्राणि चलं च चेतः ॥ १३ ॥

今译:眼睛不转动,目光前视一寻①,
默不作声,步履克制而缓慢,
这位优秀的比丘控制肢体、
行动和思想,巡行乞讨食物。(13)

---

① "寻"(yuga)是长度单位,相当于四腕尺。

昙译：澄靜端目視，庠步顯真儀，
　　　入里行乞食，為諸乞士光①，
　　　歛形心不亂，好惡靡不安②。

आदाय भैक्षं च यथोपपन्नं ययौ गिरेः प्रस्रवणं विविक्तम्।
न्यायेन तत्राभ्यवहृत्य चैनन्महीधरं पाण्डवमारुरोह॥१४॥

今译：他带着随意乞得的食物，
　　　前往山中幽静的泉流处，
　　　在那里按照仪轨进食后，
　　　登上那座高高的般度山。（14）

昙译：精麤隨所得，持鉢歸閑林，
　　　食訖漱清流，樂靜安白山③。

तस्मिन्नवौ लोध्रवनोपगूढे मयूरनादप्रतिपूर्णकुञ्जे।
काषायवासाः स बभौ नृसूर्यो यथोदयस्योपरि बालसूर्यः॥१५॥

今译：这座山上，遍布罗达罗树林，
　　　树丛中回响着孔雀的鸣叫声，
　　　这位人中的太阳身著袈裟衣，
　　　犹如东山山顶上初升的太阳。（15）

昙译：青林別④高崖，丹華殖其間，
　　　孔雀等眾鳥，翻飛而亂鳴，
　　　法服助鮮明，如日照扶桑⑤。

---

① 此处"光"字，据《中华大藏经》校勘记，《碛》、《普》、《南》、《径》、《清》作"先"。这句中的"乞士先"对应原文中的 bhikṣuvarya，词义为"比丘中的优秀者"。
② "好恶靡不安"是指无论乞讨得到什么食物，都平静地接受。
③ "白山"对应这颂原文中的 pāṇṭava（般度山）。此词词义为"白色的"，故而昙译"白山"。
④ 此处"别"字，据《中华大藏经》校勘记，《碛》、《普》、《南》、《径》、《清》作"列"。
⑤ 此处"扶桑"对应这颂原文中的 udaya 一词，词义为"东山"。"扶桑"是中国古代传说中的神树，东方日出之处。

तत्रैनमालोक्य स राजभृत्यः श्रेण्याय राज्ञे कथयांचकार ।
संश्रुत्य राजा स च बाहुमान्यात्तत्र प्रतस्थे निभृतानुयात्रः ॥ १६ ॥

今译：国王的侍臣看到他在那里，
便回去报告国王频毗沙罗；
国王听说后，便出发前往，
出于尊重，只带少量随从。（16）

昙译：使見安住彼，次第具上聞；
王聞心馳敬，即勅嚴駕行。

स पाण्डवं पाण्डवतुल्यवीर्यः शैलोत्तमं शैलसमानवर्ष्मा ।
मौलीधरः सिंहगतिर्नृसिंहश्चलत्सटः सिंह इवारुरोह ॥ १७ ॥

今译：这位人狮的勇气如同般度之子[①]，
身躯魁梧如同山岳，头戴王冠，
迈着狮步，如同狮子晃动鬃毛，
登上这座群山中卓绝的般度山。（17）

昙译：天冠佩花服，師子王遊步，
簡擇諸宿重，安靜審諦士，
導從百千眾，雲騰昇白山。

ततः स्म तस्योपरि शृङ्गभूतं शान्तेन्द्रियं पश्यति बोधिसत्त्वम् ।
पर्यङ्कमास्थाय विरोचमानं शशाङ्कमुद्यन्तमिवाभ्रकुञ्जात् ॥ १८ ॥

今译：他看到菩萨结跏趺坐，
仿佛成为这座山的顶峰，
感官平静，闪耀光辉，
宛如云层中露出的月亮。（18）

昙译：見菩薩嚴儀，寂靜諸情根，

---

① "般度之子"（pāṇḍava）指婆罗多族国王般度的儿子。般度有五个儿子，其中最杰出的是阿周那（arjuna）。

端坐山巖室，如月麗青天。

तं रूपलक्ष्म्या च शमेन चैव धर्मस्य निर्माणमिवोपविष्टम्।
सविस्मयः प्रश्रयवान्नरेन्द्रः स्वयंभुवं शक्र इवोपतस्थे॥१९॥

今译：看到他形体优美和平静，
　　　仿佛是正法的美妙化身，
　　　国王惊讶而谦恭地走近，
　　　犹如因陀罗走近自在者。（19）

昙译：妙色淨端嚴，猶若法化身，
　　　虔心肅然發，恭步漸親近，
　　　猶如天帝釋，詣摩醯首羅[①]。

तं न्यायतो न्यायविदां वरिष्ठं समेत्य पप्रच्छ च धातुसाम्यम्।
स चाप्यवोचत्सदृशेन साम्ना नृपं मनःस्वास्थ्यमनामयं च॥२०॥

今译：走近后，他按照礼节，问候
　　　这位优秀的知礼者身体健康，
　　　而他也显示同样的亲切友善，
　　　告诉国王自己身心安然无恙。（20）

昙译：歛容執禮儀，敬問彼和安，
　　　菩薩詳而動，隨順反相酬。

ततः शुचौ वारणकर्णनीले शिलातले संनिषसाद राजा।
उपोपविश्यानुमतश्च तस्य भावं विजिज्ञासुरिदं बभाषे॥२१॥

今译：然后，获得同意，国王坐在
　　　王子的身边，一块色泽如同
　　　大象耳朵的洁净青石板上，

---

① "摩醯首罗"是 maheśvara（大自在天）一词的音译，通常指湿婆。而与此处对应的原文使用的是 svayaṃbhū（自在者）一词。

想要了解他的情况，说道：(21)

昙译：時王勞問畢，端坐清淨石，
睒矚瞻神儀，顏和情交悅。

प्रीतिः परा मे भवतः कुलेन क्रमागता चैव परीक्षिता च।
जाता विवक्षा स्ववयो यतो मे तस्मादिदं स्नेहवचो निबोध॥२२॥

今译："我和你的家族情谊深厚，
祖祖辈辈传承，经受考验，
朋友啊，我想要与你说话，
请听我的这些友好的话。(22)

昙译："伏聞名高族，盛德相承襲，
欽情久蘊積，今欲決所疑。

आदित्यपूर्वं विपुलं कुलं ते नवं वयो दीप्तमिदं वपुश्च।
कस्मादियं ते मतिरक्रमेण भैक्षाक एवाभिरता न राज्ये॥२३॥

今译："你的伟大家族肇始于太阳，
你正值青春，形体闪耀光辉，
你的思想为何不遵循常规，
不热爱王权，而成为比丘？(23)

昙译："日光之元宗，祚隆已萬世，
令德紹遺嗣，弘廣萃於今，[①]
賢明年幼少，何故而出家？

गात्रं हि ते लोहितचन्दनार्हं काषायसंश्लेषमनर्हमेतत्।
हस्तः प्रजापालनयोग्य एष भोक्तुं न चार्हः परदत्तमन्नम्॥२४॥

今译："你的肢体适合涂抹红色
檀香膏，不适合穿袈裟衣；
你的双手适合保护臣民，

[①] 这一行的意思是美德代代相传，发扬光大直至今日。

不适合接受他人施舍食物。(24)

昙译："超世聖王子，乞食不存榮，
妙體應塗香，何故服袈裟？
手宜握天下，反以受薄食。

तत्सौम्य राज्यं यदि पैतृकं त्वं
स्नेहात्पितुर्नेच्छसि विक्रमेण ।
न च क्रमं मर्षयितुं मतिस्ते
भुङ्क्ष्वार्धमस्माद्विषयस्य शीघ्रम् ॥२५॥

今译："朋友啊，如果你热爱父亲，
不愿意强行获取祖传王位，
又没有耐心等待继承王位，
那就享受我的一半国土吧！(25)

昙译："若不代父王，受禪[1]享其土，
吾今分半國，庶望少留情。

एवं हि न स्यात्स्वजनावमर्दः
कालक्रमेणापि शमश्रया श्रीः ।
तस्मात्कुरुष्व प्रणयं मयि त्वं
सद्भिः सहीया हि सतां समृद्धिः ॥२६॥

今译："这样，你就不必折磨亲人，
到时候会和平地获得王权，
因此，请你赐予我恩惠吧！
善人与善人联合[2]繁荣昌盛。(26)

昙译："既免逼親嫌，時過隨所從，

---

[1] 此处"受禅"指接受父亲禅让的王位。
[2] 此处"联合"对应这颂原文中的 sahīya。这是一个混合梵语用词。

當體我誠言，貪德為良隣。①

अथ त्विदानीं कुलगर्वितत्वा-
	दस्मासु विश्रम्भगुणो न ते ऽस्ति ।
व्यूढान्यनीकानि विगाह्य बाणै-
	र्मया सहायेन पराञ्जिगीष ॥२७॥

今译："倘若你出于家族的骄傲，
	现在你还不能够信任我，
	那么，你就让我协助你，
	深入敌营，用箭消灭敌人。（27）

昙译："或恃名勝族，才德容貌兼，
	不欲降高節，屈下受人恩，
	當給勇健士，器仗隨軍資，
	自力廣收羅，天下孰不推。

तदुद्धिमत्रान्यतरां वृणीष्व धर्मार्थकामान्विधिवद्भजस्व ।
व्यत्यस्य रागादिह हि त्रिवर्गं प्रेत्येह च भ्रंशमवाप्नुवन्ति ॥२८॥

今译："你就在这两者之间选择吧！
	你必须合理遵循法、利和欲！
	如果出于贪欲，颠覆这三者，
	就会在今生和来世遭到毁灭。（28）

昙译："明人知時取，法財五欲增，
	若不獲三利②，終始徒勞勤。

यो ह्यर्थधर्मौ परिपीड्य कामः
	स्याद्धर्मकामौ परिभूय चार्थः ।

---

① 这一行意谓请体谅我真心诚意所说的话，我渴望以美德（或有德之士）为好邻居。
② 此处"三利"对应这颂原文中的 trivarga 一词，指人生三大目：法、利和欲，也就是上一句中所说的"法"、"财"和"五欲"。

第十章　频毗沙罗王来访　273

कामार्थयोश्चोपरमेण धर्म-
　　स्त्याज्यः स कृत्स्नो यदि काङ्क्षितो ऽर्थः ॥२९॥

今译："如果想要实现完整的人生目的，
　　　　那就应该摒弃那种排挤利益和
　　　　正法的爱欲，轻视正法和爱欲的
　　　　利益，断绝爱欲和利益的正法。（29）

昙译："崇法捨財色，財為一分[①]人，
　　　　富財捨法欲，此則保財資，
　　　　貧窶而忘法，五欲孰能歡？[②]

तस्मात्त्रिवर्गस्य निषेवणेन त्वं रूपमेतत्सफलं कुरुष्व ।
धर्मार्थकामाधिगमं ह्यनूनं नृणामनूनं पुरुषार्थमाहुः ॥३०॥

今译："因此，你应该追求这三者，
　　　　让你的这个形体获得成果；
　　　　人们说完整获得法、利和欲，
　　　　这是实现完整的人生目的。（30）

昙译："是故三事俱，德流而道宣，
　　　　法財五欲備，名世大丈夫，
　　　　無令圓相身，徒勞而無功。

तन्निष्फलौ नार्हसि कर्तुमेतौ
　　पीनौ भुजौ चापविकर्षणार्हौ ।
मान्धातृवज्जेतुमिमौ हि योग्यौ
　　लोकानपि त्रीनिह किं पुनर्गाम् ॥३१॥

今译："你的双臂强壮，适合挽弓，
　　　　不应该让它们这样闲置不用，

---

① 此处"分"字，据《中华大藏经》校勘记，《碛》、《普》、《南》、《径》、《清》作"世"。

② 这颂昙译的意思与原文基本一致，但添加了一些词语，反不如原文清晰。

犹如曼达多的双臂，适合
征服三界，何况这个大地。（31）

昙译："曼陀轉輪王，王領四天下，
帝釋分半坐，力不能王天，[①]
今汝傭長臂，足攬人天境。

स्नेहेन खल्वेतदहं ब्रवीमि नैश्वर्यरागेण न विस्मयेन ।
इमं हि दृष्ट्वा तव भिक्षुवेषं जातानुकम्पो ऽस्म्यपि चागताश्रुः ॥ ३२ ॥

今译："我怀着友情对你说这些话，
而非贪求王权或出自傲慢，
因为我看到你身穿比丘衣，
心生悲悯，不禁眼泪涌出。（32）

昙译："我不恃王力，而欲強相留，
見汝改形好，愛著出家衣，
既以敬其德，矜苦惜其人，
今見行乞求，我願奉其土。

यावत्स्ववंशप्रतिरूप रूपं
न ते जराभ्येत्यभिभूय भूयः ।
तद्भुङ्क्ष्व भिक्षाश्रमकाम कामान्
काले ऽसि कर्ता प्रियधर्म धर्मम् ॥ ३३ ॥

今译："按照自己的家族传统，在老年
前来征服你的美貌前，你就享受
爱欲吧！你向往比丘生活，热爱
正法，那就到时候奉行正法吧！（33）

昙译："少壯受五欲，中年習用財，
年耆諸根熟，是乃順法時。

[①] 这一行的意思是天王帝释（śakra）的能力不足以统治天国，与曼陀平分宝座，但不见于这颂原文。

第十章 频毗沙罗王来访

शक्नोति जीर्णः खलु धर्ममाप्तुं
　　कामोपभोगेष्वगतिर्जरायाः ।
अतश्च यूनः कथयन्ति कामा-
　　न्मध्यस्य वित्तं स्थविरस्य धर्मम् ॥३४॥

今译："确实，老年能获得正法，
　　　老年无法享受种种爱欲，
　　　因此，人们将爱欲归青年，
　　　财富归中年，正法归老年。（34）

昙译："壯年守法財，必為欲所壞，
　　　老則氣虛微，隨順求寂默，
　　　耆年愧財欲，行法舉世宗。

धर्मस्य चार्थस्य च जीवलोके प्रत्यर्थिभूतानि हि यौवनानि ।
संरक्ष्यमाणान्यपि दुर्ग्रहाणि कामा यतस्तेन पथा हरन्ति ॥३५॥

今译："在这生命世界，青年
　　　与正法和利益相对立，
　　　无论怎样监督和强制，
　　　爱欲都从路上夺走他。（35）

昙译："壯年心輕躁，馳騁五欲境，
　　　疇侶契纏綿，情交相感深。

वयांसि जीर्णानि विमर्शवन्ति धीराण्यवस्थानपरायणानि ।
अल्पेन यत्नेन शमात्मकानि भवन्त्यगत्यैव च लज्जया च ॥३६॥

今译：老年人沉思冥想，
　　　稳重，专注，安定，
　　　出于无奈或羞愧，
　　　很容易达到寂静。（36）

昙译："年宿寡綢繆，順法者所宗，

五欲悉休廢，增長樂法心。

अतश्च लोलं विषयप्रधानं प्रमत्तमक्षान्तमदीर्घदर्शि ।
बहुच्छलं यौवनमभ्यतीत्य निस्तीर्य कान्तारमिवाश्वसन्ति ॥ ३७ ॥

今译："青年活跃，热衷感官对象，
放逸，不安分，目光短浅，
一旦超越这骚动的青春期，
犹如越过荒野，获得安宁。（37）

तस्माद्धीरं चपलप्रमादि नवं वयस्तावदिदं व्यपैतु ।
कामस्य पूर्वं हि वयः शरव्यं न शक्यते रक्षितुमिन्द्रियेभ्यः ॥ ३८ ॥

今译："因此，越过这骚动的、
不安分守己的青春期吧！
它是爱神花箭的目标，
无法防止感官的袭击。（38）

अथो चिकीर्षा तव धर्म एव यजस्व यज्ञं कुलधर्म एषः ।
यज्ञैरधिष्ठाय हि नाकपृष्ठं ययौ मरुत्वानपि नाकपृष्ठम् ॥ ३९ ॥

今译："你想实施正法，就举行
祭祀吧！这符合家族法；
依靠祭祀，进入最高的
天国，就像因陀罗那样。（39）

昙译："具崇王者法，大會奉天神，
當乘神龍背①，受樂上昇天。

सुवर्णकेयूरविदष्टबाहवो मणिप्रदीपोज्ज्वलचित्रमौलयः ।

---

① "神龙背"对应这颂原文中的 nākapṛṣṭha 一词，可直译为"天国的背脊"，即最高的天国。此处昙译"神龙背"，可能对应的原词误写为 nāgapṛṣṭha。nāga（"蛇"或"神龙"）和 nāka（天国）两词形和音相近。

第十章　频毗沙罗王来访

नृपर्षयस्तां हि गतिं गता मखैः श्रमेण यामेव महर्षयो ययुः ॥४०॥

今译："双臂佩戴金腕环，王冠上
　　　镶嵌摩尼珠，闪耀美妙光辉，
　　　王仙们依靠祭祀，与大仙们
　　　依靠苦行，达到同样的目的。"（40）

昙译："先勝諸聖王，嚴身寶瓔珞，
　　　祠祀設大會，終歸受天福。"

इत्येवं मगधपतिर्वचो बभाषे
　　यः सम्यग्वलभिदिव ब्रुवन्बभासे ।
तच्छ्रुत्वा न स विचचाल राजसूनुः
　　कैलासो गिरिरिव नैकचित्रसानुः ॥४१॥

今译：如同诛灭波罗的因陀罗，
　　　摩揭陀国王说了这些话，
　　　而王子听完后，毫不动摇，
　　　如同山峰林立的盖瑟拉山。（41）

昙译：如是瓶沙王，種種方便說，
　　　太子志堅固，不動如須彌。

इति बुद्धचरिते महाकाव्ये ऽश्वघोषकृते श्रेण्याभिगमनो नाम दशमः सर्गः ॥१०॥

今译：以上是马鸣著大诗《佛所行赞》中名为《频毗沙罗王来访》的第十章。

११ कामविगर्हणः

今译：第十一章　谴责贪欲

昙译：答瓶沙王品第十一

अथैवमुक्तो मगधाधिपेन
　　सुहृन्मुखेन प्रतिकूलमर्थम्।
स्वस्थोऽविकारः कुलशौचशुद्धः
　　शौद्धोदनिर्वाक्यमिदं जगाद॥ १॥

今译：净饭王之子出身纯洁的家族，
　　　心地纯洁，听了摩揭陀国王
　　　怀着友情说的这些话，虽不合
　　　心意，但保持安详自如，说道：（1）

昙译：瓶沙王隨順，安慰勸請已，
　　　太子敬答謝：

नाश्चर्यमेतद्भवतो विधानं जातस्य हर्यङ्ककुले विशाले।
यन्मित्रपक्षे तव मित्रकाम स्यादृत्तिरेषा परिशुद्धवृत्तेः॥ २॥

今译："你出身诃利衍迦大家族，
　　　做出这样的安排并不奇怪；
　　　热爱朋友，真诚对待朋友，
　　　这是品行纯洁者的行为。（2）

昙译："深感於來言，善得世間宜，
　　　所說不乖理，訶梨名族胄，
　　　為人善知識，義懷心虛盡，

法應如是說。

असत्सु मैत्री स्वकुलानुवृत्ता न तिष्ठति श्रीरिव विक्लवेषु।
पूर्वैः कृतां प्रीतिपरंपराभिस्तामेव सन्तस्तु विवर्धयन्ति॥३॥

今译："家族传承的友谊在恶人中
　　　不持久，如同王权在懦夫中
　　　迅速消亡，而善人们会增强
　　　先辈世代相继结下的友谊。（3）

昙译："世間說[①]凡品，不能處仁義，
　　　薄德遇近情，豈達名勝事？

ये चार्थकृच्छ्रेषु भवन्ति लोके
　समानकार्याः सुहृदां मनुष्याः।
मित्राणिः तानीति परैमि बुद्ध्या
　स्वस्थस्य वृद्धिष्विह को हि न स्यात्॥४॥

今译："在这世上，能与朋友
　　　共患难，我认为是朋友，
　　　因为在享有荣华富贵时，
　　　有谁不会成为他的朋友？（4）

昙译："承習先勝宗，崇禮修敬讓，
　　　能於苦難中，周濟不相棄，
　　　是則為世間，真善知識相[②]。

एवं च ये द्रव्यमवाप्य लोके मित्रेषु धर्मे च नियोजयन्ति।
अवाप्तसाराणि धनानि तेषां भ्रष्टानि नान्ते जनयन्ति तापम्॥१५॥

今译："在这世上，获得财富，

[①] 此处"说"字，据《中华大藏经》校勘记，《碛》、《普》、《南》、《径》、《清》作"诸"。

[②] "真善知识相"意谓真正好朋友的特征。

全都用于朋友和正法,
他们的财富才实现价值,
最终失去也毫无遗憾。(5)

昙译:"善友財通濟,是名牢固藏,
守惜封己利,是必速亡失;
國財非常寶①,惠施為福業,
兼施善知識,雖散後無悔。

सुहृत्तया चार्यतया च राजन्खल्वेष यो मां प्रति निश्चयस्ते ।
अत्रानुनेष्यामि सुहृत्तयैव ब्रूयामहं नोत्तरमन्यदत्र ॥ ६ ॥

今译:"你为我做出这决定,国王啊!
确实是出于友情和高尚品性,
我也出于友情,让你满意,
不再对这个决定多说什么。(6)

昙译:"既知汝厚懷,不為違逆論,
且今以所見,率心而相告。

अहं जरामृत्युभयं विदित्वा मुमुक्षया धर्ममिमं प्रपन्नः ।
बन्धूंन्प्रियांश्रुमुखान्विहाय प्रागेव कामानशुभस्य हेतून् ॥ ७ ॥

今译:"我明白老和死的危险,
希望解脱,追求正法,
抛弃了泪流满面的亲人,
尤其是罪恶的根源贪欲。(7)

昙译:"畏生老病死,欲求真解脫,
捨親離恩愛,豈還習五欲?

---

① "非常宝"意谓并非永恒的宝藏。

> नाशीविषेभ्यो हि तथा बिभेमि नैवाशनिभ्यो गगनाच्च्युतेभ्यः ।
> न पावकेभ्यो ऽनिलसंहितेभ्यो यथा भयं मे विषयेभ्य एव ॥८॥

今译："毒蛇，空降的雷电，
　　　还有借助风势的烈火，
　　　对它们的惧怕，比不上
　　　我对感官对象的惧怕。（8）

昙译："不畏盛毒蛇，凍電猛盛火，
　　　唯畏五欲境，流轉勞我心。

> कामा ह्यनित्याः कुशलार्थचौरा
> 　रिक्ताश्च मायासदृशाश्च लोके ।
> आशास्यमाना अपि मोहयन्ति
> 　चित्तं नृणां किं पुनरात्मसंस्थाः ॥९॥

今译："世上的贪欲是盗宝贼，
　　　无常而空虚，如同幻影；
　　　对贪欲的渴望会使人们
　　　头脑愚痴，何况身处其中？（9）

昙译："五欲非常[①]贼，劫人善珍寶，
　　　詐偽虛非實，猶若幻化人，
　　　暫思令人惑，況常處其中？

> कामाभिभूता हि न यान्ति शर्म त्रिपिष्टपे किं बत मर्त्यलोके ।
> कामैः सतृष्णस्य हि नास्ति तृप्तिर्यथेन्धनैर्वातसखस्य वह्नेः ॥१०॥

今译："被贪欲征服者即使住在天国，
　　　也不得安宁，更何况在人间？
　　　犹如风的朋友火对于燃料，

---

① 此处"非常"对应这颂原文中的 anitya（无常的）一词。此词与另一词 rikta（"空虚的"，昙译"虚非实"）都是修饰 kāma（"贪欲"或"爱欲"，昙译"五欲"）这个词。

渴求者的贪欲永远不知餍足。(10)

昙译："五欲為大礙，永障寂滅法，
　　　　天樂尚不可，況處人間欲？
　　　　五欲生渴愛，終無滿足時，
　　　　猶盛風猛火，投薪亦無足。"

**जगत्यनर्थो न समो ऽस्ति कामैर्मोहाच्च तेष्वेव जनः प्रसक्तः ।
तत्त्वं विदित्वैवमनर्थभीरुः प्राज्ञः स्वयं को ऽभिलषेदनर्थम्॥११॥**

今译："世上没有能与贪欲相比的
　　　　祸患，人们愚痴而沉迷其中，
　　　　智者惧怕祸患，了解真谛，
　　　　怎么自己会追求这种祸患？(11)

昙译："世間諸非義①，莫過五欲境，
　　　　眾生愚貪故，樂著而不覺，
　　　　智者畏五欲，不墮於非義。"

**समुद्रवस्त्रामपि गामवाप्य पारं जिगीषन्ति महार्णवस्य ।
लोकस्य कामैर्न वितृप्तिरस्ति पतद्भिरम्भोभिरिवार्णवस्य॥१२॥**

今译："已经获得大海环绕的大地，
　　　　他们还想征服大海的彼岸，
　　　　世人的贪欲永远不知餍足，
　　　　犹如大海对于降落的雨水。(12)

昙译："王領四海內，猶外更希求，
　　　　愛欲如大海，終無止足時。"

---

① "非义"对应这颂中的 anartha 一词，词义为"无意义"、"无用"、"不幸"、"罪恶"或"灾难"。

देवेन वृष्टे ऽपि हिरण्यवर्षे द्वीपान्समग्रांश्चतुरो ऽपि जित्वा ।
शक्रस्य चार्धासनमप्यवाप्य मान्धातुरासीद्विषयेष्वतृप्तिः ॥ १३ ॥

今译："即使天神为他降下金雨,
　　　　即使征服了所有四大洲,
　　　　甚至与因陀罗分享宝座,
　　　　曼达多的贪欲仍不满足。(13)

昙译："曼陀轉輪王,普天雨黃金,
　　　　王領四天下,復希忉利天,
　　　　帝釋分半座,欲圖致命終。

भुक्त्वापि राज्यं दिवि देवतानां शतक्रतौ वृत्रभयात्प्रनष्टे ।
दर्पान्महर्षीनपि वाहयित्वा कामेष्वतृप्तो नहुषः पपात ॥ १४ ॥

今译："因陀罗惧怕弗栗多而消失,
　　　　友邻王甚至享有天国的王权,
　　　　贪欲仍不满足,出于骄慢,
　　　　让大仙人抬轿,结果坠落。① (14)

昙译："農沙修苦行,王三十三天,
　　　　縱欲心高慢,仙人挽步車,
　　　　緣斯放逸行,即墮蟒蛇中。

ऐडश्च राजा त्रिदिवं विगाह्य नीत्वापि देवीं वशमुर्वशीं ताम् ।
लोभादृषिभ्यः कनकं जिहीर्षुर्जगाम नाशं विषयेष्वतृप्तः ॥ १५ ॥

今译："伊达之子②即使进入天国,
　　　　带回那位天女优哩婆湿,

---

① 在天王因陀罗消失的时候,众天神选中友邻王(nahuṣa,昙译"农沙")替代因陀罗。友邻王登上天王宝座后,欲望膨胀,看中因陀罗的妻子舍姬。舍姬故意怂恿他乘坐由众仙人抬的轿子。于是,友邻王忘乎所以,命令众仙人用轿子抬他,甚至还用脚踢了投山仙人的头。结果,遭到投山仙人诅咒,友邻王从天国坠落,变成大地上的蟒蛇。
② "伊达之子"(aiḍa,昙译"罝罗")即补卢罗婆娑(purūravas),是一位著名的国王,月亮族祖先。

仍然对感官对象不满足,
夺取仙人金子,走向毁灭。(15)

昙译:"罝羅轉輪王,遊於忉利天,
取天女為后,賦歛仙人金,
仙人忿加呪,國滅而命終。

बलेर्महेन्द्रं नहुषं महेन्द्रादिन्द्रं पुनर्ये नहुषादुपेयुः ।
स्वर्गे क्षितौ वा विषयेषु तेषु को विश्वसेद्भाग्यकुलाकुलेषु॥ १६ ॥

今译:"从伯利①到因陀罗,从因陀罗
到友邻,又从友邻到因陀罗,
天国或者人间,谁能够信任
这些祸福无常的感官对象?(16)

昙译:"婆羅大帝釋,大帝釋農沙,
農沙歸帝釋,天主豈有常?
國土非堅固,唯大力所居。

चीराम्बरा मूलफलाम्बुभक्षा
जटा वहन्तो ऽपि भुजङ्गदीर्घाः ।
यैर्नान्यकार्या मुनयो ऽपि भग्नाः
कः कामसंज्ञान्मृगयेत शत्रून्॥ १७॥

今译:"身穿树皮衣,以根、果和水
为食物,束起的头发似长蛇,
牟尼别无他事,也毁于贪欲,
谁还会追求名为贪欲的敌人?(17)

昙译:"被服於草衣,食果飲流泉,

---

① "伯利"(bali,昙译"婆罗")是一位阿修罗,曾夺得三界统治权。于是,毗湿奴化身为侏儒,向他乞求三步之地。伯利见他是侏儒,便答应了他。结果,毗湿奴跨出了三大步,占领三界,并将伯利踩入地下。这样,恢复了因陀罗的天国统治权。

第十一章　谴责贪欲

　　　　長髮如垂地，寂默無所求，
　　　　如是修苦行，終為欲所壞，
　　　　當知五欲境，行道者怨家。

उग्रायुधश्चोग्रधृतायुधो ऽपि येषां कृते मृत्युमवाप भीष्मात्।
चिन्तापि तेषामशिवा वधाय सद्वृत्तिनां किं पुनरव्रतानाम्॥१८॥

　　今译："即使优揭罗瑜达持有锐利武器，
　　　　　仍然因为贪欲，死于毗湿摩之手；
　　　　　甚至产生贪欲的念头就不吉利，
　　　　　造成善人毁灭，何况不守誓言者。（18）

　　昙译："千臂大力王，勇健難為敵，
　　　　　羅摩仙人殺，亦由貪欲故，
　　　　　況我刹利種，不為欲所牽。①

आस्वादमल्पं विषयेषु मत्वा संयोजनोत्कर्षमतृप्तिमेव।
सद्भ्यश्च गर्हां नियतं च पापं कः कामसंज्ञं विषमाददीत॥१९॥

　　今译："想到稍许品尝这些感官对象，
　　　　　便会不知餍足，构成牢固束缚，
　　　　　受到贤者们谴责，肯定是罪恶，
　　　　　谁还会获取名为贪欲的毒药？（19）

　　昙译："少味境界欲，子息長彌增②，
　　　　　慧者之所惡，欲毒誰服食？

कृष्यादिभिः कर्मभिरर्दितानां
　　　　कामात्मकानां च निशाम्य दुःखम्।

---

　　① "千臂"（sahasrabāhu）是作武王（kārtavīrya）的称号。他曾骚扰抢劫阇摩陀耆尼仙人的净修林，而被这位仙人的儿子持斧罗摩杀死。"刹利种"意谓"刹帝利种姓"。这是接着上面的话头，因为"罗摩仙人"是婆罗门种姓。昙译这颂不同于原文。
　　② "子息长弥增"意谓像繁衍子孙那样不断增长。

स्वास्थ्यं च कामेष्वकुतूहलानां
　　कामान्विहातुं क्षममात्मवद्भिः ॥२०॥

今译："看到怀有贪欲而从事耕种
　　　等等劳作，备受折磨和痛苦，
　　　而不受贪欲吸引者安乐自在，
　　　把握自我者就会摒弃贪欲。（20）

昙译："種種苦求利，悉為貪所使，
　　　若無貪欲者，勤苦則不生，
　　　慧者見苦過，滅除於貪欲。

ज्ञेया विपत्कामिनि कामसंपत्सिद्धेषु कामेषु मदं ह्युपैति ।
मदादकार्यं कुरुते न कार्यं येन क्षतो दुर्गतिमभ्युपैति ॥२१॥

今译："怀有贪欲者如果获得成就，
　　　就会迷醉，也被认为是不幸，
　　　因为迷醉，不做好事做坏事，
　　　由此伤害自己，而堕入恶道。（21）

昙译："世間謂為善，即皆是惡法，
　　　眾生所貪樂，生諸放逸故，
　　　放逸反自傷，死當墮惡趣。

यत्नेन लब्धाः परिरक्षिताश्च ये विप्रलभ्य प्रतियान्ति भूयः ।
तेष्वात्मवान्याचितकोपमेषु कामेषु विद्वानिह को रमेत ॥२२॥

今译："竭尽努力追求和保护贪欲，
　　　而贪欲骗人之后，又离去，
　　　世上哪个把握自我的智者，
　　　会喜欢如同借贷物的贪欲？（22）

昙译："勤方便所得，而方便所護，
　　　不勤自亡失，非方便能留，

猶若假借物，智者不貪著。

अन्विष्य चादाय च जाततर्षा
　　यानत्यजन्तः परियान्ति दुःखम्।
लोके तृणोल्कासदृशेषु तेषु
　　कामेषु कस्यात्मवतो रतिः स्यात्॥२३॥

今译："追求，获得，心生贪著，
　　　不愿意舍弃而走向痛苦，
　　　世上把握自我者怎么会
　　　喜欢这如同火把的贪欲？（23）

昙译："貪欲勤苦求，得以增愛著，
　　　非常離散時，益復增苦惱，
　　　執炬還自燒，智者所不著。

अनात्मवन्तो हृदि यैर्विदष्टा
　　विनाशमच्छन्ति न यान्ति शर्म।
क्रुद्धोग्रसर्पप्रतिमेषु तेषु
　　कामेषु कस्यात्मवतो रतिः स्यात्॥२४॥

今译："自我放纵，贪欲撕心，
　　　失去安乐，走向毁灭，
　　　把握自我者怎么会喜欢
　　　如同暴戾毒蛇的贪欲？（24）

昙译："愚癡卑賤人，慳貪毒燒心，
　　　終身長受苦，未曾得安樂，
　　　貪恚如蛇毒，智者何由近？

अस्थि क्षुधार्ता इव सारमेया
　　भुक्त्वापि यान्नैव भवन्ति तृप्ताः।

जीर्णास्थिकङ्कालसमेषु तेषु
कामेषु कस्यात्मवतो रतिः स्यात्॥२५॥

今译:"犹如受饥饿折磨的狗,
啃咬骨头,无法满足,
把握自我者怎么会喜欢
如同骷髅枯骨的贪欲?(25)

昙译:"勤苦嚙枯骨,無味不充飽,
徒自困牙齒,智者所不嘗。

ये राजचौरोदकपावकेभ्यः
साधारणत्वाजनयन्ति दुःखम्।
तेषु प्रविद्धामिषसन्निभेषु
कामेषु कस्यात्मवतो रतिः स्यात्॥२६॥

今译:"贪欲与国王、盗贼和
水火相通,制造痛苦,
把握自我者怎么会喜欢
如同腥臭之肉的贪欲?(26)

昙译:"王賊水火分,惡子等共財[①],
亦如臭叚肉,一聚羣鳥爭,
貪財亦如是,智者所不欣。

यत्र स्थितानामभितो विपत्तिः शत्रोः सकाशादपि बान्धवेभ्यः।
हिंस्रेषु तेष्वायतनोपमेषु कामेषु कस्यात्मवतो रतिः स्यात्॥२७॥

今译:"处身贪欲,充满来自
敌人或者亲友的威胁,
把握自我者怎么会喜欢
如同凶险之处的贪欲?(27)

---

① 这一行与这颂原文有差异。"惡子等共財"可能意谓恶人们都贪求财富。

昙译："有財所集處，多起於怨憎，
　　　　晝夜自守衛，如人畏重怨，
　　　　東市①殺標下，人情所憎惡，
　　　　貪恚癡長標，智者常遠離。

गिरौ वने चाप्सु च सागरे च
　　यान्त्रंशमर्छन्ति विलङ्घमानाः ।
तेषु द्रुमाग्रफलोपमेषु
　　कामेषु कस्यात्मवतो रतिः स्यात्॥२८॥

今译："人们跨越高山、森林、
　　　　江河和大海，遭到毁灭，
　　　　把握自我者怎么会喜欢
　　　　如同树顶果子的贪欲？（28）

昙译："入山林河海，多敗而少安，
　　　　如樹高條果，貪取多墮死，
　　　　貪欲境如是，雖見難可取。

तीव्रैः प्रयत्नैर्विविधैरवाप्ताः क्षणेन ये नाशमिह प्रयान्ति ।
स्वप्नोपभोगप्रतिमेषु तेषु कामेषु कस्यात्मवतो रतिः स्यात्॥२९॥

今译："历尽千辛万苦而得到，
　　　　刹那之间便毁灭殆尽，
　　　　把握自我者怎么会喜欢
　　　　如同梦中享受的贪欲？（29）

昙译："苦方便求財，難集而易散，
　　　　猶如夢所得，智者豈保持？

---

① "东市"在古汉语中指称刑场。

यानर्जयित्वापि न यान्ति शर्म विवर्धयित्वा परिपालयित्वा ।
अङ्गारकर्षूप्रतिमेषु तेषु कामेषु कस्यात्मवतो रतिः स्यात्॥३०॥

今译："获得之后，追求增长，
又要守护，不得安乐，
把握自我者怎么会喜欢
如同烧炭火坑的贪欲？（30）

昙译："如伪覆火坑[①]，蹈者必烧死，
贪欲火如是，智者所不遊。

विनाशमीयुः कुरवो यदर्थं वृष्ण्यन्धका मेखलदण्डकाश्च ।
सूनासिकाष्ठप्रतिमेषु तेषु कामेषु कस्यात्मवतो रतिः स्यात्॥३१॥

今译："俱卢、苾湿尼安陀迦和
弥佉罗弹宅迦人走向毁灭，
把握自我者怎么会喜欢
如同屠场刀火的贪欲？[②]（31）

昙译："如彼鸠羅步，弻瑟膩難陀，
彌郗利檀荼，如屠家刀机，
愛欲形亦然，智者所不為。
束身投水火，或投於高巖，
而求於天樂，徒苦不獲利。[③]

सुन्दोपसुन्दावसुरौ यदर्थमन्योन्यवैरप्रसृतौ विनष्टौ ।
सौहार्दविश्लेषकरेषु तेषु कामेषु कस्यात्मवतो रतिः स्यात्॥३२॥

今译："阿修罗孙陀和优波孙陀，

---

① "伪覆火坑"指虚掩的火坑。
② "俱卢"（kuru，昙译"鸠罗步"）、"苾湿尼安陀迦"（vṛṣṇyandhaka，昙译"弻瑟膩难陀"）和"弥佉罗弹宅迦"（mekhaladaṇḍaka，昙译"弥郗利檀荼"）这些种族在婆罗多族大战中遭到毁灭性打击。
③ 昙译这两行与下面第33颂对应。

为贪欲结仇,遭到毁灭,
把握自我者怎么会喜欢
这种破坏友情的贪欲?[1](32)

昙译:"孫陶鉢孫陶,阿修輪兄弟,
同生相愛念,為欲相殘殺,
身死名俱滅,皆由貪欲故。

येषां कृते वारिणि पावके च क्रव्यात्सु चात्मानमिहोत्सृजन्ति ।
सपत्नभूतेष्वशिवेषु तेषु कामेषु कस्यात्मवतो रतिः स्यात्॥ ३३ ॥

今译:"出于贪欲,世上人们
投身于水、火和猛兽,
把握自我者怎么会喜欢
如同不祥敌人的贪欲?(33)

कामार्थमज्ञः कृपणं करोति प्राप्नोति दुःखं वधबन्धनादि ।
कामार्थमाशाकृपणस्तपस्वी मृत्युं श्रमं चार्छति जीवलोकः॥ ३४ ॥

今译:"无知者为贪欲而制造不幸,
遭逢杀戮和囚禁等等痛苦,
这生命世界怀着卑微的希望,
辛苦劳累,最终获得死亡。(34)

昙译:"貪愛令人賤,鞭杖駈策苦,
愛欲卑希望,長夜形神疲。

गीतैर्ह्रियन्ते हि मृगा वधाय रूपार्थमग्नौ शलभाः पतन्ति ।
मत्स्यो गिरत्यायसमामिषार्थी तस्मादनर्थं विषयाः फलन्ति॥ ३५ ॥

---

[1] "孙陀"(sunda,昙译"孙陶")和"优波孙陀"(upasunda,昙译"钵孙陶")是阿修罗(asura,昙译"阿修轮")兄弟俩,威力无比。于是,众天神派遣天女提罗德玛(tilottamā)引诱他俩。结果,他俩为争夺这位天女而自相残杀。

今译:"鹿儿受歌声吸引,遭到杀戮,
　　　飞蛾受美色吸引,投身火中,
　　　鱼儿受诱饵吸引,吞下铁钩,
　　　因此,感官对象带来灾祸。(35)

昙译:"麋鹿贪声死,飞鸟随色贪,
　　　渊鱼贪钩饵,悉为欲所困。

कामास्तु भोगा इति यन्मतिः स्याद्भोगा न केचित्परिगण्यमानाः ।
वस्त्राद्यो द्रव्यगुणा हि लोके दुःखप्रतीकार इति प्रधार्याः ॥ ३६ ॥

今译:"如果认为贪欲是享受,
　　　而实际上不能称作享受,
　　　应该说衣服等物质对象,
　　　是为了克服世上的痛苦。(36)

इष्टं हि तर्षप्रशमाय तोयं क्षुन्नाशहेतोरशनं तथैव ।
वातातपाम्ब्वावरणाय वेश्म कौपीनशीतावरणाय वासः ॥ ३७ ॥

今译:"清水用于解除口渴,
　　　食物用于解除饥饿,
　　　房屋用于防晒和风雨,
　　　衣服用于遮羞和御寒。(37)

昙译:"观察资生具,非为自在法①,
　　　食以疗饥患,除渴故饮水,
　　　衣被却风寒。

निद्राविघाताय तथैव शय्या यानं तथाध्वश्रमनाशनाय ।
तथासनं स्थानविनोदनाय स्नानं मृजारोग्यबलाश्रयाय ॥ ११ । ३८ ॥

---

① 此处"自在法"对应上一颂原文中的 bhoga 一词,词义为"享受"。

今译："床铺用于解除困倦，
　　　　车辆减轻旅途的疲劳，
　　　　座椅代替站立，沐浴
　　　　带来清洁、健康和活力。（38）

昙译："卧以治睡眠，行疲故求乘，
　　　　立倦求床座，除垢故沐浴，
　　　　皆為息苦故。

दुःखप्रतीकारनिमित्तभूता-
　　स्तस्मात्प्रजानां विषया न भोगाः ।
अश्नामि भोगानिति को ऽभ्युपेया-
　　त्प्राज्ञः प्रतीकारविधौ प्रवृत्तः ॥ ३९ ॥

今译："因此，众生的感官对象不是
　　　　享受，而是克服痛苦的手段；
　　　　在利用这些手段克服痛苦时，
　　　　哪个智者会说'我获得享受'？（39）

昙译："是故應當知，五欲非自在。

यः पित्तदाहेन विदह्यमानः शीतक्रियां भोग इति व्यवस्येत् ।
दुःखप्रतीकारविधौ प्रवृत्तः कामेषु कुर्यात्स हि भोगसंज्ञाम् ॥ ४० ॥

今译："有人得热病，浑身发烧，
　　　　而认为进行冷敷是享受，
　　　　那么，他在利用这些手段
　　　　克服痛苦时，会说是享受。（40）

昙译："如人得熱病，求諸冷治藥，
　　　　貪求止苦患，愚夫謂自在。

कामेष्वनैकान्तिकता च यस्मा-
दतो ऽपि मे तेषु न भोगसंज्ञा ।
य एव भावा हि सुखं दिशन्ति
त एव दुःखं पुनरावहन्ति ॥४१॥

今译："贪欲没有确定的规则，
因此，我不称之为享受；
一些情况表明带来快乐，
而它们随后又造成痛苦。（41）

昙译："而彼資生具，亦非定止苦，
又令苦法增，故非自在法。

गुरूणि वासांस्यगुरूणि चैव सुखाय शीते ह्युसुखाय घर्मे ।
चन्द्रांशवश्चन्दनमेव चोष्णे सुखाय दुःखाय भवन्ति शीते ॥४२॥

今译："厚衣和沉香，寒冷时
舒服，炎热时不舒服，
而月光和檀香，炎热时
舒服，寒冷时不舒服。（42）

昙译："溫衣非常樂，時過亦生苦，
月光夏則涼，冬則增寒苦。

द्वन्द्वानि सर्वस्य यतः प्रसक्ता-
न्यलाभलाभप्रभृतीनि लोके ।
अतो ऽपि नैकान्तसुखो ऽस्ति कश्चि-
न्नैकान्तदुःखः पुरुषः पृथिव्याम् ॥४३॥

今译："世上的一切全都陷入
得和失等等的对立中，
因此，大地上没有人
永久快乐或永久痛苦。（43）

昙译："乃至世八法①，悉非决定相，

दृष्ट्वा विमिश्रां सुखदुःखतां मे राज्यं च दास्यं च मतं समानम्।
नित्यं हसत्येव हि नैव राजा न चापि संतप्यत एव दासः॥४४॥

今译："看到快乐和痛苦混合，
　　　我平等看待国王和奴仆，
　　　国王并不是永远欢笑，
　　　奴仆也不是永远烦恼。（44）

昙译："苦樂相不定，奴王豈有間？②

आज्ञा नृपत्वेऽभ्यधिकेति यत्स्यान्महान्ति दुःखान्यत एव राज्ञः।
आसङ्गकाष्ठप्रतिमो हि राजा लोकस्य हेतोः परिखेदमेति॥४५॥

今译："如果认为国王发号施令，
　　　那也表明国王充满痛苦，
　　　因为如同扁担，国王
　　　为了世界，辛苦挑担。（45）

昙译："教令眾奉用，以王為勝者，
　　　教令即是苦，猶擔能任重，
　　　普銓世輕重，眾苦集其身。

राज्ये नृपस्त्यागिनि बह्वमित्रे
　　विश्वासमागच्छति चेद्विपन्नः।
अथापि विश्रम्भमुपैति नेह
　　किं नाम सौख्यं चकितस्य राज्ञः॥४६॥

今译："如果信任充满敌人的
　　　王国，国王便遭毁灭；

---

① "世八法"（aṣṭau lokadharmāḥ）指得、失、毁、誉、称、讥、苦和乐。这颂原文中没有使用此词。

② 这句意谓奴仆和国王在这方面没有区别。

如果不信任，终日担惊
　　　受怕，又有什么快乐？（46）

昙译："為王多怨憎，雖親或成患，
　　　無親而獨立，此復有何歡？

यदा च जित्वापि महीं समग्रां वासाय दृष्टं पुरमेकमेव ।
तत्रापि चैकं भवनं निषेव्यं श्रमः परार्थे ननु राजभावः ॥४७॥

今译："即使征服了整个大地，
　　　也仅仅居住一座城市，
　　　而且是城中一座宫殿，
　　　国王纯粹为他人操劳。（47）

昙译："雖王四天下，用皆不過一，
　　　營求於萬事，唐苦何益身？
　　　未若止貪求，息事為大安。

राज्ञो ऽपि वासोयुगमेकमेव क्षुत्संनिरोधाय तथान्नमात्रा ।
शय्या तथैकासनमेकमेव शेषा विशेषा नृपतेर्मदाय ॥४८॥

今译："国王也是穿一身衣服，
　　　饭量同样是吃饱为止，
　　　睡一张床，坐一把椅，
　　　其余是炫耀的奢侈品。（48）

तुष्ट्यर्थमेतच्च फलं यदीष्टमृते ऽपि राज्यान्मम तुष्टिरस्ति ।
तुष्टौ च सत्यां पुरुषस्य लोके सर्वे विशेषा ननु निर्विशेषाः ॥४९॥

今译："如果这是令人满意的果报，
　　　即使没有王权，我也满意；
　　　在这世上，一个人如果知足，
　　　他就会对一切奢华漠然视之。（49）

昙译："居王五欲樂，不王閑寂歡，
　　　　歡樂既同等，何用王位為？①

तन्नास्मि कामान्प्रति संप्रतार्यः
　　क्षेमं शिवं मार्गमनुप्रपन्नः ।
स्मृत्वा सुहृत्त्वं तु पुनः पुनर्मां
　　ब्रूहि प्रतिज्ञां खलु पालयेति ॥५०॥

今译："因此，我不会走向贪欲，
　　　　而是追求幸福吉祥之路，
　　　　你要记住友情，一再地
　　　　叮嘱我：'你要恪守誓言！'（50）

昙译："汝勿作方便，導我於五欲，
　　　　我情之所期，清涼虛通道，
　　　　汝欲相饒益，助成我所求。

न ह्यस्म्यमर्षेण वनं प्रविष्टो न शत्रुबाणैरवधूतमौलिः ।
कृतस्पृहो नापि फलाधिकेभ्यो गृह्णामि नैतद्वचनं यतस्ते ॥५१॥

今译："我进入森林不是出于愤怒，
　　　　我失落顶冠不是中了敌箭，
　　　　我也不渴望获取更多果报，
　　　　因此，我不接受你的建议。（51）

昙译："我不畏怨家，不求生天樂，
　　　　心不懷俗利，而捨於天冠，
　　　　是故違汝情，不從於來旨。

यो दन्दशूकं कुपितं भुजङ्गं

---

① 昙译这颂意谓担任国王享有五欲的快乐，不担任国王享有闲寂的快乐，两者的快乐相等。它表达的意思与原文基本一致，但表述方式有所不同，意义也有所变化。

मुक्त्वा व्यवस्येद्धि पुनर्ग्रहीतुम्।
दाहात्मिकां वा ज्वलितां तृणोल्कां
संत्यज्य कामान्स पुनर्भजेत॥५२॥

今译："摆脱了咬人的毒蛇，还去
抓它；丢弃了燃烧的火把，
还去取它，唯有这样的人，
摒弃了贪欲，还会追随它。（52）

昙译："如免毒蛇口，豈復還執持？
執炬而自燒，何能不速捨？

अन्धाय यश्च स्पृह्येदनन्यो
बद्धाय मुक्तो विधनाय चाढ्यः।
उन्मत्तचित्ताय च कल्यचित्तः
स्पृहां स कुर्याद्विषयात्मकाय॥५३॥

今译："明眼人羡慕瞎子，自由人
羡慕囚徒，富人羡慕穷人，
智者羡慕疯子，唯有这样，
才会羡慕执著感官对象者。（53）

昙译："有目羡盲人，已解復求縛，
富者願貧窮，智者習愚癡，
世有如此人，則我應樂國。

भैक्ष्योपभोगीति च नानुकम्प्यः कृती जरामृत्युभयं तितीर्षुः।
इहोत्तमं शान्तिसुखं च यस्य परत्र दुःखानि च संवृतानि॥५४॥

今译："不要看到他乞食而怜悯，
这位智者渴望超越老和死，
他在今生获得至高的安乐，
也已断绝来世的种种痛苦。（54）

昙译:"欲度生老死,節身行乞食,
寡欲守空閑,後世免惡道,
是則二世①安,汝今勿哀我。

लक्ष्म्यां महत्यामपि वर्तमानस्तृष्णाभिभूतस्त्वनुकम्पितव्यः ।
प्राप्नोति यः शान्तिसुखं न चेह परत्र दुःखैः प्रतिगृह्यते च ॥५५॥

今译:"享有荣华富贵,而被贪欲
征服,这样的人值得怜悯,
他不仅在今生得不到安乐,
在来世还要承受种种痛苦。(55)

昙译:"當哀為王者,其心常虛渴,
今世不獲安,後世受苦報。

एवं तु वक्तुं भवतोऽनुरूपं सत्त्वस्य वृत्तस्य कुलस्य चैव ।
ममापि वोढुं सदृशं प्रतिज्ञां सत्त्वस्य वृत्तस्य कुलस्य चैव ॥५६॥

今译:"但是,你的说法符合
你的性格、行为和家族,
而我坚守誓言,也符合
我的性格、行为和家族。(56)

昙译:"汝以名勝族,大丈夫禮義,
厚懷處於我,樂同世歡娛,
我亦應報德,勸汝同我利。

अहं हि संसारशरेण विद्धो विनिःसृतः शान्तिमवाप्तुकामः ।
नेच्छेयमाढ्यं त्रिदिवेऽपि राज्यं निरामयं किं बत मानुषेषु ॥५७॥

今译:"因为扎有生死轮回之箭,

---

① 此处"二世"指今世和来世。

我出家，渴望达到寂静；
我甚至不向往安然无恙的
天国，更何况人间的王国？（57）

त्रिवर्गसेवां नृप यत्तु कृत्स्नतः
　　परो मनुष्यार्थ इति त्वमात्थ माम्।
अनर्थ इत्येव ममात्र दर्शनं
　　क्षयी त्रिवर्गो हि न चापि तर्पकः॥५८॥

今译："国王啊，你对我说，完整实施
法、利和欲，这是人生最高目的，
然而，我的看法是它们毫无意义，
因为这三者无常，不能令人满意。（58）

昙译："若習三品①樂，是名世丈夫，
此亦為非義，常求無足故。

पदे तु यस्मिन्न जरा न भीर्न रु-
　　ङ्न जन्म नैवोपरमो न चाधयः।
तमेव मन्ये पुरुषार्थमुत्तमं
　　न विद्यते यत्र पुनः पुनः क्रिया॥५९॥

今译："无老，无惧，无病，无生，
无死，无苦，不再有作为，
我认为唯有达到这种境界，
才是人生追求的最高目的。（59）

昙译："若無生老死，乃名大丈夫。

यदप्यवोचः परिपाल्यतां जरा
　　नवं वयो गच्छति विक्रियामिति।

---

① "三品"对应这颂原文中的 trivarga 一词，指法、利和欲这三者。

अनिश्चयो ऽयं चपलं हि दृश्यते
	जराप्यधीरा धृतिमच्च यौवनम्॥६०॥

今译:"你说老年人稳定,青年人
	不安分,而这也不是定规,
	因为实际也能看到老年人
	不稳重,青年人沉稳坚定。(60)

昙译:"汝言少輕躁,老則應出家,
	我見年耆者,力劣無所堪,
	不如盛壯時,志猛心決定。

स्वकर्मदक्षश्च यदान्तको जग-
	द्द्वयःसु सर्वेष्ववशं विकर्षति।
विनाशकाले कथमव्यवस्थिते
	जरा प्रतीक्ष्या विदुषा शमेप्सुना॥६१॥

今译:"恪尽职守的死神随时拽走
	不能自主的世人,不分年龄,
	死亡的时间不确定,智者
	渴望寂静,怎能等到老年?(61)

昙译:"死賊執劍隨,常伺求其便,
	豈聽至年老,遂志而出家?

जरायुधो व्याधिविकीर्णसायको
	यदान्तको व्याध इवाशिवः स्थितः।
प्रजामृगान्भाग्यवनाश्रितांस्तुद-
	न्वयःप्रकर्षं प्रति को मनोरथः॥६२॥

今译:"死神如同险恶的猎人站着,
	以老年为武器,疾病为利箭,
	捕杀命运林中如同鹿群的

众生，谁能怀抱长寿的希望？（62）

昙译："無常為獵師，老弓病利箭，
於生死曠野，常伺眾生鹿，
得便斷其命，孰聽終年壽？

अतो युवा वा स्थविरो ऽथवा शिशु-
स्तथा त्वरावानिह कर्तुमर्हति ।
यथा भवेद्धर्मवतः कृतात्मनः
प्रवृत्तिरिष्टा विनिवृत्तिरेव वा ॥ ६३ ॥

今译："因此，无论老年、青年或
童年，都应该迅速采取行动，
净化心灵，遵行正法，依照
自己心愿，或流转，或寂灭。（63）

昙译："夫人之所為，若生若滅事，
少長及中年，悉應勤方便。

यदात्थ चापीष्टफलां कुलोचितां
कुरुष्व धर्माय मखक्रियामिति ।
नमो मखेभ्यो न हि कामये सुखं
परस्य दुःखक्रियया यदिष्यते ॥ ६४ ॥

今译："你也劝我为了正法，举行祭祀，
符合家族法，能获得愿望果报，
而我不崇尚祭祀，不愿意为获得
快乐，而给其他生物造成痛苦。（64）

昙译："祠祀修大會，是皆愚癡故，
應當崇正法，反煞以祠天。①

---

① 这句意谓反对杀生祭祀天神。

परं हि हन्तुं विवशं फलेप्सया
    न युक्तरूपं करुणात्मनः सतः।
क्रतोः फलं यद्यपि शाश्वतं भवे-
    त्तथापि कृत्वा किमु यत्क्षयात्मकम्॥६५॥

今译："为了果报，杀害无助的其他生物，
　　　这种行为不适合心怀慈悲的善人，
　　　即使祭祀的果报永久，也不应该
　　　这样做，更何况祭祀的果报无常。（65）

昙译："害生而求福，此则無慈人，
　　　　害生果有常，猶尚不應煞，
　　　　況復求無常，而害生祠祀？

भवेच्च धर्मो यदि नापरो विधि-
    र्व्रतेन शीलेन मनःशमेन वा।
तथापि नैवार्हति सेवितुं क्रतुं
    विशस्य यस्मिन्परमुच्यते फलम्॥६६॥

今译："即使这种正法并非不同于
　　　恪守誓愿、持戒或思想平静，
　　　那也不应该实施祭祀，因为
　　　祭祀的果报靠杀害其他生物。（66）

昙译："若無戒聞慧，修禪寂靜者，
　　　　不應從世間，祠祀設大會。

इहापि तावत्पुरुषस्य तिष्ठतः प्रवर्तते यत्परहिंसया सुखम्।
तदप्यनिष्टं सघृणस्य धीमतो भवान्तरे किं बत यन्न दृश्यते॥६७॥

今译："即使人依靠杀害其他的
　　　生物而在今生获得快乐，
　　　慈悲的智者也不愿意接受，

更何况在看不见的来世。(67)

昙译:"煞生得現樂，慧者不應煞，
況復煞眾生，而求後世福？

न च प्रतार्यो ऽस्मि फलप्रवृत्तये
भवेषु राजन्नमते न मे मनः।
लता इवाम्भोधरवृष्टिताडिताः
प्रवृत्तयः सर्वगता हि चञ्चलाः॥६८॥

今译:"我不追求获取种种果报，
国王啊，不热衷生死流转，
因为种种果报如同蔓藤，
风吹雨打中上下左右摇摆。(68)

昙译:"三界有為果，悉非我所樂，
諸趣流動法，如風水漂草。

इहागतश्चाहमितो दिदृक्षया
मुनेरराडस्य विमोक्षवादिनः।
प्रयामि चाद्यैव नृपास्तु ते शिवं
वचः क्षमेथा मम तत्त्वनिष्ठुरम्॥६९॥

今译:"因此，我来到这里想见宣示
解脱的阿罗蓝牟尼，国王啊！
祝你安康！我现在就要前去，
请原谅我的真实而苦涩的话。(69)

昙译:"是故我遠來，為求真解脫，
聞有阿羅灆，善說解脫道，
今當往詣彼，大仙牟尼所，
誠言苦抑斷，我今誨謝汝。

第十一章　谴责贪欲　305

अवेन्द्रवद्दिव्यव शश्वदर्कवदुणैरव श्रेय इहाव गामव ।
अवायुरायैरव सत्सुतानव श्रियश्च राजन्नव धर्ममात्मनः ॥७०॥

今译："愿你永远像因陀罗，像太阳，
　　　依靠品德，保障大地幸福安宁！
　　　国王啊，愿你和贵族们长寿！
　　　保护儿子和财富，恪守正法！（70）

昙译："願汝國安隱，善護如帝釋，
　　　慧明照天下，猶如盛日光，
　　　殊勝大地主，端心護其命，
　　　正化護其子，以法王天下。

हिमारिकेतूद्भवसंभवान्तरे यथा द्विजो याति विमोक्षयंस्तनुम् ।
हिमारिशत्रुक्षयशत्रुघातने तथान्तरे याहि विमोक्षयन्मनः ॥७१॥

今译："冰雪之敌火生烟，烟生云，云生雨，
　　　鸟在雨中摆脱身体，同样，冰雪之敌
　　　太阳，太阳之敌黑暗，黑暗之敌光明，
　　　但愿你驱除光明之敌，让心获得解脱！"①（71）

昙译："水雪火為怨，緣火烟幢起，
　　　烟幢成浮雲，浮雲興大雨，
　　　有鳥於空中，飲雨不雨身，
　　　殺重怨為宅，居宅怨重殺，
　　　有殺重怨者，汝今應伏彼，
　　　令其得解脫，如飲不雨身。"

नृपो ऽब्रवीत्साञ्जलिरागतस्पृहो
यथेष्टमाप्नोतु भवानविघ्नतः ।

---

① 这颂采用谜语诗形式，不易读解。昙译也不易读解，尤其是后半部分。原文中的 dvija 一词指卵生动物，如鸟、蛇和鱼等，但用在这里似乎都不合适。按照语意，似乎火用在这里比较合适，但 dvija 一词没有"火"的词义。这里姑且译为鸟。

अवाप्य काले कृतकृत्यतामिमां
   ममापि कार्यो भवता त्वनुग्रहः ॥ ७२ ॥

今译：国王满怀渴望，合掌说道：
　　　"祝你如愿顺利达到目的！
　　　一旦你圆满完成你的事业，
　　　你也应该不吝赐予我恩惠。"（72）

昙译：時王即叉手，敬德心歡喜：
　　　"如汝之所求，願令果速成，
　　　汝速成果已，當還攝受我。"

स्थिरं प्रतिज्ञाय तथेति पार्थिवे
   ततः स वैश्वंतरमाश्रमं ययौ ।
परिव्रजन्तं तमुदीक्ष्य विस्मितो
   नृपो ऽपि वव्राज पुरिं गिरिव्रजम् ॥ ७३ ॥

今译：他郑重允诺国王道："好吧！"
　　　便前往维希凡多罗净修林；
　　　国王惊奇地凝望着他离去，
　　　然后，也返回自己的都城。（73）

昙译：菩薩心內許，要①令隨汝願，
　　　交辭而隨路，往詣阿羅藍；
　　　王與諸羣屬，合掌自隨送，
　　　咸起奇特想，而還王舍城。

इति बुद्धचरिते महाकाव्ये कामविगर्हणो नामैकादश सर्गः ॥ ११ ॥

今译：以上是大诗《佛所行赞》中名为《谴责贪欲》的第十一章。

---

① 此处"要"字对应这颂原文中的 pratijñā 一词，词义为"允诺"。

१२ अराडदर्शनः

今译：第十二章　拜见阿罗蓝

昙译：阿羅藍鬱頭藍品第十二

**ततः शमविहारस्य मुनेरिक्ष्वाकुचन्द्रमाः ।
अराडस्याश्रमं भेजे वपुषा पूरयन्निव ॥ १ ॥**

今译：然后，这位甘蔗族月亮，
　　　来到安于寂静的阿罗蓝
　　　牟尼的净修林，仿佛
　　　以自身的光辉照亮一切。（1）

昙译：甘蔗月光胄，①到彼寂靜林，
　　　敬詣於牟尼，大仙阿羅藍。

**स कालामसगोत्रेण तेनालोक्यैव दूरतः ।
उच्चैः स्वागतमित्युक्तः समीपमुपजग्मिवान् ॥ २ ॥**

今译：这位迦罗摩族牟尼，
　　　远远望见王子，高声
　　　说道："欢迎！"于是，
　　　王子来到他的身边。（2）

昙译：迦藍玄族子，遠見菩薩來，

---

　　① 这句对应原文中的 ikṣvākucandramāḥ（甘蔗族的月亮）也就是将释迦王子比喻为"月亮"。这里译成"甘蔗月光胄"，容易让人以为是月亮族后裔。实际上，甘蔗族属于太阳族。此处"月光"，据《中华大藏经》校勘记，《碛》、《普》、《南》、《径》、《清》作"日光"。这显然是在不知原文情况下的改动。

高聲遙讚歎，安慰言善來①。

तावुभौ न्यायतः पृष्टा धातुसाम्यं परस्परम्।
दारव्योर्मेध्ययोर्वृष्योः शुचौ देशे निषेदतुः॥३॥

今译：他俩按照礼节，
　　　互相请安问候，
　　　然后，他俩坐在
　　　洁净的木椅上。（3）

昙译：合掌交恭敬，相問安吉不？
　　　相勞問畢已，庠序而就坐。

तमासीनं नृपसुतं सो ऽब्रवीन्मुनिसत्तमः।
बहुमानविशालाभ्यां दर्शनाभ्यां पिबन्निव॥४॥

今译：这一位优秀的牟尼，
　　　睁大眼睛，满怀敬意，
　　　仿佛要用目光吞下
　　　坐着的王子，说道：（4）

昙译：梵志見太子，容貌審諦儀，
　　　沐浴伏其德，如渴飲甘露，
　　　舉手告太子：

विदितं मे यथा सौम्य निष्क्रान्तो भवनादसि।
छित्त्वा स्नेहमयं पाशं पाशं दृप्त इव द्विपः॥५॥

今译："我已知道，贤士啊！
　　　你已斩断亲情的套索，
　　　离宫出家，犹如一头
　　　傲慢的大象挣脱锁链。（5）

昙译："久知汝出家，斷親愛纏鎖，

---

① "善来"对应的原文是 svāgatam 一词，词义为"欢迎"。

猶如象脫羈。

सर्वथा धृतिमच्चैव प्राज्ञं चैव मनस्तव ।
यस्त्वं प्राप्तः श्रियं त्यक्त्वा लतां विषफलामिव ॥ ६ ॥

今译："你的思想确实坚定，
　　　充满智慧，抛弃王权，
　　　犹如抛弃长有毒果的
　　　蔓藤，现在来到这里。（6）

昙译："深智覺慧明，能免斯毒果。

नाश्चर्यं जीर्णवयसो यज्जग्मुः पार्थिवा वनम् ।
अपत्येभ्यः श्रियं दत्त्वा भुक्तोच्छिष्टामिव स्रजम् ॥ ७ ॥

今译："那些年迈体衰的国王
　　　进入森林，并不奇怪，
　　　他们将王权交给儿子，
　　　犹如放弃用过的花环。（7）

昙译："古昔明勝王，捨位付其子，
　　　如人佩花鬘，朽故而棄捨。

इदं मे मतमाश्चर्यं नवे वयसि यद्भवान् ।
अभुक्त्वैव श्रियं प्राप्तः स्थितो विषयगोचरे ॥ ८ ॥

今译："而你正当青春年少，
　　　处在感官对象领域中，
　　　不享受王权而来这里，
　　　这确实令我感到奇怪。（8）

昙译："未若汝盛年，不受聖王位。

तद्विज्ञातुमिमं धर्मं परमं भाजनं भवान् ।
ज्ञानप्लवमवधिष्ठाय शीघ्रं दुःखार्णवं तर ॥ ९ ॥

今译:"可见你完全适合
　　　接受至高的正法,
　　　请赶快登上知识
　　　之船,渡过苦海吧!"(9)
昙译:"觀汝深固志,堪為正法器[①],
　　　當乘智慧舟,超度生死海。

शिष्ये यद्यपि विज्ञाते शास्त्रं कालेन वर्ण्यते ।
गाम्भीर्याद्ध्यवसायाच्च न परीक्ष्यो भवान्मम ॥१०॥

今译:"通常先要了解学生,
　　　然后我才讲述经典,
　　　而你思想深沉坚决,
　　　我不再需要考察你。"(10)
昙译:"凡人誘來學,審才而後教,
　　　我今已知汝,堅固決定志。
　　　但當任意學,終無隱於子。"

इति वाक्यमराडस्य विज्ञाय स नरर्षभः ।
बभूव परमप्रीतः प्रोवाचोत्तरमेव च ॥११॥

今译:这位人中雄牛,
　　　听了牟尼的话,
　　　感到无比高兴,
　　　立即做出回答:(11)
昙译:太子聞其教,歡喜而報言:

विरक्तस्यापि यदिदं सौमुख्यं भवतः परम् ।
अकृतार्थो ऽप्यनेनास्मि कृतार्थ इव संप्रति ॥१२॥

---

① "堪为正法器"意谓能成为正法的容器,即适合接受正法。

今译:"你已经摆脱贪著,
对我却无比热情,
即使我尚未达到
目的,仿佛已达到。(12)

昙译:"汝以平等心,善誨無愛憎,
但當虛心受,所願便已獲。

दिदृक्षुरिव हि ज्योतिर्यियासुरिव दैशिकम्।
त्वद्दर्शनमहं मन्ये तितीर्षुरिव च प्लवम्॥१३॥

今译:"我觉得看到你,如同
想要观看而得到光亮,
想要出行而得到向导,
想要过河而得到渡船。(13)

昙译:"夜行得炬火,迷方者蒙導,
度海得輕舟,我今亦如是。

तस्मादर्हसि तद्वक्तुं वक्तव्यं यदि मन्यसे।
जरामरणरोगेभ्यो यथायं परिमुच्यते॥१४॥

今译:"因此,如果你认为
可以,就请你说说,
一个人怎样能摆脱
衰老、死亡和疾病?"(14)

昙译:"今已蒙哀許,敢問心所疑,
生老病死患,云何而可免?"

इत्यराडः कुमारस्य माहात्म्यादेव चोदितः।
संक्षिप्तं कथयांचक्रे स्वस्य शास्त्रस्य निश्चयम्॥१५॥

今译:受到王子的崇高
品格激励,阿罗蓝
简略地向他讲述

自己的学说要义：(15)

昙译：爾時阿羅藍，聞太子所問，
自以諸經論，略為其解說：

श्रूयतामयमस्माकं सिद्धान्तः शृण्वतां वर ।
यथा भवति संसारो यथा चैव निवर्तते॥ १६॥

今译："优秀的听法者啊，
请听我们的宗旨！
关于生死轮回的
生成和它的寂灭。(16)

昙译："汝是機悟士，聰中之第一，
今當聽我說，生死起滅義。

प्रकृतिश्च विकारश्च जन्म मृत्युर्जरैव च ।
तत्तावत्सत्त्वमित्युक्तं स्थिरसत्त्व परेहि तत्॥ १७॥

今译："本性坚定者啊，
你应该知道原质①、
变化、生、老和死，
这些被称为'众生'。(17)

昙译："性變生老死，此五為眾生。

तत्र तु प्रकृतिं नाम विद्धि प्रकृतिकोविद ।
पञ्च भूतान्यहंकारं बुद्धिमव्यक्तमेव च॥ १८॥

今译："通晓原质者啊，
你确实应该知道
这原质，知道五大、

---

① "原质"（prakṛti）指原初物质。此词也含有"本性"的意义，故而昙译"性"。

我慢、智和未显者。①（18）

昙译："性者為純淨，轉變者五大，
　　　　我覺及與見②。

विकार इति बुध्यस्व विषयानिन्द्रियाणि च ।
पाणिपादं च वादं च पायूपस्थं तथा मनः ॥ १९ ॥

今译："你要知道变化是
　　　　感官对象和感官，
　　　　双手、双足、语言、
　　　　生殖器、肛门和心。（19）

昙译："隨境根名變，色聲香味觸，
　　　　是等名境界，手足語二道，
　　　　是五名業根，眼耳鼻舌身，
　　　　是名為覺根，意根兼二義，
　　　　亦業亦名覺。③

अस्य क्षेत्रस्य विज्ञानात्क्षेत्रज्ञ इति संज्ञि च ।
क्षेत्रज्ञ इति चात्मानं कथयन्त्यात्मचिन्तकाः ॥ २० ॥

今译："知道这种领域，
　　　　而得名知领域者；
　　　　思考自我者称说

---

① 阿罗蓝牟尼讲述的是数论哲学思想："五大"（pañca bhūtāni）是五大元素：地、水、火、风和空。"我慢"（ahaṃkāra，昙译"我"）指自我意识。"智"（buddhi，昙译"觉"）指在感知中起判断和确认作用的精神因素。这些都是从原质演化出来的。"未显者"（avyakta）指原质，即处于未显状态的原质，是不可见的。

② 此处"见"对应的原词是 avyakta（未显者）。此词也见于下面第22颂，昙译"不见"，因此这里也应该译为"不见"。

③ 这颂中，色、声、香、味和触是感官对象（viṣaya，昙译"境界"）。手、足、语言、生殖器和肛门（后两者昙译"二道"）是行动器官（karmendriya，昙译"业根"，或译"作根"）。眼、耳、鼻、舌和身是感觉器官（jñānendriya，昙译"觉根"，或译"知根"）。心是思想器官（manas，昙译"意根"）。

知领域者即自我[1]。(20)

昙译:"性轉變為因,知因者為我。[2]

सशिष्यः कपिलश्चेह प्रतिबुद्धिरिति स्मृतिः।
सपुत्रो ऽप्रतिबुद्धस्तु प्रजापतिरिहोच्यते॥२१॥

今译:"相传迦比罗及其
　　　弟子被称作觉悟;
　　　生主及其儿子们,
　　　则被称作不觉悟。[3](21)

昙译:"迦毗羅仙人,及弟子眷屬,
　　　於此我要義,修學得解脫,
　　　彼迦毗羅者,今波闍波提。[4]

जायते जीर्यते चैव बाध्यते म्रियते च यत्।
तद्व्यक्तमिति विज्ञेयमव्यक्तं तु विपर्ययात्॥२२॥

今译:"生、老、病和死,
　　　这些被称作显现,
　　　而与这些相反者,
　　　则被称作不显现。(22)

昙译:"覺知生老死,是說名為見,
　　　與上相違者,說名為不見。

अज्ञानं कर्म तृष्णा च ज्ञेयाः संसारहेतवः।
स्थितो ऽस्मिंस्त्रितये जन्तुस्तत्सत्त्वं नातिवर्तते॥२३॥

---

[1] 这里的"领域"(kṣetra)指身体;"知领域者"(kṣetrajña)指自我或灵魂。
[2] 此处昙译将 kṣetra(领域)理解为原质(昙译"性")及其变化,并称之为"因"。进而,将 kṣetrajña(知领域者)译为"知因者",而称之为"我"。
[3] 迦比罗(kapila)相传是数论哲学创始人。"生主"(prajāpati,昙译"波阇波提")是创造主梵天的称号。
[4] 这颂昙译与原文有些差异。

今译："无知、作业和贪欲，
　　　　被称作轮回的原因；
　　　　众生执著这三者，
　　　　无法超越众生性。（23）

昙译："愚癡業愛欲，是說為轉輪①，
　　　　若住此三種，是眾生不離②。

विप्रत्ययादहंकारात्संदेहादभिसंप्लवात्।
अविशेषानुपायाभ्यां सङ्गादभ्यवपाततः॥२४॥

今译："这三者出自不信、
　　　　我慢、疑惑和混乱，
　　　　不分别和无方法，
　　　　还有贪著和陷入。（24）

昙译："不信我疑濫③，不別無方便，
　　　　境界深計著，纏綿於我所。

तत्र विप्रत्ययो नाम विपरीतं प्रवर्तते।
अन्यथा कुरुते कार्यं मन्तव्यं मन्यते ऽन्यथा॥२५॥

今译："其中所谓的不信，
　　　　也就是出现颠倒，
　　　　不做应该做的事，
　　　　不想应该想的事。（25）

昙译："不信顛倒轉，異作亦異解。④

---

① 此处"转轮"对应这颂原文中的 saṃsāra 一词，词义为"生死轮回"。
② 此处"不离"对应这颂原文中的 na ativartate，意谓"不超越"。
③ 这句中，"不信"、"我"、"疑"和"濫"并列。其中的"我"指"我慢"，"濫"指"混乱"。
④ 这一行中，"异"对应这颂原文中的 anyathā 一词，词义为"别样的"、"相反的"或"错误的"，而"不信"对应 vipratyaya 一词，词义为"不可信"。因此，"异作"和"异解"在这里意谓"错误的作为"和"错误的理解"。按原文的说法则是"不做应该做的事"和"不想应该想的事"。

ब्रवीम्यहमहं वेद्मि गच्छाम्यहमहं स्थितः।
इतीहैवमहंकारस्त्वनहंकार वर्तते॥२६॥

今译："摒弃我慢者啊，
　　　以为'我说，我知，
　　　我行走，我站立，'
　　　这样就出现我慢。（26）

昙译："我說我知覺，我去來我住，
　　　如是等計我，是名我作轉①。

यस्तु भावानसंदिग्धानेकीभावेन पश्यति।
मृत्पिण्डवदसंदेह संदेहः स इहोच्यते॥२७॥

今译："摆脱疑惑者啊，
　　　将不混乱的事物
　　　视为如同泥团，
　　　这被称作疑惑。（27）

昙译："於諸性猶豫，是非不得實，
　　　如是不決定，是說名為疑。

य एवाहं स एवेदं मनो बुद्धिश्च कर्म च।
यश्चैवैष गणः सो ऽहमिति यः सो ऽभिसंप्लवः॥२८॥

今译："以为我就是这个，
　　　是心，是智，是业，
　　　以为我就是这些，
　　　这被称作混乱。（28）

昙译："若說法是我，說彼即是意，

---

① 此处"作转"对应这颂原文中的 vartate，词义为转动或出现。在这句中意谓我慢（即"自我意识"）转出或出现。

亦說覺與業，諸數復說我。①

अविशेषं विशेषज्ञ प्रतिबुद्धाप्रबुद्धयोः ।
प्रकृतीनां च यो वेद सो ऽविशेष इति स्मृतः ॥२९॥

今译："通晓分别者啊，
　　　觉知和不觉知原质，
　　　不知分别这两者，
　　　这被称作不分别。（29）

昙译："如是不分别，是說名總攬，
　　　愚黠性變等，不了名不別。②

नमस्कारवषट्कारौ प्रोक्षणाभ्युक्षणादयः ।
अनुपाय इति प्राज्ञैरुपायज्ञ प्रवेदितः ॥३०॥

今译："通晓方法者啊，
　　　高呼敬礼和婆娑③，
　　　还有浇灌圣水等，
　　　智者称作无方法。（30）

昙译："禮拜誦諸典，煞生祀天祠，
　　　水火等為淨，而作解脫想，
　　　如是種種見，是名無方便。

सज्जते येन दुर्मेधा मनोवाग्बुद्धिकर्मभिः ।
विषयेष्वनभिष्वङ्ग सो ऽभिष्वङ्ग इति स्मृतः ॥३१॥

今译："摆脱贪著者啊，
　　　愚者的心智言行

---

① "若说法是我"中的"法"泛指事物。"诸数复说我"中的"诸数"对应这颂原文中的 gana 一词，词义为"群"。这句表达的意思是"以为我就是这些"。
② 这颂中，"总揽"的意思是不分别。"愚黠"对应原文中的 pratibuddhāprabuddha（觉知和不觉知）。
③ "婆娑"（vaṣaṭ）是祭拜天神的呼告词。

贪著感官对象，
这被称作贪著。（31）

昙译："愚癡所計著，意言語覺業，
　　　　及境界計著，是說名為著。

ममेदमहमस्येति यदुःखमभिमन्यते ।
विज्ञेयो ऽभ्यवपातः स संसारे येन पात्यते ॥३२॥

今译："以为痛苦属于我，
　　　　或者我属于痛苦，
　　　　而陷入生死轮回，
　　　　这被称作陷入。（32）

昙译："諸物悉我所，是名為攝受。

इत्यविद्यां हि विद्वान्स पञ्चपर्वां समीहते ।
तमो मोहं महामोहं तामिस्रद्वयमेव च ॥३३॥

今译："这样，智者宣称
　　　　无知包含五个部分：
　　　　昏暗、愚痴和大愚痴，
　　　　还有另外两种黑暗。（33）

昙译："如此八種惑，彌淪於生死，
　　　　諸世間愚夫，攝受於五節①，
　　　　闇癡與大癡，瞋恚與恐怖。

तत्रालस्यं तमो विद्धि मोहं मृत्युं च जन्म च ।
महामोहस्त्ववसंमोह काम इत्येव गम्यताम् ॥३४॥

今译："摆脱愚痴者啊，
　　　　你要知道昏暗是

---

① "节"对应这颂原文中的 parvan 一词，词义为"关节"或"部分"。

懒散，愚痴是生死，
而大愚痴是爱欲。（34）

昙译："懶惰名為闇，生死名為癡，
愛欲名大癡，

यस्मादत्र च भूतानि प्रमुह्यन्ति महान्त्यपि ।
तस्मादेष महाबाहो महामोह इति स्मृतः ॥३५॥

今译："甚至伟大的人物
也受到它的迷惑，
因此，大臂者啊！
它被称作大愚痴。（35）

昙译："大人生惑故。

तामिस्रमिति चाक्रोध क्रोधमेवाधिकुर्वते ।
विषादं चान्धतामिस्रमविषाद प्रचक्षते ॥३६॥

今译："摆脱愤怒者啊，
人们称愤怒为黑暗；
摆脱沮丧者啊，
沮丧是盲目的黑暗。（36）

昙译："懷恨名瞋恚，心懼名恐怖。

अनयाविद्यया बालः संयुक्तः पञ्चपर्वया ।
संसारे दुःखभूयिष्ठे जन्मस्वभिनिषिच्यते ॥३७॥

今译："世上的愚者正是
与这五种无知相连，
在充满痛苦的生死
轮回中，不断再生。（37）

昙译："此愚癡凡夫，計著於五欲，

生死大苦本，輪轉五道[①]生。

द्रष्टा श्रोता च मन्ता च कार्यकरणमेव च ।
अहमित्येवमागम्य संसारे परिवर्तते ॥३८॥

今译：" '我是见者、听者、
思想者和作业者'，
自认为这样，而在
生死轮回中流转。（38）

昙译："轉生我見聞，我知我所作，
緣斯計我故，隨順生死流。

इहैभिर्हेतुभिर्धीमन्जन्मस्रोतः प्रवर्तते ।
हेत्वभावात्फलाभाव इति विज्ञातुमर्हसि ॥३९॥

今译："正是由于这些原因，
世上出现生死之流，
智者啊，你要知道，
无原因，则无结果。（39）

昙译："此因非性者，果亦非有性。[②]

तत्र सम्यङ्मतिर्विद्यान्मोक्षकाम चतुष्टयम् ।
प्रतिबुद्धाप्रबुद्धौ च व्यक्तमव्यक्तमेव च ॥४०॥

今译："渴望解脱者啊，你要
知道正确的思想在于
明白这四者：觉悟和
不觉悟，显现和未显现。（40）

---

① "五道"（pañcagati）指天、人、牲畜、饿鬼和地狱。这颂原文中没有使用此词。
② 这一行对应这颂原文中的 hetvabhāvāt phalābhāvaḥ（无原因则无结果）。其中，昙译"非性"（或"非有性"）对应 abhāva 一词，词义为"不存在"，即"无"。

昙译:"謂彼正思惟,四法向解脫,
　　　　黠慧與愚闇,顯現不顯現。

यथावदेतद्विज्ञाय क्षेत्रज्ञो हि चतुष्टयम्।
आजवंजवतां हित्वा प्राप्नोति पदमक्षरम्॥४१॥

今译:"因为知领域者
　　　如实明白这四者,
　　　便抛弃生死来去,
　　　达到不灭的境界。(41)

昙译:"若知此四法,能離生老死;
　　　　生老死既盡,逮得無盡處。

इत्यर्थं ब्राह्मणा लोके परमब्रह्मवादिनः।
ब्रह्मचर्यं चरन्तीह ब्राह्मणान्वासयन्ति च॥४२॥

今译:"为此,那些宣说
　　　至高之梵的婆罗门
　　　实施梵行,让世上的
　　　婆罗门们安住其中。"(42)

昙译:"世間婆羅門,皆悉依此義,
　　　　修行於梵行,亦為人廣說。"

इति वाक्यमिदं श्रुत्वा मुनेस्तस्य नृपात्मजः।
अभ्युपायं च पप्रच्छ पदमेव च नैष्ठिकम्॥४३॥

今译:王子听了这些话,
　　　便向这牟尼询问
　　　这种至高的境界,
　　　及其实施的方法:(43)

昙译:太子聞斯說,復問阿羅藍:

ब्रह्मचर्यमिदं चर्यं यथा यावच्च यत्र च ।
धर्मस्यास्य च पर्यन्तं भवान्व्याख्यातुमर्हति ॥४४॥

今译:"请你说明怎样实施
　　　这种梵行,多长时间,
　　　修行地点,以及这种
　　　正法所达到的境界。"(44)

昙译:"云何為方便?究竟至何所?
　　　行何等梵行?復應齊幾時?
　　　何故修梵行?法應至何所?
　　　如是諸要義,為我具足說。"

इत्यराडो यथाशास्त्रं विस्पष्टार्थं समासतः ।
तमेवान्येन कल्पेन धर्ममस्मै व्यभाषत ॥४५॥

今译:阿罗蓝依据经典,
　　　采取另一种方式,
　　　简略而清楚明白,
　　　向他讲述正法:(45)

昙译:時彼阿羅藍,如其經論說,
　　　自以慧方便,更為略分別:

अयमादौ गृहान्मुक्त्वा भैक्षाकं लिङ्गमाश्रितः ।
समुदाचारविस्तीर्णं शीलमादाय वर्तते ॥४६॥

今译:"首先离家出走,
　　　具备乞食者标志,
　　　遵奉种种戒律,
　　　涉及一切行为。(46)

昙译:"初離俗出家,依倚於乞食,
　　　廣集諸威儀,奉持於正戒。

संतोषं परमास्थाय येन तेन यतस्ततः ।
विविक्तं सेवते वासं निर्द्वन्द्वः शास्त्रवित्कृती ॥४७॥

今译："无论何处获得什么，
　　　始终保持知足满意，
　　　住在幽静处，摆脱
　　　对立，而通晓经典。（47）

昙译："少欲知足止，精麤任所得，
　　　樂獨修閑居，勤習諸經論。

ततो रागाद्भयं दृष्ट्वा वैराग्याच्च परं शिवम् ।
निगृह्णन्निन्द्रियग्रामं यतते मनसः शमे ॥४८॥

今译："看到危险来自贪欲，
　　　至高吉祥来自离欲，
　　　便抑止所有的感官，
　　　努力追求思想寂静。（48）

昙译："見貪欲怖畏，及離欲清涼，
　　　攝諸根聚落①，安心於寂默。

अथो विविक्तं कामेभ्यो व्यापादादिभ्य एव च ।
विवेकजमवाप्नोति पूर्वध्यानं वितर्कवत् ॥४९॥

今译："然后，摆脱爱欲、
　　　愤怒和仇恨等等，
　　　达到寂静，进入
　　　初禅，伴有思考。（49）

昙译：離欲惡不善，欲界諸煩惱，

---

① "诸根聚落"对应这颂原文中的 indriyagrāma，直译为"感官村落"，指称"所有感官"。

遠離生喜樂，得初覺觀禪。

तच्च ध्यानसुखं प्राप्य तत्तदेव वितर्कयन् ।
अपूर्वसुखलाभेन ह्रियते बालिशो जनः ॥५०॥

今译："愚者获得禅定
　　　　快乐，伴有思考，
　　　　迷上这种从未
　　　　体验过的快乐。（50）

昙译："既得初禪樂，及與覺觀心，
　　　　而生奇特想，愚癡心樂著。

शमेनैवंविधेनायं कामद्वेषविगर्हिणा ।
ब्रह्मलोकमवाप्नोति परितोषेण वञ्चितः ॥५१॥

今译："他依靠这种摒弃
　　　　爱欲和仇恨的寂静，
　　　　受到满足感欺骗，
　　　　进入梵天的世界。（51）

昙译："心依遠離樂，命終生梵天。

ज्ञात्वा विद्वान्वितर्कांस्तु मनःसंक्षोभकारकान् ।
तद्वियुक्तमवाप्नोति ध्यानं प्रीतिसुखान्वितम् ॥५२॥

今译："而智者知道种种
　　　　思考引起思想骚动，
　　　　于是摆脱种种思考，
　　　　进入有喜有乐禅定。（52）

昙译："慧者能自知，方便止覺觀，
　　　　精勤求上進，第二禪相應。

ह्रियमाणस्तया प्रीत्या यो विशेषं न पश्यति ।
स्थानं भास्वरमाप्नोति देवेष्वाभास्वरेषु सः ॥५३॥

今译:"他迷上这种喜乐,
　　　　看不到更优异者,
　　　　而进入光明世界,
　　　　与光音天神共处。(53)

昙译:"味著彼喜樂,得生光音天。

यस्तु प्रीतिसुखात्तस्माद्विवेचयति मानसम्।
तृतीयं लभते ध्यानं सुखं प्रीतिविवर्जितम्॥५४॥

今译:"但是,让思想
　　　　摆脱这种喜乐,
　　　　从而进入无喜
　　　　有乐的第三禅。(54)

昙译:"方便離喜樂,增修第三禪。

यस्तु तस्मिन्सुखे मग्नो न विशेषाय यत्नवान्।
शुभकृत्स्नैः स सामान्यं सुखं प्राप्नोति दैवतैः॥५५॥

今译:"他沉迷这种快乐,
　　　　不追求更优异者,
　　　　便获得与遍净天
　　　　天神相同的快乐。(55)

昙译:"安樂不求勝,生於遍淨天。

तादृशं सुखमासाद्य यो न रज्यत्युपेक्षकः।
चतुर्थं ध्यानमाप्नोति सुखदुःखविवर्जितम्॥५६॥

今译:"而获得这种快乐,
　　　　不看重,不贪著,
　　　　从而进入第四禅,
　　　　摆脱痛苦和快乐。(56)

昙译:"捨彼意樂者,逮得第四禪。

तत्र केचिद्ध्यवस्यन्ति मोक्ष इत्यभिमानिनः।
सुखदुःखपरित्यागादव्यापाराच्च चेतसः॥५७॥

今译："由于摒弃痛苦和
　　　 快乐，思想无作用，
　　　 有些人产生骄傲，
　　　 认为这就是解脱。（57）

昙译："苦樂已俱息，或生解脫想。

अस्य ध्यानस्य तु फलं समं देवैर्बृहत्फलैः।
कथयन्ति बृहत्कालं बृहत्प्रज्ञापरीक्षकाः॥५८॥

今译："而那些运用大智慧
　　　 观察者，认为这种禅定
　　　 获得与广果天众天神
　　　 相同的功果，时间长久。（58）

昙译："任彼四禪報，得生廣果天，
　　　 以彼久壽故，名之為廣果。

समाधेर्व्युत्थितस्तस्माद्दृष्ट्वा दोषांश्छरीरिणाम्।
ज्ञानमारोहति प्राज्ञः शरीरविनिवृत्तये॥५९॥

今译："因此，智者看到
　　　 有身者的种种弊端，
　　　 便出离禅定，追求
　　　 灭除身体的知识。（59）

昙译："於彼禪定起，見有身為過，
　　　 增進修智慧，厭離第四禪。

ततस्तद्ध्यानमुत्सृज्य विशेषे कृतनिश्चयः।
कामेभ्य इव स प्राज्ञो रूपादपि विरज्यते॥६०॥

今译:"于是,抛弃禅定,
　　　决定追求优异者;
　　　如同摆脱爱欲,
　　　智者也摆脱色①。(60)

昙译:"決定增進求,方便除色欲。

शरीरे खानि यान्यस्मिन्तान्यादौ परिकल्पयन्।
घनेष्वपि ततो द्रव्येष्वाकाशमधिमुच्यते॥६१॥

今译:"这样,首先思考
　　　身体中这些虚空,
　　　然后,确信坚固
　　　物质中的虚空。(61)

昙译:"始自身諸竅,漸次修虛解,
　　　終則堅固分,悉成於空觀。

आकाशगतमात्मानं संक्षिप्य त्वपरो बुधः।
तदेवानन्ततः पश्यन्विशेषमधिगच्छति॥६२॥

今译:"有的智者便撤回
　　　处于虚空的自我,
　　　依据无限,看到和
　　　获取那种优异者②。(62)

昙译:"略空觀境界,進觀無量識。

अध्यात्मकुशलस्त्वन्यो निवर्त्यात्मानमात्मना।
किंचिन्नास्तीति संपश्यन्नाकिंचन्य इति स्मृतः॥६३॥

---

① "色"(rūpa)指包括身体在内的一切物质。
② 按照昙译,此处所谓"优异者"指"无量识",即无可限量的"识"(vijñāna)。在汉译佛经中,有时也将"自我"理解为"神识"。前面第9章第61颂中的"自我"(ātman)一词,昙译为"神识"。

今译:"而又有智者通晓
内证,自己抑止
自我,看到无所有,
称之为无所有处。(63)

昙译:"善於內寂靜,離我及我所,
觀察無所有,是無所有處。

ततो मुञ्जादिषीकेव शकुनिः पञ्जरादिव ।
क्षेत्रज्ञो निःसृतो देहान्मुक्त इत्यभिधीयते ॥ ६४ ॥

今译:"然后,犹如草茎摆脱
外壳,鸟儿摆脱樊笼,
知领域者摆脱身体,
这也就被称作解脱。(64)

昙译:"文闇[①]皮骨離,野鳥離樊籠,
遠離於境界,解脫亦復然。

एतत्तत्परमं ब्रह्म निर्लिङ्गं ध्रुवमक्षरम् ।
यन्मोक्ष इति तत्त्वज्ञाः कथयन्ति मनीषिणः ॥ ६५ ॥

今译:"这种至高的梵,
无相,永恒,不灭,
那些通晓真谛的
智者称之为解脱。(65)

昙译:"是上婆羅門[②],離形常不盡[③],

---

① 此处"文暗",据《中华大藏经》校勘记,《碛》、《普》、《南》、《清》作"文阇"。"文阇"对应原文中的 muñja,是一种草名。
② 此处"婆罗门"对应这颂原文中的 brahman(中性)一词,词义为"梵"。作为种姓的婆罗门通常写为 brāhmaṇa。但这里"婆罗门"前面有个"上"字,也就是昙译将"至高的梵"译为"上婆罗门"。
③ "离形常不尽"指"无相、永恒和不灭"。

慧者應當知，是為真解脫。

**इत्युपायश्च मोक्षश्च मया संदर्शितस्तव ।
यदि ज्ञातं यदि रुचिर्यथावत्प्रतिपद्यताम् ॥ ६६ ॥**

今译："我已经向你说明
　　　这种解脱和方法，
　　　如果你明白和喜爱，
　　　你就照此实行吧！（66）

昙译："汝所問方便，及求解脫者，
　　　如我上所說，深信者當學。

**जैगीषव्यो ऽथ जनको वृद्धश्चैव पराशरः ।
इमं पन्थानमासाद्य मुक्ता ह्यन्ये च मोक्षिणः ॥ ६७ ॥**

今译："杰吉舍维那、遮那迦和
　　　弗利陀波罗舍罗以及其他
　　　一些追求解脱者，已经
　　　遵循这条道路，获得解脱。"（67）

昙译："林①祇沙仙人，及與闍那伽，
　　　毗陀波羅沙，及餘求道者，
　　　悉從於此道，而得真解脫。"

**इति तस्य स तद्वाक्यं गृहीत्वा तु विचार्य च ।
पूर्वहेतुबलप्राप्तः प्रत्युत्तरमुवाच ह ॥ ६८ ॥**

今译：这位王子具有前生
　　　获得的力量，听了
　　　牟尼说的这些话，

---

① 此处"林"字，据《中华大藏经》校勘记，《碛》、《普》、《南》、《径》、《清》作"持"。

经过思考，回答说：（68）

昙译：太子聞彼說，思惟其義趣，
發其先宿緣，而復重請問：

श्रुतं ज्ञानमिदं सूक्ष्मं परतः परतः शिवम्।
क्षेत्रज्ञस्यापरित्यागादवैम्येतदनैष्ठिकम्॥६९॥

今译："闻听你讲述这种依次
更加微妙和吉祥的知识，
但它没有抛弃知领域者，
我认为并不是至高境界。（69）

昙译："聞汝勝智慧，微妙深細義，
於知因①不捨，則非究竟道。

विकारप्रकृतिभ्यो हि क्षेत्रज्ञं मुक्तमप्यहम्।
मन्ये प्रसवधर्माणं बीजधर्माणमेव च॥७०॥

今译："即使这知领域者
摆脱变化和原质，
我认为它仍然属于
生长法和种子法。（70）

昙译："性轉變知因②，說言解脫者，
我觀是生法，亦為種子法。

विशुद्धो यद्यपि ह्यात्मा निर्मुक्त इति कल्प्यते।
भूयः प्रत्ययसद्भावादमुक्तः स भविष्यति॥७१॥

今译："即使自我获得净化，
而被认为达到解脱，

---

① 此处"知因"即"知领域者"，参阅前面第20颂昙译注。
② 这句指原质、原质的变化和知领域者。按原文的意思是知领域者摆脱原质及其变化。

但处在缘起生存中，
它仍然会受到束缚。（71）

昙译："汝謂我清淨，則是真解脫，
若遇因緣會，則應還復縛。

ऋतुभूम्यम्बुविरहाद्यथा बीजं न रोहति ।
रोहति प्रत्ययैस्तैस्तैस्तद्वत्सो ऽपि मतो मम॥७२॥

今译："犹如种子缺少季节、
土壤和水，不会生长，
而遇种种因缘便生长，
我认为自我也是这样。（72）

昙译："猶如彼種子，時地水火風，
離散生理乖，遇緣種復生。

यत्कर्माज्ञानतृष्णानां त्यागान्मोक्षश्च कल्प्यते ।
अत्यन्तस्तत्परित्यागः सत्यात्मनि न विद्यते॥७३॥

今译："摒弃作业、无知和
贪欲，被认为是解脱；
但是，只要自我存在，
不可能完全摒弃这些。（73）

昙译："無知業因愛[①]，捨則名解[②]者，
存我諸眾生，無畢竟解脫。

हित्वा हित्वा त्रयमिदं विशेषस्तूपलभ्यते ।
आत्मनस्तु स्थितिर्यत्र तत्र सूक्ष्ममिदं त्रयम्॥७४॥

[①] "无知业因爱"按这颂原文是指"作业、无知和贪爱"这三者。
[②] 此处"解"字，据《中华大藏经》校勘记，《碛》、《普》、《南》、《径》、《清》作"脱"。

今译:"一再摒弃这三者,
　　　由此获得优异者;
　　　但只要自我还存在,
　　　它们仍微妙地存在。(74)

昙译:"處處捨三種,而復得三勝,
　　　以我常有故,彼則微細隨。

सूक्ष्मत्वाचैव दोषाणामव्यापाराच्च चेतसः।
दीर्घत्वादायुषश्चैव मोक्षस्तु परिकल्प्यते॥७५॥

今译:"依据过失的细微性,
　　　还有思想不起作用,
　　　以及寿命的长久性,
　　　由此认为获得解脱。(75)

昙译:"微細過隨故,心則離方便,
　　　壽命得長久,汝謂真解脱。

अहंकारपरित्यागो यश्चैष परिकल्प्यते।
सत्यात्मनि परित्यागो नाहंकारस्य विद्यते॥७६॥

今译:"设想摒弃我慢,
　　　也是同样的情况,
　　　而只要自我存在,
　　　不可能摒弃我慢。(76)

昙译:"汝言離我所,離者則無有。

संख्यादिभिर्मुक्तश्च निर्गुणो न भवत्ययम्।
तस्मादसति नैर्गुण्ये नास्य मोक्षो ऽभिधीयते॥७७॥

今译:"没有摆脱计数等,
　　　它就不会无性质;
　　　既然不是无性质,
　　　就不能称为解脱。(77)

昙译："眾數既不離，云何離求那[①]？
　　　　是故有求那，當知非解脫。

गुणिनो हि गुणानां च व्यतिरेको न विद्यते ।
रूपोष्णाभ्यां विरहितो न ह्यग्निरुपलभ्यते ॥७८॥

今译："有性质和性质，
　　　　两者分离不存在，
　　　　因为缺少色和热，
　　　　也就不会获得火。（78）

昙译："求尼[②]與求那，義異而體一，
　　　　若言相離者，終無有是處，
　　　　暖色離於火，別火不可得。

प्राग्देहान्न भवेद्देही प्राग्गुणेभ्यस्तथा गुणी ।
तस्मादादौ विमुक्तः सन् शरीरी बध्यते पुनः ॥७९॥

今译："身体之前无有身体者[③]，
　　　　性质之前无有性质者，
　　　　因此，有身体者摆脱
　　　　身体，后又受身体束缚。（79）

昙译："譬如身之前，則無有身者，
　　　　如是求那前，亦無有求尼，
　　　　是故先解脫，然後為身縛。

क्षेत्रज्ञो विशरीरश्च ज्ञो वा स्यादज्ञ एव वा ।
यदि ज्ञो ज्ञेयमस्यास्ति ज्ञेये सति न मुच्यते ॥८०॥

今译："知领域者没有身体，

---

① "求那"是 guṇa（性质）一词的音译。
② "求尼"是 guṇin（有性质）一词的音译。
③ 此处"有身体者"（dehin）指"自我"（ātman）。这句的意思是身体出现之前，没有自我，也就是身体和自我两者不可分离。

或者有知，或者无知；
如果有知，则有所知，
而有所知，则无解脱。（80）

昙译："又知因離身，或知或無知，
若言有知者，則應有所知，
若有所知者，則非為解脫。

अथाज्ञ इति सिद्धो वः कल्पितेन किमात्मना ।
विनापि ह्यात्मनाज्ञानं प्रसिद्धं काष्ठकुड्यवत् ॥८१॥

今译："如果你确认是无知，
何必设置这个自我？
因为没有自我，无知
照样成立，如同木石。（81）

昙译："若言無知者，我則無所用，
離我而有知，我即同木石。"①

परतः परतस्त्यागो यस्मात्तु गुणवान्स्मृतः ।
तस्मात्सर्वपरित्यागान्मन्ये कृत्स्नां कृतार्थताम् ॥८२॥

今译："依次递进舍弃，
被认为是优秀者，
然而我认为舍弃
一切，圆满成功。"（82）

昙译："具知其精麤，背麤而崇微，②
若能一切捨，所作則畢竟。"

---

① 按这颂原文，这一行的意思是没有自我，无知照样成立，如木石无知。
② 这一行的意思是知道粗大和精微的区别，舍弃粗大而崇尚精微。这里的"粗大"指包括身体在内的一切物质，"精微"主要指"自我"。而这一行不见于原文。

第十二章　拜见阿罗蓝

इति धर्ममराडस्य विदित्वा न तुतोष सः ।
अकृत्स्नमिति विज्ञाय ततः प्रतिजगाम ह ॥८३॥

今译：这样，了解阿罗蓝的
　　　正法后，感到不满意，
　　　他认为这样的正法
　　　不完善，便离开那里。（83）

昙译：於阿羅藍說，不能悅其心，
　　　知非一切智[①]，應行更求勝。

विशेषमथ शुश्रूषुरुद्रकस्याश्रमं ययौ ।
आत्मग्राहाच्च तस्यापि जगृहे न स दर्शनम् ॥८४॥

今译：他渴望听取优异者，
　　　前往郁陀蓝净修林，
　　　而郁陀蓝也执取自我，
　　　他不能接受这种观点。（84）

昙译：往詣欝陀[②]仙，彼亦計有我。

संज्ञासंज्ञित्वयोर्दोषं ज्ञात्वा हि मुनिरुद्रकः ।
आकिंचन्यात्परं लेभेऽसंज्ञासंज्ञात्मिकां गतिम् ॥८५॥

今译：牟尼郁陀蓝了解
　　　想和非想的弊端，
　　　从而超越无所有处，
　　　达到非想非非想处。（85）

昙译：雖觀細微境，見想不想過。

---

① "一切智"（sarvajña）指通晓一切。这也是佛的称号。这颂原文中没有使用此词。
② 此处"郁陀"（rudraka）通常译为"郁陀罗迦"。而这位仙人又称 rudrakarāmaputra（郁陀罗迦罗摩子），通常译为"郁陀蓝子"或"郁头蓝子"，简称"郁陀蓝"或"郁头蓝"。

यस्माच्चालम्बने सूक्ष्मे संज्ञासंज्ञे ततः परम्।
नासंज्ञी नैव संज्ञीति तस्मात्तत्रगतस्पृहः॥८६॥

今译：想和非想所缘微妙，
　　　因此，他渴望超越
　　　想和非想，达到和
　　　住于非想非非想处。（86）

यतश्च बुद्धिस्तत्रैव स्थितान्यत्राप्रचारिणी।
सूक्ष्मापद्धी ततस्तत्र नासंज्ञित्वं न संज्ञिता॥८७॥

今译：由于智停留那里，
　　　不再向别处移动，
　　　微妙而毫无动静，
　　　达到非想非非想。（87）

昙译：離想非想住，更無有出塗。

यस्माच्च तदपि प्राप्य पुनरावर्तते जगत्।
बोधिसत्त्वः परं प्रेप्सुस्तस्मादुद्रकमत्यजत्॥८८॥

今译：而世人即使到达
　　　这里，仍然返回，
　　　菩萨追求至高者，
　　　因此，离开郁陀蓝。（88）

昙译：以眾生至彼，必當還退轉，
　　　菩薩求出故，復捨欝陀仙。

ततो हित्वाश्रमं तस्य श्रेयो ऽर्थी कृतनिश्चयः।
भेजे गयस्य राजर्षेर्नगरीसंज्ञमाश्रमम्॥८९॥

今译：他离开这个净修林，
　　　下定决心追求至福，
　　　来到王仙伽耶名为

那伽利的净修林。(89)

昙译：更求勝妙道，進登伽闍山，
城名苦行林，五比丘先住。[①]
見彼五比丘，善攝諸情根，
持戒修苦行，居彼苦行林。[②]

अथ नैरञ्जनातीरे शुचौ शुचिपराक्रमः ।
चकार वासमेकान्तविहाराभिरतिर्मुनिः ॥९०॥

今译：牟尼喜欢幽静处，
具有纯洁的勇气，
故而，在纯洁的
尼连禅河边住下。(90)

昙译：尼連禪河側，寂靜甚可樂，
菩薩即於彼，一處靜思惟。

……तत्पूर्वं पञ्चेन्द्रियवशोद्धतान् ।
तपः……व्रतिनो भिक्षून्पञ्च निरैक्षत ॥९१॥

今译：他看到有五位比丘，
此前已经来到这里，
他们发誓修习苦行，
竭力控制五种感官。(91)

ते चोपतस्थुर्दृष्ट्वात्र भिक्षवस्तं मुमुक्षवः ।
पुण्यार्जितधनारोग्यमिन्द्रियार्थाँ इवेश्वरम् ॥९२॥

---

① 这两行中，"伽阇"对应原文中的 gaya（伽耶），是王仙名。"城名"对应原文中的 nagarīsaṃjña，意思是"名为那伽利的（净修林）"。其中，nagarī（那伽利）也有"城"的意思。

② 昙译这两行与下面原文第 91 颂对应。

今译：这些比丘看到他后，渴望
　　　解脱，走近他，犹如五种
　　　感官对象走近凭借功德
　　　获得财富和健康的主人。（92）

昙译：五比丘知彼，精心求解脱，
　　　盡心加供養，如敬自在天①。

संपूज्यमानस्तैः प्रह्वैर्विनयादनुवर्तिभिः ।
तद्धशास्थायिभिः शिष्यैर्लोलैर्मन इवेन्द्रियैः ॥९३॥

今译：作为弟子，依照律仪，
　　　他们谦恭地侍奉他，
　　　听从他的吩咐，犹如
　　　转动的感官侍奉心。（93）

昙译：謙卑而師事，進止常不離，
　　　猶如修行者，諸根隨心轉。

मृत्युजन्मान्तकरणे स्यादुपायोऽयमित्यथ ।
दुष्कराणि समारेभे तपांस्यनशनेन सः ॥९४॥

今译：他开始实施戒食，
　　　修习严酷的苦行，
　　　心想：这种方法
　　　也许能灭绝生死。（94）

昙译：菩薩勤方便，當度老病死，
　　　專心修苦行，節身而忘餐。

उपवासविधींस्त्रैकान्कुर्वन्नरदुराचरान् ।
वर्षाणि षड्भमप्रेप्सुरकरोत्कार्श्यमात्मनः ॥९५॥

---

① "自在天"对应这颂原文中的 īśvara 一词，词义为"主人"、"国王"或"自在天"。这里应读作"主人"。

今译：他渴望寂静，整整
六年，实施多种多样
常人难以实施的斋戒，
以致身体日益消瘦。（95）

昙译：淨心守齋戒，行人所不堪，
寂默而禪思，遂經歷六年。

अन्नकालेषु चैकैकैः स कोलतिलतण्डुलैः ।
अपारपारसंसारपारं प्रेप्सुरपारयत् ॥९६॥

今译：渴望抵达无涯的
生死轮回的彼岸，
他每餐只吃一颗枣、
一粒芝麻或一粒米。（96）

昙译：日食一麻米，形體極消羸，
欲求度未度，重惑逾更沈。

देहादपचयस्तेन तपसा तस्य यः कृतः ।
स एवोपचयो भूयस्तेजसास्य कृतो ऽभवत् ॥९७॥

今译：他的苦行对他的
身体造成的损失，
由他的光辉威力
及时加以补充。（97）

昙译：道由慧解成，不食非其因，
四體雖微劣，慧心轉增明。[①]

कृशो ऽप्यकृशकीर्तिश्रीर्ह्लादं चक्रे ऽन्यचक्षुषाम् ।
कुमुदानामिव शरच्छुक्लपक्षादिचन्द्रमाः ॥९८॥

---

① 昙译这颂表达的意思与原文有差别。

今译：即使消瘦，但他的名声和
　　　光辉不减弱，取悦他人的
　　　眼睛犹如在秋季的白半月，
　　　初升的月亮取悦那些晚莲。(98)

昙译：神虚體輕微，名德普流聞，
　　　猶如月初生，鳩牟頭華敷。①

त्वगस्थिशेषो निःशेषैर्मेदःपिशितशोणितैः ।
क्षीणो ऽप्यक्षीणगाम्भीर्यः समुद्र इव स व्यभात्॥ ९९॥

今译：即使他消瘦，脂肪和
　　　血肉全都耗尽，只剩
　　　皮包骨，但他的深沉
　　　毫不减少，如同大海。(99)

昙译：溢國勝名流，士女競來觀，
　　　苦形如枯木，垂滿於六年。

अथ कष्टतपःस्पष्टव्यर्थक्लिष्टतनुर्मुनिः ।
भवभीरुरिमां चक्रे बुद्धिं बुद्धत्वकाङ्क्षया॥ १००॥

今译：这位牟尼惧怕生存，
　　　修习严酷苦行，身体
　　　明显遭受无谓的折磨，
　　　渴望佛性，做出决定：(100)

昙译：怖畏生死苦，專求正覺因②。

नायं धर्मो विरागाय न बोधाय न मुक्तये ।
जम्बुमूले मया प्राप्तो यस्तदा स विधिर्ध्रुवः॥ १०१॥

---

① 这句的意思是"晚莲开放"。其中的"鸠牟头"是 kumuda（晚莲）一词的音译。
② "正觉因"对应这颂原文中的 buddhatva 一词，词义为"觉悟性"或"佛性"。

今译："这种方法不会导向
　　　离欲、觉醒和解脱,
　　　我过去在阎浮树下
　　　实施的方法是正道。①（101）

昙译：自惟非由此,離欲寂觀生：
　　　"未若我先時,於閻浮樹下,
　　　所得未曾有,當知彼是道。

न चासौ दुर्बलेनाप्तुं शक्यमित्यागतादरः ।
शरीरबलवृद्ध्यर्थमिदं भूयो ऽन्वचिन्तयत् ॥ १०२ ॥

今译："身体衰弱不能得道。"
　　　这样,他恢复信心,
　　　想要增强自己身体的
　　　力量,继续进行思考：（102）

昙译："道非羸身得,要須身力求。

क्षुत्पिपासाश्रमक्लान्तः श्रमादस्वस्थमानसः ।
प्राप्नुयान्मनसावाप्यं फलं कथमनिर्वृतः ॥ १०३ ॥

今译："因饥渴而劳累疲惫,
　　　因疲惫而思想不自如,
　　　如此不安宁,怎么能
　　　靠思想获得应得成果？（103）

昙译："飲食充諸根,根悅令心安。

निर्वृतिः प्राप्यते सम्यक्सततेन्द्रियतर्पणात् ।
संतर्पितेन्द्रियतया मनःस्वास्थ्यमवाप्यते ॥ १०४ ॥

---

① 这里是指修禅入定,参阅前面第五章。

今译:"感官始终满意,
　　　才能达到安定;
　　　唯有感官满意,
　　　思想才会自如。(104)

昙译:"心安順寂靜,

स्वस्थप्रसन्नमनसः समाधिरुपपद्यते ।
समाधियुक्तचित्तस्य ध्यानयोगः प्रवर्तते ॥१०५॥

今译:"思想达到自如,
　　　才能沉思入定;
　　　思想沉思入定,
　　　才能修习禅定。(105)

昙译:"靜為禪定筌,[①]

ध्यानप्रवर्तनाद्धर्माः प्राप्यन्ते यैरवाप्यते ।
दुर्लभं शान्तमजरं परं तदमृतं पदम् ॥१०६॥

今译:"依靠修习禅定,获得
　　　种种正法,由种种正法,
　　　获得难以获得的不老、
　　　不死的至高寂静境界。"(106)

昙译:"由禪知聖法,法力得難得,
　　　 寂靜離老死,第一離諸垢。

तस्मादाहारमूलो ऽयमुपाय इतिनिश्चयः ।
आहारकरणे धीरः कृत्वामितमतिर्मतिम् ॥१०७॥

今译:因此,他确定这种
　　　方法以食物为根基,

---

① 这句的意思是"寂静(或静虑)是修习禅定的手段"。

　　　　这位智慧无限的
　　　　坚定者决定进食。（107）

昙译："如是等妙法，悉由飮食生。"

**स्नातो नैरञ्जनातीरादुत्तार शनैः कृशः ।
भक्त्यावनतशाखाग्रैर्दत्तहस्तस्तटद्रुमैः ॥ १०८ ॥**

今译：他身体消瘦，沐浴后，
　　　从尼连禅河缓慢上岸，
　　　岸边的那些树虔诚地
　　　弯下树枝，让他攀附。（108）

昙译：思惟斯義已，澡浴尼連濱，
　　　浴已欲出池，羸劣莫能起，
　　　天神按樹枝，舉手攀而出。

**अथ गोपाधिपसुता देवतैरभिचोदिता ।
उद्भूतहृदयानन्दा तत्र नन्दबलागमत् ॥ १०९ ॥**

今译：就在这时，受众天神
　　　激励，有位牧牛主的
　　　女儿，名叫难陀婆罗，
　　　满怀喜悦，来到这里。（109）

昙译：時彼山林側，有一牧牛長，
　　　長女名難陀，淨居天來告：
　　　"菩薩在林中，汝應往供養。"
　　　難陀婆羅闍，歡喜到其所。

**सितशङ्खोज्ज्वलभुजा नीलकम्बलवासिनी ।
सफेनमालानीलाम्बुर्यमुनेव सरिद्वरा ॥ ११० ॥**

今译：她身穿蓝色的衣服，

　　　　手臂上佩戴白色贝壳，
　　　　犹如美丽的阎牟那河，
　　　　蓝色水面上有白泡沫。(110)

昙译：手貫白珂①釧，身服青染衣，
　　　青白相映發，如水淨沉漫②。

सा श्रद्धावर्धितप्रीतिर्विकसल्लोचनोत्पला।
शिरसा प्रणिपत्यैनं ग्राह्यामास पायसम्॥ १११॥

今译：因信仰而喜悦增长，
　　　眼睛犹如莲花绽开，
　　　她俯首向他致敬，
　　　请他接受牛奶粥。(111)

昙译：信心增踊躍，稽首菩薩足，
　　　敬奉香乳糜，惟垂哀愍受。

कृत्वा तदुपभोगेन प्राप्तजन्मफलां स ताम्।
बोधिप्राप्तौ समर्थोऽभूत्संतर्पितषडिन्द्रियः॥ ११२॥

今译：他享用她的牛奶粥，
　　　让她获得现世果报，
　　　也让六种感官③满意，
　　　而有能力达到菩提④。(112)

昙译：菩薩受而食，彼得現法果，
　　　食已諸根悅，堪受於菩提。

---

　① 此处"珂"是 śaṅkha（"贝螺"或"贝壳"）一词的音译。
　② 此处"沉漫"，据《中华大藏经》校勘记，《碛》、《普》、《南》、《径》、《清》作"泡鬘"。"泡鬘"对应原文中的 phenamālā，意谓"泡沫形成的花鬘"或"花鬘般的泡沫"。
　③ "六种感官"（ṣaḍindriya）指眼、耳、鼻、舌、身和心。
　④ "菩提"（bodhi）意谓"觉悟"或"圆满的智慧"。

पर्याप्ताप्यानमूर्तिश्च सार्धं स्वयशसा मुनिः ।
कान्तिधैर्ये बभारैकः शशाङ्कार्णवयोर्द्वयोः ॥ ११३ ॥

今译：这位牟尼的形体和
名声一起达到圆满，
他一人兼有月亮的
优美和大海的坚定。（113）

昙译：身體蒙光澤，德問①轉崇高，
如百川增海，初月日增明。

आवृत्त इति विज्ञाय तं जहुः पञ्च भिक्षवः ।
मनीषिणमिवात्मानं निर्मुक्तं पञ्च धातवः ॥ ११४ ॥

今译：而那五位比丘认为
他已退转，便离开他，
犹如五大元素离开
已获解脱的智者自我。（114）

昙译：五比丘見已，驚起嫌怪想，
謂其道心退，捨而擇善居，
如人得解脱，五大悉遠離。

व्यवसायद्वितीयो ऽथ शाद्वलास्तीर्णभूतलम् ।
सो ऽश्वत्थमूलं प्रययौ बोधाय कृतनिश्चयः ॥ ११५ ॥

今译：他以决心为同伴，
走到那棵菩提树下，
地面上布满绿茵，
决定要达到觉悟。（115）

昙译：菩薩獨遊行，詣彼吉祥樹，

---

① 此处"问"通"闻"，意谓"名声"。

當於彼樹下，成等正覺道，
其地廣平正，柔澤軟草生。

ततस्तदानीं गजराजविक्रमः
　　पदस्वनेनानुपमेन बोधितः।
महामुनेरागतबोधिनिश्चयो
　　जगाद कालो भुजगोत्तमः स्तुतिम्॥११६॥

今译：这时，勇似象王的蛇王
　　　迦罗被他的无与伦比的
　　　脚步声唤醒，知道这位
　　　牟尼追求菩提，赞颂道：（116）

昙译：安祥師子步，步步地震動，
　　　地動感盲龍，歡喜目開明，
　　　言曾見先佛，地動相如今。

यथा मुने त्वच्चरणावपीडिता
　　मुहुर्मुहुर्निष्ठनतीव मेदिनी।
यथा च ते राजति सूर्यवत्प्रभा
　　ध्रुवं त्वमिष्टं फलमद्य भोक्ष्यसे॥११७॥

今译："牟尼啊，受到你的双脚
　　　踩踏，大地一再发出吼声，
　　　你的光辉闪耀如同太阳，
　　　你今天肯定会如愿以偿。（117）

昙译：牟尼德尊重，大地所不勝，
　　　步步足履地，**轟轟震動聲**，
　　　妙光照天下，猶若朝日明。

यथा भ्रमन्त्यो दिवि चाषपङ्क्तयः
　　प्रदक्षिणं त्वां कमलाक्ष कुर्वते।

第十二章　拜见阿罗蓝

यथा च सौम्या दिवि वान्ति वायव-
　　स्त्वमद्य बुद्धो नियतं भविष्यसि॥ ११८॥

今译："莲花眼啊，成排的青樫鸟
　　　盘旋空中，向你右旋致敬，
　　　空中风儿柔顺，轻轻吹拂，
　　　你今天肯定会觉悟成佛。"（118）

昙译：五百群青雀，右遶空中旋，
　　　柔軟清涼風，隨順而迴轉，
　　　如斯諸瑞相，悉同過去佛，
　　　以是知菩薩，當成正覺道。

ततो भुजङ्गप्रवरेण संस्तुत-
　　स्तृणान्युपादाय शुचीनि लावकात्।
कृतप्रतिज्ञो निषसाद बोधये
　　महातरोर्मूलमुपाश्रितः शुचेः॥ ११९॥

今译：在受到这位蛇王赞颂后，
　　　他从割草人那里取来
　　　洁净的草，坐在洁净的
　　　大树下，发誓求取菩提。（119）

昙译：從彼穫草人，得淨柔軟草，
　　　布施①於樹下，正身而安坐。

ततः स पर्यङ्कमकम्प्यमुत्तमं
　　बबन्ध सुप्तोरगभोगपिण्डितम्।
भिनद्मि तावद्भुवि नैतदासनं
　　न यामि यावत्कृतकृत्यतामिति॥ १२०॥

---

① 此处"布施"，据《中华大藏经》校勘记，《碛》、《普》、《南》、《径》、《清》作"布草"。

今译：然后，犹如睡蛇紧缩身子，
　　　他结跏趺坐，寂然不动：
　　　"只要我还没有达到目的，
　　　就不离开地上这个座位。"（120）

昙译：加趺不傾動，如龍絞縛身，
　　　要①不起斯坐，究竟其所作。

ततो ययुर्मुदमतुलां दिवौकसो
　　ववाशिरे न मृगगणा न पक्षिणः ।
न सस्वनुर्वनतरवो ऽनिलाहताः
　　कृतासने भगवति निश्चितात्मनि ॥१२१॥

今译：世尊怀抱决心，坐在那里，
　　　天上的众天神无比喜悦，
　　　走兽和飞禽不发出叫声，
　　　林中树木遇风也不呼啸。（121）

昙译：發斯真誓言，天龍悉歡喜，
　　　清涼微風起，草木不鳴條，
　　　一切諸禽獸，寂靜悉無聲，
　　　斯皆是菩薩，必成覺道相。

इति बुद्धचरिते महाकाव्ये ऽराडदर्शनो नाम द्वादशः सर्गः ॥१२॥

今译：以上是大诗《佛所行赞》中名为《拜见阿罗蓝》的第十二章。

---

① 此处"要"字，意谓"发誓"。

१३ मारविजयः

今译：第十三章　降伏摩罗

昙译：破魔品第十三

तस्मिन्विमोक्षाय कृतप्रतिज्ञे राजर्षिवंशप्रभवे महर्षौ ।
तत्रोपविष्टे प्रजहर्ष लोकस्त्रास सद्धर्मरिपुस्तु मारः ॥ १ ॥

今译：这位大仙是王仙家族
　　　后裔，发誓追求解脱，
　　　坐在那里，世界喜悦，
　　　而正法之敌摩罗恐惧。（1）

昙译：仙王族大仙，於菩提樹下，
　　　建立堅固誓，要[1]成解脱道，
　　　鬼龍諸天衆，悉皆大歡喜，
　　　法怨[2]魔天王，獨憂而不悦。

यं कामदेवं प्रवदन्ति लोके चित्रायुधं पुष्पशरं तथैव ।
कामप्रचाराधिपतिं तमेव मोक्षद्विषं मारमुदाहरन्ति ॥ २ ॥

今译：世上的人们称说爱神
　　　以花箭为美妙的武器，
　　　他就是这个摩罗，统治
　　　爱欲领域，仇视解脱。（2）

昙译：五欲自在王，具諸戰鬭藝，

---

[1] 此处"要"字对应这颂原文中的 pratijñā 一词，词义为"誓言"。
[2] 此处"法怨"对应这颂原文中的 saddharmaripu，意谓"正法的敌人"。

憎嫉解脱者，故名為波旬[1]。

तस्यात्मजा विभ्रमहर्षदर्पा-
　　स्तिस्रोऽरतिप्रीतितृषश्च कन्याः ।
पप्रच्छुरेनं मनसो विकारं
　　स तांश्च ताश्चैव वचोऽभ्युवाच ॥ ३ ॥

今译：他的儿子迷惑、喜悦和骄慢，
　　　三个女儿欲染、悦人和爱乐[2]，
　　　询问他近来为什么心烦意乱？
　　　他回答三个儿子和三个女儿：（3）

昙译：魔王有三女，美貌善儀容，
　　　種種惑人術，天女中第一：
　　　第一名欲染，次名能悅人，
　　　三名可愛樂，三女俱時進，
　　　白父波旬言："不審何憂慼？"
　　　父具以其事，寫情告諸女：

असौ मुनिर्निश्चयवर्म बिभ्रत्सत्त्वायुधं बुद्धिशरं विकृष्य ।
जिगीषुरास्ते विषयान्मदीयान्तस्मादयं मे मनसो विषादः ॥ ४ ॥

今译："这位牟尼以决心为铠甲，
　　　挽开善性弓，搭上智慧箭，
　　　坐在那里，想要征服我的
　　　领域，因此，我忧心忡忡。（4）

昙译："世有大牟尼，身被大誓鎧，
　　　執持大我[3]弓，智慧剛利箭，

---

[1] "波旬"是摩罗的称号 pāpīyas（邪恶的）一词的音译。这颂原文中没有使用此词。

[2] 按照原文，摩罗的三个女儿名字是 arati、prīti 和 tṛṣ，可译为"不乐"、"喜悦"和"贪爱"。这里沿用昙译的译名。

[3] 此处"我"字，据《中华大藏经》校勘记，《碛》、《普》、《南》、《径》、《清》作"强"。

欲戰伏眾生，破壞我境界。

यदि ह्यसौ मामभिभूय याति लोकाय चाख्यात्यपवर्गमार्गम्।
शून्यस्ततोऽयं विषयो ममाद्य वृत्ताच्च्युतस्येव विदेहभर्तुः॥५॥

今译："如果他征服我，向世界
说明解脱之路，我的领域
就会空虚，犹如毗提诃王[①]
失去善行，王国变空虚。（5）

昙译："我一旦不如，眾生信於彼，
悉歸解脱道，我土則空虛，
譬如人犯戒，其身則空虛。

तद्यावदेवैष न लब्धचक्षुर्मद्गोचरे तिष्ठति यावदेव।
यास्यामि तावद्व्रतमस्य भेत्तुं सेतुं नदीवेग इवातिवृद्धः॥६॥

今译："趁他尚未获得慧眼，
趁他还处在我的领域，
我要去破坏他的誓愿，
犹如激流冲垮桥梁。"（6）

昙译："及慧眼未開，我國猶得安，
當往壞其志，斷截其橋梁。"

ततो धनुः पुष्पमयं गृहीत्वा
शरान् जगन्मोहकरांश्च पञ्च।
सोऽश्वत्थमूलं ससुतोऽभ्यगच्छ-
दस्वास्थ्यकारी मनसः प्रजानाम्॥७॥

今译：这位扰乱众生思想者，
随即带着自己的儿女，

---

① 这位毗提诃王可能是第四章第 80 颂中提到的那位名叫迦拉罗遮那迦的毗提诃王。

　　　　　手持一张花弓和五支
　　　　　迷魂箭，前往菩提树。（7）

昙译：执弓持五箭，男女眷属俱，
　　　　诣彼吉安林①，愿众生不安。

अथ प्रशान्तं मुनिमासनस्थं पारं तितीर्षुं भवसागरस्य।
विषज्य सव्यं करमायुधाग्रे क्रीडन् शरेणेदमुवाच मारः॥८॥

今译：牟尼安静地坐在那里，
　　　　渴望抵达生死海彼岸，
　　　　摩罗用左手握住弓尖，
　　　　右手摆弄着箭，说道：（8）

昙译：见牟尼静默，欲度三有海②，
　　　　左手执强弓，右手弹利箭，
　　　　而告菩萨言：

उत्तिष्ठ भोः क्षत्रिय मृत्युभीत चर स्वधर्मं त्यज मोक्षधर्मम्।
बाणैश्च यज्ञैश्च विनीय लोकं लोकात्पदं प्राप्नुहि वासवस्य॥९॥

今译："惧怕死亡的刹帝利啊，起身吧！
　　　　执行自己的正法，放弃解脱法！
　　　　依靠弓箭和祭祀，征服这个世界，
　　　　从这个世界到达因陀罗世界吧！（9）

昙译："汝刹利③速起，死甚可怖畏，
　　　　当修汝自法，舍离解脱法，
　　　　习战施福会，调伏诸世间，

---

① 此处"吉安林"对应这颂原文中的 aśvattha 一词。这是一种无花果树名，也译"菩提树"或"吉祥树"。
② "三有"（tribhava）通常指"三界"。此处原文中没有使用此词。"三有海"意谓三界生死之海。
③ 此处"刹利"即刹帝利（kṣatriya）。

終得生天樂。

पन्था हि निर्यातुमयं यशस्यो
　　यो वाहितः पूर्वतमैनरेन्द्रैः ।
जातस्य राजर्षिकुले विशाले
　　भैक्षाकमश्लाघ्यमिदं प्रपत्तुम् ॥१०॥

今译："这是先辈帝王们
　　　奉行的光辉道路；
　　　出身王仙大家族，
　　　实行乞食不光彩。（10）

昙译："此道善名稱，先勝之所行，
　　　仙王高宗冑，乞士非所應。

अथाद्य नोत्तिष्ठसि निश्चितात्म-
　　न्भव स्थिरो मा विमुचः प्रतिज्ञाम् ।
मयोद्यतो ह्येष शरः स एव
　　यः शूर्पके मीनरिपौ विमुक्तः ॥११॥

今译："决心坚定者啊，如果今天
　　　你不起身，那就保持坚定，
　　　别放弃誓言！我已安上曾经
　　　射向与鱼为敌者①首波迦的箭。（11）

昙译："今若不起者，且當安汝意，
　　　慎莫捨要誓，試我一放箭。

स्पृष्ट स चानेन कथंचिदैडः सोमस्य नप्ताप्यभवद्विचित्तः ।
स चाभवच्छन्ततनुरस्वतन्त्रः क्षीणे युगे किं बत दुर्बलो ऽन्यः ॥१२॥

今译："月亮族子孙伊罗后裔

---

① "与鱼为敌者"指"与爱神为敌者"，因为爱神有一个称号是"以鱼为标帜者"。

　　　　福身王一接触这支箭，
　　　　也不由自主，神魂颠倒，
　　　　何况衰微时代的衰弱者。①（12）

昙译："罤羅②月光孫，亦由我此箭，
　　　　小觸如風吹，其心發狂亂；
　　　　寂靜苦行仙，聞我此箭聲，
　　　　心即大恐怖，惛迷失本性，
　　　　況汝末世中，望脫我此箭？

**तत्क्षिप्रमुत्तिष्ठ लभस्व संज्ञां बाणो ह्ययं तिष्ठति लेलिहानः ।
प्रियाविधेयेषु रतिप्रियेषु यं चक्रवाकेष्विव नोत्सृजामि॥१३॥**

今译："因此，赶快起身吧！恢复
　　　　知觉吧！这支箭如同毒蛇，
　　　　我不会将它射向犹如轮鸟
　　　　喜爱欲乐而顺从妻子的人。"（13）

昙译："汝今速起者，幸可得安全，
　　　　此箭毒熾盛，慷慨③而戰掉，
　　　　計力堪箭者，自安猶尚難，
　　　　況汝不堪箭，云何能不驚？"

**इत्येवमुक्तो ऽपि यदा निरास्थो
नैवासनं शाक्यमुनिर्बिभेद ।
शरं ततो ऽस्मै विससर्ज मारः
कन्याश्च कृत्वा पुरतः सुतांश्च॥१४॥**

---

　　① "福身王"（santanu）曾与恒河女神结婚，生下儿子毗湿摩，后又与渔家女贞信结婚。"衰微时代"指正法衰微的时代。
　　② 此处"罤罗"，据《中华大藏经》校勘记，《碛》、《普》、《南》、《径》、《清》作"渥罗"。此处对应这颂原文中的 aiḍa 一词，词义为"伊罗后裔"。
　　③ 此处"慷慨"，据《中华大藏经》校勘记，《碛》、《普》、《南》、《径》、《清》作"慄悢"。

今译：尽管听他这么说，释迦
牟尼置若罔闻，不起身；
于是，摩罗向他射出箭，
让自己的儿女站在前面。（14）

昙译：魔說如斯事，迫脅於菩薩，
菩薩心怡然，不疑亦不怖，
魔王即放箭，兼進三玉女。

तस्मिंस्तु बाणे ऽपि स विप्रमुक्ते चकार नास्थां न धृतेश्चचाल ।
दृष्ट्वा तथैनं विषसाद मारश्चिन्तापरीतश्च शनैर्जगाद ॥१५॥

今译：即使他被这支箭射中，
也无动于衷，坚定不移；
摩罗看到他这样，精神
沮丧，满怀忧虑，低语道：（15）

昙译：菩薩不視箭，亦不顧三女，
魔王惕然疑，心口自相語：

शैलेन्द्रपुत्रीं प्रति येन विद्धो देवो ऽपि शम्भुश्चलितो बभूव ।
न चिन्तयत्येष तमेव बाणं किं स्यादचित्तो न शरः स एषः ॥१६॥

今译："甚至商波大神中了这支箭，
也会动摇，爱上山王的女儿。[①]
而他居然毫无反应，难道
他没有心？或者这不是箭？（16）

昙译："曾為雪山女，射魔醯首羅[②]，
能令其心變，而不動菩薩。

[①] "商波"（śambhu）是湿婆大神的称号。湿婆曾在雪山顶上修炼苦行，爱神向他发射一支花箭，让他对雪山的女儿波哩婆提动心。

[②] "魔醯首罗"通常写为"摩醯首罗"（即"大自在天"），也是湿婆的称号。

तस्मादयं नार्हति पुष्पबाणं न हर्षणं नापि रतेर्नियोगम्।
अर्हत्ययं भूतगणैरसौम्यैः संत्रासनातर्जनताडनानि॥ १७॥

今译："因此，对他不宜使用
　　　花箭、喜悦或者欲乐，
　　　而应该让成群的鬼怪
　　　恐吓、威胁和打击他。"（17）

昙译："非復以此箭，及天三玉女，
　　　所能移其心，令起於愛恚，
　　　當更合軍眾，以力強逼迫。"

सस्मार मारश्च ततः स्वसैन्यं
　　विघ्नं शमे शाक्यमुनेश्चिकीर्षन्।
ननाश्रयाश्चानुचराः परीयुः
　　शालद्रुमप्रासगदासिहस्ताः॥ १८॥

今译：摩罗渴望破坏释迦牟尼的
　　　寂静，想到了自己的军队，
　　　各种形相的随从随即集合，
　　　手持树木、棒槌和刀剑。（18）

昙译：作此思惟時，魔軍忽然集，
　　　種種各異形，執戟持刀劍，
　　　戟①樹捉金杵，種種戰鬥具。

वराहमीनाश्वखरोष्ट्रवक्त्रा व्याघर्क्षसिंहद्विरदाननाश्च।
एकेक्षणा नैकमुखास्त्रिशीर्षा लम्बोदराश्चैव पृषोदराश्च॥ १९॥

今译：嘴似猪、鱼、马、驴或骆驼，
　　　脸似老虎、熊、狮子或大象，

---

① 此处"戟"字，据《中华大藏经》校勘记，《碛》、《普》、《南》、《径》、《清》作"戴"。

一只眼、多张嘴或三个头，
　　　腹部或下垂，或布满斑点。（19）
昙译：猪魚驢馬頭，駝牛兕虎形，
　　　師子龍象首，及餘禽獸類，
　　　或一身多頭，或面各一目，
　　　或復眾多眼，或大腹長身。

अजानुसक्था घटजानवश्च दंष्ट्रायुधाश्चैव नखायुधाश्च ।
करङ्कवक्रा बहुमूर्तयश्च भग्नार्धवक्त्राश्च महामुखाश्च ॥२०॥

今译：或无膝盖和腿，或膝盖
　　　如罐，牙齿和指甲为武器，
　　　或骷髅脸，或多个身体，
　　　或半张破脸，或多张脸。（20）
昙译：或羸瘦無腹，或長脚大膝，
　　　或大脚肥髀，或長牙利爪，
　　　或無頭目面，或兩足多身，
　　　或大面傍面，

भस्मारुणा लोहितबिन्दुचित्राः खड्वाङ्गहस्ता हरिधूम्रकेशाः ।
लम्बस्रजो वारणलम्बकर्णाश्चर्माम्बराश्चैव निरम्बराश्च ॥२१॥

今译：灰白或赤红，或点点红斑，
　　　手持棍棒，头发黄褐似猴，
　　　佩戴花环，耳朵下垂似象，
　　　身穿兽皮衣，或赤身裸体。（21）
昙译：或作灰土色，或似明星光，
　　　或身放烟火，或象耳負山，
　　　或被髮裸身，或被服皮革。

श्वेतार्धवक्त्रा हरितार्धकायास्ताम्राश्च धूम्रा हरयोऽसिताश्च ।
व्यालोत्तरासङ्गभुजास्तथैव प्रघुष्टघण्टाकुलमेखलाश्च ॥२२॥

今译：或半脸发白，或半身发绿，
　　　或赤红，或灰暗，或黄褐，
　　　或乌黑，手臂覆盖蛇皮衣，
　　　腰带挂满铃铛，叮当作响。（22）

昙译：面色半赤白，或著虎皮衣，
　　　或復著蛇皮，或腰帶大鈴。

तालप्रमाणाश्च गृहीतशूला दंष्ट्राकरालाश्च शिशुप्रमाणाः ।
उरभ्रवक्त्राश्च विहंगमाक्षा मार्जारवक्त्राश्च मनुष्यकायाः ॥२३॥

今译：或高耸似多罗树，手持
　　　股叉，或低矮似儿童，
　　　獠牙凸出，或人身羊脸，
　　　或猫脸，或眼睛似鸟。（23）

प्रकीर्णकेशाः शिखिनोऽर्धमुण्डा रक्ताम्बरा व्याकुलवेष्टनाश्च ।
प्रहृष्टवक्त्रा भृकुटीमुखाश्च तेजोहराश्चैव मनोहराश्च ॥२४॥

今译：或披发，或束发，或半秃，
　　　或身穿红衣，或裹巾凌乱，
　　　或喜笑颜开，或皱眉蹙额，
　　　或夺人精气，或夺人精神。（24）

昙译：或縈髮螺髻，或散髮被身，
　　　或吸人精氣，或奪人生命。

केचिद्व्रजन्तो भृशमाववल्गुरन्योऽन्यमापुप्लुविरे तथान्ये ।
चिक्रीडुराकाशगताश्च केचित्केचिच्च चेरुस्तरुमस्तकेषु ॥२५॥

今译：有些狂奔或腾跃，
　　　或互相跳起跳落，
　　　有些在空中戏耍，
　　　有些在树顶游荡。（25）

昙译：或超①擲大呼，或奔走相逐，
　　　迭自相打害，或空中旋轉，
　　　或飛騰樹間。

ननर्तं कश्चिद्द्रुमयंस्त्रिशूलं कश्चिद्द्विपुष्फूर्जं गदां विकर्षन्।
हर्षेण कश्चिद्दृषवन्ननर्दं कश्चिचत्प्रजज्वाल तनूरुहेभ्यः ॥२६॥

今译：有的跳舞，挥动股叉，
　　　有的握棒，爆发叫声，
　　　有的似公牛发出欢叫，
　　　有的全身毛发在燃烧。（26）

昙译：或呼呷吼唤，惡聲震天地。

एवंविधा भूतगणाः समन्तात्तद्बोधिमूलं परिवार्य तस्थुः।
जिघृक्षवश्चैव जिघांसवश्च भर्तुर्नियोगं परिपालयन्तः ॥२७॥

今译：四周布满这些鬼怪，
　　　将菩提树团团围住，
　　　他们渴望抓捕杀戮，
　　　等待主人一声令下。（27）

昙译：如是諸惡類，圍遶菩提樹，
　　　或欲擘裂身，或復欲吞噉。

तं प्रेक्ष्य मारस्य च पूर्वरात्रे शाक्यर्षभस्यैव च युद्धकालम्।
न द्यौश्चकाशे पृथिवी चकम्पे प्रजज्वलद् द्यैव दिशः सशब्दाः ॥२८॥

今译：看到摩罗和释迦族雄牛
　　　在初夜战斗的时刻来到，
　　　天空失去光芒，大地摇晃，
　　　四面八方燃烧，噼啪作响。（28）

昙译：四面放火然，烟焰盛衝天。

---

① 此处"超"字，据《中华大藏经》校勘记，《碛》、《普》、《南》、《径》、《清》作"跳"。

विष्वग्ववौ वायुरुदीर्णवेगस्तारा न रेजुर्न बभौ शशाङ्कः ।
तमश्च भूयो विततान रात्रिः सर्वे च संचुक्षुभिरे समुद्राः ॥२९॥

今译：四周狂风猛吹，星星
　　　不闪耀，月亮不放光，
　　　夜晚弥漫更浓的黑暗，
　　　所有的大海骚动不安。（29）

昙译：狂風四激起，山林普震動，
　　　風火烟塵合，黑闇無所見。

महीभृतो धर्मपराश्च नागा महामुनेर्विघ्नममृष्यमाणाः ।
मारं प्रति क्रोधविवृत्तनेत्रा निःश्वसुश्चैव जजृम्भिरे च ॥३०॥

今译：支持大地的蛇王们热爱正法，
　　　不能容忍这位大牟尼受阻碍，
　　　它们将愤怒的目光投向摩罗，
　　　发出喘息，伸展卷曲的身子。（30）

昙译：愛法諸天人，及諸龍鬼等，
　　　悉皆忿魔眾，瞋恚血淚流。

शुद्धाधिवासा विबुधर्षयस्तु सद्धर्मसिद्ध्यर्थमभिप्रवृत्ताः ।
मारेऽनुकम्पां मनसा प्रचक्रुर्विरागभावात्तु न रोषमीयुः ॥३१॥

今译：而净居天的那些神仙
　　　追求实现正法，他们
　　　已经摆脱激情，对摩罗
　　　心生怜悯，而不发怒。（31）

昙译：淨居諸天眾，見魔亂菩薩，
　　　離欲無瞋心，哀愍而傷彼，
　　　悉來見菩薩，端坐不傾動。

第十三章　降伏摩罗

तद्बोधिमूलं समवेक्ष्य कीर्णं हिंसात्मना मारबलेन तेन ।
धर्मात्मभिर्लोकविमोक्षकामैर्बभूव हाहाकृतमन्तरीक्षे ॥ ३२ ॥

今译：倾心正法、盼望世界解脱的
　　　天神们，看到菩提树周围，
　　　布满生性暴戾的摩罗军队，
　　　在空中发出"啊，啊"叫声。（32）

उपप्लवं धर्मविधेस्तु तस्य दृष्ट्वा स्थितं मारबलं महर्षिः ।
न चुक्षुभे नापि ययौ विकारं मध्ये गवां सिंह इवोपविष्टः ॥ ३३ ॥

今译：而这位大仙看到摩罗军队
　　　在前面阻扰他实施正法，
　　　他毫不慌乱，也不激动，
　　　犹如狮子安坐在牛群中。（33）

昙译：無量魔圍繞，惡聲動天地，
　　　菩薩安靖①默，光顏無異相，
　　　猶如師子王，處於羣獸中，
　　　皆歔嗚呼呼，奇特未曾有。

मारस्ततो भूतचमूमुदीर्णामाज्ञापयामास भयाय तस्य ।
स्वैः स्वैः प्रभावैरथ सास्य सेना तद्धैर्यभेदाय मतिं चकार ॥ ३४ ॥

今译：然后，摩罗发布命令，
　　　让鬼怪军队恐吓牟尼，
　　　他们便施展各自威力，
　　　想要破坏牟尼的坚定。（34）

昙译：魔眾相駈策，各進其威力，
　　　迭共相催切，須臾令摧滅。

---

① 此处"靖"字，据《中华大藏经》校勘记，《碛》、《普》、《南》、《径》、《清》作"静"。

केचिच्चलन्त्रैकविलम्बिजिह्वा-
　　स्तीक्ष्णाग्रदंष्ट्रा हरिमण्डलाक्षाः ।
विदारितास्याः स्थिरशङ्कुकर्णाः
　　संत्रासयन्तः किल नाम तस्थुः ॥ ३५ ॥

今译：有些伸出几个舌头，摇晃摆动，
　　　有些牙齿锐利，有些眼似太阳，
　　　有些面孔破裂，有些耳似钉钩，
　　　他们站在那里，竭力恐吓他。（35）

昙译：裂目而切齒，亂飛而超攂①。

तेभ्यः स्थितेभ्यः स तथाविधेभ्यः रूपेण भावेन च दारुणेभ्यः ।
न विव्यथे नोद्विविजे महर्षिः क्रीडत्सुबालेभ्य इवोद्धतेभ्यः ॥ ३६ ॥

今译：他们全都这样站立着，
　　　面目和形态狰狞恐怖，
　　　而大仙毫不胆怯惊慌，
　　　犹如看到儿童们游戏。（36）

昙译：菩薩默然觀，如看童兒戲。

कश्चित्ततो रोषविवृत्तदृष्टिस्तस्मै गदामुद्गमयांचकार ।
तस्तम्भ बाहुः सगदस्ततो ऽस्य पुरंदरस्येव पुरा सवज्रः ॥ ३७ ॥

今译：其中有个鬼怪向他射出
　　　愤怒的眼光，举起铁杵，
　　　而握杵的手臂突然僵住，
　　　犹如从前因陀罗手握雷杵。（37）

昙译：眾魔益忿恚，倍增戰鬪力，
　　　抱石不能舉，

---

① 此处"超攂"，据《中华大藏经》校勘记，《碛》、《普》、《南》、《径》、《清》作"跳掷"。

第十三章　降伏摩罗

केचित्समुद्यम्य शिलास्तरूंश्च
　　विषेहिरे नैव मुनौ विमोक्तुम्।
पेतुः सवृक्षाः सशिलास्तथैव
　　वज्रावभग्ना इव विन्ध्यपादाः॥३८॥

今译：有些鬼怪举起石头和树木，
　　　却无法用力投向这位牟尼，
　　　反而随树木和石头一起倒下，
　　　犹如文底耶山脚被雷杵击碎。（38）

昙译：舉者不能下。

कैश्चित्समुत्पत्य नभो विमुक्ताः शिलाश्च वृक्षाश्च परश्वधाश्च।
तस्थुर्नभस्येव न चावपेतुः संध्याभ्रपादा इव नैकवर्णाः॥३९॥

今译：有些鬼怪腾空投出
　　　石头、树木和斧子，
　　　它们停在空中不落下，
　　　犹如黄昏时分的彩云。（39）

昙译：飛矛戟利矟，凝虛而不下，
　　　雷震雨大雹，化成五色花[1]，
　　　惡龍蛇嗽[2]毒，化成香風氣。

चिक्षेप तस्योपरि दीप्तमन्यः कडङ्गरं पर्वतशृङ्गमात्रम्।
यन्मुक्तमात्रं गगनस्थमेव तस्यानुभावाच्छतधा पफाल॥४०॥

今译：有个鬼怪向牟尼的上空投出
　　　燃烧的铁杵，高耸如同山峰，
　　　而一投出，它就停留在空中，
　　　牟尼施展威力，将它碎成百块。（40）

---

[1] 这一行与下面原文第45颂对应。
[2] 此处"嗽"字，疑是"嗽"字。而据《中华大藏经》校勘记，《碛》、《普》、《南》、《径》、《清》作"噴"。

कश्चिज्ज्वलन्नर्क इवोदितः खादङ्गारवर्षं महदुत्ससर्ज ।
चूर्णानि चामीकरकन्दराणां कल्पात्यये मेरुरिव प्रदीप्तः ॥४१॥

今译：有个鬼怪跃起，如同燃烧的
　　　太阳，从空中降下火炭大雨，
　　　犹如在劫末大火中，燃烧的
　　　须弥山喷射出金峡谷的粉末。（41）

तद्बोधिमूले प्रविकीर्यमाणमङ्गारवर्षं तु सविस्फुलिङ्गम् ।
मैत्रीविहाराद्दषिसत्तमस्य बभूव रक्तोत्पलपत्त्रवर्षः ॥४२॥

今译：而由于大仙慈悲为怀，
　　　这些火炭雨带着火星，
　　　洒落在菩提树下时，
　　　变成了红莲花瓣雨。（42）

शरीरचित्तव्यसनातपैस्तैरेवंविधैस्तैश्च निपात्यमानैः ।
नैवासनाच्छाक्यमुनिश्चचाल स्वनिश्चयं बन्धुमिवोपगुह्य ॥४३॥

今译：释迦牟尼怀抱自己的
　　　决心，犹如拥抱亲人，
　　　即使身心遭遇这样的
　　　威胁，也不离开座位。（43）

अथापरे निर्जिगिलुर्मुखेभ्यः सर्पान्विजीर्णेभ्य इव द्रुमेभ्यः ।
ते मन्त्रबद्धा इव तत्समीपे न शश्वसुर्नोत्ससृपुर्न चेलुः ॥४४॥

今译：有些鬼怪的嘴如同衰老的树，
　　　吐出许多蛇，而在牟尼身边，
　　　它们仿佛受到咒语的束缚，
　　　不喘息，不抬身，不游动。（44）

भूत्वापरे वारिधरा बृहन्तः सविद्युतः साशनिचण्डघोषाः ।
तस्मिन्दुमे तत्यजुरश्मवर्षं तत्पुष्पवर्षं रुचिरं बभूव ॥४५॥

今译：有些鬼怪变成庞大的乌云，
　　　携带着闪电和轰隆的雷鸣，
　　　在菩提树上空降下石头雨，
　　　却变成五彩缤纷的花雨。（45）

चापे ऽथ बाणो निहितो ऽपरेण जज्वाल तत्रैव न निष्पपात ।
अनीश्वरस्यात्मनि धूयमानो दुर्मर्षणस्येव नरस्य मन्युः ॥४६॥

今译：有个鬼怪将箭搭在弓上，
　　　但这支箭燃烧而不射出，
　　　犹如无能者升起的怒火，
　　　只在他自己的心中燃烧。（46）

पञ्चेषवो ऽन्येन तु विप्रमुक्तास्तस्थुर्नभस्येव मुनौ न पेतुः ।
संसारभीरोर्विषयप्रवृत्तौ पञ्चेन्द्रियाणीव परीक्षकस्य ॥४७॥

今译：有个鬼怪射出的五支箭，
　　　停留在空中，不落向牟尼，
　　　犹如智者惧怕生死轮回，
　　　五种感官不接触感官对象。（47）

जिघांसयान्यः प्रससार रुष्टो गदां गृहीत्वाभिमुखो महर्षेः ।
सो ऽप्राप्तकामो विवशः पपात दोषेष्विवानर्थकरेषु लोकः ॥४८॥

今译：有个鬼怪愤怒地紧握铁杵，
　　　冲向大牟尼，想要杀害他，
　　　没有达到目的，而失控倒下，
　　　犹如世人犯下盲目的错误。[1]（48）

---

[1] 以上第40—48颂（除了其中的第45颂）不见于昙译。

昙译：諸種種形類，欲害菩薩者，
　　　　不能令傾動，隨事還自傷。

स्त्री मेघकाली तु कपालहस्ता
　　कर्तुं महर्षेः किल चित्तमोहम्।
बभ्राम तत्रानियतं न तस्थौ
　　चलात्मनो बुद्धिरिवागमेषु॥४९॥

今译：有个女怪黝黑似云，手持
　　　骷髅，企图迷惑大仙的心，
　　　游来荡去，犹如内心浮躁者，
　　　智慧在各种经典中摇摆不定。（49）

昙译：魔王有姊妹，名彌伽迦利[①]，
　　　　手執髑髏器，在於菩薩前，
　　　　作種種異儀，婬惑亂菩薩。

कश्चित्प्रदीप्तं प्रणिधाय चक्षुर्नेत्राग्निनाशीविषवद्दिधक्षुः।
तत्रैव नासीनमृषिं ददर्श कामात्मकः श्रेय इवोपदिष्टम्॥५०॥

今译：有个鬼怪似毒蛇从眼火中射出
　　　燃烧的目光，想要焚烧这仙人，
　　　但看不见他的位置，犹如痴迷
　　　爱欲者看不见已经指出的至福。（50）

गुर्वीं शिलामुद्यमयंस्तथान्यः शश्राम मोघं विहतप्रयत्नः।
निःश्रेयसं ज्ञानसमाधिगम्यं कायक्लमैर्धर्ममिवाप्तुकामः॥५१॥

今译：有个鬼怪举起沉重的石头，
　　　也是白费辛苦，仿佛有人
　　　想通过折磨身体追求正法，
　　　而至福要靠智慧和入定获得。（51）

---

① "弥伽迦利"是 meghakālī（黝黑似云）一词的音译。按这颂原文，不能确认这是魔王的姊妹名。

第十三章 降伏摩罗

तरक्षुसिंहाकृतयस्तथान्ये
प्रणेदुरुच्चैर्महतः प्रणादान्।
सत्त्वानि यैः संचुकुचुः समन्ता-
द्व्राहता द्यौः फलतीति मत्वा॥५२॥

今译：有些鬼怪变成狼狗和
狮子，发出巨大吼声，
四周的众生蜷缩身子，
以为天空被雷杵击碎。（52）

मृगा गजाश्चार्तरवान्सृजन्तो विदुद्रुवुश्चैव निलिल्यिरे च।
रात्रौ च तस्यामहनीव दिग्भ्यः खगा रुवन्तः परिपेतुरार्ताः॥५३॥

今译：鹿儿和大象发出哀鸣，
东奔西跑，四处躲藏，
这个夜晚如同白天，
鸟儿痛苦鸣叫和腾飞。（53）

तेषां प्रणादैस्तु तथाविधैस्तैः सर्वेषु भूतेष्वपि कम्पितेषु।
मुनिर्न तत्रास न संचुकोच रवैर्गरुत्मानिव वायसानाम्॥५४॥

今译：尽管听到这些叫声，
一切众生胆战心惊，
而牟尼如同金翅鸟，
在乌鸦声中不畏缩。①（54）

भयावहेभ्यः परिषद्गणेभ्यो यथा यथा नैव मुनिर्बिभाय।
तथा तथा धर्मभृतां सपत्नः शोकाच्च रोषाच्च ससाद मारः॥५५॥

今译：这位牟尼越是不惧怕
摩罗军队带来的恐怖，

---

① 以上第50—54颂不见于昙译。

遵奉正法者的敌人摩罗
越是忧伤、愤怒和绝望。（55）

昙译：如是等魔眾，種種醜類身，
作種種惡聲，欲恐怖菩薩，
不能動一毛，諸魔悉憂慼。

भूतं ततः किंचिदद‍ृश्यरूपं विशिष्टभूतं गगनस्थमेव ।
दष्टुषेये दुर्गमवैररुष्टं मारं बभाषे महता स्वरेण॥५६॥

今译：然后，有个优异的精灵，
隐身站在空中，看到摩罗
无冤仇而发怒，威胁仙人，
于是，大声对摩罗说道：（56）

昙译：空中負多①神，隱身出音聲：

मोघं श्रमं नार्हसि मार कर्तुं हिंस्रात्मतामुत्सृज गच्छ शर्म ।
नैष त्वया कम्पयितुं हि शक्यो महागिरिर्मेरुरिवानिलेन॥५७॥

今译："你不要白费辛苦，摩罗啊！
抛弃害人之心，求取安乐吧！
你无论如何也不可能动摇他，
犹如狂风不能吹动大山须弥。（57）

昙译："我見大牟尼，心無怨恨想，
眾魔惡毒心，無怨處生怨；
愚癡諸惡魔，徒勞無所為，
當捨恚害心，寂靜默然住，
汝不能口氣，吹動須彌山。

अप्युष्णभावं ज्वलनः प्रजह्यादापो द्रवत्वं प्रथिवी स्थिरत्वम् ।
अनेककल्पाचितपुण्यकर्मा न त्वेव जह्याद्‍व्यवसायमेषः॥५८॥

---

① 此处"負多"是 bhūta（精灵）一词的音译。

今译:"火不会舍弃热性,水不会
舍弃湿性,地不会舍弃坚性,
他已经积累了无数劫的功德,
因此,他不会舍弃他的决心。(58)

昙译:"火冷水熾燃,地性平軟濡,
不能壞菩薩,歷劫修善果。

यो निश्चयो ह्यस्य पराक्रमश्च तेजश्च यद्या च दया प्रजासु ।
अप्राप्य नोत्थास्यति तत्त्वमेष तमांस्यहत्वेव सहस्ररश्मिः ॥५९॥

今译:"这是他的决心、勇气和威力,
这也是他对一切众生的慈悲,
只要不获得真谛,他不会起身,
犹如不驱除黑暗,太阳不升起。(59)

昙译:"菩薩正思惟,精進勤方便,
淨智慧光明,慈悲於一切,
此四妙功德[①],無能中斷截,
而為作留難,不成正覺道,
如日千光明,必除世間闇。

काष्ठं हि मथ्नन्लभते हुताशं
भूमिं खनन्विन्दति चापि तोयम्।
निर्बन्धिनः किंचन नास्त्यसाध्यं
न्यायेन युक्तं च कृतं च सर्वम्॥६०॥

今译:"只要钻木,就能得火,
只要掘地,就能得水,
坚持不懈,无往不胜,
方法正确,事事成功。(60)

---

① 此处"四妙功德"指上面四个短语表达的内容,按这颂原文的说法是"决心、勇气、威力和慈悲"。

昙译:"鑽木而得火,掘地而得水,
　　　　精勤正方便,無求而不獲。

तल्लोकमार्तं करुणायमानो रोगेषु रागादिषु वर्तमानम्।
महाभिषङ् नार्हति विघ्नमेष ज्ञानौषधार्थं परिखिद्यमानः॥ ६१॥

今译:"他怜悯这个患有贪欲
　　　　等等疾病而受苦的世界,
　　　　不辞辛劳寻求智慧药草,
　　　　这位医生不应受到阻扰。(61)

昙译:"世間無救護,中貪恚癡毒,
　　　　哀愍眾生故,求智慧良藥,
　　　　為世除苦患,汝云何惱亂?

हृते च लोके बहुभिः कुमार्गैः सन्मार्गमन्विच्छति यः श्रमेण।
स देशिकः क्षोभयितुं न युक्तं सुदेशिकः सार्थ इव प्रनष्टे॥ ६२॥

今译:"世界已被引向种种邪道,
　　　　而他辛苦劳累寻求正道,
　　　　犹如商队已经迷失道路,
　　　　不应该扰乱探路的向导。(62)

昙译:"世間諸癡惑,悉皆著邪徑,
　　　　菩薩習正路,欲引導眾生,
　　　　惱亂世尊師,是則大不可,
　　　　如大曠野中,欺誑商人導。

सत्त्वेषु नष्टेषु महान्धकारे ज्ञानप्रदीपः क्रियमाण एषः।
आर्यस्य निर्वापयितुं न साधु प्रज्वाल्यमानस्तमसीव दीपः॥ ६३॥

今译:"众生迷失在大黑暗中,
　　　　而他点燃智慧的明灯,

您不应该灭除他，如同
熄灭黑暗点亮的明灯。（63）

昙译："眾生墮大冥，莫知所至處，
為燃智慧燈，云何欲令滅？

दृष्ट्वा च संसारमये महौघे मग्नं जगत्पारमविन्दमानम्।
यश्चेदमुत्तारयितुं प्रवृत्तः कश्चिन्तयेत्तस्य तु पापमार्यः॥६४॥

今译："看到世界沉入生死轮回
大洪流中，找不到彼岸，
他努力让世界越过洪流，
哪位智者会起念加害他？（64）

昙译："眾生悉漂沒，生死之大海，
為脩智慧舟，云何欲令沒？

क्षमाशिफो धैर्यविगाढमूलश्चारित्रपुष्पः स्मृतिबुद्धिशाखः।
ज्ञानद्रुमो धर्मफलप्रदाता नोत्पाटनं ह्यर्हति वर्धमानः॥६५॥

今译："不应该拔除这棵成长中的智慧树，
忍辱是它的纤维，坚定是它深扎
地下的根，善行是花朵，忆念和
知觉是树枝，正法是它结出的果。（65）

昙译："忍辱為法芽，固志為法根，
律儀戒為地①，覺正②為枝幹，
智慧之大樹，無上法為菓，
蔭護諸眾生，云何而欲伐？

---

① 此处"地"字，据《中华大藏经》校勘记，《碛》、《普》、《南》、《径》、《清》作"华"。这句对应原文中的 cāritrapuṣpaḥ，意谓"善行是花朵"。
② 此处"觉正"对应原文中的 smṛtibuddhi，意谓"忆念和知觉"。"忆念"（smṛti）在汉译佛经中也译"念"或"正念"。

बद्धां दृढैश्चेतसि मोहपाशैर्यस्य प्रजां मोक्षयितुं मनीषा ।
तस्मिन् जिघांसा तव नोपपन्ना श्रान्ते जगद्बन्धनमोक्षहेतोः ॥ ६६ ॥

今译："他想要让心中紧紧缠着
愚痴套索的众生获得解脱，
为解除世界的束缚而辛劳，
你不应该起念想要杀害他。（66）

昙译："貪恚癡枷鎖，軛縛於眾生，
長劫修苦行，為解眾生縛。

बोधाय कर्माणि हि यान्यनेन कृतानि तेषां नियतो ऽद्य कालः ।
स्थाने तथास्मिन्नुपविष्ट एष यथैव पूर्वे मुनयस्तथैव ॥ ६७ ॥

今译："为求觉悟所做的一切，
今天到了圆满的时刻，
因此，他坐在这个地方，
就像过去的牟尼一样。（67）

昙译："決定成於今，於此正基坐，
如過去諸佛，堅豎金剛臺。

एषा हि नाभिर्वसुधातलस्य
कृत्स्नेन युक्ता परमेण धाम्ना ।
भूमेरतो ऽन्यो ऽस्ति हि न प्रदेशो
वेगं समाधेर्विषहेत यो ऽस्य ॥ ६८ ॥

今译："这里是大地的肚脐，
具有完整的至高威力，
因为没有其他的地方，
能承受他的入定力量。（68）

第十三章　降伏摩罗　373

昙译："諸方悉輕[①]動，惟此地安隱，
　　　　能堪受妙定，非汝所能壞。"

तन्मा कृथाः शोकमुपेहि शान्तिं मा भून्महिम्ना तव मार मानः ।
विश्रम्भितुं न क्षममध्रुवा श्रीश्चले पदे विस्मयमभ्युपैषि ॥६९॥

今译："因此，你不要忧愁，而要平静，
　　　　摩罗啊，不要自恃强大而傲慢！
　　　　你不应该信任变化不定的威权，
　　　　而应该对地位的不稳感到惊异。"（69）

昙译："但當輕[②]下心，除諸憍慢意，
　　　　應修智識想，忍辱而奉事。"

ततः स संश्रुत्य च तस्य तद्वचो महामुनेः प्रेक्ष्य च निष्प्रकम्पताम् ।
जगाम मारो विमनो हतोद्यमः शरैर्जगच्चेतसि यैर्विहन्यते ॥७०॥

今译：摩罗听了精灵的这些话，
　　　　又看到大牟尼毫不动摇，
　　　　他失去信心，懊丧地离去，
　　　　带着那些伤害世人的箭。（70）

昙译：魔聞空中聲，見菩薩安靜，
　　　　慚愧離憍慢，復道還天上。

गतप्रहर्षा विफलीकृतश्रमा
　　प्रविद्धपाषाणकडङ्गरद्रुमा ।
दिशः प्रदुद्राव ततोऽस्य सा चमू-
　　र्हताश्रयेव द्विषता द्विषच्चमूः ॥७१॥

---

　①　此处"轻"字，据《中华大藏经》校勘记，《碛》、《普》、《南》、《径》、《清》作"倾"。
　②　此处"轻"字，据《中华大藏经》校勘记，《碛》、《普》、《南》、《径》、《清》作"软"。

今译：随即，他的军队失去兴奋，
　　　抛弃石头、棍棒和树木，
　　　徒劳无功，逃向四面八方，
　　　犹如军队首领被敌人杀死。（71）

昙译：魔眾悉憂慼，崩潰失威武，
　　　鬪戰諸器仗，縱橫棄林野，
　　　如人煞怨主，怨黨悉摧碎。

द्रवति सपरिपक्षे निर्जिते पुष्पकेतौ
　　　जयति जिततमस्के नीरजस्के महर्षौ।
युवतिरिव सहासा द्यौश्चकाशे सचन्द्रा
　　　सुरभि च जलगर्भं पुष्पवर्षं पपात॥७२॥

今译：以花为旗的摩罗及其随从们败退，
　　　驱散黑暗、消除尘垢的大仙获胜，
　　　天空偕同月亮，顿时变得亮丽
　　　似少女，降下湿润芳香的花雨。（72）

昙译：眾魔既退散，菩薩心虛靜，
　　　日光倍增明，塵霧悉除滅，
　　　月明眾星朗，無復諸闇障，
　　　空中雨天花，以供養菩薩。

इति बुद्धचरिते महाकाव्ये ऽश्वघोषकृते मारविजयो नाम त्रयोदशः सर्गः॥१३॥

今译：以上是马鸣著大诗《佛所行赞》中名为《降伏摩罗》的十三章。

१४ अभिसंबोधि

今译：第十四章　　成正觉[①]

昙译：阿惟三菩提品第十四

ततो मारबलं जित्वा धैर्येण च शमेन च ।
परमार्थं विजिज्ञासुः स दध्यौ ध्यानकोविदः ॥ १ ॥

今译：依靠坚定和寂静，
　　　战胜了摩罗军队，
　　　这个通晓禅定者，
　　　沉思寻求第一义。（1）

昙译：菩薩降魔已，志固心安隱，
　　　求盡第一義，入於深妙禪。

सर्वेषु ध्यानविधिषु प्राप्य चैश्वर्यमुत्तमम् ।
सस्मार प्रथमे यामे पूर्वजन्मपरंपराम् ॥ २ ॥

今译：在所有的禅定中，
　　　达到至高的自在，
　　　他在初夜回忆起
　　　过去的生生世世。（2）

昙译：自在諸三昧[②]，次第現在前，

---

① 本品梵语抄本是残本，仅剩前 31 颂。梵语佛经每品的标题通常写在每品末尾，故而本品的梵语标题也缺失。按昙译本品的标题是"阿惟三菩提品"，可以据此还原成梵语 abhisaṃbodhi。此词的词义为"成正觉"、"证菩提"或"成佛"。

② "三昧"是 samādhi（入定）一词的音译。此处原文中使用的是 dhyāna（禅）一词。

初夜入正受，憶念過去生。

अमुत्राहमयं नाम च्युतस्तस्मादिहागतः ।
इति जन्मसहस्राणि सस्मारानुभवन्निव ॥ ३ ॥

今译："我确实是在那里
　　　去世后来到这里。"
　　　回想数千次出生，
　　　仿佛又重返故地。（3）

昙译：從某處某名，而來生於此，
　　　如是百千萬，死生悉了知。

स्मृत्वा जन्म च मृत्युं च तासु तासूपपत्तिषु ।
ततः सत्त्वेषु कारुण्यं चकार करुणात्मकः ॥ ४ ॥

今译：回想起这些出生，
　　　经历一次次生死，
　　　这位慈悲为怀者，
　　　对众生产生怜悯：（4）

昙译：受生死無量，一切眾生類，
　　　悉曾為親屬，而起大悲心。

कृत्वेह स्वजनोत्सर्गं पुनरन्यत्र च क्रियाः ।
अत्राणः खलु लोको ऽयं परिभ्रमति चक्रवत् ॥ ५ ॥

今译："在这世抛弃亲人，
　　　在来世同样如此，
　　　世人没有救护者，
　　　似车轮来回转动。"（5）

昙译：大悲心念已，又觀彼眾生，

輪迴六趣[①]中，生死無窮極。

इत्येवं स्मरतस्तस्य बभूव नियतात्मनः ।
कदलीगर्भनिःसारः संसार इति निश्चयः ॥ ६ ॥

今译：这位思想坚定者，
　　　回想起这些情形，
　　　他确认生死轮回
　　　似芭蕉空心无实。（6）

昙译：虛偽無堅固，如芭蕉夢幻。

द्वितीये त्वागते यामे सो ऽद्वितीयपराक्रमः ।
दिव्यं लेभे परं चक्षुः सर्वचक्षुष्मतां वरः ॥ ७ ॥

今译：这位勇气无比者，
　　　一切有眼者中的
　　　优秀者，在中夜[②]
　　　获得至高的天眼。（7）

昙译：即於中夜時，逮得淨天眼。

ततस्तेन स दिव्येन परिशुद्धेन चक्षुषा ।
ददर्श निखिलं लोकमादर्श इव निर्मले ॥ ८ ॥

今译：然后，他用这双
　　　纯净清澈的天眼，
　　　仿佛用一面镜子，
　　　观照这整个世界。（8）

昙译：見一切眾生，如觀鏡中像。

[①] "六趣"（ṣaḍgati）即"六道"：天、人、牲畜、饿鬼、地狱和阿修罗。这颂原文中没有使用此词。

[②] 此处"中夜"的原词是 dvitīye yāme，指夜晚的第二个时辰。夜晚共分四个时辰。

सत्त्वानां पश्यतस्तस्य निकृष्टोत्कृष्टकर्मणाम्।
प्रच्युतिं चोपपत्तिं च ववृधे करुणात्मता॥९॥

今译：他看到众生按照
　　　业行的高下优劣，
　　　生而又死死又生，
　　　怜悯之心更增长。（9）

昙译：眾生生生死，貴賤與貧富，
　　　清淨不淨業，隨受苦樂報。

इमे दुष्कृतकर्माणः प्राणिनो यान्ति दुर्गतिम्।
इमेऽन्ये शुभकर्माणः प्रतिष्ठन्ते त्रिपिष्टपे॥१०॥

今译：那些做恶事的
　　　众生堕入恶道，
　　　那些做善事的
　　　众生升入天国。（10）

昙译：觀察惡業者，當生惡趣中，
　　　修習善業者，生於人天中。

उपपन्नाः प्रतिभये नरके भृशदारुणे।
अमी दुःखैर्बहुविधैः पीड्यन्ते कृपणं बत॥११॥

今译：堕入残酷恐怖的
　　　地狱，多么可怜！
　　　他们在那里遭受
　　　各种痛苦的折磨。（11）

昙译：若生地獄者，受無量種苦。

पाय्यन्ते कथितं केचिदग्निवर्णमयोरसम्।
आरोप्यन्ते रुवान्तोऽन्ये निष्टप्तस्तम्भमायसम्॥१२॥

今译：一些人被迫喝下
沸腾的火红铁汁，
或者登上烧红的
铁桩，发出哀叫。（12）

昙译：吞飲於洋銅，鐵槍貫其體。

पच्यन्ते पिष्टवत्केचिदयस्कुम्भीष्ववाङ्मुखाः ।
दह्यन्ते करुणं केचिद्दीप्तेष्वङ्गाररराशिषु ॥ १३ ॥

今译：一些人如同食物，
倒悬在锅中烧煮；
一些人悲惨可怜，
放在火炭中烧烤。（13）

昙译：投之沸鑊湯，駈入盛火聚。

केचित्तीक्ष्णैरयोदंष्ट्रैर्भक्ष्यन्ते दारुणैः श्वभिः ।
केचिद्दृष्टैरयस्तुण्डैर्वायसैरायसैरिव ॥ १४ ॥

今译：一些人遭到铁牙
锋利的猛犬撕咬；
一些人仿佛遭到
铁乌鸦铁喙叼啄。（14）

昙译：長牙羣犬食，利嘴[①]鳥[②]啄腦，

केचिद्दाहपरिश्रान्ताः शीतच्छायाभिकाङ्क्षणः ।
असिपत्त्रवनं नीलं बद्धा इव विशन्त्यमी ॥ १५ ॥

今译：一些人灼热难忍，
渴望阴凉的树荫，

[①] 此处"嘴"字，疑为"喙"，这里暂且写为"嘴"。
[②] 此处"鸟"字，据《中华大藏经》校勘记，《碛》、《普》、《南》、《径》、《清》作"乌"。

像囚犯那样进入
黑魆魆的剑叶林。(15)

昙译：畏火赴叢林，劍葉截其體。

पाट्यन्ते दारुवत्केचित्कुठारैर्बद्धबाहवः ।
दुःखे ऽपि न विपच्यन्ते कर्मभिर्धारितासवः ॥१६॥

今译：一些人双手反绑，
似木头遭到斧砍，
而业行维系气息，
痛苦中命不该绝。(16)

昙译：利刀解其身，或利斧斫剉，
受斯極苦毒，業行不令死。

सुखं स्यादिति यत्कर्म कृतं दुःखनिवृत्तये ।
फलं तस्येदमवशैर्दुःखमेवोपभुज्यते ॥१७॥

今译：作业为消除痛苦，
本应该获得快乐，
而人们不由自主，
尝到痛苦的业果。(17)

昙译：樂修不淨業，極苦受其報。

सुखार्थमशुभं कृत्वा य एते भृशदुःखिताः ।
आस्वादः स किमेतेषां करोति सुखमण्वपि ॥१८॥

今译：为追求快乐做恶事，
结果受尽痛苦折磨，
这种享受怎能带给
他们一丁点儿快乐？(18)

昙译：味著須臾頃，苦報甚久長。

第十四章 成正觉 381

हसद्भिर्यत्कृतं कर्म कदृषं कदृषात्ममिः।
एतत्परिणते काले कोशद्भिरनुभूयते॥१९॥

今译：他们内心不清净，
　　　嬉笑着做出恶事，
　　　而到报应成熟时，
　　　哭泣着吞下苦果。（19）

昙译：戲笑種禍因，號泣而受罪。

यद्येवं पापकर्माणः पश्येयुः कर्मणां फलम्।
वमेयुरुष्णं रुधिरं मर्मस्वभिहता इव॥२०॥

今译：如果这些作恶者，
　　　看到这样的业果，
　　　他们会口吐热血，
　　　如同遭致命打击。（20）

昙译：惡業諸眾生，若見自報者，
　　　氣脉則應斷，恐怖崩血死。

इमे ऽन्ये कर्मभिश्चित्रैश्चित्तविस्पन्दसंभवैः।
तिर्यग्योनौ विचित्रायामुपपन्नास्तपस्विनः॥२१॥

今译：有些人思想躁动，
　　　做出这种那种事，
　　　他们不幸地堕入
　　　这种那种畜生道。（21）

昙译：造諸畜生業，業種種各異，
　　　死墮畜生道，種種各異身。

मांसत्वग्बालदन्तार्थं वैरादपि मदादपि।
हन्यन्ते कृपणं यत्र बन्धूनां पश्यतामपि॥२२॥

今译：为肉、皮、毛和牙，
　　　或敌对，或疯狂，
　　　可怜遭遇到杀戮，
　　　甚至当着亲友面。（22）

昙译：或為皮肉死，毛角骨尾羽，
　　　更互相殘煞，親戚還相噉。

अशक्नुवन्तो ऽप्यवशाः क्षुत्तर्षश्रमपीडिताः ।
गो ऽश्वभूताश्च वाह्यन्ते प्रतोदक्षतमूर्तयः ॥२३॥

今译：变成牛马负重轭，
　　　即使无力也身不
　　　由己，遭受鞭打，
　　　受饥渴劳累折磨。（23）

昙译：負重而抱軛，鞭策鈎錐刺，
　　　傷體膿血流，飢渴莫能解。

वाह्यन्ते गजभूताश्च वलीयांसो ऽपि दुर्बलैः ।
अङ्कुशक्लिष्टमूर्धानस्ताडिताः पादपार्ष्णिभिः ॥२४॥

今译：变成强壮的大象，
　　　充当无力者坐骑，
　　　头顶遭铁钩击打，
　　　两胁受脚跟捶击。（24）

सत्स्वप्यन्येषु दुःखेषु दुःखं यत्र विशेषतः ।
परस्परविरोधाच्च पराधीनतयैव च ॥२५॥

今译：即使受种种痛苦，
　　　而出于互相仇视，
　　　或出于隶属他人，
　　　这种痛苦更凄惨。（25）

昙译：展轉相殘煞，無有自在力。

खस्थाः खस्थैर्हि बाध्यन्ते जलस्था जलचारिभिः ।
स्थलस्थाः स्थलसंस्थैश्च प्राप्य चैवेतरेतरैः ॥२६॥

今译：空中者与空中者，
　　　水中者与水中者，
　　　地上者与地上者，
　　　互相成为加害者。（26）

昙译：虛空水陸中，逃死亦無處。

उपपन्नास्तथा चेमे मात्सर्याक्रान्तचेतसः ।
पितृलोके निरालोके कृपणं भुञ्जते फलम् ॥२७॥

今译：有些人心中充满
　　　悭吝，由此堕入
　　　黑暗的饿鬼世界，
　　　遭受悲惨的果报。（27）

昙译：慳貪增上者，生於餓鬼趣。

सूचीछिद्रोपममुखाः पर्वतोपमकुक्षयः ।
क्षुत्तृषजनितैर्दुःखैः पीड्यन्ते दुःखभागिनः ॥२८॥

今译：他们嘴小似针孔，
　　　而腹部巨大似山，
　　　注定成为受苦者，
　　　受尽饥渴的折磨，（28）

昙译：巨身如大山，咽孔猶針鼻，
　　　飢渴火毒燃，還自燒其身。

आशाया समतिक्रान्ता धार्यमाणाः स्वकर्मभिः ।
लभन्ते न ह्यमी भोक्तुं प्रविद्धान्यशुचीन्यपि ॥२९॥

今译：受制于自己的业，
　　　不能如愿，甚至
　　　不能享用其他人
　　　抛弃的不洁食物。（29）

昙译：求者慳不與，或遮人惠施，
　　　生彼餓鬼中，求食不能得，
　　　不淨人所棄，欲食而變失。

पुरुषो यदि जानीत मात्सर्यस्येदृशं फलम्।
सर्वथा शिबिवद्द्याच्छरीरावयवानपि॥ ३० ॥

今译：如果人们能知道，
　　　这是悭吝的果报，
　　　也会效仿尸毗王，
　　　施舍自己的身体。①（30）

昙译：若人聞慳貪，苦報如是者，
　　　割肉以施人，如彼尸毗王。

इमेऽन्ये नरकप्रख्ये गर्भसंज्ञेऽशुचिह्रदे।
उपपन्ना मनुष्येषु दुःखमर्छन्ति जन्तवः॥ ३१ ॥

今译：另一些众生进入
　　　如同地狱而称为
　　　子宫的污秽池塘，
　　　在人间遭受痛苦。（31）

昙译：或生人道中，身處於行廁。②
　　　動轉極大苦，出胎生恐怖，
　　　軟身觸外物，猶如刀劍截。③

---

① 这里引用佛本生故事，讲述尸毗王（śibi）为拯救一只鸽子，割取自己身上的肉饲鹰。
② 本品昙译以下部分梵语原文缺失。
③ 这里描述婴儿出胎时的痛苦情状。

任彼宿業分，無時不有死，
勤苦而求生，得生長受苦。①
乘福生天者，渴愛常燒身，
福盡命終時，衰死五相②至，
猶如樹華萎，枯悴失光澤。
眷屬存亡分，悲苦莫能留，
宮殿廓然空，玉女悉遠離。③
坐臥塵土中，悲泣相戀慕，
生者哀墮落，死者戀生悲。
精勤修苦行，貪求生天樂，
既有如此苦，鄙哉何可貪？
大方便所得，不免別離苦，
嗚呼諸天人，脩短無差別。
積劫修苦行，永離於愛欲，
謂決定長存④，而今悉墮落。
地獄受眾苦，畜生相殘煞，
餓鬼飢渴逼，人間疲渴愛，
雖云諸⑤天樂，別離最大苦。
迷惑生世間，無一蘇息處，
嗚呼生死海，輪轉無窮已，
眾生沒長流⑥，漂泊無所依。
如是淨天眼，觀察於五道，
虛偽不堅固，如芭蕉泡沫。

---

① 这里描述人人依照宿业生生死死，即使获得再生，也是长期受苦。
② "衰死五相"指衣裳垢腻，头上花萎，身体臭秽，腋下出汗，不乐本座。
③ 这里描述即使升入天国，最终也会有生离死别。
④ 这句意谓"以为升入天国后，肯定会长生"。
⑤ 此处"诸"字，据《中华大藏经》校勘记，《碛》、《普》、《南》、《径》、《清》作"生"。
⑥ "长流"指永久的生死轮回之流。

即彼第三夜，入於深正受。
觀察諸世間，輪轉苦自性。①
數數生老死，其數無有量，
貪欲癡闇障，莫知所由出。②
正念內思惟，生死何從起？
決定知老死，必由生所致，
如人有身故，則有身痛隨。③
又觀生何因？見從諸有業，
天眼觀有業，非自在天生，
非自性非我，亦復非無因，
如破竹初節，餘節則無難。④
既見生死因，漸次見真實，
有業從取生⑤，猶如火得薪。
取以愛為因⑥，如小火焚山。
知愛從受生，覺苦樂求安，
飢渴求飲食，受生愛⑦亦然。
諸受觸為因，三等苦樂生⑧。
鑽燧加人功，則得火為用，
觸從六入生⑨，盲無明覺故。
六入名色起，如芽長莖葉，

---

① "自性"（svabhāva）指"本性"或"本质"。这句讲述世间生死轮回以苦为本质。
② 这句讲述众生陷入贪欲和愚痴，不知道苦的根源。
③ 这里讲述"老死"缘于"生"。
④ 这里讲述"生"缘于"有"。而"有"并非产生于"自在天"（即"天神"），也非产生于"自性"或"我"，但也不是没有产生的原因。只要破除原因，便能消除后果。
⑤ 这里讲述"有"缘于"取"。
⑥ 这里讲述"取"缘于"爱"。
⑦ 这里讲述"爱"缘于"受"。
⑧ 这里讲述"受"缘于"触"。"三等苦乐"指乐受、苦受和不苦不乐受。
⑨ 这里讲述"触"缘于"六入"。"六入"（或译"六处"）指眼、耳、鼻、舌、身和意。

名色由識生，如種芽葉生。①
識還從名色，展轉更無餘，
緣識生名色，緣名色生識。
猶人船俱進，水陸更相運，
如識生名色，名色生諸根。
諸根生於觸，觸復生於受，
受生於愛欲，愛欲生於取。
取生於業有，有則生於生，
生生於老死，輪迴周無窮。②
眾生因緣起，正覺悉覺知，
決定正覺已，生盡老死滅。
有滅則生滅，取滅則有滅，
愛滅則取滅，受滅則愛滅。
觸滅則受滅，六入滅觸滅，
一切入滅盡，由於名色滅。
識滅名色滅，行滅則識滅，
癡滅則行滅，大仙正覺成。③
如是正覺成，佛則興世間，
正見等八道④，坦然平直路，
畢竟無我所，如薪盡火滅。
所作者已作，得先⑤正覺道，
究竟第一義，入大仙人室。

---

① 这里讲述"六入"缘于"名色"。"名色"缘于"识"。以上是讲述十二因缘，即缘起法。若讲完全，还有"识"缘于"行"，"行"缘于"无明"。
② 以上八行是十二因缘的又一种表述。
③ 以上八行讲述十二因缘的寂灭法。
④ "八道"即"八正道"：正见、正思、正语、正业、正命、正勤、正念和正定。
⑤ 此处"先"字，可能指先辈仙人。

闇謝明相生，動靜悉寂默，
逮得無盡法，一切智明朗。
大仙德淳厚，地為普震動，
宇宙悉清明，天龍神雲集，
空中奏天樂，以供養於法。
微風清涼起，無雲雨香雨，
妙華非時敷，甘菓違節熟。①
摩訶曼陀羅②，種種天寶花，
從空而亂下，供養牟尼尊。
異類諸眾生，各慈心相向，
恐怖悉消除，無諸恚慢心。
一切諸世間，皆同漏盡人③，
諸天樂解脫，惡道暫安寧，
煩惱暫休息，智月漸增明。
甘蔗族仙人，諸有生天者，④
見佛出興世，歡喜充滿身，
即於天宮殿，雨花以供養，
諸天神鬼龍，同聲嘆佛德。
世人見供養，及聞讚嘆聲，
一切皆隨喜，踊躍不自勝，
唯有魔天王，心生大憂苦。
佛於彼七日，禪思心清淨，
觀察菩提樹，瞪視目不瞬：
"我依於此處，得遂宿心願。"

---

① 这句意谓此时不按季节，鲜花全都开放，甘果全都成熟。
② "摩诃曼陀罗"（mahāmandārava）是天国的花树名。
③ 这句意谓所有的人都消除欲流和烦恼。
④ 这句中的"诸有"，据《中华大藏经》校勘记，《碛》、《普》、《南》、《径》、《清》作"有诸"。这句意谓甘蔗族中升天的那些仙人。

安住無我法，佛眼觀眾生，
發上哀愍心，欲令得清淨。
貪恚癡邪見，飄流沒其心，
解脫甚深妙，何由能得宣？
捨離勤方便，安住於默然。①
顧惟本誓願，復生說法心，
觀察諸眾生，煩惱孰增微？②
梵天知其念，法應請而轉，③
普放梵光明，為度苦眾生，
來見牟尼尊。說法大人相，
妙義悉顯現，安住實智中，
離於留難過，無諸虛偽心，
恭敬心歡喜，合掌勸請言：
"世間何福慶，遭遇大世尊！
一切眾生類，塵穢滓雜心，
或有重煩惱，或煩惱輕微。
世尊已免度，生死大苦海，
願當濟度彼，沈溺諸眾生。
如世間義士，得利與物同，
世尊得法利，唯應濟眾生。
凡人多自利，彼我兼利難，
唯願垂慈悲，為世難中難。"④
如是勸請已，奉辭還梵天。

---

① 这里讲述佛陀发现众生受贪、瞋和痴蒙蔽，难以理解深邃的解脱，于是暂时不宣法，保持沉默。
② 这里讲述佛陀想起自己原本立下的誓愿，又决定说法，于是观察众生中烦恼程度的轻重。
③ 这句意谓梵天知道了佛陀的想法，觉得应该劝请佛陀说法。
④ 这里讲述梵天劝请佛陀宣法，救度众生，自利利他，做这世上"难中难"之事。

佛以梵天請，心悅嘉其誠，
長養大悲心，增其說法情。
念當行乞食，四王咸奉鉢，
如來為法故，受四合成一。①
時有商人行，善友天神告：
"大仙牟尼尊，在彼山林中，
世間良福田，汝應往供養。"
聞命大歡喜，奉施於初飯。
食已顧思惟："誰應先聞法？
唯有阿羅藍，欝頭羅摩子，
彼堪受正法，而今已命終；
次有五比丘，應聞初說法。"
欲說寂滅法，如日光除冥，
行詣波羅奈②，古仙人住處。
牛王目平視，安庠師子步，
為度眾生故，往詣迦尸城，
步步獸王顧③，顧瞻菩提林。

---

① 这里讲述佛陀想到自己实行比丘的生活方式，需要食钵。于是，四大天王献上食钵。佛陀为了不辜负他们四位的情意，接受四个食钵，而将它们合成一个。

② "波罗奈"（vārāṇasī）是城名。波罗奈城鹿野苑是佛陀初转法轮处。

③ 此处"顾"字，据《中华大藏经》校勘记，《碛》、《普》、《南》、《径》、《清》作"视"。"兽王"指狮子。

昙译：轉法輪品第十五

如來①善寂靜，光明顯照曜，
嚴儀獨遊步，猶若大眾隨。
道逢一梵志，其名憂波迦②，
執持比丘儀，恭立於路傍。
欣遇未曾有③，合掌而啟問：
"羣生皆染著，而有無著容，④
世間心動搖，而獨靜諸根，
光顏如滿月，似味甘露津，
容貌大人相⑤，慧力自在王⑥，
所作必已辦⑦，為宗稟何師⑧？"
答言："我無師，無宗無所勝，
自悟甚深法，得人所不得。
人之所應覺，舉世無覺者，
我今悉自覺，是故名正覺⑨。
煩惱如怨家，伏以智慧劍，
是故世所稱，名之為最勝。
當詣波羅奈，擊甘露法鼓，

---

① "如来"（tathāgata）指释迦牟尼，此时他已成佛，故而称为"如来"。
② "忧波迦"（upaka，或 upaga，也译"优波迦"）是一位婆罗门出家人，属于"活命派"（ājīvika），汉译佛经中称为"邪命外道"。
③ 此处"未曾有"意谓"前所未有"或"前所未见"。
④ 这句意谓"你的容貌显示无所染著"。
⑤ "大人相"（mahāpuruṣalakṣaṇa）指"伟人相"，汉译佛经中也译"大丈夫相"。
⑥ 这句的意思是你已自主掌握智慧的力量。
⑦ "所作必已办"（kṛtakṛtya）指已经完成应该做的事，或已经完成任务。
⑧ 这句的意思是你是哪个宗派？你秉承哪个导师？
⑨ "正觉"（saṃbuddha，也译"正等觉"或"等正觉"）指"完全觉悟"，也就是"成佛"。

無慢[①]不存名，亦不求利樂，
唯為宣正法，拔濟苦眾生。
以昔發弘誓，度諸未度者，
誓果成於今，當遂其本願。
當[②]財自供己，不稱名義士，
兼利於天下，乃名大丈夫，
臨危不濟溺，豈云勇健士？
疾病不救療，何名為良醫？
見迷不示路，孰云善導師？
如燈照幽冥，無心而自明，
如來然慧燈，無諸求欲情。
鑽燧必得火，穴中風自然，
穿地必得水，此皆理自然。
一切諸牟尼，成道必伽耶[③]，
亦同迦尸國[④]，而轉正法輪。"
梵志憂波迦，嗚呼嘆奇特，
隨心先所期[⑤]，從路各分乖，
計念未曾有，步步顧踟躕。
如來漸前行，至於迦尸城，
其地勝莊嚴，如天帝釋宮。
恒河波羅奈[⑥]，二水雙流間，
林木花果茂，禽獸同羣遊。
閑寂無喧俗，古仙人所居，

---

① "无慢"指不骄慢。
② 此处"当"字，据《中华大藏经》校勘记，《碛》、《普》、《南》、《径》、《清》作"富"。
③ "伽耶"（gayā）是地名，在释迦牟尼修行得道的菩提道场附近。
④ "迦尸国"（kāśi）或称迦尸城，即波罗奈城（vārāṇasī）。
⑤ 这句意谓按照自己原先的心愿。
⑥ 此处"波罗奈"是河名。

如來光照耀，倍增其鮮明。
憍隣如族子，次十力迦葉，
三名婆澀波，四阿濕波誓，
五名跋陀羅①，習苦樂山林。
遠見如來至，集坐共議言：
"瞿曇②染世樂，放捨諸苦行，
今復還至此，慎勿起奉迎，
亦莫禮問訊，供給其所須，
已壞本誓故，不應受供養。
凡人見來賓，應修先後宜，
且為設床座，任彼之所安③。"
作此要言④已，各各正基坐，
如來漸次至，不覺違要言，
有請讓其坐，有為攝衣鉢，
有為洗摩足，有請問所須，
如是等種種，尊敬師奉⑤事，
唯不捨其族，猶稱瞿曇名。
世尊告彼言："莫稱我本性⑥，
於阿羅呵⑦所，而生褻慢言⑧。

---

① 以上是昙译《阿罗蓝郁头蓝品第十二》中提到的五比丘。他们原先在苦行林中追随释迦牟尼修苦行，后见释迦牟尼放弃苦行，便离去。他们是憍邻如（kauṇḍinya，也译"憍陈如"）、婆涩波（vāṣpa，也译"婆师波"）、阿湿波誓（aśvajit，也译"阿说示"）和跋陀罗（bhadra）。其中的十力迦叶（daśabalakāśyapa）在其他佛经中常称为摩诃南（mahānāma）。

② "瞿曇"（gautama，也译"乔答摩"）是释迦牟尼的族姓。

③ 这里的意思是凡有客人来，应该依礼接待，而我们只要安排床座，随他坐在哪里，不必奉他为上宾。

④ "要言"意谓"约定"。

⑤ 此处"师奉"，据《中华大藏经》校勘记，《碛》、《普》、《南》、《径》、《清》作"奉师"。

⑥ 此处"本性"，据《中华大藏经》校勘记，《碛》、《普》、《南》、《径》、《清》作"本姓"。

⑦ "阿罗呵"（arhat）通常译为"阿罗汉"，修行达到最高阶位者。

⑧ 这里佛陀告诉五比丘，自己已是阿罗汉，不要再用族姓称呼他，以免显得不恭敬。

於敬不敬者，我心悉平等，
汝等心不恭，當自招其罪。①
佛能度世間，是故稱為佛，
於一切眾生，等心如子想，②
而稱本名字，如得慢父③罪。"
佛以大悲心，哀愍而告彼，
彼率④愚騃心，不信正真覺，
言先修苦行，猶尚無所得，
今恣身口樂，何因得成佛？
如是等疑惑，不信得佛道，
究竟真實義，一切智具足。⑤
如來即為彼，略說其要道：
"愚夫習苦行，樂行悅諸根，
見彼二差別，斯則為大過。⑥
非是正真道，以違解脫故。
疲身修苦行，其心猶馳亂，
尚不生世智⑦，況能超諸根？
如以水燃燈，終無破闇期，
疲身修慧燈，不能壞愚癡。
朽木而求火，徒勞而弗獲，
鑽燧人方便，即得火為用，

---

① 这里的意思是虽然我会平等对待恭敬者和不恭敬者，但你们不恭敬，会自招其罪。
② 这两句的意思是佛陀平等对待一切众生，如同对待自己的儿子。
③ "慢父"指怠慢父亲。
④ "率"意谓"全都"。
⑤ 这里是说这五比丘认为释迦牟尼原先修苦行尚且一无所获，现在已放弃修苦行，怎么可能得道成佛，获得终极真谛和一切智？
⑥ 这里是说通常愚夫或修苦行，或追求感官享乐，这两种极端，都是大过错。其中的"差别"一词可能对应梵文的 bheda，词义为"分别"或"类别"。
⑦ "世智"指世俗的或日常的智慧。

求道非苦身^①，而得甘露法^②。
著欲為非義^③，愚癡障慧明，
尚不了經論^④，況得離欲道？
如人得重病，食不隨病食^⑤，
無知之重病，著欲豈能除？
放火於曠野，乾草增猛風，
火盛孰能滅，貪愛火亦然。^⑥
我已離二邊，心存於中道，^⑦
眾苦畢竟息，安靜離諸過。
正見踰日光，平等覺觀佛^⑧，
正語為舍宅，遊戲正業林，
正命為豐姿，方便正修塗^⑨，
正念為城郭，正定為床座，
八道^⑩坦平正，免脫生死苦。
從此塗^⑪出者，所作已究竟，
不墮於此彼^⑫，二世苦數中，

---

① "苦身"指折磨身体。
② 以上讲述修苦行不能获得"甘露法"，即不能获得解脱。
③ "非义"（anartha）指无意义或无益。
④ 这里是说愚痴蒙蔽智慧，甚至不能明了经典。
⑤ 这句的意思是吃不适合病人吃的食物。
⑥ 以上讲述追求感官享乐不能获得解脱。
⑦ 这两句是佛陀讲述自己已经摆脱"两边"（dvayānta，即"两端"），而遵循"中道"（madhyamapratipad），即摆脱两个极端，既不以苦行折磨身体，也不追求感官享乐。
⑧ 此处"佛"字，据《中华大藏经》校勘记，《碛》、《普》、《南》、《径》、《清》作"乘"。这句的意思是以"平等觉"进行观察作为车乘。"平等觉"（samyaksaṃkalpa）通常译为"正思"。
⑨ 这句中的"方便"通常指合适的方法，这里指精勤努力，梵文原词应该是samyag—vyāyama，通常译为"正勤"。"修塗"指大道。
⑩ "八道"（或称"八正道"）指上述正见、正思、正语、正业、正命、正勤、正念和正定。
⑪ 此处"塗"指道路，也就是上述八正道。
⑫ 此处"此彼"连接后面的"二世"，指此世和彼世，即今生和来世。

三界純苦聚①，唯此道能滅。
本所未曾聞，正法清淨眼，
等見解脫道②，唯我今始超③，
生老病死苦，愛離怨憎會，
所求事不果，④及餘種種苦。
離欲未離欲，有身及無身，
離淨功德者，略說斯皆苦。⑤
猶如盛火息，雖微不捨熱，
寂靜微細我，大苦性猶存。⑥
貪等諸煩惱，及種種業過⑦，
是則為苦因，捨離則苦滅。
猶如諸種子，離於地水等，
眾緣不和合，芽葉則不生。
有有性相續⑧，從天至惡趣，
輪廻而不息⑨，斯由貪欲生。
軟中上差降⑩，種種業為因，
若滅於貪等，則無有相續，
種種業盡者，差別苦長息⑪。
此有則彼有，此滅則彼滅，

---

① 这句的意思是"三界"（欲界、色界和无色界）充满痛苦。
② 这里是说这本来前所未闻，而佛陀以正法清净眼洞见解脱道。
③ 此处"超"指超越，词义与下面相连。
④ 这两句相当于汉译佛经中的常用语"爱别离，怨憎会，求不得"。
⑤ 这里是说无论"离欲"或"不离欲"，"有身"或"无身"（执著身体或不执著身体），那些脱离清净功德者，总而言之都陷入痛苦。
⑥ 这里是说犹如虽然火焰熄灭，但还有余烬，同样，虽然处于寂静状态，但还有自我意识（我执），那么，痛苦性依然存在。
⑦ "业过"指行为的过失。
⑧ 这句中的"有"指存在。"有有性相续"意谓种种存在连续不断。
⑨ 这里是说众生在五道中轮回不息。"五道"指天、人、饿鬼、畜生和地狱，其中后三者是恶道（恶趣）。
⑩ 这句的意思应该是任何上中下各种等级的生存。
⑪ 这句的意思是各种生存的痛苦永远停息。

無生老病死，無地水火風。
亦無初中邊①，亦非欺誑法，
賢聖之所住，無盡之寂滅②。
所說八正道，是方便非餘③，
世間所不見，彼彼長迷惑。
我知苦斷集，證滅修正道，
觀此四真諦，遂成等正覺。④
謂我已知苦，已斷有漏因⑤，
已滅盡作證⑥，已修八正道，
已知四真諦，清淨法眼成。
於此四真諦，未生平等眼，
不名得解脫，不言作已作，
亦不言一切，真實知覺成⑦。
已知真諦故，自知得解脫，
自知作已作，自知等正覺。"
說是真實時，憍憐族姓子，
八萬諸天眾，究竟真實義⑧，
遠離諸塵垢，清淨法眼成。
天人師⑨知彼，所作事已作，
歡喜師子吼⑩，問憍憐如來⑪？

---

① "初中边"指开始、中间和结尾。
② 这句意谓永远寂灭，即达到涅槃。
③ 这句意谓正是这种方法，而不是其他。
④ 这里佛陀讲述自己知道痛苦（苦谛），断除痛苦的产生（集谛），灭除痛苦（灭谛），修行八正道（道谛），也就是"四真谛"（或称"四圣谛"），由此完全觉悟而成佛。
⑤ "有漏因"指痛苦烦恼的原因。
⑥ "作证"指"证得"或"实现"。这句是说已经完全灭除痛苦。
⑦ 这里是说如果没有看清"四真谛"，就不能称为"解脱"，不能称为"已经完成应该做的事"，不能称为"对一切具有真实的知觉"。
⑧ 这句意谓彻底理解真实义。
⑨ "天人师"意谓天神和凡人的导师，是佛陀的称号。
⑩ 这里是说佛陀知道自己已完成应该做的事，满心欢喜，发出狮子吼。
⑪ 此处和下面三处的"怜"字，前面写为"邻"。而且，前面称为"憍邻如"。同时，此处"如来"，据《中华大藏经》校勘记，《碛》、《普》、《南》、《径》、《清》作"知未"。

憍憐即白佛："已知大師法。"
以彼知法故，名阿若憍憐①，
於佛弟子中，最先第一悟。
彼知正法聲，聞於諸地神，
咸共舉聲唱②："善哉見深法，
如來於今日，轉未曾所轉③，
普為諸天人，廣開甘露門。
淨戒為眾輻，調伏寂定齊④，
堅固智為輞，慚愧楔其間⑤。
正念以為轂，成真實法輪，
正真出三界，不退從邪師⑥。"
如是地神唱，虛空神傳稱，
諸天轉讚嘆，乃至徹梵天。⑦
三界諸天神，始聞大仙說，
展轉驚相告，普聞佛興世，
廣為羣生類，轉寂靜法輪。
風霽雲霧除，空中雨天華，
諸天奏天樂，嘉歎未曾有。

---

① "阿若憍怜"（ājñātakauṇḍinya）是在憍邻这个名字前面加上 ājñāta（已知），即"已知（大师法）的憍邻"，因此，憍邻又名阿若憍邻（也译"阿若憍陈如"）。
② 这里讲述地上诸神听到憍邻说已经知道正法，于是一起诵唱。
③ 这句意谓转动未曾转动过的法轮。
④ 此处"齐"通"脐"，可以对应梵文的 nābhi 一词，词义为肚脐，这里指"车轴"。
⑤ 这句意谓以惭愧（或"知耻"）作为木楔加固车轮的部件。
⑥ 这句意谓不再退转而追随邪师。
⑦ 这里讲述地上诸神的诵唱传到空中诸神那里，这样，众天神辗转诵唱，直至响彻至高的梵天界。

昙译：瓶沙王諸弟子品第十六

時彼五比丘，阿濕波誓等，
聞彼知法聲，闕①然而自愧，
合掌而加敬，仰瞻於尊顏，
如來善方便，次令入正法。②
前後五比丘，得道調諸根，
猶五星麗天，列侍於明月。
時彼鳩尸城③，長者子耶舍，
夜睡忽覺悟，自見其眷屬，
男女身裸臥，即生厭離心，
念此煩惱本④，誑惑於愚夫。
嚴服佩瓔珞，出家詣山林，
尋路而普唱："惱亂惱亂亂。"
如來夜經行，聞唱惱亂聲，
即命："汝善來⑤，此有安隱處，
涅槃極清凉，寂滅離諸惱。"
耶舍聞佛教⑥，心中大歡喜，
乘⑦本厭離心，聖慧泠然開，
如入清涼池，肅然至佛所。
其身猶俗容，心已得漏盡⑧，

---

① 此处"阙"字，据《中华大藏经》校勘记，《碛》、《普》、《南》、《径》、《清》、《丽》作"慨"。
② 这两句意谓佛陀善于运用合适的方法，依次让阿湿波誓等其他四位比丘获得正法。
③ 此处"鸠尸城"不知对应的原文是什么。按照一般的说法，耶舍（yaśas）是迦尸城（即波罗奈城）中一位富商的儿子。
④ 这句意谓"认为这是烦恼的本源"。
⑤ "善来"（svāgatam）意谓"欢迎"。
⑥ 此处"佛教"意谓佛陀的指教。
⑦ 此处"乘"意谓"依凭"或"顺应"。
⑧ "漏尽"指痛苦烦恼消失殆尽。

宿殖善根力，疾成羅漢果。①
淨智理潛明，聞法能即悟，
猶若鮮素繒②，易為染其色。
彼已自覺知，所應作已作，
顧身猶莊嚴③，而生慚愧心。
如來知彼念，而為說偈言：
"嚴飾以瓔珞，心調伏諸根，
平等觀眾生，行法不計形④。
身被出家服，其心累未忘⑤，
處林貪世榮，是則為俗人。
形雖表俗儀，心栖高勝境，
在家同山林，則離於我所⑥。
縛解存於心，形豈有定相？⑦
佩鉀衣重袍，謂能制強敵，
改形著染衣⑧，為伏煩惱怨。"
即命比丘眾⑨，應聲俗容廢，⑩
具足出家儀，皆成於沙門。
先有俗遊朋，其數五十四，
尋善友出家，隨次入正法。⑪
斯由宿善業，妙果成於今，

---

① 这两句是说耶舍凭借前生培植的善根力量，迅速达到阿罗汉果位。
② "素繒"指白布。
③ 这句意谓看到自己依然穿戴华丽。
④ 这句意谓奉行正法并不计较外在的服饰。
⑤ 这句意谓心还受世俗牵累。
⑥ "我所"（ātmīya）意谓"我的"或"自己的"，指执著自我。
⑦ 这两句是说束缚和解脱存在于心中，并没有一定的外在形貌。
⑧ "染衣"指出家人的衣服。
⑨ 此处"众"字，据《中华大藏经》校勘记，《碛》、《普》、《南》、《径》、《清》、《丽》作"来"。
⑩ 这两句是说佛陀只说一句"比丘请过来！"耶舍顿时摆脱世俗的服饰。
⑪ 这里是说耶舍的五十四位朋友寻找他这位"善友"，也跟随他获得正法。

淳灰洽已久[①]，經水速鮮明。
上行諸聲聞[②]，六十阿羅漢，
悉如羅漢法，隨順而教誡：[③]
"汝今已濟度，生死河彼岸，
所作已畢竟，堪受一切供[④]，
各應遊諸國，度諸未度者。
眾生苦熾然，各[⑤]無救護者，
汝等各獨遊，哀愍而攝受[⑥]。
吾今亦獨行，還彼伽闍山，
彼有大仙人，王仙及梵仙，
悉皆在於彼，舉世之所宗。
迦葉苦行仙，國人悉奉事，
受學者甚眾，我今往度之。"[⑦]
時六十比丘，奉教廣宣法，
各從其宿緣，隨意詣諸方。
世尊獨遊步，往詣伽闍山，
入空靜法林[⑧]，詣迦葉仙人。
彼有事火窟，惡龍之所居，
山林極清曠，處處無不安。
世尊為教化，告彼而請宿[⑨]，

---

① 这句意谓长期积累尘垢。
② "声闻"（śrāvaka）指闻听佛的教诲而觉悟者。这里指此前的五比丘。
③ 这里是说此前的五比丘，加上耶舍和他的五十四位朋友，总共六十位阿罗汉，佛陀依照阿罗汉法，教导他们。
④ 这句意谓可以接受一切人的供养。
⑤ 此处"各"字，据《中华大藏经》校勘记，《丽》作"久"。
⑥ "摄受"指接受和护持众生。
⑦ 这里是说那里的人们都侍奉苦行仙人迦叶波（kāśyapa），接受他的学说，现在佛陀要去那里度化他。
⑧ "法林"指"净修林"（āśrama）。
⑨ "请宿"意谓请求住宿。

迦葉白佛言："無有宿止處，
唯有事火窟①，善清淨可居，
而有惡龍止，必能傷害人。"
佛言："但見與②，且一宿止住。"
迦葉種種難③，世尊請不已，
迦葉復白佛："心不欲相與，
謂我有悋惜，且自隨所樂。"
佛即入火室，端坐正思惟。
時惡龍見佛，瞋恚縱毒火，
舉室洞熾然，而不觸佛身，
舍盡火自滅④，世尊猶安坐。
猶如劫火⑤起，梵天宮洞然，
梵王正基坐，不恐亦不畏。
惡龍見世尊，光顏無異相，
毒息善心生，稽首而歸依。
迦葉夜見火，歎："嗚呼怪哉！
如此道德人，而為龍火燒。"
迦葉及眷屬，晨朝悉來看，
佛已降惡龍，置在於鉢中。
彼知佛功德，而生奇特想，
憍慢久習故，猶言我道尊。⑥
佛以隨時宜，現種種神變，

---

① "事火窟"指安置和祭拜圣火的洞窟。
② "但见与"意谓只要让我住宿就行。
③ 这句是说迦叶一再表示为难。
④ 这句是说这火烧尽房舍后才自己熄灭。
⑤ "劫火"（kalpāgni）指世界毁灭时焚烧一切的烈火。
⑥ 这里是说迦叶仙人已经了解佛陀的功德，深感惊奇，但他的骄慢积久习成，依然声称自己的道行最优异。

察其心所念，變化而應之，①
令彼心柔軟，堪為正法器②。
自知其道淺，不及於世尊，
決定謙下心，隨順受正法。
欝毗羅迦葉③，弟子五百人，
隨師善調伏，次第受正法。
迦葉并徒眾，悉受正化已，
仙人資生物④，并諸事火具⑤，
悉棄於水中，漂沒隨流遷。
那提伽闍等⑥，二弟居下流⑦，
見被服諸物，隨流而亂下，
謂其遭大變，憂怖不自安，
二眾五百人⑧，尋江而求兄。
見兄已出家，諸弟子亦然，
知得未曾法，而起奇特想：
"兄今已服道，我等亦當隨。"
彼兄弟三人，及弟子眷屬，
世尊為說法，即以事火譬⑨：
"愚癡黑烟起，亂相⑩鑽燧生，

---

① 这里是说佛陀展现种种神变（ṛddhi，即"神通"），并观察迦叶心中的想法，随时以各种神变应对。
② 这句意谓适合接受正法。
③ "郁毗罗迦叶"（uruvilvākāśyapa）是这位迦叶的全名，也译"优楼频螺迦叶"。
④ "资生物"指各种生活用品。
⑤ "事火具"指各种拜火用具。
⑥ "那提"（nadīkāśyapa，全称"那提迦叶"）和"伽阇"（gayākāśyapa，也译"伽耶迦叶"）是优楼频螺迦叶的两个弟弟。
⑦ "下流"指下游。
⑧ 这句意谓他俩以及各自的弟子总共五百人。
⑨ 这句意谓以祭拜圣火为譬喻。
⑩ 此处"乱相"，据《中华大藏经》校勘记，《碛》、《普》、《南》、《径》、《清》、《丽》作"乱想"。"乱想"指妄想。

貪欲瞋恚火，焚燒於眾生。
如是煩惱火，熾然不休息，
彌淪①於生死，苦火亦常然②。
能見二種火③，熾然無依怙，
云何有心人，而不生厭離？
厭離除貪欲，貪盡得解脫。
若已得解脫，解脫知見生，
觀察生死流，而舉於梵行④，
一切作已作，更不受後有。"⑤
如是千比丘⑥，聞世尊說法，
諸漏⑦永不起，一切心解脫。
佛為迦葉等，千比丘說法：
"所作者已作，淨慧妙莊嚴，
諸功德眷屬，施戒淨諸根。⑧
大德仙⑨從道，苦行林失榮，
如人捨戒德，空身而徒生。"⑩
世尊大眷屬⑪，進詣王舍城，
憶念摩竭王⑫，先所約修誓⑬。

---

① 此处"弥沦"，据《中华大藏经》校勘记，《碛》、《普》、《南》、《径》、《清》作"弥纶"。这里可能指"完全陷入"。
② "常然"指经常燃烧。
③ "二种火"指上述"贪欲"和"瞋恚"两种火。
④ "梵行"（brahmacarya，或译"净行"）指清净的行为。
⑤ 这句意谓不会再生而陷入生死轮回。
⑥ "千比丘"指此前的五百比丘加上这五百比丘，总共一千比丘。
⑦ "诸漏"指种种烦恼。
⑧ 这里是说以清净的智慧作为美妙的装饰，以各种功德作为眷属，以施舍和持戒净化各种感官。
⑨ 此处"大德仙"指迦叶仙人。
⑩ 这里是说迦叶仙人皈依佛道后，这座苦行林失去光彩，犹如一个人舍弃戒德，徒有躯体。
⑪ 汉译佛经中的"眷属"一词包括亲属和随从。这句意谓佛陀及其大批弟子。
⑫ "摩竭王"（也译"摩揭陀王"）。这里指毗频沙罗（昙译简称"瓶沙"）。
⑬ 此处"先所约修誓"，据《中华大藏经》校勘记，《碛》、《普》、《南》、《径》、《清》、《丽》作"先所修要誓"，意谓他俩以前做出的约定。

世尊既至已，止住於杖林①，
瓶沙王聞之，與大眷屬俱，
舉國士女②從，往詣世尊所。
遠見如來坐，降心伏諸根，
除去諸俗容，下車而步進，
猶如天帝釋，往詣梵天王。
前頂禮佛足，敬問體和安，
佛還慰勞畢，命令一面坐。
時王心默念："釋迦大威力，
勝德迦葉等，今皆為弟子？"
佛知眾心念，而問於迦葉：
"汝見何福利，而棄事火法？"
迦葉聞佛命，敬③起大眾前，
胡跪④而合掌，高聲白佛言：
"修福事火神，果報悉輪迴，
生死煩惱增，是故我棄捨。
精勤奉事火，為求五欲境，
受⑤欲增無窮，是故我棄捨。
事火修呪術，離解脫受生，
受生為苦本，故捨更求安。
我本謂苦行，祠祀設大會，
為最第一勝，而更違正道，
是故今棄捨，更求勝寂滅，
離生老病死，無盡清涼處，

---

① "杖林"（yaṣṭivana）是位于王舍城西南的一座园林。
② "士女"指男女百姓。
③ 此处"敬"字，据《中华大藏经》校勘记，《碛》、《普》、《南》、《径》、《清》、《丽》作"惊"，意谓"急忙"。
④ "胡跪"指俯身合掌行礼。
⑤ 此处"受"字，据《中华大藏经》校勘记，《丽》作"爱"。

以知此義故，放捨事火法。"
世尊聞迦葉，說自知見事，
欲令諸世間，普生淨信①故，
而告迦葉言："汝大士善來②，
分別種種法，而從於勝道。
今於大眾前，顯汝勝功德，
如巨富長者，開現於寶藏，
令貧苦眾生，增其厭離心。"
"善哉奉尊教。"即於大眾前，
斂身入正受③，飄然昇虛空，
經行住坐臥，或舉身洞然④，
左右出水火，不燒亦不軟⑤，
從身出雲雨，雷電動天地。
舉世悉瞻仰，縱目觀無厭，
異口而同音，稱歎未曾有。
然後攝神通⑥，敬禮世尊足：
"佛為我大師，我為尊弟子，
奉教聞斯行，所作已畢竟。"
舉世普見彼，迦葉為弟子，
決定知世尊，真實一切智。⑦
佛知諸會眾，堪為受法器，

---

① "净信"指清净纯洁的信仰。
② 这句意谓"欢迎你，大士！"
③ "正受"（samāpatti）可理解为"禅定"。"入正受"也就是"入定"。
④ "洞然"意谓"明亮"。
⑤ 此处"軟"字，据《中华大藏经》校勘记，《碛》、《普》、《南》、《径》、《清》作"湿"。
⑥ "摄神通"指收回神通。
⑦ 这两句意谓确认世尊具有"真实一切智"。

而告瓶沙王："汝今善諦聽！
心意及諸根，斯皆生滅法，①
了知生滅過，是則平等觀②。
如是平等觀，是則為知身，
知身生滅法，無取亦無受。
知身諸根覺，無我無我所，③
純一苦積聚，苦生而苦滅。
已知諸身相，無我無我所，
是則之弟子④，無盡清涼處。
我見⑤等煩惱，繫縛諸世間，
既見無我所，諸縛悉解脫。
不實見所縛⑥，見實則解脫，
世間攝受我，則為邪攝受。
若彼有我者，或常或無常，
生死二邊見⑦，其過最尤甚。
若使無常者⑧，修行則無果，
亦不受後身⑨，無功而解脫。
若使有常者，無死生中間，
則應同虛空，無生亦無滅。⑩
若使有我者，則應一切同，

---

① 在两句是说眼、耳、鼻、舌、身和意这六种感官全都属于"生灭法"。
② "平等观"相当于"空观"，即一切皆空而平等。
③ 这两句意谓知道身体和各种感官并无"我"，并非"属于我"。
④ 此处"弟子"，据《中华大藏经》校勘记，《碛》、《普》、《南》、《径》、《清》、《丽》作"第一"。
⑤ "我见"（ātmadṛṣṭi）指执著自我的见解。
⑥ 这句意谓受不真实见解的束缚。
⑦ 这句意谓对生死持有两种极端的见解。
⑧ 这句意谓如果我是无常的。
⑨ "不受后身"指不再出生。
⑩ 这里是说如果我是永恒的，那么如同虚空，没有死、生和中间，没有生和灭。

一切皆有我，無業果自成。
若有我作者，不應苦修行，
彼有自在主，何須造作為①？
若我則有常，理不容變異，
見有苦樂相，云何言有常？②
知生③則解脫，遠離諸塵垢，
一切悉有常，何用解脫為？
無我不唯言，理實無實性，④
不見我作事，云何說我作？
我即⑤無所作，亦無作我者⑥，
無此二事故，真實無有我。
無作者知者，無主而常遷，
生死日夜流⑦，汝今聽我說。
六根六境界，因緣六識生，
三事會生觸，心念業隨轉。⑧
陽珠⑨遇乾草，緣日火隨生，

---

① 这里是说如果我是作者（行动者），那么可以自己作主，何须"修苦行"，"造作为"？
② 这里是说如果我是永恒的，那么按理不应该有变异，而实际看到有苦有乐，怎么能说我是永恒的？
③ "知生"指智慧产生。
④ 这两句是说"无我"并不仅仅是一种言说，而是按照道理，"我"实际上并无"实性"（真实性）。
⑤ 此处"即"字，据《中华大藏经》校勘记，《碛》、《普》、《南》、《径》、《清》、《丽》作"既"。
⑥ "作我者"指"造作我者"。
⑦ 这里是说没有作者，没有感知者，也没有主宰者，一切都处在变迁中，生死日夜流转。
⑧ 这里是说六种感官（眼、耳、鼻、舌、身和意）和六种感官对象（色、声、香、味、触和法），缘于这些，产生六种识（眼识、耳识、鼻识、舌识、身识和意识）。感官、感官对象和识这三者会合而产生触觉，心念和业行随之转动。
⑨ "阳珠"可能指具有聚光作用而能引火的明珠或水晶。

諸根境界識，士夫①生亦然。②
芽因種子生，種非即是芽，
不即亦不異，眾生生亦然③。"
世尊說真實，平等第一義，
瓶沙王歡喜，離垢法眼生。
王眷屬人民，百千諸鬼神，
聞說甘露法，亦隨離諸塵。

---

① "士夫"（pudgala，音译"补特伽罗"）指作为个体的人。此词也相当于"我"（ātman）或"众生"（sattva）。
② 这里是说阳珠遇干草，依靠太阳而产生火，同样，依靠感官、感官对象和识的结合而产生人。
③ 这里是说芽和种子既不相同，也不相异，众生（或"人"）的产生也是这样。

昙译：大弟子出家品第十七

爾時瓶沙王，稽首請世尊，
遷住於竹林①，哀受故默然②。
王已見真諦，奉拜而還宮，
世尊與大眾，徙居安竹園。
為度眾生故，建立慧燈明，
以梵住天住，賢聖住而住。③
時阿濕波誓，調心御諸根，
時至行乞食，入於王舍城。
容貌世挺特，威儀安序庠，
城中諸士女，見者莫不歡，
行者為住步，前迎後風馳。
迦毗羅仙人，廣度諸弟子，
第一勝多聞，其名舍利弗④，
見比丘庠序，閑雅靜諸根，
樹⑤路而待至⑥，舉手請問言：
"年少靜儀容，我所未曾見。
得何勝妙法？為宗事何師？
師教何所說？願告決所疑。"
比丘欣彼問，和顏遜辭答：
"一切智具足，甘蔗勝族生，

---

① "竹林"（veṇuvana）也译"竹园"。
② 这句是说佛陀出于怜悯而默然接受。
③ 这两句是说梵天、众天神和众圣贤伴随佛陀而住。
④ 这里是说舍利弗（śāriputra 或 śāradvatīputra，也译"舍利子"）是迦毗罗仙人的弟子，以"多闻"著称。
⑤ 此处"树"字，据《中华大藏经》校勘记，《丽》作"蹰"。
⑥ 这句意谓舍利弗停留原地，等到这位比丘走近。

天人中最尊，是則我大師。
　　我年既幼稚，學日又初淺，
　　豈能宣大師，甚深微妙義？
　　今當以淺智，略說師教法。
　　一切有法生，皆從因緣起，
　　生滅法悉滅①，說道為方便。"
　　二生憂波提，隨聽心內融，②
　　遠離諸塵垢，清淨法眼生。
　　先所脩決定，知因及無因，
　　一切無所作，皆由自在天，③
　　今聞因緣法，無我智④開明。
　　增微諸煩惱⑤，無能究竟除，
　　唯有如來教，永盡而無遺。
　　非攝受我所，而能離吾我，
　　明因日燈興⑥，孰能令無光？
　　如斷蓮花莖，微絲猶連綿；
　　佛教除煩惱，猶斷名⑦無餘。
　　敬禮比丘足，退辭而還家；
　　比丘乞食已，亦還歸竹園。

---

　　① 这里是说一切事物产生皆有缘起，生灭则一切事物皆灭。
　　② 这两句是说婆罗门忧波提（upatiṣya，也译"邬波底沙"或"优波低舍"）在一旁听到后，顿时受到感化。
　　③ 这里是说按照先前获得的认识，以为有因或无因，一切都无作为，而是由自在天（创造主）创造。
　　④ "无我智"指"无我"（nairātmya）的智慧。
　　⑤ 这句意谓种种粗大或细微的烦恼。
　　⑥ 这句意谓光亮因太阳和灯而产生。
　　⑦ 此处"名"字，据《中华大藏经》校勘记，《碛》、《普》、《南》、《径》、《清》、《丽》作"石"。这里是说佛陀所教导清除烦恼的方式如同斩断石头那样彻底，而不会藕断丝连。

舍利弗還家，貌色甚和雅，
善友大目連①，同體聞才均②，
遙見舍利弗，顏儀甚熙怡，
告言："今見汝，而有畢③常容，
素性至沈隱，觀④相見於今。
必得甘露法，此相非無因。"
答言："如來告，實獲未曾法。"⑤
即請而為說，聞則心開解，
諸塵垢亦除，隨生正法眼。
久殖妙因果，如觀掌中燈，
得佛不動信⑥，俱行詣佛所，
與徒眾弟子，二百五十人。
佛遙見二賢，而告諸眾言：
"彼來者二人，吾上首弟子，
一智慧無雙，二神足第一。"⑦
以深淨梵音，即命："汝善來，
此有清涼法，出家究竟道。"
手執三奇⑧杖，縈髮持澡瓶⑨，

---

① "大目連"（mahāmaudgalyāyana）也译"大目犍连"或"摩诃目犍连"，简称"目连"或"目犍连"。
② 这句可能是说他与舍利弗具有同样的学问和才智。
③ 此处"毕"字，据《中华大藏经》校勘记，《碛》、《普》、《南》、《径》、《清》、《丽》作"异"。
④ 此处"观"字，据《中华大藏经》校勘记，《碛》、《普》、《南》、《径》、《清》、《丽》作"欢"。
⑤ 这句是说闻听如来的告诫，才真正获得前所未闻的正法。
⑥ 这句意谓对佛陀产生坚定不移的信仰。
⑦ 这里佛陀预言舍利弗和目犍连会成为自己的上首弟子，其中舍利弗为"智慧第一"，目犍连为"神足第一"。
⑧ 此处"奇"字，据《中华大藏经》校勘记，《丽》作"掎"。
⑨ "三掎杖"（tridaṇḍa，也译"三杖"）是用三根木条捆在一起的木杖。手持"三杖"，头束发髻，携带水罐，这是婆罗门苦行者的打扮。

聞佛善來聲^①，即變成沙門。
二師及弟子^②，悉成比丘儀，
稽首世尊足，却坐於一面，
隨順為說法，皆得羅漢道。
爾時有二生，迦葉族明燈，
多聞身相具^③，財盈妻極賢，
厭捨而出家，志求解脫道。
路由多子塔^④，忽遇釋迦文^⑤，
光儀顯明耀，猶若祠天幢^⑥。
肅然舉身敬，稽首頂禮足：
"尊為我大師，我是尊弟子，
久遠積癡冥，願為作燈明。"
佛知彼二生，心樂崇解脫，
清淨軟和音，命之以善來。
聞命心融泰，形神疲勞息，
心栖勝解脫，寂靜離諸塵。
大悲隨所應^⑦，略為其解說，
領解語^⑧深法，成四無礙辯^⑨，
大德普流聞，故名大迦葉^⑩。
本見身我異，或見我即身，

---

① 这句是说闻听佛陀表示欢迎的声音。
② 这句是说舍利弗和目犍连以及他俩的二百五十个弟子。
③ 这句是说这位迦叶学识渊博，相貌堂堂。
④ "多子塔"（bahuputrakacaitya）位于王舍城附近。
⑤ "释迦文"是释迦牟尼的又一译名。
⑥ "祠天幢"指祭拜天神的旗帜或幢幡。
⑦ 这句是说佛陀心怀慈悲，依随他的请求。
⑧ 此处"语"字，据《中华大藏经》校勘记，《碛》、《普》、《南》、《径》、《清》、《丽》作"诸"。
⑨ "无碍辩"（pratisaṃvid）又称"无碍解"或"无碍智"，分为"法无碍"、"义无碍"、"辞无碍"和"辩无碍"。
⑩ "大迦叶"（mahākāśyapa）也译"摩诃迦叶"。他在佛陀的大弟子中称为"头陀第一"。

有我及我所，斯見已永除①，
唯見眾苦聚，離苦則無餘。
持戒修苦行，非因而見因，
平等見善②性，永無他聚心③。
若有苦④見無，二見生猶豫，
平等見真實⑤，決定無復疑⑥。
染著於財色，迷醉貪欲生，
無常不淨相⑦，貪受⑧永已乖⑨。
慈心平等念，怨親無異想，
哀愍於一切，則消瞋恚毒⑩。
依色諸有對⑪，種種雜想生，
思惟懷色相⑫，能斷色於受⑬。

---

① 这里是说原先或认为身和我相异，或认为我和身相同，而现已摒除一切"我"或"属于我"的想法。

② 此处"善"字，据《中华大藏经》校勘记，《碛》、《普》、《南》、《径》、《清》、《丽》作"苦"。

③ 这里是说以前持戒修行，将并非原因者视为原因，而现在依据平等观真正看到苦性，也就不会再执著其他想法。

④ 此处"苦"字，据《中华大藏经》校勘记，《碛》、《普》、《南》、《径》、《清》、《丽》作"若"。

⑤ 此处"实"字，据《中华大藏经》校勘记，《碛》、《普》、《南》、《径》、《清》、《丽》作"谛"。

⑥ 这里是说以前"有"和"无"对立的"二见"令人产生犹豫，而现在依据平等观看到"真谛"，也就信念坚定。

⑦ 此处"相"字，据《中华大藏经》校勘记，《碛》、《普》、《南》、《径》、《清》、《丽》作"想"。

⑧ 此处"受"字，据《中华大藏经》校勘记，《碛》、《普》、《南》、《径》、《清》、《丽》作"爱"。

⑨ 这里是说染著财色，迷醉其中，产生贪欲，而对财色怀有"无常"和"不净"的想法，便永远摒弃"贪爱"。

⑩ 这里是说如果心怀慈悲，平等对待一切，就会不分"怨亲"，消除"瞋恚"。

⑪ "有对"（sapratigha）指存在对立或阻碍的"色法"。

⑫ 此处"怀色相"，据《中华大藏经》校勘记，《碛》、《普》、《南》、《径》、《清》、《丽》作"坏色想"。

⑬ 此处"受"字，据《中华大藏经》校勘记，《碛》、《普》、《南》、《径》、《清》、《丽》作"爱"。这里是说如果依据"色"（rūpa，"物质"或"物质世界"）中存在的各种对立或阻碍，就会产生种种"杂想"，而断除"色想"，就能断除对"色"的"贪爱"。

雖生無色天①，命亦要之盡，
愚於四正受，而生解脫想，
寂滅離諸想，無色貪永除②。
動亂心變逆，猶狂風鼓浪，
深入堅固定，寂止掉亂心。
觀法③無我所，生滅不堅固，
不見軟中上④，我慢心息⑤忘。
熾然智慧燈，離諸癡冥闇，
見盡無盡法⑥，無明⑦悉無餘。
思惟十功德，十種煩惱滅⑧，
甦息⑨作已作，深感仰尊顏。
離三而得三，三弟子除三，⑩
猶三星布列，三十三司弟⑪，
列侍於三五，三侍佛亦然。⑫

---

① "无色天"（ārūpyadhātu）指摆脱欲界和色界的无色界。
② 这里是说虽然生于"无色天"，寿命也有尽头。而且，愚痴地认为依据"四无色定"能获得解脱。而实际上只有"寂灭"而"离诸想"，才能永远摆脱对"无色界"的"贪爱"。
③ 此处"法"指"事物"，也就是世界万物。
④ 这句是说看不到存在上中下各种区别。
⑤ 此处"息"字，据《中华大藏经》校勘记，《碛》、《普》、《南》、《径》、《清》、《丽》作"自"。
⑥ "尽无尽法"指解脱法。
⑦ "无明"指无知。
⑧ 这里的"十功德"和"十种烦恼"可以理解为泛指种种"功德"和种种"烦恼"。
⑨ "苏息"指苏醒或觉醒。
⑩ 这两句中，"三弟子"指舍利弗、目犍连和大迦叶。"离三"和"除三"中的"三"可能指"三毒"（贪、瞋和痴）或"三漏"（欲漏、有漏和无明漏）。"得三"中的"三"可能指"三宝"（佛、法和僧）或指"戒、定和慧"。
⑪ 此处"三十三司弟"，据《中华大藏经》校勘记，《碛》、《普》、《南》、《径》、《清》作"于三十三天"。
⑫ 这里的"三五"不详，或有可能指三五十五（日），即月圆日。这样，这两句是说这三位大弟子侍奉佛陀，犹如月圆日侍立于天国的三颗明星。

昙译：化給孤獨品第十八

時有大長者，名曰給孤獨，[1]
巨富財無量，廣施濟貧乏。
遠從於北方，憍薩羅國來，
止一知識舍，主人名首羅。[2]
聞佛興於世，近住於竹園，
承名重其德，即夜詣彼林。
如來已知彼，根熟淨信生，
隨宜稱其實，而為說法言：
"汝已樂正法，淨信心虛渴，
能減於睡眠[3]，而來敬禮我。
今日當為汝，具設初賓儀[4]。
汝宿殖德本，堅固淨悕望，[5]
聞佛名歡喜，堪為正法器。
虛懷廣行惠，周給於貧窮，
名德普流聞，果成由宿因。
今當行法施，至心精誠施，
時施寂靜施，兼受持淨戒。[6]
戒為莊嚴具，能轉於惡趣[7]，

---

① "给孤独"（anāthapiṇḍada，词义为"施予孤苦无助者饭团者"）通常称为"给孤独长者"。他是拘萨罗国（kośala）舍卫城（śrāvastī）中一位大商主，本名苏达多（sudatta，意译"善授"或"善施"），因乐善好施，救济贫困，而得名"给孤独长者"。
② 这两句是说他住宿在一位名叫"首罗"的朋友家中。
③ 上面提到给孤独长者当夜就赶往佛陀的竹园。
④ 这句意谓"依初次会面的仪礼接待你"。
⑤ 这两句意谓"你原本在前生培植品德，怀有坚固而清净的愿望"。
⑥ 这里是说现在应该有别于施舍财物，而施舍正法，虔诚地施舍，及时地施舍，平静地施舍，同时受持清净的戒律。
⑦ 这句是说能避免堕入恶道。

令人上昇天，報以天五樂①。
諸求為大苦，受②欲集諸過，
當偹遠離惡，離欲寂靜樂。③
知老病死苦，世間之大患，
正觀察世間，離生老病死。
既見於人間，見生老病死④，
生天亦復然，無有常在⑤者。
無常則是苦，苦則無有我，
無常苦非我，何有我我所？
知苦即是苦，集者則為集，
苦滅即寂靜，道是⑥安隱處⑦。
羣生流動性，當知是苦本，
厭末塞其項⑧，不願有非有⑨。
生老死盛火，世間普熾盛⑩，

---

① "天五乐"指天国的五种感官享乐。
② 此处"受"字，据《中华大藏经》校勘记，《碛》、《普》、《南》、《径》、《清》、《丽》作"爱"。
③ 这里是说各种欲求造成痛苦，爱欲是产生种种过错的原因，而弃恶离欲，便能获得寂静的快乐。
④ 此处"见生老病死"，据《中华大藏经》校勘记，《碛》、《普》、《南》、《径》、《清》、《丽》作"有老病死苦"。
⑤ 此处"在"字，据《中华大藏经》校勘记，《碛》、《普》、《南》、《径》、《清》、《丽》作"存"。
⑥ 此处"是"字，据《中华大藏经》校勘记，《碛》、《普》、《南》、《径》、《清》、《丽》作"即"。
⑦ 这里是说如实看到痛苦，看到产生痛苦的原因，看到灭除痛苦的原因，便获得寂静，而"苦灭"的可靠途径是奉行"八正道"。
⑧ 此处"项"字，据《中华大藏经》校勘记，《碛》、《普》、《南》、《径》、《清》、《丽》作"源"。
⑨ 这里是说一切生命无常而变动流转，是痛苦的根本，因此要厌弃它的末端，而堵塞它的源头，对"有"或"非有"均不抱希望。
⑩ 此处"盛"字，据《中华大藏经》校勘记，《碛》、《普》、《南》、《径》、《清》、《丽》作"然"。

見生死動搖，當習於無明①，
　　三摩提究竟，甘露寂靜處。②
　　空無我我所，世間悉如幻，
　　當觀於此身，諸大眾行聚。"③
　　長者聞說法，即得於初果，
　　生死海消滅，唯有一滴餘。
　　空閑修離欲，第一有無身，④
　　不如今俗人，見諦真解脫。⑤
　　不離諸苦行⑥，種種異見網，
　　雖至第一有，不見真實義，
　　取⑦想著天福，有愛縛轉深。⑧
　　長老⑨聞說法，陰蓋⑩煥然開，
　　逮得於正見，諸取⑪見永除，
　　猶如秋厲風，飄散於重雲。

---

　　① 此处"无明"，据《中华大藏经》校勘记，《碛》、《普》、《南》、《径》、《清》、《丽》作"无想"。"无想"（asaṃjñā）指摒弃对一切虚假表象的念想。
　　② "三摩提"是 samādhi（入定）一词的音译，也译"三昧"。这两句意谓入定的终极是达到涅槃境界。
　　③ 这里是说一切皆空，没有"我"和"我所"，世间如同幻影，应当看清这个身体只是业行的聚合。
　　④ 这两句是说为了灭尽"生死海"还剩余的"一滴"，他继续在僻静处修习摆脱爱欲，尤其是摆脱"有身"和"无身"的"二见"。
　　⑤ 这两句或许可以理解为不同于俗人，而能洞悉真谛，获得真解脱。
　　⑥ 此处"苦行"，据《中华大藏经》校勘记，《碛》、《普》、《南》、《径》、《清》作"行苦"。
　　⑦ 此处"取"字，据《中华大藏经》校勘记，《碛》、《普》、《南》、《径》、《清》、《丽》作"邪"。
　　⑧ 这里是说不摆脱种种业行之苦和种种邪见之网，即使达到"第一有"（最高的生存方式），也不明白"真实义"，怀着"邪想"，执著"天国"的享乐，就会更深地陷入贪爱生存的束缚。
　　⑨ 此处"老"字，据《中华大藏经》校勘记，《碛》、《普》、《南》、《径》、《清》、《丽》作"者"。
　　⑩ "阴盖"可能指遮蔽解脱智的"障盖"（āvaraṇa），分成"烦恼障"和"所知障"。
　　⑪ 此处"取"字，据《中华大藏经》校勘记，《碛》、《普》、《南》、《径》、《清》、《丽》作"邪"。

不計自在因，亦非邪因生，
亦復非無因，而生於世間。①
若自在天生，無長幼先後，
亦無五道輪，生者不應滅，
亦不應災患，為惡亦非過，
淨與不淨業，斯由自在天。②
若自在天生，世間不應疑，
如子從父生，孰不識其尊。③
人遭窮苦時，不應反祭④天，
悉應宗自在，不應奉鉢神。⑤
自在是作者，不應名自在，
以其是作故，彼則應常作。
常作則自勞，何名為自在？
若無心而作，如嬰兒所為，
若有心而作，有心非自在。
苦樂由眾生，則非自在作，
自在生苦樂，彼應有愛憎，
已有愛憎故，不應稱自在。⑥
若復自在作，眾生應默然，

---

① 这里是说不再认为人出生的原因是"自在"（Īśvara，即"自在天"），也不认为是有其他错误的原因，也不认为没有原因。

② 这里是说如果人由自在天创造，也就没有长幼先后区别，也没有五道轮回，生者也不应该灭亡；也不应该有灾难，即使作恶也不是过失，因为善业和恶业全都出自自在天。

③ 这里是说如果人由自在天创造，世间就不应该对他产生怀疑，如同儿子不会不认得生父。

④ 此处"祭"字，据《中华大藏经》校勘记，《碛》、《普》、《南》、《径》、《清》、《丽》作"怨"。

⑤ 此处"鉢神"，据《中华大藏经》校勘记，《碛》、《普》、《南》、《径》、《清》、《丽》作"余神"。"余神"指其他的神。这里是说即使人遭遇穷苦，也不应该埋怨自在天，所有人都应该崇拜自在天，而不应该信奉其他的神。

⑥ 这里是说如果苦乐由众生自己产生，也就不是由自在天创造，而如果苦乐由自在天创造，那么自在天应该有爱憎，也就不应该称为自在天。

任彼自在力，何用修善為？
正復修善惡，不應有業報。①
自在若業生，一切則共業，
若是共業者，皆應稱自在。②
自在若無因，一切亦應無，
若因餘自在，自在應無窮。③
是故諸眾生，悉無有作者，
當知自在義，於此論則壞，
一切義相違，無說則有過。④
若復自性⑤生，其過亦如彼⑥，
諸明因論者，未曾如是說，
無所依無因，而能有所作。⑦
彼彼皆由因，猶如依種子，⑧
是故知一切，則非自性生。
一切諸所作，非唯一自⑨生，
而說一自性，是故則非因⑩。

---

① 这里是说如果一切由自在天创造，那么众生应该默默接受，何必"修善"？无论行善或作恶，都不应该有业报。

② 这里是说如果自在天由"业"创造，那么一切众生共享此"业"，由"业"创造。都可以称为"自在天"。

③ 这里是说如果自在天的存在并无原因，那么一切的存在同样无原因，而如果有其他的自在天作为原因，那么就应该有无穷的自在天。

④ 这里是说应该知道所谓的"自在天"在这样的论述中遭到摧毁，如果不说明它荒谬悖理，则是过失。

⑤ 在汉语佛经中，"自性"可以对应梵语中的 svabhāva 和 prakṛti，前者指"自然本性"，后者指"原初物质"（简称"原质"）。

⑥ 此处"彼"字，据《中华大藏经》校勘记，《丽》作"是"。

⑦ 这里是说如果认为"自性"是创造者，同样错误，因为通晓原因的论者都不认为"无所依"或"无因"，"而能有所作"。

⑧ 这两句意谓一切事物的产生皆有原因，犹如果实产生于种子。

⑨ 此处"自"字，据《中华大藏经》校勘记，《碛》、《普》、《南》、《径》、《清》、《丽》作"因"。

⑩ 这里是说一切事物并非由单一的原因产生，故而将自性说成"唯一因"，也就不是真正的原因。

若言彼自性，周滿一切處，
若周滿一切，亦無能所作，
既無能所作，是則非為因。①
若遍一切有②，一切有作者，
是作一切時③，常應有所作；
若言常作者，無侍④時生物，
是故應當知，非自性為因。⑤
又說彼自性，離一切求那，
一切所作事，亦應離求那；
一切諸世間，悉見有求那，
是故知自性，亦復非為因。⑥
若說彼自性，異於求那者，
以常為因故，其性不應異，
眾生求那異，故自性非因⑦。
自性若常者，事亦不應壞，
以自性為因，因果理應同，
世間見壞故，當知別有因。⑧

---

① 这里是说如果认为自性遍布一切，那么它就不再有创造的可能，故而不是创造的原因。

② 此处"有"字，据《中华大藏经》校勘记，《碛》、《普》、《南》、《径》、《清》、《丽》作"处"。

③ 此处"时"字，据《中华大藏经》校勘记，《碛》、《普》、《南》、《径》、《清》、《丽》作"则"。

④ 此处"侍"字，据《中华大藏经》校勘记，《碛》、《普》、《南》、《径》、《清》、《丽》作"待"。

⑤ 这里是说如果自性遍布一切而创造，那么它应该是永远在创造，而它如果是永恒的创造者，那么事物就不会按照时令或时序产生，故而它不是创造的原因。

⑥ 这里是说如果自性没有性质（guṇa，音译"求那"），那么它创造的一切也应该没有性质，而所见世间一切事物皆有性质，故而它不是创造的原因。

⑦ 这里是说如果自性不同于性质，因为自性是永恒的，那么它就不应该有变异或差异，而众生的性质各不相同，可见它不是创造的原因。

⑧ 这里是说如果自性是永恒的，那么事物就不应该毁坏，因为自性作为原因，应该与结果一致，而所见世间事物都会毁坏，可见它并不是创造的原因。

若彼自性因，不應求解脫，
以有自性故，應任彼生滅，
假令得解脫，自性還生縛。①
若自性不見，為見法因者，
此亦非為因，因果理殊故，
世間諸見事，因果悉俱見。②
若自性無心，不應有心因，
如見烟知火，因果類相求。③
非彼因不見，而生於見事，
猶金造器服，始終不離金，
自性是事因，始終豈得殊？④
若使時作者，不應求解脫，
以彼時常故，應任彼時節，
世間無有邊，時節亦復然，
是故脩行者，不應方便求。⑤
陀羅驃⑥求那，世間一異論，
雖有種種說，當知非一因。⑦
若說我作者，應隨欲而生，
而今不隨欲，云何說我作？

---

① 这里是说如果创造的原因是自性，那就不应该追求解脱，而应该任其生灭，因为即使获得解脱，自性还会产生束缚。

② 这里是说如果自性是不可见者（avyakta，"不显现者"），而成为可见事物（dṛṣṭadharma，"见法"）的原因，那么原因和结果就不一致，而世间所见事物，原因和结果都可见。

③ 这里是说如果自性无意识，那就不应该成为有意识者的原因，正如看见烟，便知道有火，因为只有类同，才能推求因果。

④ 这里是说正如金制品始终不脱离金，自性怎么会与创造的事物始终相异？

⑤ 这里是说如果时间是创造者，那就不应该追求解脱，因为时间永恒，应该顺应各种时节，而且世间无边际，时节也无穷尽，故而无须努力设法追求解脱。

⑥ "陀罗骠"是 dravya（"事物"或"实体"）一词的音译。

⑦ 这里可能是说一切事物的实体（陀罗骠）"同一"，而各自的性质（求那）"相异"，因此，众说纷纭，事物产生的原因并非只有一种。

不欲而更得，欲者反更違，
苦樂不自在，云何言我作？①
若使我作者，應無惡趣業，
種種業果生，故知非我作。
言我隨時作，時應唯作善，
善惡隨緣生，故知非我作。
若使無因作，不應修方便，
一切自然定，修因何所為？②
世間種種業，而獲種種果，
是故知一切，非為無因作。
有心及無心，悉從因緣起，
世間一切法，非無因生者。"③
長者心開解，通達勝妙義，
一相實智④生，決定了真諦⑤，
敬禮世尊足，合掌而啟請：
"居在舍婆提⑥，土地豐安樂，
波斯匿⑦大王，師子元族胄⑧，
福德名稱流，遠近所宗敬。
欲造立精舍，惟願哀愍受，⑨

---

① 这里是说如果"我"是创造者，那么一切应该依随自己的心愿产生，而实际并非这样，常常是事与愿违，适得其反，苦乐不能自主，故而"我"并非创造者。

② 这里是说如果事物的创造并无原因，那就不应该努力修行，因为一切都已命定，修行怎么还会有别的结果？

③ 这里是说无论有意识的或无意识的事物，都产生于因缘（pratyayasamutpāda，"缘起"），因此，世间一切事物并非无因而生。

④ "一相实智"（ekalakṣaṇajñāna）指唯一真实的智慧。

⑤ 这句意谓确实明了真谛。

⑥ "舍婆提"（śrāvastī）也译"舍卫"，是憍萨罗国都城名。

⑦ "波斯匿"（prasenajit）也译"胜军"，是国王名。

⑧ 这句意谓他是高贵的狮子族后裔。

⑨ 这两句意谓给孤独长者准备建造一座寺院，请求佛陀接受。

知佛心平等，所居不求安①，
愍彼眾生故，不違我所請。"
佛知長者心，大施發於今，
無染無所著，善護眾生心。②
"汝已見真諦，素心好行施，
錢財非常寶，宜應速施為。
如藏庫被燒，已出者為珍，
明人知無常，出財廣行惠。③
慳貪者守惜，恐盡不受用④，
亦不畏無常，徒失增憂悔。
應時應器施⑤，如健夫臨敵，
能施而能戰，是則勇慧士。
施者眾所愛，善稱⑥廣流聞，
良善樂為友，命終心常歡，
無悔亦無怖，不生餓鬼趣，
此則為花報，其果難思議。⑦
輪迴六趣中，良伴無過施⑧，
若生天人中，為眾所奉事，
生於畜生道，施報隨受樂。⑨
智慧脩寂定，無依無有數，⑩

---

① "不求安"意谓不求安逸。
② 这里是说佛陀知道这位长者此刻已经摆脱任何染著，一心护持众生，而发愿进行大施舍。
③ 这里是说钱财无常，应该尽快施舍，正如财库遭到火烧，救出的财宝尤为珍贵，然而明白人知道它们无常，便广为施舍。
④ 这句意谓唯恐钱财散尽而不能享用。
⑤ 这句意谓在合适的时机施舍合适的人。
⑥ "善称"指美称或美名。
⑦ 这两句是说这种鲜花般的果报难以思议。
⑧ 这句意谓没有比施舍更好的同伴。
⑨ 这两句是说即使生于畜生道，也会因前生施舍而获得"感受快乐"的果报。
⑩ 这句可能是说无所依傍，无所计算。

雖獲甘露道，猶資施以成。①
緣彼惠施故，脩八天人②念，
隨念歡喜心，決定三摩提。
三昧增智慧，能正觀③生滅，
正觀生滅已，次第得解脫。
捨財惠施者，財除於貪者④，
慈悲恭敬與，兼除嫉恚慢，
明見惠施者⑤，無施癡見除⑥，
諸結⑦煩惱滅，斯由於惠施。
當知惠施者，則為解脫因，
猶如人種栽，為蔭花果故，
布施亦如是，報樂大涅槃。⑧
不堅固財施，獲報堅固果，⑨
施食唯得力，施衣得好色，
若建立精舍，眾果具足成。⑩
或施求五欲，或貪求大財，
或為名聞施，有求生天樂，

---

① 这两句是说虽然获得甘露道，仍要依靠施舍实现甘露道。
② 此处"天"字，据《中华大藏经》校勘记，《碛》、《普》、《南》、《径》、《清》、《丽》作"人"。"八大人念"（或称"八大人觉"）指修道者应该具备的八种意念或知觉：少欲觉、知足觉、远离觉、精进觉、正念觉、正定觉、正慧觉和不戏论觉。
③ "正观"指正确观察。
④ 此处"财除于贪者"，据《中华大藏经》校勘记，《碛》、《普》、《南》、《径》、《清》、《丽》作"蠲除于贪著"。
⑤ 此处"者"字，据《中华大藏经》校勘记，《碛》、《普》、《南》、《径》、《清》、《丽》作"果"。
⑥ 这里是说怀着慈悲和恭敬施舍，同时摒弃妒忌、憎恨和骄慢，清楚看到施舍的果报，消除不愿施舍的愚痴想法。
⑦ 此处"结"字在汉译佛经中常常指称"烦恼"，而在这里也可理解为"纠结"或"缠结"。
⑧ 这里是说犹如人们栽种树，以获得树荫和花果，同样，施舍回报"大涅槃"的快乐。
⑨ 这两句意谓施舍不坚固的财物，而获得坚固的果报。
⑩ 这里是说施舍食物会获得体力，施舍衣服会获得美貌，而施舍精舍会获得所有果报。

或為勉①貧苦，唯汝無想施②，
施中之最上，無利而不獲，
汝心有所弘③，宜令速成就。"
癡愛心未④遊，清淨眼開還，
長者受佛教，惠⑤心轉增明。
請優波互⑥舍，賢友而同歸，
還彼居⑦薩羅，周行擇良墟。
見太子祇園⑧，林流極清閑，
往詣太子所，請求買其田。
太子其⑨貴惜，元無出賣心：
"設布黃金滿，猶尚地不遷。"⑩
長者心歡喜，即遍布黃金，
祇言："我不與，汝云何布金？"
長者言："不與，何言滿黃金？"
二人共諍說⑪，正⑫及斷事官，

---

① 此处"勉"字，据《中华大藏经》校勘记，《碛》、《普》、《南》、《径》、《清》、《丽》作"免"。
② "无想施"指不怀有回报想法的无私施舍。
③ "弘"指"弘愿"。
④ 此处"未"字，据《中华大藏经》校勘记，《碛》、《普》、《南》、《径》、《清》、《丽》作"来"。
⑤ 此处"惠"通"慧"。
⑥ 此处"互"字，据《中华大藏经》校勘记，《碛》、《普》、《南》、《径》、《清》作"提"，《丽》作"低"。"优波低舍"也就是第十七品中提到的"优波提"。
⑦ 此处"居"字，据《中华大藏经》校勘记，《碛》、《普》、《南》、《径》、《清》、《丽》作"憍"。
⑧ "祇园"（jetavana，或译"胜林"）是属于太子祇（jeta）的园林。
⑨ 此处"其"字，据《中华大藏经》校勘记，《碛》、《普》、《南》、《径》、《清》、《丽》作"甚"。
⑩ 这两句意谓即使你用黄金铺满这整个园林，出这样的价钱，我也不会出让。
⑪ 此处"说"字，据《中华大藏经》校勘记，《碛》、《普》、《南》、《径》、《清》、《丽》作"讼"。
⑫ 此处"正"字，据《中华大藏经》校勘记，《丽》作"延"。

众皆欢①奇特，祇亦如②其诚。
广问其因缘，辞言立精舍，
供养于如来，并及比丘僧。
太子闻佛名，其心即开悟，
唯取其半金，求和同建立：
"汝地我树林，共以供养佛。"③
长者地祇林，以付舍利弗，
经始立精舍，昼夜勤速成，
高显胜庄严，犹四天王宫。
随法顺道宜，称④如来所应，
世间未曾有，增晖舍卫城。
如来见神荫，众圣集安居，⑤
无侍者哀除⑥，有侍资道宜。⑦
长者乘斯福，寿尽上升天，
子孙继其业，历世重⑧福田⑨。

---

① 此处"欢"字，据《中华大藏经》校勘记，《丽》作"叹"。
② 此处"如"字，据《中华大藏经》校勘记，《丽》作"知"。
③ 这两句意谓以你买下的地和我原有的树林共同供养佛。
④ 此处"称"意谓"符合"。
⑤ 这两句意谓如来看到这里有天神庇佑，众多圣者安居于此。
⑥ 此处"除"字，据《中华大藏经》校勘记，《碛》、《普》、《南》、《径》、《清》、《丽》作"降"。
⑦ 这两句可能是说侍从们均无哀愁相，而努力辅助修道。
⑧ 此处"重"字，据《中华大藏经》校勘记，《碛》、《普》、《南》、《径》、《清》、《丽》作"种"。
⑨ "福田"（guṇakṣetra，或译"功德田"）指行善积德。这里是说给孤独长者命终升天后，他的子孙继承他的事业，一代又一代行善积德。

昙译：父子相見品第十九

佛於摩竭國，化種種異道，
悉從一味法^①，如日映眾星。
出彼五山城^②，與千弟子俱，
前後眷屬從，往詣尼金山^③。
近伽維羅衛^④，而生報恩心，
當修法供養^⑤，以奉於父王。
王師及大臣，先遣向^⑥候人，
當^⑦尋從左右，瞻察其進止。
知佛欲還國，馳馳而先白：
"太子遠遊學，願滿今來還。"
王聞大歡喜，嚴駕即出迎，
舉國諸士庶，悉皆從王行。
漸近遙見佛，光相倍昔容，
處於大眾中，猶如梵天王。
下車而徐進，恐為法留難^⑧，
瞻仰顏內踊，^⑨口莫知所言。

---

① "一味法"（ekarasa）指平等一味的佛法。
② "五山城"指王舍城（rājagṛha），此城有五山围绕。
③ "尼金山"所指地点不详。
④ "伽维罗卫"（kapilavastu，也译"迦毗罗卫"）是佛陀的故乡。
⑤ "法供养"指以正法作为供养。
⑥ 此处"向"字，据《中华大藏经》校勘记，《碛》、《普》、《南》、《径》、《清》、《丽》作"伺"。
⑦ 此处"当"字，据《中华大藏经》校勘记，《丽》作"常"。
⑧ 这句意谓唯恐不知教法的仪轨而造成麻烦。
⑨ 此处"瞻仰颜内踊"，据《中华大藏经》校勘记，《碛》、《普》、《南》、《径》、《清》、《丽》作"瞻颜内欣踊。"。

昙译：父子相见品第十九

顾贪居俗累①，子起②然登仙，
虽子居道尊，未知称何名③？
自惟久思渴，今日无由宣，
子今默然坐，安隐不改容：
"久别无感情，令我心独悲，
如人久虚渴，路逢清冷泉，
奔驰而欲饮，临泉忽枯渴。
今父④见其子，犹是本光颜。
心疎气高绝，都无荫流心⑤，
抑情虚望断⑥，如渴对枯泉。
未见繁想驰，对目则无欢，⑦
如人念离亲，忽见画众形⑧。
应王四天下，犹若曼陀王，⑨
汝今行乞食，斯道何足荣？
安静如须弥，光相如日明，
庠行牛王步，无畏师子吼，
不受四天对⑩，乞求而养身。"
佛知父王心，犹存于子想⑪，

---

① 这句意谓看到自己贪著世俗生活。
② 此处"起"字，据《中华大藏经》校勘记，《碛》、《普》、《南》、《径》、《清》、《丽》作"超"。
③ 这句意谓在目前的情况下，不知该怎样称呼儿子。
④ 此处"父"字，据《中华大藏经》校勘记，《碛》、《普》、《南》、《径》、《清》、《丽》作"我"。
⑤ 这句意谓没有表露曾受父亲庇荫的感恩心。
⑥ "虚望断"指虚妄的心愿破灭。
⑦ 这两句意谓没有见面时思绪纷繁，而现在互相目睹却毫无欢情。
⑧ 此处"众形"，据《中华大藏经》校勘记，《碛》、《普》、《南》、《径》、《清》、《丽》作"形象"。
⑨ 这两句意谓应该像古代曼陀王（māndhātṛ）那样统治四天下。
⑩ 此处"对"字，据《中华大藏经》校勘记，《碛》、《普》、《南》、《径》、《清》、《丽》作"封"。这句意谓不接受赐给他的四天下。
⑪ 这句意谓仍然对他保持世俗的儿子想法。

為開其心故，并哀①一切眾，
神足②昇虛空，兩手捧日明③，
遊行於空中，種種作異變，
或分身無量，還復合為一，
或入水如地，或入地如水，
石壁不礙身，左右出水火。
父王大歡喜，父子情悉除，
空中蓮花座，而為王說法：
"知王心慈念，為子增憂悲，
纏綿愛子念④，宜應速除滅。
息愛靜其心，受我子養法⑤，
人子所未奉，今以奉父王。
父未從子得，今從子得之，
人王之奇特，天王亦希有，⑥
勝妙甘露道，今以奉大王。
自業業受生，業依業果報，
當知業因果，勤習度世業⑦，
諦觀於世間，唯業為良朋。
親戚及與身，深愛相戀慕，
命終神⑧獨往，唯業良朋隨。
輪迴於五趣，三業三種生⑨，

---

① 此处"哀"指哀怜。
② "神足"指施展神通。
③ 此处"日明"，据《中华大藏经》校勘记，《碛》、《普》、《南》、《径》、《清》、《丽》作"日月"。
④ 此处"爱子念"，据《中华大藏经》校勘记，《碛》、《普》、《南》、《径》、《清》、《丽》作"爱念子"。
⑤ 这句意谓"接受我作为儿子供养父亲的方法"。
⑥ 这两句意谓这种供养对人王也是奇特的，对天王也是希有的。
⑦ "度世业"指超越尘世的业。
⑧ 此处"神"指精神或灵魂，或称"神识"。
⑨ 这句意谓三种业造成三种生，可能指福业、非福业和不动业所造成欲界、色界和无色界的不同果报。

愛欲為其因，種種願①差別。
今當竭其力，淨治身口業②，
晝夜勤修習，息亂心寂然。
唯此為己利，離此悉悲哉③，
當知三界有④，猶若海濤波，
難樂難習近⑤，當修第四業⑥。
生死五道輪，猶眾星旋轉，
諸天亦遷變，人中豈得常？
涅槃為最安，禪寂樂中勝。
人王五欲樂，危險多恐怖，
猶毒蛇同居，何有須臾歡？
明人見世間，如盛火圍遶，
恐怖無暫安，求離生老死。
無盡寂靜處，慧者之所居，
不須利器仗，象馬以兵車，
調伏貪恚癡，天下敵無勝。
知苦斷苦因，證滅修方便，
正覺四真諦⑦，惡趣恐怖除。"
先現妙神通，令王心歡喜，
信樂情已深，堪為正法器，
合掌而讚嘆："奇哉誓果成，
奇哉大苦離，⑧奇哉饒益我！

---

① 此处"愿"字，据《中华大藏经》校勘记，《碛》、《普》、《南》、《径》、《清》、《丽》作"类"。
② "身口业"指身体和言语造成的业。
③ 此处"悲哉"，据《中华大藏经》校勘记，《碛》、《普》、《南》、《径》、《清》、《丽》作"非我"。
④ "三界有"指欲界、色界和无色界的存在。
⑤ 这句意谓难以快乐，难以亲近。
⑥ "第四业"的具体含义不详，可能泛指超越三业的修行。
⑦ "四真谛"指苦、集、灭和道。
⑧ 这两句是国王赞叹王子实现誓愿，脱离苦海。

雖先增憂悲，緣悲故獲利，
奇哉我今日，生子果報成。
宜捨勝妙樂，宜精勤習苦①，
宜離親族榮，宜割恩愛情。
古昔諸仙王，唐造②而無功，
清涼安隱處，汝今悉已獲，
自安而安彼，大悲濟眾生。
昔③本住世間，為轉輪王者，④
無自在神通，令我心開解，
亦無此妙法，使我今日歡。
設為轉輪王，生死緒不絕⑤，
今已絕生死，輪迴大苦滅，
能為眾生類，廣說甘露法。
如此妙神通，智慧甚深廣，
永滅生死苦，為天人之上，
雖居聖王位，終不獲斯利。"
如是讚歎已，法愛⑥增恭敬，
居王父尊位，謙卑稽首禮。
國中諸人民，覩佛神通力，
聞說深妙法，兼見王敬重，
合掌頭面禮，悉生奇特想，
厭患居俗累，咸生出家心。
釋種諸王子，心悟道果成，
悉厭世榮樂，捨親愛出家。

---

① 此处"习苦"指艰苦修行。
② 此处"唐造"，据《中华大藏经》校勘记，《碛》、《普》、《南》、《径》、《清》、《丽》作"唐劳"。"唐苦"意谓"徒劳"。
③ 此处"昔"字，据《中华大藏经》校勘记，《碛》、《普》、《南》、《径》、《清》作"若"。
④ 这两句意谓如果像原先那样，你居住世间，而成为转轮王。
⑤ 这句意谓生死相续不断绝。
⑥ "法爱"指对正法的热爱。

阿難陀難陀，金毗阿那律，
　　難国①跋難陀，及軍荼陀那，②
　　如是等心③首，及餘釋種子，
　　悉從於佛教，受法為弟子。
　　匡國④大臣子，優陀夷⑤為首，
　　與諸王子俱，隨次而出家。
　　又阿互⑥梨子，名曰優波離⑦，
　　見彼諸王子，大臣子出家，
　　心感情開解，亦受出家法。
　　父王見其子，神力諸功德，
　　亦自⑧入清流，甘露正法門。⑨
　　捨王位國土，神定⑩甘露飯⑪，
　　閑居修靜默，處宮習王仙。
　　如來悉隨攝，本族知識已，⑫
　　道中⑬顏和悅，親戚歡喜隨。

---

① 此处"国"字，据《中华大藏经》校勘记，《碛》、《普》、《南》、《径》、《清》、《丽》作"图"。
② 这些均为追随佛陀出家的佛弟子：阿难（ānanda）、难陀（nanda）、金毗（kimbila）、阿那律（aniruddha）、难陀（nanda）、跋难陀（upananda）和军荼陀那（kuṇḍadhāna）。
③ 此处"心"字，据《中华大藏经》校勘记，《碛》、《普》、《南》、《径》、《清》、《丽》作"上"。
④ "匡国"指辅助国政的。
⑤ "优陀夷"（udāyin）是祭司之子。
⑥ 此处"互"字，据《中华大藏经》校勘记，《碛》、《普》、《南》、《径》、《清》、《丽》作"低"。
⑦ "优波离"（upāli）是理发师阿低梨之子。
⑧ 此处"亦自"，据《中华大藏经》校勘记，《碛》、《普》、《南》、《径》、《清》、《丽》作"自亦"。
⑨ 这两句中的"清流"和"甘露正法门"均喻指佛法或佛门。
⑩ 此处"神定"，据《中华大藏经》校勘记，《碛》、《普》、《南》、《径》、《清》作"禅定"。
⑪ 这句意谓修习禅定如饮甘露。
⑫ 这两句意谓如来度化释迦族的善友们后。
⑬ 此处"道中"，据《中华大藏经》校勘记，《碛》、《普》、《南》、《径》、《清》作"道申"。

時至應乞食，入迦惟羅衛，
城中諸士女，驚喜舉驚①唱：
"悉達阿羅陀②，學道成而歸。"
內外轉相告，巨細③馳出看，
門戶窗牖中，皆眉④而側目。
見佛身相好，光明甚暉曜，
外著袈裟衣，身光內徹照，
猶如日圓輪，內外相映發，
觀者心悲喜，合掌涕淚流。
見佛庠序步，歛形攝諸根，
妙身顯法儀，敬惜增悲歎，
剃髮毀形好⑤，身被染色衣。
堂堂儀雅容，束身視地行⑥。
應戴羽寶蓋⑦，手覽⑧飛龍⑨轡，
如何冒游塵⑩，執鉢而行乞？
藝足伏怨敵，貌足婇女歡，⑪
華服冠無⑫冠，黎民咸首陽⑬，
如何屈茂容，拘心制其形？

---

① 此处"惊"字，据《中华大藏经》校勘记，《碛》、《普》、《南》、《径》、《清》、《丽》作"声"。
② "悉达阿罗陀"（sidhārtha，或译"悉达多"）是释迦王子的称号。
③ 此处"巨细"指老少各色人等。
④ 此处"皆眉"，据《中华大藏经》校勘记，《碛》、《普》、《南》、《径》、《清》、《丽》作"比肩"。
⑤ "毁形好"指毁弃美好的形貌。
⑥ "视地行"指行走时目不斜视。
⑦ "宝盖"指华盖。
⑧ 此处"览"字，据《中华大藏经》校勘记，《碛》、《普》、《南》、《径》、《清》、《丽》作"揽"。
⑨ "飞龙"可能指飞马，即快马或骏马。
⑩ "冒游尘"指覆盖尘土。
⑪ 这两句意谓技艺足以摧伏敌人，美貌足以赢得婇女欢心。
⑫ 此处"无"字，据《中华大藏经》校勘记，《碛》、《普》、《南》、《径》、《清》、《丽》作"天"。
⑬ 此处"首阳"应该是指仰望。

昙译：父子相见品第十九　　435

　　　　捨妙欲光服，素身著染衣，
　　　　見何相何求，與世五欲怨？①
　　　　捨賢妻愛子，樂獨而孤遊，
　　　　難哉彼賢妃，長夜抱憂思。
　　　　而今聞出家，性命猶能全，
　　　　不審淨飯王，竟見此子不？
　　　　見其妙相身，毀形而出家，
　　　　怨家猶痛惜，父見豈能安？
　　　　愛子羅睺羅，泣涕常悲戀，
　　　　見無撫慰心，用學此道為？②
　　　　諸明相法者③，咸言太子生，
　　　　具足大人相，應享食四海，
　　　　觀今之所為，斯則皆虛談。
　　　　如是比眾多，紛紜而亂說，
　　　　如來心無著，無欣亦無慼，
　　　　慈悲愍眾生，欲令脫貧苦，
　　　　增長彼善根，并為當來世④，
　　　　顯其少欲跡⑤，兼除俗塵謗⑥，
　　　　入貧里乞食，精麤任所得，
　　　　巨細不擇門，⑦滿鉢歸山林。

---

　　① 这两句意谓他见到什么，追求什么，而与世间感官享受作对？
　　② 这两句意谓看到他对儿子没有"抚慰心"，那么，这种修道有什么用？
　　③ "明相法者"指通晓占相的卜师。
　　④ "当来世"可能指当世和来世。
　　⑤ 此处"迹"字，据《中华大藏经》校勘记，《碛》、《普》、《南》、《径》、《清》、《丽》作"路"。
　　⑥ 此处"谤"字，据《中华大藏经》校勘记，《碛》、《普》、《南》、《径》、《清》作"雾"。
　　⑦ 这两句意谓乞食不择门户高低，不计食物精粗。

昙译：受祇桓精舍品第二十

世尊已開化，迦維羅衛人，
隨緣度已畢，與大眾俱行，
往憍薩羅國，詣波斯匿王。
祇桓①已莊嚴，堂舍悉周備，
流泉相灌注，花果悉敷榮，
水陸眾奇鳥，隨類羣和鳴，
眾美世無比，若稽羅山②宮。
給孤獨長者，眷屬尋路迎，
散花燒名香，奉請入祇桓。
手執金龍瓶，躬跪注長水，
以祇桓精舍，奉施十方僧。
世尊呪願受③，鎮國令久安，
給孤獨長者，福慶流無窮。
時波斯匿王，聞世尊已至，
嚴駕出祇桓④，敬禮世尊足，
却坐於一面，合掌白佛言：
"不圖卑小國，忽成大吉祥，
惡逆多殃災，豈能感大人？
今得覩聖顏，沐浴飲清化，
鄙雖處凡品，蒙聖入勝流。
如風拂香林，氣合成薰飈，

---

① "祇桓"（jetavana）也译"祇园"。
② "稽罗山"（kailāsa，或译"盖拉瑟山"）是财神俱比罗的居处。
③ 这句意谓世尊接受祇桓时进行祈祷祝福。
④ 这句意谓波斯匿王严驾出宫，来到祇桓。

眾鳥集須彌，異色金光耀，①
得與明人會，蒙蔭而得②榮，
野夫供仙人，生為三足星③。
世利皆有盡，聖利永無窮，
人王多愆咎，遇聖利常安。"
佛知王心至，樂法如帝釋，
唯有二種著，不能忘財色。④
知時知心行⑤，而為王說法：
"惡業卑下士，見善猶知敬，
況復自在王，積德乘宿因，
遇佛加恭敬，此乃非為難。⑥
國素靜民安，非見佛所增，⑦
今當略說法，大王具⑧諦聽，
受持我所說，見我功果成。⑨
命終形神乖，親戚悉別離，
雖⑩有善惡業，如⑪終而影隨。
當崇法王業，子養於萬民，

---

① 此处"金光耀"，据《中华大藏经》校勘记，《碛》、《普》、《南》、《径》、《清》、《丽》作"齐金光"。这两句意谓如同各种颜色的鸟类聚集在须弥山上，都与须弥山一样闪耀金光。

② 此处"得"字，据《中华大藏经》校勘记，《碛》、《普》、《南》、《径》、《清》、《丽》作"同"。

③ "三足星"不知具体所指。

④ 这里是说佛陀知道波斯匿王内心已喜爱正法，如同帝释天，但仍有两种贪著即财和色。

⑤ 这句意谓佛陀知道时机，知道他人心思。

⑥ 这里是说何况国王前世积有功德，因此遇佛表示尊敬，并非难事。

⑦ 这两句意谓并非单靠见到佛，便国泰民安，而是要奉行佛法。

⑧ 此处"具"字，据《中华大藏经》校勘记，《碛》、《普》、《南》、《径》、《清》、《丽》作"且"。

⑨ 这两句可能意谓接受我的说法，便能实现见到我的功果。

⑩ 此处"虽"字，据《中华大藏经》校勘记，《碛》、《普》、《南》、《径》、《清》、《丽》作"唯"。

⑪ 此处"如"字，据《中华大藏经》校勘记，《碛》、《普》、《南》、《径》、《清》、《丽》作"始"。

见①世名稱流②，命終上昇天，
縱情不順法，今苦後無歡③。
古昔羸馬王，順法受天福，
金步王行惡，壽終生惡道。④
我今為大王，略說善惡法，
大惡⑤當慈心，觀民猶一子。
不迫亦不害，善攝持諸根，
捨邪就正論⑥，不自舉下人⑦。
結友於苦行，勿習邪見朋，⑧
勿持⑨王威勢，勿聽邪佞言，
勿惱諸苦行⑩，莫踰正王⑪典，
念佛維正法，調伏非法者。
見⑫為人中上，德惟陰⑬道中，⑭
深思無常想，身命念念遷。⑮

---

① 此处"见"字，据《中华大藏经》校勘记，《碛》、《普》、《南》、《径》、《清》、《丽》作"现"。
② "名称流"指名声远扬。
③ 这句意谓今世受苦，后世无欢。
④ 这里提到的"羸马王"和"金步王"具体事迹不详。
⑤ 此处"恶"字，据《中华大藏经》校勘记，《碛》、《普》、《南》、《径》、《清》、《丽》作"要"。"大要"指主要或重要。
⑥ 此处"论"字，据《中华大藏经》校勘记，《碛》、《普》、《南》、《径》、《清》、《丽》作"路"。
⑦ 这句意谓不要抬高自己，而贬低他人。
⑧ 这句意谓不要亲近怀有邪见的朋友。
⑨ 此处"持"，据《中华大藏经》校勘记，《碛》、《普》、《南》、《径》、《清》、《丽》作"恃"。
⑩ 这句意谓不要侵扰苦行者。
⑪ 此处"正王"，据《中华大藏经》校勘记，《碛》、《普》、《南》、《径》、《清》、《丽》作"王正"。
⑫ 此处"见"字，据《中华大藏经》校勘记，《碛》、《普》、《南》、《径》、《清》、《丽》作"现"。
⑬ 此处"惟阴"，据《中华大藏经》校勘记，《碛》、《普》、《南》、《径》、《清》作"惟隆"，《丽》作"将隆"。
⑭ 这两句可能意谓成为人中尊者，品德完全体现在弘扬道法中。
⑮ 这两句意谓应该深思万物无常，生命在一刹那一刹那之间变迁。

栖心高勝境，志求清涼津，
保慈①自在樂，來世增其歡，
傳名於廣②劫，必報如來恩，
如人愛甜果，必種其良栽。
有從明入暗，有從闇入明，
有闇闇相續，有明明相因，
智者捨三品，當學始終明。③
言惡羣嚮應，善唱隨者難，
無有不作果，作者不敗亡④。
創業不勤習，至竟莫能為，
素不修善因，後致樂無斯。⑤
既往無息期，是故當修善，
自省不為惡，自作自受故。⑥
猶四石山合，眾生無逃處，
生老病死山，羣生脫無由，
唯有行正法，出斯苦重山。
世間悉無常，五欲境如電⑦，
老死錐鋒端，何應習非法？
古昔諸勝士⑧，猶若自在天，

---

① 此处"慈"字，据《中华大藏经》校勘记，《碛》、《普》、《南》、《径》、《清》作"兹"。
② 此处"广"字，据《中华大藏经》校勘记，《碛》、《普》、《南》、《径》、《清》、《丽》作"旷"。
③ 这里讲述明暗的四种情况，而智者应该摒弃前三种情况，修习第四种"始终明"，即"明明相因"。
④ 这两句意义不明，可能是说无有作恶业不产生恶果而作者不败亡。
⑤ 此处"斯"字，据《中华大藏经》校勘记，《碛》、《普》、《南》、《径》、《清》作"期"。
⑥ 这两句意谓要自我反省，避免作恶，因为自己作业，自己受果报。
⑦ 这句意谓五种感官对象如同闪电，稍纵即逝。
⑧ 此处"士"字，据《中华大藏经》校勘记，《碛》、《普》、《南》、《径》、《清》、《丽》作"王"。

勇健志騰虛，暫顯已磨滅。
劫火鎔須彌，海水悉枯竭，
況身如泡沫，而望久存世？
猛風止隨藍①，日光翳須彌，
盛火所能②消，有物悉歸滅③。
此身無常器，長夜苦守護，
廣資以財色，放逸生憍慢，
死時忽然至，侹直如枯林④，
明人見斯變，勤修豈睡眠？
生死獨搖機，不止會墮落，⑤
不習不續樂，苦報者不為，⑥
不近不勝友，不學不斷智⑦，
學不受有智，受必令無身。⑧
有身不染境⑨，染境為大過，
雖生無色天，不色⑩時遷變。
當學不變身，不變則無過，
以有此身故，為眾苦之本，
是故諸智者，息本於無身。

---

① 此处"随蓝"，据《中华大藏经》校勘记，《碛》、《普》、《南》、《径》、《清》作"旋岚"。
② 此处"所能"，据《中华大藏经》校勘记，《碛》、《普》、《南》、《径》、《清》、《丽》作"水所"。
③ 这里是说雾气消散在猛风中，日光隐没在须弥山后，烈火湮灭在水中，万物全都会归于毁灭。
④ 此处"林"字，据《中华大藏经》校勘记，《碛》、《普》、《南》、《径》、《清》、《丽》作"木"。
⑤ 这两句可能意谓生死摇动着机械，不止住它，便会堕落其中。
⑥ 这两句可能意谓不修习不导致快乐者，不从事带来苦报者。
⑦ "不断智"可能指那种不断除痛苦的智慧。
⑧ 这两句可能意谓学习不感受生存的智慧，即使感受，也应该导致"无身"。
⑨ 这句意谓即使"有身"，也不染著感官对象。
⑩ 此处"色"字，据《中华大藏经》校勘记，《碛》、《普》、《南》、《径》、《清》、《丽》作"免"。

一切眾生類，斯由欲生苦①，
是故於欲有②，當生厭離心，
厭離於欲有，則不受眾苦。
雖生色無色③，變易為大患，
以不寂靜故，況不離於欲。④
如是觀三界，無常無有生⑤，
眾苦常熾然，智者豈願樂？
如樹盛火然，眾鳥豈羣集？
覺者為明士，離此則無明，
此則開覺士，離此則非覺，
此則應所作，離此則不應，
此則為近宗，離此與理乖。
言此殊勝法，非在家所應，
此則為非說，法唯在人弘。⑥
患熱入冷水，一切得清涼，
冥室燈火明，悉覩於五色。
修道亦如是，道俗無異方⑦，
或山居墮罪，或在家昇仙。
癡冥為巨海，邪見為濤波，
羣生隨愛流，漂轉莫能度。
智慧為輕舟，堅持三昧正，
方便鼓念檝⑧，能濟無知海。"

---

① "欲生苦"意谓贪求生存而痛苦。
② "欲有"与上面的"欲生"类似，指贪求生存。
③ "色无色"指色界和无色界。
④ 这两句意谓这是由于"不寂静"，更何况不摆脱贪欲。
⑤ 此处"生"字，据《中华大藏经》校勘记，《丽》作"主"。
⑥ 这里是说如果说这种"殊胜法"不适合在家人，那是错误的说法，因为正法必须靠人弘扬。
⑦ "无异方"指无差别。
⑧ 这句意谓以合适的方法为鼓，以正念为桨。

時王專心聽，一切智①所說，
厭薄於俗榮，知王者無歡，
如逸醉狂②象，醉醒純熟還。
時有諸外道，見王信敬佛，
咸求於大王，與佛決神通。
時王白世尊，願從彼所求，
佛即默然許。種種諸異見，
五通神仙士，悉來詣佛所。
佛即現神力，正基坐空中，
普放大光明，如日耀③朝陽，
外道悉降伏，國民普歸宗。
為母說法故，即昇忉利天，
三月處天宮④，普化諸天人。
度母報恩畢，安居時過還，
諸天眾羽從，乘於七寶階，
下之⑤閻浮提，諸佛常下處。⑥
無量諸天人，乘宮殿⑦隨送，
閻浮提君民，合掌而仰瞻。

---

① "一切智"（sarvajña）是佛陀的称号。
② 此处"狂"字，据《中华大藏经》校勘记，《碛》、《普》、《南》、《径》、《清》作"狂"。
③ 此处"耀"字，据《中华大藏经》校勘记，《碛》、《普》、《南》、《径》、《清》作"晖"。
④ 这句意谓在天宫居住了三个月。
⑤ 此处"之"字，据《中华大藏经》校勘记，《碛》、《普》、《南》、《径》、《清》、《丽》作"至"。
⑥ 这里是说众天神陪随他，经由七宝阶梯，下到阎浮提（jambudvīpa，也译"瞻部洲"），到达诸佛通常下降的地点即僧伽施城（saṃkāśya）。
⑦ 此处"宫殿"指飞车（vimāna）。

昙译：守财醉象调伏品第二十一

天上教化母，及餘諸天眾，
還遊於人中，隨緣而行化。
樹提迦耆婆，首羅輸盧那，[①]
長者子央伽，及無畏王子，
尼瞿屢陀等，尸利掘多迦，
尼揵憂波離，悉令得解脫。
乾陀羅國王，其名弗迦羅，
聞說微妙法，捨國而出家。
醯茂鉢低鬼[②]，及娑多耆利，
於毘富羅山，調伏而受化。
波羅延梵志，波沙那山中，
半偈微細義，調伏令信樂。
他那摩帝村，有鳩吒檀虬，
是二生之首，度[③]煞生祠祀[④]，
如來方便化，令其入正道。
於毗提訶山，大威德天神，
名般遮尸呿，受法入決定。
毘紐瑟吒村，化彼難陀母。
央伽富梨城，降伏大力神，
富那跋陀羅，輸屢那檀陀，

[①] 这句中有四个人名：树提迦（jyotiṣka）是富豪，耆婆（jīvaka）是医生，首罗（śūra）是富家子弟，输卢那（śroṇa）是一位信佛的母亲的儿子。

[②] 此处以及下面多次出现的"鬼"字大多指"药叉"（yakṣa，也译"夜叉"）。

[③] 此处"度"字，据《中华大藏经》校勘记，《碛》、《普》、《南》、《径》、《清》、《丽》作"广"。

[④] 这句意谓这位婆罗门热衷杀生祭祀。

兇惡大力龍。國王及後宮，
悉皆受正法，以開甘露門。
於彼侏儒村，稽那及尸盧，
志求生天樂，化令入正道。
央瞿利摩羅，於彼脩佯村，
為現神通力，化令即調伏。
有大長者子，浮梨耆婆男，
大富多錢財，如富那跋陀，
即於如來前，受化廣行施。
於彼跋提村，化彼跋提梨，
及與跋陀羅，兄弟二鬼神。
毗提訶富利，有二婆羅門，
一名為大壽，二名曰梵壽，
論議以降伏，令入於正法。
至毗舍離城，化諸羅刹鬼，
并離車師子，及諸離車眾，
薩遮尼犍子，悉令入正法。
阿摩勒迦波，有鬼跋陀羅，
及跋陀羅迦，跋陀羅劫摩，
又至阿臘山，度鬼阿臘婆，
二名鳩摩羅，三訶悉多迦。
還至伽闍山，度鬼絙迦那，
及針毛夜叉，及其姊妹子。
又至波羅奈，化彼迦旃延。
然後乘神通，至輸盧波羅，
化彼諸商人，多波揵尼劍，
受其旃檀堂，妙香流於今。

至摩醯彼①低，遮②迦毗羅仙，
牟尼住於彼，足蹈於石上，
千輻雙輪現，③終則不磨滅。
至波羅那處，化婆羅那鬼，
至摩偷羅國，度鬼竭曇摩，
偷羅俱瑟吒，度賴吒波羅，
至鞞蘭若村，度諸婆羅門。
迦利摩沙村，度薩毗薩深，
亦復化於彼，阿耆尼毗舍。
復羅④舍衛國，度彼瞿曇摩，
闍帝輸盧那，道迦阿低梨。
還憍薩羅國，度外道之師，
弗迦羅婆梨，及諸梵志眾。
至施多毗迦，寂靜空閑處，
度諸外道仙，令入佛仙路，
至阿輸闍國，度諸鬼龍眾。
至舍毗羅國，度二惡龍王，
一名金毘羅，二名迦羅迦。
又至跋伽國，化度夜叉鬼，
其名曰毗沙，那鳩羅父母，
并及大長者，令信樂正法。
至俱舍彌國，化度瞿師羅，
及二優婆夷，波闍欝多羅，

---

① 此处"彼"字，据《中华大藏经》校勘记，《碛》、《普》、《南》、《径》、《清》、《丽》作"波"。

② 此处"遮"字，据《中华大藏经》校勘记，《碛》、《普》、《南》、《径》、《清》、《丽》作"度"。

③ 这两句意谓佛陀脚底的轮相印记留在石头上。

④ 此处"罗"字，据《中华大藏经》校勘记，《碛》、《普》、《南》、《径》、《清》、《丽》作"还"。

伴等優婆夷，眾多次第度。
至揵陀羅國，度阿婆羅龍。
如是等次第，空行水陸性[①]，
皆悉往化度，如日照幽冥。
爾時提婆達[②]，見佛德殊勝，
內心懷嫉妒，退失諸禪定。
造諸惡方便，破壞正法僧[③]，
登耆闍崛山[④]，崩石以打佛，
石分為二分，墮於佛左右。
於王平直路，放狂醉惡象，
震吼若雷霆，勇氣奮成雲，
橫泄而奔走，逸越如暴風，
鼻牙尾四足，觸則莫不摧。
王舍城巷路，狼藉殺傷人，
橫尸而布路，髓腦血流離。
一切諸士女，恐怖不出門，
舍[⑤]城悉戰悚，但聞驚喚聲，
有出城馳走，有竄六[⑥]自藏。
如來眾五百，時至而入城，
高閣窓牖人，啟佛令勿行。
如來心安泰，怡然無懼容，
唯念貪嫉苦，慈心欲令安。
天龍眾營從，漸至狂象所，

---

① 这句意谓空中、水中和陆地上的众生。
② "提婆达"（devadatta，也译"提婆达多"、"提婆达兜"或"调达"）是佛陀的堂弟。
③ 这句意谓破坏正法和僧团。
④ "耆闍崛山"（gṛdhrakūṭa）也译"鹫峰山"或"灵鹫山"。
⑤ 此处"舍"字，据《中华大藏经》校勘记，《碛》、《普》、《南》、《径》、《清》、《丽》作"合"。
⑥ 此处"六"字，据《中华大藏经》校勘记，《碛》、《普》、《南》、《径》、《清》、《丽》作"穴"。

諸比丘逃避，唯與阿難俱，
猶法種種相，一自性不移。①
醉象奮狂怒，見佛心即醒，
投身禮佛足，猶若太山崩。
蓮花掌摩頂②，如日照烏雲，
跪伏佛足下，而為說法言：
"象莫害大龍，象與龍戰難，
象欲害大龍，終不生善處。
貪恚癡迷醉，難除佛已除③，
是故汝今日，當捨貪恚癡，
已沒苦瘀④泥，不捨轉更深。"
彼象聞佛說，醉解心即悟，
身心得安樂，如渴飲甘露。
象已受佛化，國人悉歡喜，
感⑤歎唱希有，設種種供養。
下善轉成中，中善進增上，
不信者生信，已信者深固。
阿闍世⑥大王，見佛降醉象，
心生奇特想，歡喜深⑦增敬。
如來善方便，現種種神力，

---

① 这里是说唯有佛陀和阿难一起继续前行，犹如万物种种形相，而唯一的自性不会改变。

② 这句意谓佛陀用莲花般的手掌抚摸大象的头顶。

③ 这句中的两个"除"字，据《中华大藏经》校勘记，《碛》、《普》、《南》、《径》、《清》、《丽》作"降"。这句意谓佛已降伏难以降伏的贪、瞋和痴。

④ 此处"瘀"字，据《中华大藏经》校勘记，《碛》、《普》、《南》、《径》、《清》、《丽》作"淤"。

⑤ 此处"感"字，据《中华大藏经》校勘记，《碛》、《普》、《南》、《径》、《清》、《丽》作"咸"。

⑥ "阿闍世"（ajātaśatru）是摩揭陀国王。

⑦ 此处"深"字，据《中华大藏经》校勘记，《碛》、《普》、《南》、《径》、《清》、《丽》作"倍"。

調伏諸眾生，隨力入正法，
舉國脩善業，猶如劫初①人。
波②提婆達兜，為惡自纏縛，
先神力飛行，今墮無擇獄。③

---

① "劫初"指世界创世之初的美好世界。
② 此处"波"字，据《中华大藏经》校勘记，《碛》、《普》、《南》、《径》、《清》、《丽》作"彼"。
③ 这两句意谓以前能凭神通力飞行，而如今堕入无择地狱。

昙译：菴摩罗女见佛品第二十二

世尊廣化畢，而生涅槃心，
發於王舍城，詣巴連弗邑①。
到已住於彼，婆吒利支提②，
彼是摩竭提，邊邑附庸國。③
國主婆羅門，多聞明經典，
瞻相土安危，國之仰觀師。④
摩竭王遣使，勅告彼仰觀，
命起於牢獄⑤，以備於強隣。
世尊記彼地，天神所保持，
於起中⑥城郭，永固不危亡⑦。
仰觀心歡喜，供養佛法僧，
佛出彼城門，往詣恒河次⑧。
仰觀深敬佛，名為瞿雲⑨門，
恒河側人民，皆出迎世尊，

---

① "巴连弗邑"（pāṭaliputra）也译"波吒利弗多城"或"华氏城"。
② "婆吒利支提"（pāṭalicaitya）指波吒利塔。
③ 这两句意谓这里是摩揭陀国边区的附庸国。
④ 这里是说这位边区领主是婆罗门。博学多闻，还是一位观察天文、预测国土安危的占相师。
⑤ 此处"牢狱"据《中华大藏经》校勘记，《碛》、《普》、《南》、《径》、《清》、《丽》作"牢城"。这句意谓命令他建造坚固的城堡。
⑥ 此处"起中"，据《中华大藏经》校勘记，《碛》、《普》、《南》、《径》、《清》、《丽》作"中起"。
⑦ 这里是说世尊预言这里会有天神护佑，建起的城堡会永久坚固。
⑧ 此处"次"字，据《中华大藏经》校勘记，《碛》、《普》、《南》、《径》、《清》、《丽》作"滨"。
⑨ 此处"云"字，据《中华大藏经》校勘记，《碛》、《普》、《南》、《径》、《清》、《丽》作"昙"。

與①種種供養，各嚴船令渡。
世尊以船多，偏愛②違眾心，③
即以神通力，隱身及大眾④，
忽從此岸沒，而出於彼岸。
以乘智慧船，廣濟於眾生，
緣斯德力故，濟河不憑舟。
恒河側人民，同聲唱奇特⑤，
咸言名此津，名為瞿曇津。
城門瞿曇門，津名瞿曇津，
斯名流於世，歷代共稱傳。
如來復前行，至彼鳩梨村，
說法多所化，復至那提村。
人民多疫死，親戚悉來問：
"說⑥親疫死者，命終生何所？"
佛善知業報，悉隨問說記⑦。
前至鞞舍辞⑧，住於菴羅林⑨。
彼菴摩羅女，承佛詣其園，
侍女眾隨從，庠序出奉迎。

---

① 此处"与"字，据《中华大藏经》校勘记，《碛》、《普》、《南》、《径》、《清》、《丽》作"兴"。
② 此处"爱"字，据《中华大藏经》校勘记，《碛》、《普》、《南》、《径》、《清》、《丽》作"受"。
③ 这两句意谓世尊看到许多渡船欢迎他上船，如果他有所选择，就会给人造成自己有所偏爱的印象。
④ 这句意谓隐没自己和随行的众比丘。
⑤ 此处"奇特"，据《中华大藏经》校勘记，《丽》作"奇哉"。
⑥ 此处"说"字，据《中华大藏经》校勘记，《碛》、《普》、《南》、《径》、《清》、《丽》作"诸"。
⑦ 此处"说记"，据《中华大藏经》校勘记，《碛》、《普》、《南》、《径》、《清》、《丽》作"记说"。"记说"意谓"说明"。
⑧ 此处"辞"字，据《中华大藏经》校勘记，《碛》、《普》、《南》、《径》、《清》、《丽》作"离"。"鞞舍离"（vaiśālī）也译"毗舍离"或"吠舍离"。
⑨ "菴摩罗林"（āmrapālī）指菴摩罗女的园林。菴摩罗女是一位妓女。

善執諸情根，身服輕素衣，
捨離莊嚴服，自沐浴香花，
猶世真①賢女，潔素以祠天，
端正妙容姿，猶天玉女形。
佛遙見女來，告諸比丘眾：
"此女極端正，能留行者情，
汝等當正念，以慧鎮其心。
寧在暴虎口，狂夫利劍下，
不於女人所，而起愛欲情。
女人顯安②態，若行住坐臥，
乃至盡③像形，悉表妖姿容，
劫奪人善心，如來④不自防？
見啼嘆⑤恚怒，縱體而垂肩，
或散髮髻傾，猶苦⑥亂人心，
況復飾容儀，以顯妙姿顏，
莊嚴隱陋形，誘誑於愚夫？
迷亂生德想，不覺醜穢形，⑦
當觀無常苦，不淨無我所。
諦見其真實，滅除貪欲想。

---

① 此处"真"字，据《中华大藏经》校勘记，《碛》、《普》、《南》、《径》、《清》、《丽》作"贞"。
② 此处"安"字，据《中华大藏经》校勘记，《碛》、《普》、《南》、《径》、《清》、《丽》作"姿"。
③ 此处"尽"字，据《中华大藏经》校勘记，《碛》、《普》、《南》、《径》、《清》、《丽》作"画"。
④ 此处"如来"，据《中华大藏经》校勘记，《碛》、《普》、《南》、《径》、《清》、《丽》作"如何"。
⑤ 此处"见啼叹"，据《中华大藏经》校勘记，《丽》作"现啼笑"。
⑥ 此处"苦"字，据《中华大藏经》校勘记，《碛》、《普》、《南》、《径》、《清》、《丽》作"尚"。
⑦ 这两句意谓在迷乱中会产生优美的想法，而不觉得形象丑陋污秽。

正觀於自境①，天女常②不樂，
　　　況復人間欲，而能留人心？
　　　當執精進弓，智慧鋒利箭，
　　　被正念重鎧，決戰於五欲。
　　　寧以熱鐵槍，貫徹於雙目，
　　　不以愛欲心，而觀於女色。
　　　愛欲迷其心，炫③惑於女色，
　　　亂想而命終，必墮三惡道，
　　　畏彼惡道苦，不受女人欺。
　　　根不繫境界，境界不繫根，
　　　於中貪欲想，由根繫境界。④
　　　猶如二耕牛，同一軛一靮⑤，
　　　牛不轉相續⑥，根境界亦然，
　　　是故當制心，勿令其放逸。"
　　　佛為諸比丘，種種說法已，
　　　彼菴摩羅女，漸至世尊前。
　　　見佛坐樹下，禪定靜思惟，
　　　念佛大悲心，哀受我樹林。
　　　端心斂儀容，心素路冶情⑦，
　　　恭形心純至，稽首接足禮⑧。

---

① "自境"指原来的真实面目。
② 此处"常"字，据《中华大藏经》校勘记，《碛》、《普》、《南》、《径》、《清》、《丽》作"尚"。
③ 此处"炫"字，据《中华大藏经》校勘记，《碛》、《普》、《南》、《径》、《清》作"眩"，《丽》作"炫"。
④ 这两句意谓由于产生贪欲，感官和感官对象才会相连。
⑤ "靮"指皮带。
⑥ 此处"续"字，据《中华大藏经》校勘记，《碛》、《普》、《南》、《径》、《清》、《丽》作"缚"。这句意义不明。
⑦ 此处"心素路冶情"，据《中华大藏经》校勘记，《丽》作"止素妖冶情"。
⑧ 这句意谓向佛陀行触足礼。

世尊命令坐，隨心為說法：
"汝心已純靜，表徹外德容，
壯年豐財寶，備德兼姿顏，
能信樂正法，是則世之難。①
丈夫宿智慧②，樂法非為奇，
女人情志弱，智淺愛亦③深，
而能樂正法，此亦為甚難。
人生於世間，唯應法自娛，
財色非常寶，唯正法為珍。
強良病所畏④，少壯老所遷，
命為死所困，行法無能侵⑤。
所愛莫不離，不愛而強憐⑥，
所求不隨意，唯法為從心。
他力為大苦，自在力為歡，
女人悉由他，兼懷他子苦，⑦
是故當思惟，厭離於女身。"
彼菴摩羅女，聞法心歡喜，
堅固智增明，能斷於愛欲，
即自厭女身，不染於境界。

---

① 这里是说正当壮年，富有资财，品德和美貌兼备，而能信奉正法，实非容易。
② 这句意谓男子前世积有智慧。
③ 此处"亦"字，据《中华大藏经》校勘记，《碛》、《普》、《南》、《径》、《清》、《丽》作"欲"。
④ 此处"畏"字，据《中华大藏经》校勘记，《碛》、《普》、《南》、《径》、《清》、《丽》作"坏"。
⑤ 这句意谓行法不会受到侵害。
⑥ 此处"怜"字，据《中华大藏经》校勘记，《碛》、《普》、《南》、《径》、《清》、《丽》作"邻"。这两句连同下一句也就是通常所说"爱别离，怨憎会，求不得"。
⑦ 这里是说依赖他人而痛苦，独立自主则快乐，然而女人历来依赖他人，还要承受生育儿子的痛苦。

雖恥於陋形，法力勸其心，
稽首而告①佛："已蒙尊攝受，
哀受明供養，令滿其志願。"②
佛知彼誠心，兼利諸羣生，
默然受其請，令即隨歡喜，
視聽轉增明，③作禮而還家。

① 此处"告"字，据《中华大藏经》校勘记，《碛》、《普》、《南》、《径》、《清》、《丽》作"白"。
② 这里是说菴摩罗女虽然自惭形秽，而受到正法激励，邀请佛陀明天接受她的供养。
③ 这里是说佛陀以沉默表示接受她的邀请，令她满心欢喜，视力和听力变得更加清晰。

昙译：神力住壽品第二十三

爾時鞞舍離，諸離車[①]長者，
聞世尊入國，住菴摩羅園。
有來[②]素車輿，素善[③]素衣服，
青赤黃綵[④]色，其眾各異義，[⑤]
導從翼前後，淨[⑥]塗競路前，
天冠好[⑦]花服，寶飾以莊嚴，
威容盛明曜，增暉破[⑧]園林。
除捨五威儀[⑨]，下車而步進，
息慢而形恭，頂禮於佛足，
大眾圍遶佛，如日重輪光。
離車名師子[⑩]，為諸離車長，
德貌如師子，位居師子臣，

---

① "离车"（licchavi）是种族名。
② 此处"来"字，据《中华大藏经》校勘记，《碛》、《普》、《南》、《径》、《清》、《丽》作"乘"。
③ 此处"善"字，据《中华大藏经》校勘记，《碛》、《普》、《南》、《径》、《清》、《丽》作"盖"。
④ 此处"綵"字，据《中华大藏经》校勘记，《碛》、《普》、《南》、《径》、《清》、《丽》作"绿"。
⑤ 此处"义"字，据《中华大藏经》校勘记，《碛》、《普》、《南》、《径》、《清》、《丽》作"仪"。
⑥ 此处"净"字，据《中华大藏经》校勘记，《碛》、《普》、《南》、《径》、《清》、《丽》作"争"。
⑦ 此处"好"字，据《中华大藏经》校勘记，《碛》、《普》、《南》、《径》、《清》、《丽》作"衮"。
⑧ 此处"破"字，据《中华大藏经》校勘记，《碛》、《普》、《南》、《径》、《清》、《丽》作"彼"。
⑨ 这句意谓去除各种华贵的装饰。
⑩ 此处"师子"（siṃha，即"狮子"）是人名，指离车族的一位首领。

除餘①師子慢，受誨釋師子②：
"汝等大威德，名族美色容，
能除世憍慢，受法以增明，
財色香花飾，不知③戒莊嚴。④
國土豐安樂，唯以汝等榮，
身榮⑤而安民，莊⑥於調御心。
加以樂法情，令德轉崇高，
非薄土群鄙⑦，而能集眾賢，
當日新其德⑧，撫養於萬民，
導眾以明正，如牛王涉津⑨。
若人能自念，今世及後世，
唯當脩正戒，福利二世安。
為眾所敬重，名稱普流聞，
人⑩者樂為友⑪，德流永無疆。
山林寶玉石，皆依地而生，
戒德亦如地，眾善之所由。
無翅欲騰虛，渡河無良舟，

---

① 此处"除余"，据《中华大藏经》校勘记，《碛》、《普》、《南》、《径》、《清》、《丽》作"灭除"。
② 这句意谓接受释迦族狮子（佛陀）的教诲。
③ 此处"知"字，据《中华大藏经》校勘记，《碛》、《普》、《南》、《径》、《清》、《丽》作"如"。
④ 这两句意谓任何装饰都比不上持戒的装饰。
⑤ 此处"身荣"，据《中华大藏经》校勘记，《碛》、《普》、《南》、《径》、《清》、《丽》作"荣身"。
⑥ 此处"庄"字，据《中华大藏经》校勘记，《碛》、《普》、《南》、《径》、《清》、《丽》作"在"。
⑦ 这句可能意谓并非土地贫瘠，民众粗鄙。
⑧ 这句意谓应当不断提升品德。
⑨ 这句意谓如同牛王带领牛群渡河。
⑩ 此处"人"字，据《中华大藏经》校勘记，《碛》、《普》、《南》、《径》、《清》、《丽》作"仁"。
⑪ 这句意谓仁者乐于与他交友。

人而無威①德，濟苦②為實難。
如樹美花果，針刺難可攀，
多聞美色力，破戒者亦然。③
端坐勝堂閣，王心自莊嚴，
淨戒功德具，隨大仙而去④。
染服衣毛羽，螺髻剃鬚髮，
不脩於戒德，方涉眾苦難。⑤
日夜三沐浴，奉火修苦行，
遺身穢野獸，赴水火投巖，
食菓餚菓⑥根，吸風飲恒水⑦，
服氣以絕糧，遠離於正戒。⑧
習斯禽獸道，非為正法器，
毀戒招誹謗，仁者所不親。
心常懷恐怖，怨⑨名如影隨，
現世無利益，後世豈獲安？
是故智慧士，常⑩修於淨戒，
於生死曠野，戒為善導師。
持戒由自力，此則不為難，

---

① 此处"威"字，据《中华大藏经》校勘记，《碛》、《普》、《南》、《径》、《清》、《丽》作"戒"。

② "济苦"意谓渡过苦海。

③ 这里是说如同一棵花果茂盛的树，上面长有荆棘，便难以攀登，同样，一个人即使富有学问和美色，但破坏戒律，便难以接近。

④ 此处"去"字，据《中华大藏经》校勘记，《碛》、《普》、《南》、《径》、《清》作"化"，《丽》作"征"。这句意谓能走上仙人之路，即成为王仙。

⑤ 这里是说即使一身苦行者的装束打扮，而不持戒，也不能摆脱各种苦难。

⑥ 此处"菓"字，据《中华大藏经》校勘记，《碛》、《普》、《南》、《径》、《清》、《丽》作"草"。

⑦ "恒水"指恒河水。

⑧ 这里是说修炼种种苦行，远离真正的持戒。

⑨ 此处"怨"字，据《中华大藏经》校勘记，《碛》、《普》、《南》、《径》、《清》、《丽》作"恶"。

⑩ 此处"常"字，据《中华大藏经》校勘记，《碛》、《普》、《南》、《径》、《清》、《丽》作"当"。

淨戒為梯隥，令人上昇天。
建立淨戒者，斯由煩惱微[①]，
諸過壞其心，喪失善功德。
先當離我所[②]，我所覆諸善，
猶灰覆火上，足蹈而覺燒。
憍慢覆其心，如日隱重雲，
慢怠滅慚愧，憂悲弱強志[③]，
老病壞壯容，我慢滅諸善。
諸天阿修羅，貪嫉興諍訟，
喪失諸功德，悉由我慢壞。
我於勝中勝，我德勝者同，
我於勝小劣，斯則為愚失，[④]
色族[⑤]悉無常，動搖不暫停，
終為磨滅法，何用憍慢為？
貪欲為巨患，詐親而密怨，
猛火從內發，貪火亦復然。
貪欲之熾燃，甚於世界火[⑥]，
火盛水能滅，貪愛難可測[⑦]。
猛火焚曠野，草盡還復生，
貪欲火焚心，正法生則難。
貪欲求世樂，樂增不淨業，

[①]"煩惱微"意謂煩惱減少。
[②]"我所"指執著自我。
[③]"弱強志"意謂削弱堅強的意志。
[④]此處"失"字，據《中華大藏經》校勘記，《磧》、《普》、《南》、《徑》、《清》、《麗》作"夫"。這裡意謂愚夫自高自大，自以為是"勝中勝"，或者與"勝者"相同，至少也是略遜於"勝者"。
[⑤]"色族"指一切物質。
[⑥]"世界火"指世界末日的劫火。
[⑦]此處"測"字，據《中華大藏經》校勘記，《磧》、《普》、《南》、《徑》、《清》作"銷"，《麗》作"消"。

昙译：神力住壽品第二十三　　459

  怨業隨惡道^①，怨^②無過貪欲。
  貪則生於愛，愛則習諸欲，
  習欲招眾苦，無怨^③無過貪，
  貪則為大病，智藥愚夫亡^④，
  邪覺不正思，能令貪欲增。
  無常苦不淨，無我無我所，
  智慧真實觀，能滅彼邪貪。^⑤
  是故於境界^⑥，當修真實觀，
  真實觀已生，貪欲得解脫。
  見得^⑦生貪欲，見過起瞋恚，
  德過^⑧二俱忘，貪恚得除滅。
  瞋恚改素容，能壞端正色，
  瞋恚翳明目，害法義欲聞^⑨，
  斷絕親愛義，為世所輕賤。
  是故當捨恚，勿隨於瞋心，
  能制狂恚心，是名善御者，
  世稱善調馴，是為攝繩容^⑩。
  縱恚不自焚^⑪，憂悔火隨燒，

---

　　① 此处"怨业随恶道"，据《中华大藏经》校勘记，《碛》、《普》、《南》、《径》、《清》、《丽》作"恶业堕恶道"。
　　② 此处"怨"指怨敌。
　　③ 此处"无怨"，据《中华大藏经》校勘记，《丽》作"元恶"。
　　④ 此处"亡"字，据《中华大藏经》校勘记，《碛》、《普》、《南》、《径》、《清》、《丽》作"止"。
　　⑤ 这里是说依靠智慧真正认识到贪欲无常、痛苦和不净，无我和无我所，便能灭除贪欲。
　　⑥ "境界"指各种感官对象。
　　⑦ 此处"得"字，据《中华大藏经》校勘记，《碛》、《普》、《南》、《径》、《清》、《丽》作"德"。
　　⑧ "德过"指优点和缺点，或好处和坏处。
　　⑨ 这句意谓损害正法、利益、爱欲和学问。其中前三者是人生三要。
　　⑩ 此处"容"字，据《中华大藏经》校勘记，《碛》、《普》、《南》、《径》、《清》作"客"。"摄绳客"可能意谓控制缰绳者。
　　⑪ 此处"焚"字，据《中华大藏经》校勘记，《丽》作"禁"。

若人起瞋恚，先自燒其心，
然後加於彼，或燒或不燒。①
生老病死苦，逼迫於眾生，
復加於恚害，多怨復增怨。
見世眾苦迫，應起慈悲心，
眾生起煩惱，增微無量差。"②
如來善方便，隨病改③略說，
譬如世良醫，隨病而投藥。
爾時諸離車，聞佛所說法，
即起禮佛足，歡喜而頂受④，
請佛及大眾，明日設薄供。
佛告諸離車："菴摩羅已請。"
離車懷感慚⑤，彼利斷⑥我利？
知佛心平等，而起隨喜心。
如來善隨宜，安慰令心悅，
伏化純熟歸，如虺⑦被嚴呪。
夜過明相生，佛與大眾俱，
詣菴摩羅舍，受彼供養畢，
往詣毗紐村，於憂波⑧安居。

---

① 这两句可能意谓愤怒进而施加于他人，或焚烧或不焚烧他人的心。
② 这两句可能意谓众生产生的各种烦恼，大大小小，无量无数。
③ 此处"改"字，据《中华大藏经》校勘记，《碛》、《普》、《南》、《径》、《清》、《丽》作"而"。
④ "顶受"意谓顶礼接受。
⑤ 此处"慚"字，据《中华大藏经》校勘记，《碛》、《普》、《南》、《径》、《清》、《丽》作"愧"。
⑥ 此处"利斷"，据《中华大藏经》校勘记，《碛》、《普》、《南》、《径》、《清》、《丽》作"何夺"。
⑦ 此处"虺"字，据《中华大藏经》校勘记，《碛》、《普》、《南》、《径》、《清》、《丽》作"蛇"。
⑧ 此处"忧波"，据《中华大藏经》校勘记，《碛》、《普》、《南》、《径》、《清》、《丽》作"彼夏"。"夏安居"或称"雨安居"，指在雨季不外出，在寺院或洞窟中专心修行。

三月安居竟，復還鞞舍離，
往①獼猴池側，坐於林樹間，
普放大光明，以感魔波旬，
來詣於佛所，合掌勸請言：
"昔尼連禪側，已發真實約②，
我所作事畢，當入於涅槃。
今所作已作，當遂於本心。"③
時佛告波旬："滅度時不遠，
却後三月滿，當入於涅槃。"
時魔知如來，滅度已有期，
情願既已滿，歡喜還天宮。
如來坐樹下，正受三摩提，
放捨業報壽，神力住命存。④
以如來捨壽，大地普震動，
十方虛空境，周遍大火然，
須彌頂崩頹，天雨飛礫石，
狂風四激起，樹木悉摧折，
天樂發哀聲，天人心忘歡。
佛從三昧起，普告諸眾生：
"我今已捨壽，三昧力存身，
身如朽敗車，無復往來因，
已脫於三有，如鳥破卵生。"⑤

---

① 此处"往"字，据《中华大藏经》校勘记，《碛》、《普》、《南》、《径》、《清》、《丽》作"住"。
② 此处"约"字，据《中华大藏经》校勘记，《碛》、《普》、《南》、《径》、《清》、《丽》作"要"。"要"指诺言或誓约。
③ 这里是说"以前你在尼连禅河畔已经发出真实的誓言：'我完成应该做的事后，就会进入涅槃。'如今你已经完成应该做的事，可以顺遂原本的心愿。"
④ 这两句意谓佛陀已舍弃业报的寿命，而依靠"神力"维持最后三个月的生命。
⑤ 这里是说这身体如同朽坏的车辆，不再来回驰骋，已经摆脱三界的生存，如同雏鸟摆脱卵壳。

昙译：離車辭別品第二十四

尊者阿難陀①，見地普天動，
心驚身毛豎，問佛何因緣？
佛告阿難陀："我住三月壽，
餘命行悉捨，是故地大動。"
阿難聞佛教，悲感淚交流，
猶如大力象，搖彼栴檀樹，
擾動理迫迮，香汁淚流下。②
親重天③師尊，恩深求④離欲，
惟此四事⑤故，悲苦不自勝：
"今我聞世尊，涅槃決定教，
舉體悉萎消，迷方失常音，
所聞法悉忘，荒聞法悉亡⑥。
怪哉救世主，滅度一何駃⑦，
遭寒水垂死，愚⑧火忽復滅。⑨

---

　　① "阿难陀"（ānanda，也译"阿难"）在佛弟子中称为"多闻第一"。
　　② 这两句意谓思绪混乱，眼泪如同栴檀树的芳香树汁流下。
　　③ 此处"天"字，据《中华大藏经》校勘记，《碛》、《普》、《南》、《径》、《清》、《丽》作"大"。
　　④ 此处"求"字，据《中华大藏经》校勘记，《碛》、《普》、《南》、《径》、《清》、《丽》作"未"。
　　⑤ 此处"四事"应该是指上面两句中所说佛陀是自己的尊师，他与佛陀亲情深重，佛陀对他恩情深厚，同时他尚未"离欲"。
　　⑥ 此处"荒闻法悉忘"，据《中华大藏经》校勘记，《普》、《丽》作"荒悸亡天地"。这句意谓惊慌中仿佛天地覆没。
　　⑦ 此处"駃"字通"快"。
　　⑧ 此处"愚"字，据《中华大藏经》校勘记，《碛》、《普》、《南》、《径》、《清》、《丽》作"遇"。
　　⑨ 这两句意谓遭遇寒水而濒临死亡，终于遇到了暖身的火，火却突然熄灭。

於煩惱曠野，迷亂失其方，
忽遇善導師，未度忽復失。
如人涉長漠，熱渴久乏水，
忽遇清涼池，奔趣忽①枯竭。
固②睫瞪睛目，明鑒於三世，
智慧照幽冥，昏冥一何速？
猶如旱地苗，雲興仰希雨，
暴風雲速滅，望絕守空田。
無智大闇冥，群生悉迷方，
如來燃慧燈，忽滅果③由出。"
佛聞阿難說，酸訴情悲切，
軟語安慰言，為說真實法：
"若人知自性④，不應處憂悲，
一切諸有為，悉皆磨滅法。⑤
我已為汝說，合會性別離，
恩愛理不常，當捨悲戀心。
有為流動法，生滅不自在，
欲令長存者，終無有是處。
有為若常存，無有遷變者，
此則為解脫，於何而更求？
汝及餘眾生，今於我何求？
汝等所應得，我以為說竟，

---

① 此处"忽"字，据《中华大藏经》校勘记，《碛》、《普》、《南》、《径》、《清》、《丽》作"悉"。
② 此处"固"字，据《中华大藏经》校勘记，《碛》、《普》、《南》、《径》、《清》、《丽》作"绀"。
③ 此处"果"字，据《中华大藏经》校勘记，《丽》作"莫"。
④ "知自性"意谓知道世界的本质。
⑤ 这两句意谓一切因缘和合的事物都会毁灭。

何用我此身？妙法身①長存，
我住我寂靜，所要唯在此。②
然我於眾生，未曾有師惓③。
當修厭離想，善住於自洲④。
當知自洲者，專精勤方便，
獨靜脩閑居，不從於他信。
當知法洲⑤者，決定⑥明慧燈，
能滅除癡闇，觀察四境界⑦，
逮得於勝法，離我離我所。
骨竿皮肉塗，血澆以筋纏，⑧
諦觀悉不淨，云何樂此身？
諸受⑨從緣生，猶如水上泡，
生滅無常苦，遠離於樂想。
心熾⑩生住滅，新新不暫停，
思惟於寂滅，常想永已永⑪。
眾行⑫因緣起，聚散不常俱，
愚癡生我想，慧者無我所。

---

① "法身"（dharmakāya）指法性或佛性，即佛法的精神本体。
② 这里是说你们应该获得的，我已经全部教给你们，何必还需要我留着肉身？"法身"常存，我住于"法身"而寂静，一切要领都在这里。
③ 此处"师惓"，据《中华大藏经》校勘记，《碛》、《普》、《南》、《径》、《清》作"师拳"，《丽》作"师惓"。这两句意谓我作为导师，已将知识毫无保留地教给众生。
④ 这句意谓善于以自己为岛屿而安住。
⑤ "法洲"指以正法为岛屿。
⑥ 此处"决定"意谓"确信"。
⑦ "观察四境界"即下面所说的观察"身"、观察"受"、观察"心识"和观察"行"。
⑧ 这两句形容身体由骨骼、皮肉、血和筋组成。
⑨ "受"（vedanā）指眼、耳、鼻、舌、身和意的感受。
⑩ 此处"心炽"，据《中华大藏经》校勘记，《碛》、《普》、《南》、《径》、《清》、《丽》作"心识"。"心识"（vijñāna）指眼识、耳识、鼻识、舌识、身识和意识。
⑪ 此处"永"字，据《中华大藏经》校勘记，《碛》、《普》、《南》、《径》、《清》、《丽》作"乖"。这句意谓永远摆脱事物恒常的想法。
⑫ "行"（saṃskāra）指身行、口行和心行。

於此四境界，思惟正觀察，
此則一乘道①，眾苦悉皆滅。
若能住於此，真實正觀者，
佛身之存亡，此法常無盡。"②
佛說此妙法，安慰阿難時，
諸離車聞之，惶怖咸來集。
悉捨俗威儀，驅馳至佛所，
禮畢一面坐，欲問不能宣。
佛已知其心，逆為方便說③：
"我今觀察汝，心有異常想，
放捨俗緣務，唯念法為情。
汝今欲從我，所聞所知者，
於我存亡際，慎莫生憂悲。
無常有為性④，躁動變易法，
不堅非利益，無有久住相。
古昔諸仙王，婆私吒仙等，
曼陀轉輪王，其比⑤亦眾多。
如是諸光⑥勝，力如自在天，
悉已久磨滅，無一存於今。
日月天帝釋，其數亦甚眾，
悉皆歸磨滅，無有長存者。
過去世諸佛，數如恒邊沙⑦，

---

① "一乘道"指獲得解脫的唯一正道。
② 這兩句意謂佛的肉身或存或亡，而佛法無窮無盡。
③ 這句意謂順應他們而採用合適的方式說法。
④ 這句意謂"無常"是"有為"的本質。
⑤ "其比"意謂諸如此類人物。
⑥ 此處"光"字，據《中華大藏經》校勘記，《磧》、《普》、《南》、《徑》、《清》、《麗》作"先"。
⑦ "恒邊沙"指恒河岸邊的沙粒。

智慧照世間，悉皆如燈滅。
未來世諸佛，將滅亦復然，
我今豈獨異？當入於涅槃。
彼有應度者，今宜進前行，
略捨離①快樂，汝等且自安。
世間無依怙，三界不足歡，
當亡②憂悲苦，而生離欲心。"
決斷長別已，而遊於比③方，
靡靡涉長路，如日傍西山。
爾時諸離車，悲吟逮④路隨，
仰天而哀歎："嗚呼何怪哉？
形如真金山，眾相具莊嚴，
不久將崩壞，無常何無慈！
生死久虛渴⑤，如來智慧母，
而今頓放捨，無救苦何深⑥？
眾生久闇冥，假⑦明慧以行，
如何智慧日，忽然而潛光？
無智為迅流⑧，漂浪諸眾生，
如何法橋梁，一旦忽然摧。

---

① 此处"略舍离"，据《中华大藏经》校勘记，《碛》、《普》、《南》、《径》、《清》、《丽》作"毗舍离"。
② 此处"亡"字，据《中华大藏经》校勘记，《碛》、《普》、《南》、《径》、《清》、《丽》作"止"。
③ 此处"比"字，据《中华大藏经》校勘记，《碛》、《普》、《南》、《径》、《清》、《丽》作"北"。
④ 此处"逮"字，据《中华大藏经》校勘记，《碛》、《普》、《南》、《径》、《清》、《丽》作"逐"。
⑤ 这句意谓众生长久处在生死轮回中而虚弱焦渴。
⑥ 此处"何深"，据《中华大藏经》校勘记，《碛》、《普》、《南》、《径》、《清》、《丽》作"奈何"。
⑦ 此处"假"意谓"凭借"。
⑧ 这句意谓"无知"（avidyā，或译"无明"）如同急流。

慈悲大醫王，無上智良藥，
療治眾生苦，如何忽遠逝？
慈悲妙天幢，智慧以莊嚴，
金剛心絞絡①，世間觀無厭，
祠祀嚴勝幢，云何一旦崩？
眾生何薄福？輪迴生死流，
解脫門忽閉，長苦無出期。"
如來善安慰，割情而長辭。
制心忍悲變②，如萎迦尼花③，
徘徊而遲遲，悵怏隨路行，
如人喪其親，葬畢長訣還。

---

① 这里以幢幡比喻佛陀的慈悲，智慧是它的装饰，金刚心是它的绞络。
② 此处"变"字，据《中华大藏经》校勘记，《碛》、《普》、《南》、《径》、《清》、《丽》作"恋"。
③ 这句意谓如同枯萎的迦尼花（karṇikāra）。

昙译：涅槃品第二十五

佛至涅槃處，鞞舍離空虛，
猶如夜雪①冥，星月失光明。
國土先安樂，而今頓凋悴，
猶如喪慈父，孤女常猶②悲。
如端正無聞，聰明而薄德，
心辯而口吃，明慧而乏才，
神通無威儀，慈悲力③虛偽，
高勝而無力，威儀而無法。④
鞞舍離亦然，毒⑤榮而今悴，
猶如秋田苗，失水悉枯萎。
或斷火滅烟，或對食忘飡，
悉廢公私業，不修諸俗緣，
念佛感恩深，默默各不言。
時師子離車，強忍其憂悲，
垂泣發哀聲，以表眷戀心：
"破壞諸邪徑，顯示於正法，

---

　　① 此处"雪"字，据《中华大藏经》校勘记，《碛》、《普》、《南》、《径》、《清》、《丽》作"云"。
　　② 此处"犹"字，据《中华大藏经》校勘记，《碛》、《普》、《南》、《径》、《清》、《丽》作"独"。
　　③ 此处"力"字，据《中华大藏经》校勘记，《碛》、《普》、《南》、《径》、《清》、《丽》作"心"。
　　④ 这里是说如同容貌端正而无学问，头脑聪明而缺乏品德，心里明白而不善表达，富有智慧而缺乏才能，具有神通而无威仪，心地慈悲却又虚伪，身居高位而无能力，具有威仪而无正法。
　　⑤ 此处"毒"字，据《中华大藏经》校勘记，《碛》、《普》、《南》、《径》、《清》、《丽》作"素"。"素荣"意谓"一向繁荣"。

已降諸外道，遂往不復還。
世絕離世道，無常為大病，
世尊入大寂，無依無有救。
方便最勝尊，潛光究竟處①，
我等失強志，如火絕其薪。
世尊捨世蔭②，群生甚可悲，
如人失神力，舉世共哀之。
逃暑投涼池，遭寒以憑火，
一旦悉廓然，群生何所歸？
通達殊勝法，為世陶鑄師，
世間失宰正③，人喪道則亡④，
老病死自在，道喪非道通⑤。
能壞大苦機⑥，世間何有雙？
猛熱極焰盛，大雲雨令消，
貪欲火熾然，其誰能令滅？
堅固能擔者，已捨世重任，
復何智慧力，能為不請友。⑦
如彼臨刑囚，為死而醉酒，
眾生迷惑識，唯為死受生⑧，
利鋸以解材，無常解世間。
癡闇為深水，愛欲為巨浪，
煩惱為浮沫，邪見摩竭魚，

---

① 这句意谓藏起光辉，进入涅槃。
② 这句意谓世尊不再成为世间的庇荫。
③ "宰正"意谓"主宰"。
④ 这句意谓佛陀逝世，正道失去。
⑤ 这句意谓正道失去，无路可走。
⑥ "苦机"指痛苦的机械，比喻轮回转生。
⑦ 这两句意谓有谁具有智慧的力量，能成为不请自来的朋友。
⑧ 这句意谓只是为了死亡而接受出生。

唯有智慧船，能度斯大海。
眾病為樹花，衰老為纖條，
死為樹深根，有業為其芽，
智慧剛利刀，能斷三有樹。
無明為鑽然①，食欲②為熾焰，
五欲境界薪，滅之以智水。
具足殊勝法，已壞於癡冥③，
見安隱正路，究竟④諸煩惱。
慈悲化眾生，怨親無異相⑤，
一切智慧⑥達，而今悉棄捨。
軟美清淨音，方身纖長臂，
大仙而有邊，何人得無窮？⑦
當覺時遷速，應勤求正法，
如嶮道遇水，時飲速進路。
非常⑧甚暴逆，普壞無貴賤，
正觀存於心，雖眠亦常覺。"
時離車師子，常念佛智慧，
厭離於生死，歎慕人師子⑨。
不存世恩愛，深崇離欲德，
折伏輕躁意，栖心寂靜處。
勤修行惠施，遠離於憍慢，

---

① 这句意谓无知是钻木燃起的火。
② 此处"食欲"，据《中华大藏经》校勘记，《碛》、《普》、《南》、《径》、《清》、《丽》作"贪欲"。
③ 这句意谓已经驱除愚痴的黑暗。
④ 此处"究竟"意谓"终结"。
⑤ 此处"相"字，据《中华大藏经》校勘记，《碛》、《普》、《南》、《径》、《清》作"想"。这句意谓平等对待一切众生。
⑥ 此处"慧"字，据《中华大藏经》校勘记，《碛》、《普》、《南》、《径》、《清》、《丽》作"通"。
⑦ 这两句意谓这样的"大仙"也会命终，还有谁会永生。
⑧ 此处"非常"意谓"无常"。
⑨ "人师子"意谓"人中狮子"，指佛陀。

樂獨脩閑居，思惟真實法。
爾時一切智，圓身師子震[①]，
瞻彼鞞舍離，而說長辭偈：
"是吾之最後，遊此鞞舍離，
往力士生地[②]，當入於涅槃。"
漸次第遊行，至彼蒲加城，
安住堅固林，教誡諸比丘：
"吾今以中夜，當入於涅槃，
汝等當依法，是則尊勝處。[③]
不入脩多羅[④]，亦不慎[⑤]律儀，
真實義相違，則不應攝受。[⑥]
非法亦非律，又非我所說，
是則為聞[⑦]說，汝等應速捨。
執受於明說，是則非顛倒，[⑧]
是則我所說，如法如律教。
如我法律受，是則為可信，
言我法律非，是則不可言[⑨]。
不解微細義，謬隨於文字，
是則為愚夫，非法而妄說。
不別其真偽，無見而闇受，

---

① 此处"震"字，据《中华大藏经》校勘记，《碛》、《普》、《南》、《径》、《清》、《丽》作"顾"。这两句意谓这时"一切智"（佛陀）如同狮子转身反顾。
② "力士生地"指后面说到的波婆城。"力士"（malla）是种族名。
③ 这两句意谓你们应当依靠正法，这是至高目标。
④ "修多罗"是 sūtra（经）一词的音译。
⑤ 此处"慎"，据《中华大藏经》校勘记，《碛》、《普》、《南》、《径》、《清》、《丽》作"顺"。
⑥ 这里是说如果不符合经，不符合律，与真实义相违背，则不应接受。
⑦ 此处"闻"字，据《中华大藏经》校勘记，《碛》、《普》、《南》、《径》、《清》、《丽》作"暗"。
⑧ 这两句意谓接受正确的言说，也就不虚妄颠倒。
⑨ 此处"言"字，据《中华大藏经》校勘记，《碛》、《普》、《南》、《径》、《清》、《丽》作"信"。

猶偷①金共肆，誑惑於世間。
愚夫習淺智，不解真實義，
受於相似法，而作真法受。
是故當審諦，觀察真法律，
猶如鍊金師，燒打而取真。
不知諸經論，是則非黠②慧，
不應說所應，應作不應見，③
當作平等受，句義說如行④。
執劍無方便，則反傷其手，
辭句不巧便，其義難了知，
如夜行求室，宅曠莫知處。
失義則忘法，忘法心馳亂，
是故智慧士，不違真實義。"
說斯教誡已，至於彼⑤婆城，
彼諸力士眾，設種種供養。
時有長者子，其名曰純陀⑥，
請佛至其舍，供設最後飯。
飲⑦食說法畢，行詣鳩夷城⑧，

---

① 此处"偷"字，据《中华大藏经》校勘记，《碛》、《普》、《南》、《径》、《清》、《丽》作"鍮"。这句意谓将黄铜和金子混在一起出售。
② 此处"黠"字，据《中华大藏经》校勘记，《碛》、《普》、《南》、《径》、《清》、《丽》作"智"。
③ 在两句意义不明，可能意谓将不应该做的说成应该做的，将应该做的看成不应该做的。
④ 此处"说如行"，据《中华大藏经》校勘记，《碛》、《普》、《南》、《径》、《清》、《丽》作"如说行"。这两句意谓应当正确地接受经论，按照句义所说的行动。
⑤ 此处"彼"字，据《中华大藏经》校勘记，《碛》、《普》、《南》、《径》、《清》、《丽》作"波"。
⑥ "纯陀"（cunda）是铁匠之子。
⑦ 此处"饮"字，据《中华大藏经》校勘记，《碛》、《普》、《南》、《径》、《清》、《丽》作"饭"。
⑧ "鸠夷城"（kuśinagara）是力士族（malla）都城。

昙译：涅槃品第二十五　　473

度於蕨蕨河，及熙連三①河。
彼有堅固林，安隱閑靜處，
入金河洗浴，身若真金山。
告勅阿難陀："於彼雙樹間，
掃灑令清淨，安置於繩床，
吾今中夜時，當入於涅槃。"
阿難聞佛教，氣塞而心悲，
行泣而奉教，布置訖還白②。
如來就繩床，北首右脇臥，
枕手累雙足，猶如師子王③，
畢苦後邊身，一臥永不起④，
弟子眾圍遶，哀愍世間滅⑤。
風止林流靜，鳥獸寂無聲，
樹木汁淚流，華葉非時零⑥，
未離欲人天⑦，悉皆大惶怖。
如人遊曠澤，險道⑧未至村，
但恐行不至，心懼形忽忽。
如來畢竟臥⑨，而告阿難陀：
"往告諸力士，我涅槃時至。

---

①　此处"三"字，据《中华大藏经》校勘记，《碛》、《普》、《南》、《径》、《清》、《丽》作"二"。
②　这句意谓布置完毕后，回来禀告。
③　这里是说佛陀头朝北，右侧躺下，以手为枕，一条腿搁在另一条腿上，呈狮子睡眠状。
④　这两句意谓这最后的一身结束痛苦，长眠不起。
⑤　此处"哀愍世间灭"，据《中华大藏经》校勘记，《碛》、《普》、《南》、《径》、《清》、《丽》作"哀叹世眼灭"。
⑥　这句意谓树木的花叶不合时令地凋零。
⑦　这句意谓没有"离欲"的凡人和天神。
⑧　此处"险道"，据《中华大藏经》校勘记，《碛》、《普》、《南》、《径》、《清》、《丽》作"道险"。
⑨　"毕竟臥"意谓最终的安臥，比喻入涅槃。

彼若不見我，永恨生大苦。"
阿難受佛教，悲泣而隨路，
告彼諸力士："世尊已畢竟。"
諸力士聞之，極生大恐怖，
士女奔馳出，號泣至佛所，
弊衣而散髮，蒙塵身流汗，
號慟詣彼林，猶如天福盡，
垂淚禮佛足，憂悲身萎熟。
如來安慰說："汝等勿憂悴，
今應隨喜時，不宜生憂慼。
長劫之所視①，我今始獲得，
已度根境界，無盡清涼處。②
離地水火風，寂靜不生滅③，
永除於憂患，云何為我憂？
我昔伽闍山，已④捨於此身，
以本因緣故，存世至於今。
守斯危脆身，如毒蛇同居，
今入於大寂，眾苦緣已畢。
不復更受身，未來苦長息，
汝等不復應，為我生恐怖。"
力士聞佛說，入於大寂靜，
心亂而目冥，如覩大黑闇，
合掌白佛言："佛離生死苦，

---

① 此处"視"字，据《中华大藏经》校勘记，《碛》、《普》、《南》、《径》、《清》、《丽》作"規"。
② 这里是说多少世代以来追求的目标，我今天才获得；我已经摆脱感官和感官对象，达到无尽清凉处。
③ "不生灭"意谓不生不灭。
④ 此处"已"字，据《中华大藏经》校勘记，《碛》、《普》、《南》、《径》、《清》、《丽》作"欲"。

永之寂滅樂，我等實欣慶。
猶如彼①燒舍，親從盛火出，
諸天猶歡喜，何況於世人？
如來既滅後，羣生無所覩，
永違於救護，是故生憂悲。
譬如商人眾，遠涉於曠野，
唯有一導師，忽然中道亡，
大眾無所怙，云何不憂悲？
現世自證知，覩一切知見，
而不獲勝利，舉世所應笑，
譬如經寶山，愚癡守貧苦。"②
如是諸力士，向佛而悲訴，
猶如人一子，悲訴於慈父。
佛以善誘辭，顯示第一義，
告諸力士眾："誠如汝所言，
求道須精勤，非但見我得③。
如我所說行，得離眾苦網，
行道存於心，不必由見我。
猶如疾病人，依方服良藥，
眾病自然除，不待見醫師。
不如我說行，空見我無益，
雖與我相遠，行法為近我，
同止④不隨法，當知去我遠。
攝心莫放逸，精勤修正業，

---

① 此处"彼"字，据《中华大藏经》校勘记，《碛》、《普》、《南》、《径》、《清》、《丽》作"被"。
② 这里是说在这世已经亲自见到"一切知"（即通晓一切的佛陀），却没有成功达到最高目标，会让世人取笑，犹如经过宝山而不知，依然愚痴地固守贫困。
③ 这句意谓并非只是看到我就能得道。
④ "同止"意谓住在一起。

人生於世間，長夜眾苦迫，
擾動不自安，猶若風中燈。"
時諸力士眾，聞佛慈悲教，
內感而收淚，強自抑止歸。

昙译：大般涅槃品第二十六

爾時有梵志，名須跋陀羅[①]，
賢德悉備足，淨戒護眾生，
少稟於邪見[②]，修外道出家，
欲來見世尊，告語阿難陀：
"我聞如來道，厥義深難測，
世間無上覺，第一調御師，
今欲般涅槃，難復可再遇，
難見見者難，猶如鏡中月。
我今欲奉見，無上善導師，
為求勉[③]眾苦，度生死彼岸。
佛日欲潛光，願令我暫見。"
阿難情悲感，兼謂為諸[④]論，
或欣世尊滅，[⑤]不宜令佛見。
佛知彼希望，堪為正法器，
而告阿難陀："聽[⑥]彼外道前，
我為度人王[⑦]，汝勿作留難。"
須跋陀羅聞，心生大歡喜，

---

① "須跋陀羅"（subhadra）是一位婆罗门游方僧。
② 这句意谓年少时接受邪见。
③ 此处"勉"字，据《中华大藏经》校勘记，《碛》、《普》、《南》、《径》、《清》、《丽》作"免"。
④ 此处"诸"字，据《中华大藏经》校勘记，《碛》、《普》、《南》、《径》、《清》、《丽》作"讥"。
⑤ 这两句意谓同时认为他是前来争论讽刺，或是高兴地看到世尊死亡。
⑥ 此处"听"意谓"听任"。
⑦ 此处"王"字，据《中华大藏经》校勘记，《碛》、《普》、《南》、《径》、《清》、《丽》作"生"。

樂法情轉深，如①敬至佛前。
應時隨順言，軟語而問訊，
和顏合掌請："今欲有所問。
世有知法者，如我比②甚眾，
唯聞佛所得，解脫異要道。③
願為我略說，沽④潤虛渴懷，
不為論議故，亦無勝負心。"⑤
佛為彼梵志，略說八正道，
聞即虛心受，猶迷得正路。
覺知先所覺⑥，非為究竟道，
即得未曾有⑦，捨離於邪徑。
兼背癡闇障⑧，思惟先所習，
瞋恚癡冥俱，長養不善業。
愛恚癡等行，能起諸善業，
多聞惠⑨精進，亦由有愛生⑩。
恚癡若斷者，則離於諸業，
諸業既已除，是名業解脫，

---

① 此处"如"字，据《中华大藏经》校勘记，《碛》、《普》、《南》、《径》、《清》、《丽》作"加"。
② "如我比"意谓像我这样的人。
③ 这两句意谓听说佛陀获得不同的解脱道。
④ 此处"沽"字，据《中华大藏经》校勘记，《碛》、《普》、《南》、《径》、《清》、《丽》作"沾"。
⑤ 这两句意谓不是为了争论，也没有决一胜负之心。
⑥ 此处"觉"字，据《中华大藏经》校勘记，《碛》、《普》、《南》、《径》、《清》、《丽》作"学"。
⑦ 此处"有"字，据《中华大藏经》校勘记，《碛》、《普》、《南》、《径》、《清》作"闻"，《丽》作"得"。
⑧ 这句意谓同时他背离愚痴的黑暗障碍。
⑨ 此处"惠"通"慧"。
⑩ 这里是说如果爱欲、瞋怒和愚痴这类行为能产生善业，那么，博学、智慧和精进也能由爱欲产生。

諸業解脫者，不與義相應①。
世間說一切，悉皆有自性，
有愛瞋恚癡，而有自性者，
此則應常存，云何而解脫？②
正使恚癡滅，有愛還復生，
如水自性冷，緣火故成熱，
熱息歸於冷，以自性常故。③
當④知有愛性，聞慧進不增，
不增亦不減，云何是解脫？⑤
先謂彼生死，本從性中生，
今觀於彼義，無得解脫者。⑥
性者則常住，云何有究竟⑦？
譬如燃明燈，何能令無光？
佛道真實義，緣愛生世間⑧，
愛滅則寂靜，因滅故果亡。
本謂我異身，不見無作者⑨，
今聞佛正教，世間無有我。
諸法因緣生，無有自在故，

---

① 这句可能意谓不与感官对象相联系。此处"义"字可以对应梵文 artha 一词，也可以读作"对象"。
② 这里是说世间说一切皆有自性，而如果爱欲、嗔怒和愚痴有自性，那么，它们就应该常存，哪里还可能获得解脱？
③ 这里是说即使嗔怒和愚痴遭毁灭，而有了爱欲，它们又会产生，如同水性是冷，遇火变热，一旦热消失，又恢复冷。
④ 此处"当"字，据《中华大藏经》校勘记，《碛》、《普》、《南》、《径》、《清》作"闻"，《丽》作"常"。
⑤ 这里是说通常认为有爱欲这种自性，那么，学问和智慧都无法增加它或减少它，这怎么能有解脱？
⑥ 这里是说过去以为生死出自自性，而今看到依靠这种义理，无法获得解脱。
⑦ 此处"究竟"意谓"终结"。
⑧ 这句意谓世间缘爱而生。
⑨ 这两句意谓本来以为"自我"（ātman）有别于身体，不知道身体并无"自我"这个"作者"。

因緣生苦故①，因緣滅亦然②。
觀世因緣生，則滅於斷見，
緣離世間滅，則離於常見③，
悉捨本所見④，深見佛正法。
宿命種善因，聞法能即悟，⑤
已得善寂滅，清涼無盡處。
心開信增廣，仰瞻如來臥，
不忍觀如來，捨世般涅槃，
及佛未究竟，我當先滅度。⑥
合掌辭⑦聖顏，一面正基坐，
捨壽入涅槃，如雨滅小火。
佛告諸比丘："我最後弟子，
而今已涅槃，汝等當供養。"
佛以初夜過，月明眾星朗，
閑林靜無聲，而興大悲心，
遺誡諸弟子："吾般涅槃後，
汝等當恭敬，波羅提木叉⑧，
即是汝大師，巨夜之明燈，
貧人之大寶，當⑨所教誡者，

---

① 此处"苦故"，据《中华大藏经》校勘记，《碛》、《普》、《南》、《径》、《清》、《丽》作"故苦"。
② 这里是说万物产生自因缘，因为没有独立自主者；因缘产生则痛苦，因缘寂灭则摆脱痛苦。
③ 这里是说看到世间产生自因缘，就会摒弃一切断灭的"断见"，而看到世间脱离因缘而毁灭，就会摒弃一切永恒的"常见"。
④ 这句意谓完全摒弃原本的见解。
⑤ 这两句意谓前生积有善因，故而闻听正法，能立即开悟。
⑥ 这两句意谓在佛陀尚未入涅槃前，我应当先入涅槃。
⑦ 此处"辞"字，据《中华大藏经》校勘记，《丽》作"礼"。
⑧ "波罗提木叉"是 prātimokṣa（"禁戒"或"解脱戒"）一词的音译。
⑨ 此处"当"字，据《中华大藏经》校勘记，《碛》、《普》、《南》、《径》、《清》、《丽》作"常"。

汝等當隨順，如事我無異[1]。
當淨身口行，離諸治生業[2]，
田宅畜眾生，積財及五穀，
一切當遠離，譬如[3]大火坑。
墾土截草木，醫療治諸病，
仰觀於曆數，捕推[4]吉凶象，
占相於利害，此悉不應為。
節身隨時食，不受使行術[5]，
不合和湯藥[6]，遠離諸諂曲。
順法資生具，應當知量受，[7]
受則不積聚，是則略說戒。
為眾戒之根，亦為解脫本，
依此法能生，一切諸正受。
一切真實智，緣斯得究竟，
是故當執持，勿令其斷壞。
淨戒不斷故，則有諸善法，
無則無諸善，以戒建立故[8]。
已住清淨戒，善攝諸情根，
猶如善牧牛，不令其縱暴。
不攝諸根馬，縱逸於六境，[9]

---

[1] 这句意谓与侍奉我没有不同。
[2] "治生业"指世俗的生计。
[3] 此处"譬如"，据《中华大藏经》校勘记，《碛》、《普》、《南》、《径》、《清》、《丽》作"如避"。
[4] 此处"捕推"，据《中华大藏经》校勘记，《碛》、《普》、《南》、《径》、《清》作"推步"。"推步"意谓推算日月星辰的运行。
[5] 这句可能意谓不受人指使施展幻术。
[6] 这句意谓不配制药汤。
[7] 这两句意谓符合正法的生活用品应该适量接受。
[8] 这句意谓这是因为一切善法皆由净戒造成。
[9] 这两句意谓放纵六种感官，沉溺于六种感官对象。

現世致殃禍，將墜於惡道。
譬如不調馬，令人墮坑陷，
是故明智者，不應縱諸根。
諸根甚凶惡，為人之重怨[①]，
眾生愛諸根，還為彼傷害。
深怨盛毒蛇，暴虎及猛火，
世間之甚惡，慧者所不畏，
唯畏輕躁心，將人入惡道，
以彼樂小恬，不觀深險故。
狂象失利鉤，獼猴得樹林，[②]
輕躁心如是，慧者當攝持。
放心令自在[③]，終不得寂滅，
是故當制心，速之安靜處。
飯食知節量，當如服藥法，
勿因持[④]飯食，而生貪恚心，
飯[⑤]食止飢渴，如膏朽敗車[⑥]。
譬如蜂採花，不壞其色香，
比丘行乞食，勿傷彼信心。[⑦]
若人開心施，當推彼所堪，[⑧]
不籌量牛力，重載令其傷。
朝中晡[⑨]三時，次第修正業，

[①] "重怨"意謂"仇敵"。
[②] 这两句以失去利钩控制的狂象和进入树林的猿猴比喻浮躁心。
[③] 这句意谓放纵心，让它自行其是。
[④] 此处"持"字，据《中华大藏经》校勘记，《碛》、《普》、《南》、《径》、《清》、《丽》作"于"。
[⑤] 此处"饭"字，据《中华大藏经》校勘记，《碛》、《普》、《南》、《径》、《清》、《丽》作"饮"。
[⑥] 这句意谓如同用油膏涂抹朽败的车辆。
[⑦] 这句意谓不要伤害施食者虔诚的心。
[⑧] 这句意谓应当考虑施食者的能力。
[⑨] "朝中晡"指上午、中午和下午。

初後二夜分①，亦莫著睡眠，
中夜端心臥，係念在明相②。
勿終夜睡眠，令身命空過，
時火③常燒身，云何長睡眠？
煩惱甚④怨家，乘虛而隨害，
心惛於睡寐，至死⑤孰能覺？
毒蛇藏於宅，善呪能令出，
黑虺居其心，明覺善呪除，⑥
無術⑦而長眠，是則無慚⑧人。
慚愧為嚴服，慚為制象鈎，
慚愧令心定，無慚善喪根⑨，
慚愧世稱賢，無慚禽狩倫。⑩
若人以利刀，節節解其身，
不應懷恚恨，口不加怨⑪言，
怨念而怨言，自傷不害彼。
節身修苦行，無過忍辱勝，

---

① 这句意谓初夜和后夜。
② 这句可能意谓在睡眠中也要保持清醒。
③ "时火"指时间之火。
④ 此处"甚"字，据《中华大藏经》校勘记，《碛》、《普》、《南》、《径》、《清》、《丽》作"众"。
⑤ 此处"至死"，据《中华大藏经》校勘记，《碛》、《普》、《南》、《径》、《清》、《丽》作"死至"。
⑥ 这里是说藏在屋内的毒蛇，使用咒术能驱除，同样，藏在心中的毒蛇，依靠清醒的头脑能驱除。
⑦ "无术"指没有咒术，比喻不保持清醒。
⑧ "无惭"指没有惭愧之心。
⑨ 此处"善丧根"，据《中华大藏经》校勘记，《碛》、《普》、《南》、《径》、《清》、《丽》作"丧善根"。
⑩ 这句意谓没有惭愧之心如同禽兽。
⑪ 此处以及下一句中两个"怨"字，据《中华大藏经》校勘记，《碛》、《普》、《南》、《径》、《清》、《丽》作"恶"。

唯有行忍辱，難伏堅固力，[1]
是故勿懷恨，怨[2]言以加人。
瞋恚壞正法，亦壞端正色，
喪失美名稱，瞋火自燒心，
瞋為功德怨[3]，愛德勿懷恨。
在家多諸惱，瞋恚故非怪，
出家而懷瞋，是則與理乖，
猶如冷水中，而有盛火燃。
憍慢心若生，當自手摩頂，
剃髮服染衣，手持乞食器，
邊生裁自活[4]，何為生憍慢？
俗人衣[5]色族[6]，憍慢亦為過，
何況出家人，志求解脫道，
而生憍慢心？此則大不可。
曲直性相違，不俱猶霜炎，
出家脩直道，諂曲非所應，
諂為純[7]虛詐，唯法不欺誑。
多求則為苦，少欲則安隱，
為安應少欲，況求真解脫？
慳悋畏多求，恐損其財寶，

---

[1] 这里是说控制身体修任何苦行，都比不上忍辱；唯有实行忍辱，才具备难以制伏的坚固力。

[2] 此处"怨"字，据《中华大藏经》校勘记，《碛》、《普》、《南》、《径》、《清》、《丽》作"恶"。

[3] "功德怨"意谓功德之敌。

[4] 这句中的"边生"意谓"最后一生"，因为出家修行，为求解脱。故而今生是最后一生。

[5] 此处"衣"字，据《中华大藏经》校勘记，《碛》、《普》、《南》、《径》、《清》作"依"。

[6] 这句意谓俗人依靠各种物质。

[7] 此处"為纯"，据《中华大藏经》校勘记，《碛》、《普》、《南》、《径》、《清》、《丽》作"伪幻"。

好施者亦畏，愧則①不供足，
是故當知②欲，施彼無畏心，③
由此少欲心，則得解脫道。
若欲求解脫，亦應習知足，
知足常歡喜，歡喜即是法。
資生具④雖陋，知足故常安，
不知足之人，雖得生天樂，
以不知足故，苦火常燒心。
富而不知足，是亦為貧苦，
雖貧而知足，是則第一富。
其不知足者，五欲境彌廣，
猶更求無厭，長夜馳騁苦。
汲汲懷憂慮，反為知足哀⑤，
不多受眷屬⑥，其心常安隱。
安隱寂靜故，人天悉奉事，
是故當捨離，親疎二眷屬。⑦
如曠澤孤樹，眾鳥猨猴⑧栖，
多畜⑨眾亦然，長夜受眾苦⑩，
多眾多纏累，如老象溺泥。

---

① 此处"则"字，据《中华大藏经》校勘记，《碛》、《普》、《南》、《径》、《清》、《丽》作"财"。
② 此处"知"字，据《中华大藏经》校勘记，《碛》、《普》、《南》、《径》、《清》作"少"，《丽》作"小"。
③ 这两句意谓应该减少欲望，施予他人"无畏心"，即让他人摆脱恐惧心，尽力施舍。
④ "资生具"指生活用品。
⑤ 这句可能意谓反而成为知足的悲哀。
⑥ 这句意谓不要执著眷属。
⑦ 这两句意谓对于眷属，无论亲疏，都不要执著。
⑧ 此处"猨猴"，据《中华大藏经》校勘记，《丽》作"多集"。
⑨ 此处"畜"意谓"容纳"。
⑩ 这里意谓如同群鸟聚在一棵树上，受众多眷属牵累，长期受苦。

若人勤精進，無利而不獲，
是故當晝夜，精勤不懈怠。
山谷微流水，常流故決石，
鑽火不精進，徒勞而不獲，
是故當精進，如壯夫鑽火。
善友雖為良，不及於正念①，
正念存於心，眾怨②悉不入。
是故修行者，常當念其身③，
於身若失念，一切善則忘。
譬如勇猛將，被鉀御強敵，
正念為重鎧，能制六境賊。
正定撿覺心④，觀世間生滅，
是故修行者，當習三摩提。
三昧已寂靜，能滅一切苦，
智慧能照明，遠離於攝受。
等觀⑤內思惟，隨順趣正法，
在家及出家，斯應由此路。
生老死大海，智慧為輕舟，
無明大黑⑥冥，智慧為明燈，
諸纏結垢病，智慧為良藥，
煩惱棘刺林，智慧為利斧，
癡愛馱水流，智慧為橋梁，

---

① 这句意谓比不上"正念"。
② 此处"怨"字，据《中华大藏经》校勘记，《碛》、《普》、《南》、《径》、《清》、《丽》作"恶"。
③ "念其身"意谓思考身体的本质。
④ 这句意谓正确的禅定控制心。
⑤ "等观"意谓全面观察。
⑥ 此处"黑"字，据《中华大藏经》校勘记，《碛》、《普》、《南》、《径》、《清》、《丽》作"暗"。

是故當勤習，聞思修生慧。①
成就三種慧②，雖盲慧眼通，
無慧心虛偽，是則非出家。
是故當覺知，離諸虛偽法，
逮得微妙樂，寂靜安隱處。
遵崇③不放逸，放逸為善怨④，
若人不放逸，得生帝釋⑤處，
縱心放逸者，則墮阿修羅⑥。
安慰慈悲業，所應我已畢，⑦
汝等當精勤，善自修其業。
山林空閑處，增長寂靜心，
當自勤勸勉，勿令後悔恨。
猶如世良醫，應病說方藥⑧，
抱病而不服，是非良醫過。⑨
我已說真實，顯示平等路⑩，
聞而不奉用，此非說者咎。
於四真諦義，有所不了⑪者，
汝今悉應問，勿復隱所懷。"
世尊哀愍教，眾會⑫默然住，
時阿那律陀⑬，觀察諸大眾，

---

① 这句意谓学问、思考和修习产生智慧。
② "三种慧"可能指上述三种途径产生的智慧。
③ "遵崇"意谓"崇尚"。
④ "善怨"意谓"善行之敌"。
⑤ "帝释"是天王因陀罗。
⑥ "阿修罗"是与天神作对的魔。
⑦ 这两句意谓心怀慈悲，抚慰众生，我已经完成我应该做的事。
⑧ 这句意谓对症下药。
⑨ 这两句意谓得病而不服药，这并非良医的过错。
⑩ "平等路"指平坦的路。
⑪ "不了"指不明了。
⑫ "众会"指在场的听众。
⑬ "阿那律陀"（aniruddha，也译"阿那律"）在佛弟子中称"天眼第一"。

默然無所疑，合掌而白佛：
"月溫日光冷，風靜地性動，
如是四種惑，世間悉已無。①
苦集滅道諦，真實未曾達②，
如世尊所說，眾會悉無疑。
唯世尊涅槃，一切悉悲感，
不如③世尊說，起不究竟想。④
正使⑤新出家，情未深解者，
聞今慇懃教，疑惑悉已除。
已度生死海，無欲無所求，
今皆生悲戀，歎佛滅何速？"
佛以阿那律，種種憂悲說，
復以慈愍心，安慰而告言：
"正使經劫住⑥，終歸當別離，
異體而和合，理自不常俱。⑦
自他利⑧已畢，空住何所為？
天人應度者，悉已得解脫。
汝等諸弟子，展轉維正法，
知有必度⑨滅，勿復生憂悲，

---

① 这里是说世人已经摆脱类似月光温暖、日光寒冷、风静止和地移动这四种令人困惑的事。
② 此处"达"字，据《中华大藏经》校勘记，《碛》、《普》、《南》、《径》、《清》、《丽》作"违"。这两句意谓苦、集、灭和道这四真谛从不违背真实。
③ 此处"如"字，据《中华大藏经》校勘记，《碛》、《普》、《南》、《径》、《清》、《丽》作"于"。
④ 这两句意谓对于世尊所说，不会产生不理解的想法。
⑤ "正使"意谓"即使"。
⑥ 这句意谓即使在世上居住一劫。
⑦ 这两句意谓不同的物体和合，按理不会永远和合。
⑧ "自他利"意谓自利和利他。
⑨ 此处"度"字，据《中华大藏经》校勘记，《碛》、《普》、《南》、《径》、《清》、《丽》作"磨"。

常①自勤方便，到不別離處②。
我已燃智燈，照除世闇冥，
世皆不牢固，汝等當隨喜，
如親遭重病，療治脫苦患。
已捨於苦器③，逆生死海流，
永離眾苦患，是亦應隨喜。
汝等善自護，勿生於放逸，
有者悉歸滅，我今入涅槃。"
言語從是斷，此則最後教。
入初禪三昧，次第九正受，
逆次第正受，還入於初禪。④
復從初禪起，入於第四禪，
出定心無寄，便入於涅槃。⑤
以佛涅槃故，大地普震動，
空中普雨火，無薪而自焰。
又復從地起，八方俱熾燃，
乃至諸天宮，熾燃亦如是。
雷霆動天地，霹靂震山川，
猶天阿修羅⑥，擊鼓戰鬥聲。
狂風四徽⑦起，山崩雨灰塵，

---

① 此处"常"字，据《中华大藏经》校勘记，《碛》、《普》、《南》、《径》、《清》、《丽》作"当"。
② 这句意谓到达不再有别离的地方。
③ 这句意谓已经抛弃这个承受痛苦的身体。
④ 这里是说从初禅定依次进入第九禅定，然后逆向从第九禅定回到初禅定。
⑤ 这两句意谓最后脱离禅定，心无所寄托，而进入涅槃。
⑥ "天阿修罗"指天神和阿修罗。
⑦ 此处"徽"字，据《中华大藏经》校勘记，《碛》、《普》、《南》、《径》、《清》、《丽》作"激"。

日月無光暉，清流悉沸涌，
堅固林萎悴，華葉非時零。
飛龍乘黑雲，垂五首[1]淚流，
四王[2]及眷屬，合悲與[3]供養。
爭[4]居天來下，虛空中列侍，
觀察無常變[5]，無憂亦無喜，
歎世違天師[6]，眼[7]滅一何速？
八部[8]諸天神，遍滿虛空中，
散華以供養，感感心不歡，
唯有魔王喜，奏樂以自娛。
閻浮提失榮，猶山委崩巔[9]，
大象素牙[10]折，牛王雙角摧。
虛空無日月，蓮花遭嚴霜，
如來般涅槃，世間悴亦然。

---

① 此处"五首"应该是指这条飞龙具有"五首"。
② "四王"指四大天王。
③ 此处"合悲与"，据《中华大藏经》校勘记，《碛》、《普》、《南》、《径》、《清》、《丽》作"含悲兴"。
④ 此处"争"字，据《中华大藏经》校勘记，《碛》、《普》、《南》、《径》、《清》、《丽》作"净"。
⑤ "无常变"意谓无常的变化。
⑥ 这句意谓感叹世界失去这位"天师"。
⑦ 此处"眼"意谓"世界之眼"，指佛陀。
⑧ "八部"指守护佛法的八种神怪：天、龙、夜叉、乾闼婆、阿修罗、迦楼罗、紧那罗和摩睺罗伽。
⑨ 此处"山委崩巅"，据《中华大藏经》校勘记，《丽》作"山颓巅崩"。
⑩ "素牙"指白色的象牙。

昙译：欤涅槃品第二十七

時有一天子，乘千白鵠宮①，
於上虛空中，觀佛般涅槃，
普為諸天眾，廣說無常偈：
"一切性無常，速生而速滅。
生則與苦俱，淮②寂滅為樂。
行業薪積聚，智慧火熾燃，
名稱③烟衝天，時雨④雨令滅，
猶如劫火起，水災之所滅。"
復有梵仙天，猶第一義仙，⑤
處天勝妙樂，而不染天報，⑥
歎如來寂滅，心定而口言：
"觀察三世法，如⑦終無不壞。
第一義通達，世間無比士⑧，
慧知見之士⑨，救護世間者，
悉為無常壞，何人得長存？
哀哉舉世間，群生墮邪徑。"

---

① 这句意谓乘坐由成千白鹄组成的飞车。
② 此处"淮"字，据《中华大藏经》校勘记，《碛》、《普》、《南》、《径》、《清》、《丽》作"惟"。
③ "名称"意谓"名声"。
④ "时雨"指时间之雨。
⑤ 这两句意谓另有一位通晓"第一义"的天国仙人。
⑥ 这两句意谓即使处在天国中，也不沾染天国种种美妙享乐的果报。
⑦ 此处"如"字，据《中华大藏经》校勘记，《碛》、《普》、《南》、《径》、《清》、《丽》作"始"。
⑧ "无比士"意谓无与伦比的大士。
⑨ 这句意谓具有智慧"知见"的大士。

時阿那律陀，於世不律陀，
已滅不律陀，生死尼律陀，[①]
歎如來寂滅，群生悉盲冥。
諸行聚無常，猶若輕雲浮，
速起而速滅，惠者不保持[②]。
無常金剛杵，壞牟尼山王[③]，
鄙哉世輕躁，破壞不堅固[④]，
無常暴師子[⑤]，害龍象大仙。
如來金剛幢，猶為非[⑥]常壞，
何況未離欲，而不生怖畏？
六種子一芽，一水之所雨，
四引之深根，二觚五種菓，
三際同一體，煩惱之大樹[⑦]，
牟尼大象拔，而不勉[⑧]無常。[⑨]
猶如飾棄[⑩]鳥，樂水吞毒蛇[⑪]，
忽遇天大旱，失水而身上[⑫]。
駿馬勇於戰，戰畢純熟還，

---

① 这里是依据阿那律陀（aniruddha）这个名字引申出来的一些意义。"于世不律陀（ruddha）"意谓不受世界束缚。"已灭不律陀（ruddha）"意谓已经寂灭而不受束缚。"生死尼律陀（niruddha）"意谓已经灭除生死束缚。
② 这句意谓智者也不能保住自己。
③ 这句意谓毁坏如同山王的牟尼（指佛陀）
④ 这两句意谓可悲啊，这个轻浮的世界，不坚固而遭破坏。
⑤ 这句意谓无常如同暴戾的狮子。
⑥ 此处"非"字，据《中华大藏经》校勘记，《碛》、《普》、《南》、《径》、《清》、《丽》作"无"。
⑦ 这里是描述烦恼大树，但提及的这些数字所指不详。
⑧ 此处"勉"字，据《中华大藏经》校勘记，《碛》、《普》、《南》、《径》、《清》、《丽》作"免"。
⑨ 这两句意谓牟尼（指佛陀）即使如同大象拔除了烦恼大树，但自身也不能免除无常。
⑩ "饰弃"是 śikhin（孔雀）一词的音译。
⑪ 这句意谓孔雀喜欢水，并叼食蛇。
⑫ 此处"身上"，据《中华大藏经》校勘记，《碛》、《普》、《南》、《径》、《清》作"亡身"，《丽》作"身亡"。

猶火緣薪熾，薪盡則自滅，
如來亦如是，事畢歸涅槃。
猶如明月光，普為世除冥，
眾生悉蒙照，而復隱須彌，
如來亦如是，慧光照幽冥，
為眾生除冥，而隱涅槃山。
名稱勝光明，普照於世間，
滅除一切冥，不停若迅流。
善御七駿馬，軍眾羽從遊，
光光日天子，猶入於崦嵫①，
日月五障翳②，眾生失光明。
奉火祠天畢，唯有爝黑烟，
如來已潛輝，世失榮亦然。
絕恩受③希望，普應眾生望，④
眾生望已滿，事畢絕希望。
離煩惱身縛，而得真實道，
離羣聚憒亂，入於寂靜處，
神通勝⑤虛遊，苦器故棄捨。
癡冥之重闇，智慧光照除，
煩惱之埃塵，智水洗令淨，
不復數數還⑥，永之寂靜處。

---

① "崦嵫"是中国古代传说中的日落之处。

② "五障翳"指五种障碍：烦恼障、业障、生障、法障和所知障。这里以日月受到障碍而失去光明，比喻众生受到这五种障碍而失去光明。

③ 此处"受"字，据《中华大藏经》校勘记，《碛》、《普》、《南》、《径》、《清》、《丽》作"爱"。

④ 这两句意谓他自己摒弃恩爱希望，而满足众生的希望。

⑤ 此处"胜"，据《中华大藏经》校勘记，《碛》、《普》、《南》、《径》、《清》、《丽》作"腾"。

⑥ 这句意谓不再一次次返还，即不再轮回转生。

滅一切生死，一切悉宗敬①，
令一切樂法，以惠充一切。
悉安慰一切，一切德普流，
名聞遍一切，重照迄於今。②
諸有競德者，於彼哀愍心③，
四利不為欣，四衰不以慼。④
善攝於諸情，諸根悉明徹，
澄心平等觀，六境不染著。
所得未曾有，得人所以⑤得，
以諸出要⑥水，虛渴令飽滿。
施人所不施，亦不望其報，
寂靜妙相身，悉知一切念⑦。
好惡不傾動，力勝一切怨⑧，
一切病良藥，而為無常壞。
一切眾生類，樂法各異端⑨，
普應其所求，悉滿其所願。
聖慧大施主，一往不復還，
猶若世猛火，薪盡不復燃。
八法⑩所不染，降五難調群⑪，
以三而見三，離三而成三，

---

① 这句意谓所有的人崇敬他。
② 这句意谓至今闪耀明亮的光辉。
③ 这两句可能意谓对于与他竞争品德高下者，怀有哀愍心。
④ 这两句中的"四利"和"四衰"所指不详。
⑤ 此处"以"字，据《中华大藏经》校勘记，《碛》、《普》、《南》、《径》、《清》、《丽》作"不"。
⑥ "出要"（niḥsaraṇa 或 niryāṇa）意谓"出离"或"解脱"。
⑦ 这句意谓知晓一切人的思想。
⑧ 这句意谓具有胜过一切怨敌的力量。
⑨ 这句意谓喜爱正法的方式各不相同。
⑩ "八法"指八种"世法"（lokadharma）：得、失、毁、誉、称、讥、苦和乐。
⑪ 这句可能意谓降伏难以降伏的五种感官（眼、耳、鼻、舌和身）。

藏一以得一，超七而長眠①，
究竟寂滅道，賢者之所宗。
已斷煩惱障，宗奉者已度，
飢虛渴乏者，飲之以甘露。
被忍辱重鎧，降伏諸恚怒，
勝法微妙義，以悅於眾心。
修世界善者，植以聖種子，
習正不正者，等攝而不捨。②
轉無上法輪，普世歡喜受，
宿殖樂法因③，斯皆得解脫。
遊行於人間，度諸未度者，
未見真實者，悉令見真實。
諸習外道者，授之以深法，
說生死無常，無主無有樂。
建大名稱幢，破壞眾魔軍，
進却④無欣慼，薄生歎寂滅⑤。
未度者令度，未脫者令脫，
未寂者令寂，未覺者令覺。
牟尼寂靜道，以攝於眾生，
眾生違聖道，習諸不正業。
猶若大劫盡，持法者長眠，
密雲震霹靂，摧林而⑥甘澤。
少象摧棘林，識養能利人，

---

① 这里提及的这些数字所指不详。
② 这两句意谓无论修习正道或邪道者，他都平等地接纳而不舍弃。
③ 这句意谓凡是前生种植有喜爱正法种子的人。
④ "进却"意谓"进退"。
⑤ 这句意谓鄙薄生存而赞叹寂灭。
⑥ 此处"而"字，据《中华大藏经》校勘记，《碛》、《普》、《南》、《径》、《清》、《丽》作"雨"。

雲離象老悴，斯皆無所堪①。
破見能成見，於世度而度，②
已壞諸邪論，而得自在道，
今入於大寂，世間無救護。
魔王大軍眾，奮武震天地，
欲害牟尼尊，不能令傾動，
如何忽一朝，非常魔所壞③？
天人普雲集，充滿虛空中，
畏無窮生死，心生大憂怖。
世間無遠近，天眼悉照見，
業報諦明了，如觀鏡中像④。
天耳勝聰達，無遠而不聞。⑤
昇虛教諸天，遊步化人境，⑥
分身而合體，涉水而不濡⑦。
憶念過去生，彌劫而不忘。⑧
諸根遊境界，彼彼各異念，
知他心通智，一切皆悉知。⑨
神通淨妙智，平等觀一切，
悉盡一切漏，一切事已畢，⑩
智捨有餘界⑪，息智而長眠。

---

① 这里是说如同年轻力壮的大象摧毁荆棘林，他的知识修养让人们得益，如今密云散去，大象老死，人们无法承受。
② 这两句意谓他既能破除邪见，又能提出正见，在这世间度化众生。
③ 这句意谓被无常之魔毁坏。
④ 这里描述佛陀具有"天眼通"。
⑤ 这两句描述佛陀具有"天耳通"。
⑥ 这两句意谓既能升天教诲众天神，又能漫游人间度化众生。
⑦ 这里描述佛陀具有"神变通"。
⑧ 这两句描述佛陀具有"宿命通"。
⑨ 这里描述佛陀具有"他心通"。
⑩ 这里描述佛陀具有"漏尽通"。
⑪ "有余界"（sopadhiśeṣadhātu）指"有余涅槃"的境界，即烦恼已尽，肉身犹存。"舍有余界"也就是进入"无余涅槃"的境界，即烦恼和肉身皆已灭尽。

昙译：歎涅槃品第二十七

眾生剛強心，見①則得柔軟，
鏡②根諸眾生，見則慧明利，
無量惡業過，見各得通塗，
一旦忽長眠，離③復顯斯德？
世間無救護，望斷氣息絕，
誰以清涼水，灑之令蘇息。
所作自事畢，大悲④已長息，
世間愚癡網，誰當為壞裂？
向生死迅流，誰當說令反？
群生癡惑心，誰說寂靜道？
誰示安隱處？誰顯真實義？
眾生受大苦，誰為慈父救？
猶多謂悉忘⑤，馬易土失威⑥，
王者亡失國，世無佛亦然。
多聞無辭辯⑦，為醫而無慧，
人王失光相，佛滅俗失榮。
良馴失善御，乘舟失船師，
三軍失英將，商人失其導，
疾病失良醫，聖王失七寶⑧，
眾星失明月，愛壽而失命，
世間亦如是，佛滅失大師。
如是阿羅漢，所作皆已畢，

---

① 此处"见"意谓见到佛陀。
② 此处"镜"字，据《中华大藏经》校勘记，《碛》、《普》、《南》、《径》、《清》、《丽》作"钝"。
③ 此处"离"字，据《中华大藏经》校勘记，《碛》、《普》、《南》、《径》、《清》、《丽》作"谁"。
④ "大悲"指大慈大悲的佛陀。
⑤ 此处"谓悉忘"，据《中华大藏经》校勘记，《碛》、《普》、《南》、《径》、《清》作"诵悉忘"，《丽》作"讼志忘"。这句可能意谓忘却了导师的教导。
⑥ 这句意谓马变换地方，失去原有的威武。
⑦ 这句意谓博学却无辩才。
⑧ "七宝"指轮宝、象宝、马宝、摩尼宝、女宝、家主宝和将帅宝。

諸漏悉已盡，知恩報恩故，
纏綿悲戀說，歎德陳世苦。①
諸未離欲者，悲泣不自勝，
其諸漏盡者，唯歎生滅苦②。
時諸力士眾，聞佛已涅槃，
亂聲慟悲泣，如群鵠遇鷹，
悉來詣雙樹，覩如來長眠，
無復覺悟容，椎胸而呼天，
猶師子搏犢③，羣牛亂呼聲。
中有一力士，心已樂正法，
諦觀聖法王，已入於大寂，
言："眾生悉眠，佛開發令覺，
今入於大寂，畢竟而長眠，
為眾建法幢，而今一旦崩。
如來智慧日，大覺為照明，
精進為炎熱，智慧耀千光，
滅除一切闇，如何復長冥？
一慧照三世，普為眾生眼，
而今忽然盲，舉世莫知路。
生死大河流，貪恚癡巨浪，
法橋一旦崩，眾生長沒溺。"
彼諸力士眾，或悲泣號咷，
或密感無聲，或頭④身躃地，
或寂默禪思，或煩惋長吟。

---

① 这里是说阿那律陀这位阿罗汉，已经完成应该做的事，灭尽一切烦恼，只是出于知恩报恩之心，他才这样怀着缠绵的悲恋之情诉说，赞叹佛陀功德，陈述世间苦难。
② "生灭苦"指生生灭灭的痛苦。
③ 这句意谓如同狮子夺取牛犊。
④ 此处"头"字，据《中华大藏经》校勘记，《碛》、《普》、《南》、《径》、《清》、《丽》作"投"。

　　　　辦金銀寶輿，香花具莊嚴，
　　　　安置如來身，寶帳覆其上。
　　　　具幢幡華蓋，種種諸伎樂，
　　　　諸力士男女，導從修①供養。
　　　　諸天散香花，空中鼓天樂，
　　　　人天一悲歎，聲合而同哀。
　　　　入城見士女，長幼供養畢，
　　　　出於龍象門，度熙連河表②，
　　　　到諸過去佛，滅度支提③所。
　　　　積牛頭栴檀④，及諸名香木，
　　　　置佛身於上，灌以眾香油，
　　　　以火燒其下，二⑤燒而不燃。
　　　　時彼大迦葉，先住王舍城，
　　　　知佛欲涅槃，眷屬從彼來，
　　　　淨心發妙願，願見世尊身，
　　　　以彼誠願故，火滅而不燃。
　　　　迦葉眷屬至，悲歎俱瞻顏，
　　　　敬禮於雙足，然後火乃燃。
　　　　內絕煩惱火⑥，外火不能燒，
　　　　雖燒外皮肉，金剛真骨存。
　　　　香油悉燒盡，盛骨以金瓶，

---

　　① 此处"修"字，据《中华大藏经》校勘记，《碛》、《普》、《南》、《径》、《清》作"随"。
　　② "河表"指河面。
　　③ "支提"（caitya）指塔庙，也指用木柴垒起的火葬堆。
　　④ "牛头栴檀"（gośīrṣacandana）是一种香气尤为浓郁的檀香木。
　　⑤ 此处"二"字，据《中华大藏经》校勘记，《碛》、《普》、《南》、《径》、《清》、《丽》作"三"。
　　⑥ 这句意谓佛陀体内已经灭绝烦恼之火。

如法界①不盡，骨不盡亦然。
金剛智慧果，難動如須彌，
大力金翅鳥，所不能傾移，
而處於寶瓶，應世而流遷。
奇哉世間力，能轉寂滅法，②
德稱③廣流布，周滿於十方。
隨世長寂滅，唯有餘骨存，
大光輝④天下，羣生悉蒙照。
一旦而潛暉，遺骨於瓶中，
金剛利智慧⑤，壞煩惱苦山。
眾苦集其身，金剛志能安⑥，
受大苦眾生，悉令得除滅，
如是金剛體，今為火所焚。
彼諸力士眾，勇健世無雙，
摧伏怨家苦，能救苦歸依。
親愛遭苦難，志強能無憂，
今見如來滅，悉懷憂悲泣。
壯身氣強盛，憍慢虛天步⑦，
憂苦迫其心，入城猶廣⑧澤⑨。
持舍利入城，巷路普供養，
置於高樓閣，天人悉奉事。

---

① "法界"（dharmadhātu）指法性。
② 这两句意谓奇妙啊，世间有能力让寂灭法继续流转。
③ "德称"指佛陀的功德和名声。
④ 此处"辉"字，据《中华大藏经》校勘记，《丽》作"耀"。
⑤ 这句意谓金刚般锐利的智慧。
⑥ 这句意谓具有金刚般意志而能保持安稳。
⑦ 这句可能意谓原本骄慢，如同行走在天空。
⑧ 此处"广"字，据《中华大藏经》校勘记，《碛》、《普》、《南》、《径》、《清》作"旷"。
⑨ 这句意谓进入城市如同进入旷野。

昙译：分舍利品第二十八

彼諸力士眾，奉事於舍利，
以勝妙香花，興無上供養。
時七國諸王，承佛已滅度，
遣使詣力士，請求佛舍利。
彼諸力士眾，敬重如來身，
兼持①其勇健，而起憍慢心，
寧捨自身命，不捨佛舍利。
彼使悉空還，七王大惱恨，
興軍如雲雨，來詣鳩夷城。
人民出城者，悉皆驚怖還，
告諸力士眾："諸國軍馬來，
象馬車步眾，圍遶鳩夷城。
城外諸園林，泉池花果樹，
軍眾悉踐蹈，榮觀悉摧碎。"
力士登城觀，王業悉彼壞②，
嚴備戰鬪具，以擬於外敵，③
弓弩礟石車，飛炬獨④發來。
七至⑤圍遶城，軍眾各精銳，

---

① 此处"持"字，据《中华大藏经》校勘记，《碛》、《普》、《南》、《径》、《清》、《丽》作"恃"。
② 此处"王业悉彼坏"，据《中华大藏经》校勘记，《碛》、《普》、《南》、《径》、《清》、《丽》作"生业悉破坏"。
③ 这句意谓准备抵御外敌。
④ 此处"独"字，据《中华大藏经》校勘记，《碛》、《普》、《南》、《径》、《清》作"悉"。
⑤ 此处"至"字，据《中华大藏经》校勘记，《碛》、《普》、《南》、《径》、《清》、《丽》作"王"。

羽儀盛明顯，猶如七耀光①，
鍾鼓如雷霆，勇氣盛雲霧。
力士大奮怒，開門而命敵，
長宿②諸士女，心信佛法者，
驚怖發誠願，伏彼而不害③，
隨親④相勸諫，不欲令鬥戰。
勇士被重鉀，揮戈舞長劍，
鍾鼓而亂鳴，執仗鋒未交。
有一婆羅門，名曰獨樓那，
多聞智略勝，謙虛眾所宗，
慈心樂正法，告彼諸王言：
"觀彼城形勢，一人亦足當，
況復齊心力，而不能伏彼。
正使相摧滅，復有何德稱？
利鋒刃既交，勢無有兩全，
因此而害彼，二俱有所傷。
鬥戰多機變，形勢難測量，
或有強勝弱，或弱而勝強。
健夫輕⑤毒蛇，豈不傷其身？
有人性柔弱，群女子所獎，
臨陣成戰士，如火得膏油。⑥
鬥莫輕弱敵，謂彼無所堪，
身力不足恃，不如法力強。

---

① "七耀光"即"七曜光"，意谓七个行星（比喻七王）闪耀光辉。
② "长宿"意谓年长的。
③ 这句意谓降伏而不伤害对方。
④ "随亲"指身边的亲友。
⑤ 此处"轻"意谓轻视。
⑥ 这里是说即使有人性格柔弱，受到妇女夸奖，而一旦成为战士，走上战场，也会如同浇油的火。

古昔有勝王，名迦蘭陀摩①，
端坐起慈心，能伏大怨敵。
雖王四天下，名稱財利豐，
終歸亦皆盡，如牛飲飽歸。
應以法以義，應以和方便②，
戰勝增其怨，和勝彼③無患。④
今結飲血讐，此事甚不可，
為欲供養佛，應隨佛忍辱。"⑤
如是婆羅門，決定⑥吐誠實，
方真⑦義和理，而作無畏說。⑧
爾時彼諸王，告婆羅門言：
"汝今善應時，黠慧義饒益，
親密至誠言，順法依強理。⑨
且聽我所說，為王者之法，
或因五欲諍，嫌恨競強力，
或因其嬉戲，不急致戰爭⑩，
吾等今為法，戰爭復何怪？
憍慢而違義，世人尚伏從，
況佛離憍慢，化人令謙下，

---

① "迦兰陀摩"（karandhama，意译"拍手"）是一位甘蔗族国王。传说他的王国曾发生饥荒，国库空虚。敌军趁机入侵，而他没有军队抵御。于是，他端坐沉思天神。然后，一拍手，便出现军队，击退敌军。
② "和方便"意谓和平的方式。
③ 此处"彼"，据《中华大藏经》校勘记，《碛》、《普》、《南》、《径》、《清》、《丽》作"后"。
④ 这两句意谓以战斗取胜只能增加仇恨，而以和平取胜则无后患。
⑤ 这两句意谓获取舍利是为了供养佛陀，故而应该遵循佛陀教导，实行忍辱。
⑥ 此处"决定"意谓"决心"。
⑦ 此处"真"字，据《中华大藏经》校勘记，《碛》、《普》、《南》、《径》、《清》、《丽》作"宜"。
⑧ 这两句意谓依据义和理，无所畏惧地劝说。
⑨ 此处"强理"意谓有力的道理。
⑩ 这句意谓可以不急于投入战争。

我等而不能，亡身而供養？
昔諸大地主，彌瑟糅難陀[①]，
為一端正女，戰爭相摧滅，
況今為供養，清淨離欲師，
愛身而惜命，不以力爭求？
先王驕羅婆，與般那婆戰，[②]
展轉更相破，正為貪利故，
況為無貪師，而復貪其生？
羅摩亡[③]人子，瞋恨千臂王，
破國煞人民，正為瞋恚故，[④]
況為無恚師，而惜於身命？
羅摩為私陀，煞害諸鬼國，[⑤]
況無攝受[⑥]師，不為沒其[⑦]命？
阿利及婆俱[⑧]，二鬼常結怨，
正為愚癡故，廣害於眾生，
況為智慧師，而復惜身命？
如是比眾多，無義而自喪，
況今天人師，普世所恭敬，
計身而惜命，不勤求供養？

---

① 此处"彌瑟糅难陀"参阅前面第十一章第31颂。在那里，昙译"彌瑟腻难陀"。
② 这两句讲述骄罗婆（kaurava，或译"俱卢族"）和般那婆（pāndava，或译"般度族"）为争夺王权而开战。
③ 此处"亡"字，据《中华大藏经》校勘记，《碛》、《普》、《南》、《径》、《清》、《丽》作"仙"。
④ 这里讲述持斧罗摩（paraśurāma）是仙人阇摩陀耆尼之子。阇摩陀耆尼在净修林中遭到千臂王（又称作"武王"）侵扰，后又被千臂王的儿子们杀害，故而持斧罗摩满腔愤怒，发誓要杀尽大地上的刹帝利国王。
⑤ 这两句讲述罗刹王罗波那夺走罗摩（rāma）的妻子私陀（sitā，或译"悉多"）。罗摩为了救出妻子，消灭罗刹国。
⑥ "无摄受"意谓无所执取。
⑦ 此处"没其"，据《中华大藏经》校勘记，《碛》、《普》、《南》、《径》、《清》、《丽》作"其没"。
⑧ "阿利"和"婆俱"出处不详。

汝若欲止爭，為吾等入城，
勸彼令開解，使我願得滿。
以汝法言故，令我心小息，
猶如盛毒蛇，呪力故暫上①。"
爾時婆羅門，受彼諸王教，
入城詣力士，問訊以告誠：
"外道②人中王，手執利器仗，
身被於重鉀，精銳耀日光，
奮師子勇氣，咸欲滅此城。
然其為法故，猶畏非法行，
是故遣我來，旨欲有所白。
我不為土地，亦不求錢財，
不以憍慢心，亦無懷恨心，
恭敬大仙③故，而來至於此。
汝當知我意，何為苦相違？
尊奉彼我同，財④為法兄弟，⑤
世尊之遺靈，一心共供養。
慳惜於錢財，此財⑥非大過，
法慳過最甚，普世之所薄。⑦

---

① 此处"上"字，据《中华大藏经》校勘记，《碛》、《普》、《南》、《径》、《清》、《丽》作"止"。
② 此处"道"字，据《中华大藏经》校勘记，《碛》、《普》、《南》、《径》、《清》、《丽》作"诸"。
③ "大仙"指佛陀。
④ 此处"财"字，据《中华大藏经》校勘记，《碛》、《普》、《南》、《径》、《清》、《丽》作"则"。
⑤ 这两句意谓彼此同样尊奉佛陀，应该是"法兄弟"。
⑥ 此处"财"字，据《中华大藏经》校勘记，《碛》、《普》、《南》、《径》、《清》、《丽》作"则"。
⑦ 这里是说如果在钱财上悭吝，还不算严重的过失，而在正法上悭吝，则是最严重的过失，会受到所有世人的鄙薄。

决定不通者，当修持^①宾法，
无有刹利法，闭门而自防。^②
彼等悉如是，告此吉凶法，
我今私所怀，亦告某^③诚实，^④
莫彼此相违，理应共和合。
世尊在于世，常以忍辱教，
不顺于圣教，云何名供养？
世人以五欲，财利田宅诤，
若为正法者，应随顺圣理，
为法而结怨，此则理相违。
佛寂静慈悲，常欲安一切，
供养于大悲，而兴于大害？
应等分舍利，普令得供养，
顺法名称流，义通理则宣。
若彼非法行，当以法和之，
是则为乐法，令法得久住。
佛说一切施，法施为最胜，^⑤
人斯行财施，行法施者难。"
力士闻彼说，内愧互相视，
报彼梵志言："深感汝来意，
亲善顺法言，和理雅正说，

---

① 此处"持"字，据《中华大藏经》校勘记，《碛》、《普》、《南》、《径》、《清》、《丽》作"待"。
② 这里是说如果你们不通融，也应当遵行对待客人的规则；按照刹帝利武士的法则，没有这样闭门自防的，而应该出门迎战。
③ 此处"某"字，据《中华大藏经》校勘记，《碛》、《普》、《南》、《径》、《清》、《丽》作"其"。
④ 这里是说他们已经这样告知或吉或凶的做法，而我也按照自己的想法，如实提出我的建议。
⑤ 这两句意谓佛陀说过，一切布施中，布施正法是最高布施。

梵志之所應，隨順自功德。①
善和於彼此，依②我以要道，
如制迷溺③馬，還得於正路。
今當用和理，從汝之所說，
誠言而不領④，後必生悔恨。"
即開佛舍利，等分為八分，
自供養一分，七分付梵志。
七王得舍利，歡喜而頂受，
持歸還自國，起塔加供養。
梵志求力士，得分舍利瓶，
又從彼七王，求分第八分，
持歸起支提，號名金瓶塔。
俱夷那竭人，聚集餘灰炭，⑤
而起一支提，名曰灰炭塔。
八王起八塔，金瓶及灰炭，
如是閻浮提，如⑥起於十塔。
舉國諸士女，悉持寶花蓋，
隨塔而供養，莊嚴若金山，
種種諸伎樂，晝夜長讚嘆。
時五百羅漢，永失天⑦師蔭，

---

① 这两句意谓这是婆罗门应该做的事，符合自己的功德。
② 此处"依"字，据《中华大藏经》校勘记，《碛》、《普》、《南》、《径》、《清》、《丽》作"示"。
③ 此处"迷溺"，据《中华大藏经》校勘记，《碛》、《普》、《南》、《径》、《清》、《丽》作"迷塗"。
④ 此处"领"字，据《中华大藏经》校勘记，《碛》、《普》、《南》、《径》、《清》、《丽》作"顾"。
⑤ 这两句意谓舍利已经分完，后到的俱夷那竭人只能收集佛陀的骨灰。
⑥ 此处"如"字，据《中华大藏经》校勘记，《碛》、《普》、《南》、《径》、《清》、《丽》作"始"。
⑦ 此处"天"字，据《中华大藏经》校勘记，《碛》、《普》、《南》、《径》、《清》、《丽》作"大"。

惟①然無所恃，還耆闍崛山。
集彼帝釋殿②，結集諸經藏，
一切皆共推，長老阿難陀：
"如來前後說，巨細汝悉聞，
鞞提醯牟尼③，當為大眾說。"
阿難大眾中，昇於師子座，
如佛說而說，稱如是我聞。
合坐④悉涕流，感此我聞聲⑤，
如法如其時，如處如其人。
隨說而化⑥受，究竟⑦成經藏。
勤方便修學，悉已得涅槃，
今得及當時⑧，涅槃亦復然。
無憂王⑨出世，強者能令憂，
劣者為除憂，⑩如無憂花樹。
王於閻浮提，心常無所憂，
深信於正法，故號無憂王。
孔雀之苗裔⑪，稟正性而生，

---

① 此处"惟"字，据《中华大藏经》校勘记，《丽》作"恎"。
② 此处"殿"字，据《中华大藏经》校勘记，《碛》、《普》、《南》、《径》、《清》、《丽》作"岩"。
③ "鞞提醯牟尼"（vaidehamuni）是阿难陀的称号。
④ 此处"坐"字，据《中华大藏经》校勘记，《碛》、《普》、《南》、《径》、《清》作"座"。
⑤ "我闻声"指"如是我闻"的话音。
⑥ 此处"化"字，据《中华大藏经》校勘记，《碛》、《普》、《南》、《径》、《清》、《丽》作"笔"。
⑦ 此处"究竟"意谓"最终"。
⑧ 此处"时"，据《中华大藏经》校勘记，《碛》、《普》、《南》、《径》、《清》、《丽》作"得"。
⑨ "无忧王"（aśoka）音译"阿育王"。
⑩ 这两句意谓他能让强者忧愁，而为弱者解除忧愁。
⑪ 这句意谓孔雀族的后裔。

普濟於天下，兼起諸塔廟，
本自①強無憂，今名法無憂。②
開彼七王塔，以取於合③利，
分布一旦④起，八萬四千塔。⑤
唯有第八塔，在於罗摩村，
神龍所守護，王取不能得。
雖不得舍利，知佛有遺骼，
神龍所供養，增其信敬心。
雖王領國土，逮得初聖果⑥，
能令普天下，供養如來塔，
去來今現在，悉皆得解脫。
如來現在世，涅槃及舍利，
恭敬供養者，其福等無異。⑦
明慧增上心，深察如來德，
（懷道興供養，其福亦俱勝。
佛得尊勝法，應受一切供，）⑧
已到不死處，信者亦隨安，
是故諸天人，悉應當⑨供養。

---

① 此处"自"字，据《中华大藏经》校勘记，《碛》、《普》、《南》、《径》、《清》、《丽》作"字"。
② 这两句意谓他本来得名"强无忧"（caṇḍāśoka，意谓"强悍的无忧"或"恶无忧"），而现在得名"法无忧"（dharmāśoka）。
③ 此处"合"字，据《中华大藏经》校勘记，《碛》、《普》、《南》、《径》、《清》、《丽》作"舍"。
④ 此处"一旦"，据《中华大藏经》校勘记，《碛》、《普》、《南》、《径》、《清》、《丽》作"一日"。
⑤ 这两句意谓分布舍利，在一日之中建起八万四千塔庙。
⑥ 这句意谓达到"预流"（srotāpanna）果位。
⑦ 这里是说无论如来在世、涅槃或遗留舍利，凡恭敬供养者，所得福报没有差别。
⑧ 这里四句，据《中华大藏经》校勘记，《碛》、《普》、《南》、《径》、《清》、《丽》均有，现补上。
⑨ 此处"当"字，据《中华大藏经》校勘记，《丽》作"常"。

第一大慈悲，通達第一義，
度一切眾生，孰聞而不感？
生老病死苦，世間苦無過，
死苦苦之大，諸天之所畏。
永離二種苦①，云何不供養？
不受後有②樂，世間樂無上，
增生③苦之大，世間苦無比④。
佛得離生苦，不受後有樂，
為世廣顯示，如何不供養？
讚諸牟尼尊，始終之所行，
不自顯其知⑤，亦不求名稱⑥，
隨順佛經說，以濟諸世間⑦。

---

① 此处"二种苦"可能指上述"生老病死"之苦和"世间"之苦。
② "不受后有"指不再生。
③ "增生"指不断再生。
④ 这里是说不再轮回转生，这种快乐是世间最高的快乐，而轮回转生这种痛苦，是世间最大的痛苦。
⑤ 此处"其知"，据《中华大藏经》校勘记，《碛》、《普》、《南》、《径》、《清》、《丽》作"知见"。
⑥ 此处"名称"，据《中华大藏经》校勘记，《丽》作"名利"。
⑦ 这里是作者表达自己赞颂佛陀的一生行迹，并不是为了炫耀自己的知见，也不是为了求取名誉，而只是依照佛经所说，以有益于世人。